한국의 소수자정책

한국의 소수자정책

담론과 사례

초판 1쇄 발행 2010년 3월 31일
초판 4쇄 발행 2018년 10월 20일

지은이 전영평 외
펴낸이 성낙인
펴낸곳 서울대학교출판문화원

출판등록 제15-3호

주소 08826 서울 관악구 관악로 1
대표전화 02-880-5252 | 팩스 02-888-4148
홍보마케팅팀(주문 상담) 02-889-4424, 02-880-7995
이메일 snubook@snu.ac.kr
홈페이지 www.snupress.com

ISBN 978-89-521-1056-5 93350

한국의 소수자정책

담론과 사례

전영평 외 지음

서울대학교출판문화원

Korean Minority Policy

Discourses and Cases

Young-Pyoung Chun et al.

Seoul National University Press

머리말

권위주의적인 국가지배 구조틀 속에서 개발 이데올로기, 성과 이데올로기에 익숙해진 한국사회의 구성원은 소수자를 배려할 여유를 크게 갖지 못하였다. 신체적 차이, 권력적 차이, 경제적 차이, 문화적 차이는 자연스럽게 사회적 차별로 이어지게 되었으며, 정부는 소수자의 권리와 복지를 실현할 수 있는 정책 수립과 집행에 소홀하였던 것이 사실이다. 어떤 면에서는 소수자에 대한 국가의 정책적 차별이 의도적으로 진행된 측면도 있다고 할 수 있다.

개발 독재 시대의 각종 차별 아래에서 숨죽여 지내던 한국의 소수자들이 나름대로 자기 목소리를 내기 시작한 것은 그들이 스스로 집단화하거나 옹호집단의 도움이 있었기 때문이다. 개체화되고 원자화된 소수자의 위상으로서는 소수자운동이 불가능하게 되며 기껏해야 시혜적 정책의 대상이 될 뿐이다. 그러나 소수자가 집단화되어 정체성을 갖추게 되면 상황이 달라진다. 소수자가 집단화되면 집단정체성을 확보할 수 있게 되며, 집단정체성이 확보되면 사회적 차별에 대한 문제제기와 저항운동이 가능해진다. 소수자집단의 저항운동은 인권과 복지 등의 분야에서 사회적 약자에 대한 혜택의 증가가 불가피하다는 점을 대중에게 확산하게 된다. 이처럼 소수자운동은 정체성 확립 단계, 저항성 확립 단계, 이슈 확산성 단계로 이동하는 성향을 가지고 있으나 정부는 소수자운동의 요구에 대하여 '관리적 관점'에서 뒤늦게 반응하는 경향을 보이고 있다.

사회적 약자인 소수자에 대하여 '정부가 어떤 정책과 행정으로 대응하고 있는가'를 이해하는 일은 소수자의 인권, 고용, 교육, 복지 향상을 위해서 매우 중요하다. 특히 행정학 분야에서 소수자와 관련된 행정의 역할을 집중 조명하여 소수자정책의 정체성을 확인하고 소수자정책의 문제점과 성과를 평가해 보는 일은 향후 행정학연구의 지평을 확대함은 물론, 사회과학의 발전에도 동참할 수 있는 좋은 기회가 될 수 있을 것이다. 다소 유감스럽게도 60년의 역사를 가진 한국의 행정학 분야에서 소수자문제의 심각성과 그에 대한 행정의 대응과정을 심도 있게 연구한 저술은 거의 발견하기 어렵다. 이는 불균형 성장과정에서 소수자문제가 사회적, 학문적으로 조명될 기회를 거의 갖지 못하는 소재였다는 점과 행정학이 정부관리와 성과향상에 천착하는 학문으로 성장해 온 데 기인한다.

하지만 한국사회에서 소수자 연구 분야는 행정학 분야뿐만 아니라 여타 사회과학 분야에서도 별다른 관심을 받지 못했던 것이 사실이다. 이런 상황에서도 소수자 인권문제에 대한 관심이 증폭된 이유는 ① 1987년 6.29 시민 저항 이후 가속화된 민주화의 역동적 전개, ② 세계화 과정 속에서의 축적된 경제적 풍요, ③ 국민 전반에 걸친 교육수준 및 인권의식 향상, ④ 정보통신기술의 발달로 인한 의사소통 활성화 때문으로 보인다. 지난 20년간 숨 가쁘게 진행되어 온 이런 변화가 없었더라면 한국사회의 소수자운동과 정책연구는 아직 그 빛을 발하지 못했을 것이다.

이 책은 총 10개의 장으로 구성되어 있다. 제1장과 제2장은 소수자문제와 소수자행정의 등장배경, 소수자행정의 과제, 소수자정책 연구의 틀을 탐구하는 '소수자정책 연구의 기본적 이해' 부분이다. 제3장에서 제10장에 이르는 8개의 장은 최근 이슈가 되고 있는 대표적인 소수자집단 — 비정규직, 외국인 노동자, 탈북자, 결혼이주여성, 동성애자, 양심적 병역거부자, 일본군위안부,

납북자 가족 — 을 사례로 하여 한국 소수자운동의 전개와 그에 대한 정부의 대응과정을 학술적인 관점에서 조명하는 것을 그 내용으로 하고 있다.

먼저, 제1장 '다문화시대의 소수자운동과 소수자정책'에서는 한국사회 내부에서 소외되고 차별받는 소수자, 해외로부터 유입되는 소수자, 개성과 양심에 따라 스스로 소수자가 되는 사람들이 얽혀 있는 현재의 한국사회를 '다문화사회'로 규정하면서, 다문화시대와 관련된 담론을 고찰하고 이에 따른 행정의 역할과 방향을 모색하고자 하였다. 보다 세부적으로는 ① 한국사회에서 가속화되고 있는 소수자운동의 압력과 그에 대응해야 할 행정 및 행정학 연구의 필요성, ② 다문화시대에 대한 세 가지 다른 견해와 '다문화주의시대'로서의 다문화시대의 이해 필요성, ③ 소수자운동에 대한 세 가지 견해: 급진주의, 개량주의, 후견주의, ④ 소수자운동에 대한 행정의 대응양식: 인권주의 양식과 관리주의 양식, ⑤ 소수자행정의 이해를 위해 필요한 소수자 생성과정에 대한 담론과 소수자유형의 분류, ⑥ 소수자행정에서 구체적으로 다루어야 할 네 가지 행정-인권, 고용, 복지, 교육-분야, ⑦ 소수자문제와 운동, 그리고 소수자행정 분야에 대한 지속적인 연구 필요성, 의의, 한계 등을 논의하였다.

제2장 '소수자의 정체성, 유형, 그리고 소수자정책 연구관점'에서는 행정학 분야에서 소수자문제를 어떻게 인식하고, 정책과정별로 어떠한 이론적 관점에서 소수자문제를 연구해야 하는가에 대해 논의하였다. 국내 소수자 연구는 주로 사회학자에 의해 사회운동 차원에서 진행되고 있는바, 행정학 분야에서 이를 더욱 확장하여 소수자정책의 형성과 변동에 관한 정책 정보를 산출할 경우 그 연구 결과가 소수자정책실무와 소수자정책이론의 형성에 기여하는 바가 있을 것이다. 최근 행정학 분야에서 부분적으로 몇몇 소수자집단에 대한 연구들이 등장하고 있지만, 기존 정책이론 적용을 위한 사례로 선택되는 경우가 대부분이며 소수자 연구로서 정체성을 살린 연구가 되지 못하고 있다. 이 장에서는 소수자의 정체성 규명, 소수자의 유형화, 소수자 연구 영역 및 사례의 개발, 소수자정책 변동과정을 탐구할 수 있는 다양한 정책연구 관점을 고

찰하였다.

제3장 '소수자로서 비정규직 근로자와 정책'에서는 비정규직 근로자를 대상으로 이들을 둘러싼 소수자운동과 정책변동과정을 고찰하였다. 비정규직 고용형태가 산업현장에서 보편적으로 통용되면서 비정규직 근로자들은 정규직 근로자에 비해 동일한 성별과 능력을 가지고 동일 노동에 참여함에도 불구하고 임금, 지위, 인권의 측면에서 차별을 받게 되었다. 이 장에서는 비정규직 근로자가 소수자로 규정될 수 있는 특성을 규명하고, 비정규직 고용을 둘러싼 옹호연합들 간의 갈등상황에 따른 정책변동과정을 설명하고자 하였다. 이를 위해 최근 등장한 소수자 이론을 검토·적용하였으며, 옹호연합모형(ACF: Advocacy Coalition Framework)과 기회자집단(swing group) 개념을 사용하여 비정규직 소수자 고용정책의 변동과정을 상세하게 규명하였다.

제4장 '소수자로서 외국인노동자와 정책'에서는 1980년대 후반 해외에서 유입된 외국인노동자에 대한 차별문제, 외국인노동자의 소수자운동, 이에 따른 정책변화를 고찰하고자 하였다. 한국사회의 외국인노동자 문제는 기존의 저비용 노동인력 관점으로부터 벗어나 사회적·정책적 차별의 피해자라는 인권적 소수자의 관점에서 접근할 필요가 있다. '차별받는 소수자'로서 외국인노동자의 정체성을 확인하기 위해 식별가능성, 권력의 열세, 차별적 대우의 존재, 집단의식이라는 소수자 특성을 검토하였다. 또한 외국인노동자 문제를 둘러싼 갈등구조를 옹호연합이론을 통해 파악 — 기존의 중소기업이익을 옹호하는 연합과 이에 맞서 외국인노동자의 인권보장을 지지하는 연합이 각각 논리를 구축하며 대립해 온 과정으로 파악하고 각각의 신념 및 논리를 구체적으로 고찰 — 하였다.

제5장 '소수자로서 동성애자와 정책'에서는 한국사회의 윤리적 문화적 풍습에 의해 금기시되어 온 — 그러나 엄청난 속도로 확산되고 있는 — 동성애를 중심으로 동성애자 운동과 그에 따른 정책의 변화과정을 논의하였다. 이 연구에서는 동성애 소수자와 관련된 제반 사회적 상황을 정책적 관점에서 연구한

저술이 전무한 상황이라는 점에 착안하여, 한국사회의 소수자로서 동성애자 지위 및 정체성에 관한 논의를 개진하고, 동성애자가 자신의 존재와 정체성을 사회에 알리며, 자신에게 차별을 가하는 제도를 변화시키기 위해 노력하는 전략을 분석함으로써 동성애자를 둘러싼 제도의 변화과정을 규명하고자 하였다. 정책적으로 의미 있는 연구 결과를 도출하기 위해 옹호연합모형을 사용하였다.

第6장 '소수자로서 일본군위안부와 정책'에서는 일본제국주의의 전쟁 피해자인 일본군위안부 소수자와 소수자운동, 그에 따른 정책변동과정을 고찰하였다. 정신대로도 불리고, 일본군위안부로도 불리는 특이한 형태의 한국 소수자들이 뒤늦게나마 커밍아웃을 하고, 지속적인 인권투쟁에 참여하게 된 것은 피해자 인권 회복의 중요성을 미리 감지한 정신대인권 옹호자들 때문이었다. 이 장에서는 소수자로서 일본군위안부를 중심으로 옹호집단의 활동과 정부의 대응, 여타 국내외 정책주체 간의 관계들을 살펴보고 그간의 정책이 어떠한 양상으로 전개되어 왔는가를 분석하였다. 보다 구체적으로 일본군위안부 피해자의 소수자로서 특성을 앤서니 드워킨과 로자린 드워킨(Anthony Dworkin & Rosalind Dworkin)의 네 가지 기준을 통해 조명하고, 이후 사바티에와 젠킨스-스미스(Sabatier & Jenkins-Smith)에 의해 제시된 옹호연합모형을 사용하여 소수자로서 일본군위안부 피해자, 시민단체, 정부부처 및 기타 국내외 참여자를 중심으로 정책의 역동적 변화과정을 서술하였다.

제7장 '소수자로서 탈북자와 정책'에서는 남북 분단이라는 특수한 상황에서 이념과 빈곤문제로 인하여 남한사회에 유입된 탈북소수자의 정책개입과 그 효과를 고찰하였다. 탈북자문제는 일반적인 소수자문제를 넘어서 분단과 통일이라는 역사적이고 정치적인 문제를 내포하고 있기 때문에 더욱 복잡하다. 탈북자들은 1990년대 후반 이후부터 사회적 차별을 극복하기 위해 단체를 결성하여 탈북자운동을 전개해 왔다. 하지만 이제까지의 한국정부의 접근방식은 외교 정책적이고 행정관리적인 차원에 치중하고 있는 실정이며, 학계

에서도 탈북자의 사회정착과 지원 및 관리방안을 모색하는 행정·정책적 연구가 주류를 이루고 있다. 이 장에서는 탈북자문제를 소수자문제로 파악하고, 소수자운동으로서 탈북자운동의 특징과 정책개입전략을 분석하며, 그간의 진행과정에서 나타난 문제점과 특징을 규명하고자 하였다.

제8장 '소수자로서 결혼이주여성과 정책'에서는 결혼이주여성의 소수자적 특성을 검토하고 이들에 대한 한국정부의 대응과정에서의 정책정체성을 분석하였다. 구체적으로 결혼이주여성정책의 정책결정과정과 정책집행과정에서 나타나는 정책정체성이 '인권지향인지, 관리지향적인지'를 파악하고자 하였으며 결혼이주여성정책이 한국의 다문화시대에 대한 사회적, 학술적 담론을 추동시킨 파생적 효과에 대해서도 논의하였다. 결혼이주여성 문제에 대한 한국정부의 정책은 '결혼이주배우자 및 그 가족'에 대한 차별시정 관점이 아니라, 결혼이주여성을 포함한 그 가족의 사회적응에 초점을 맞추는 관리적 관점에 천착하고 있다. 결혼이주여성정책의 형성과정과 집행과정의 분석을 통하여 ① 정책형성과정에서 결혼이주여성 개인의 인권보호 관점에서 가족유지 관점으로의 정체성의 변화, ② 정책의 집행과정에서 나타나는 대통령의 개입에 따른 정책의 변화, 다양한 부처의 경쟁적 사업팽창, 새로운 이해집단의 출현 등의 변화, ③ 결혼이주여성정책의 전개가 한국사회 다문화담론을 견인하는 현상을 발견할 수 있었다.

제9장 '소수자로서 양심적 병역거부자와 정책'에서는 양심적 병역거부자를 소수자의 시각에서 검토하고 이들을 둘러싼 옹호집단 간 이념적 갈등을 고찰하였다. 신념 — 혹은 양심 — 에 따른 병역거부에 대한 대체복무 허용문제가 최근 우리 사회에 뜨거운 쟁점이 되고 있다. 지금까지 병역거부로 처벌받은 사람은 1만여 명을 상회하는 것으로 알려져 있으나, 신념에 따른 병역거부자에 대한 정책은 제자리걸음을 하고 있다. 병역거부를 둘러싼 논란은 단순히 병역의무와 개인의 기본권과의 관계에 관한 쟁점만이 아니라 국가가 개인의 자유를 어느 정도로 제한할 수 있는가라는 중요한 정치철학적 쟁점을 내포하

고 있고 행정학 분야에서도 민주주의적 가치실현과 사회적 형평성이라는 측면에서 중요한 관심사가 아닐 수 없다. 이 장에서는 이른바 양심적 병역거부 운동을 소수자운동의 시각에서 보면서, 소수자로서 그들의 정체성, 소수자집단의 형성과정과 운동의 전개, 그리고 소수자운동을 통한 정책변동과정을 탐색하고자 하였다. 정책갈등과정을 보다 체계적이고 종합적으로 설명하기 위해 옹호연합모형을 이용하였으며, 구체적인 발견 사항과 행정학적 함의, 향후 정책변화의 가능성을 논의하였다.

제10장 '소수자로서 납북자 가족과 정책'에서는 납북자 가족의 소수자적 특성과 소수자운동, 이에 대응하는 정부의 대책을 고찰하였다. 한국사회에는 냉전으로 인해 고통을 받아오면서도 국가와 국민의 관심으로부터 소외되어 정책대상으로 인정받지 못했던 납북자 가족이 살고 있다. 이들에 대한 정당한 정책적 대우는 근본적으로 인권의 문제, 그리고 국민국가의 본래적 의무로서의 자국민에 대한 보호 문제와도 깊이 결부되어 있다는 점에서 중요한 의제로 다루어져야 한다. 지금까지 납북자 문제의 해결을 위한 정부의 노력은 미진하였으나, 그런 정책적 소외 속에서도 납북자 가족단체를 중심으로 이 문제를 정책의제화하기 위한 일련의 노력들이 진행되었다. 이 장에서는 납북자 가족을 사회적 소수자의 관점에서 파악하여, 납북자 관련 사회문제가 어떠한 역동적인 과정을 통해 정책의제로 부상하게 되는가를 분석하는 데 초점을 두었다. 구체적으로 이 문제가 정책의제로 설정되는 과정에 영향을 미친 외부 환경적 요인은 무엇이고 그 과정에 참여한 주요 행위자는 누구이며, 그들의 정책신념과 전략은 무엇인가를 변형된 옹호연합모형과 소수자 관점을 적용하여 검토하고자 하였다.

이 글이 나오기까지 함께 수고해 주신 분들께 관하여 언급하고자 한다. 행정학 분야에서 소수자운동과 정책에 대한 과목이나 논의가 거의 발견되지 않은 상태에서 소수자정책에 관한 연구를 기획하는 것이 쉽지 않았던 것이 사실이다. 필자는 수년 전 고려대학교 박사과정에서 소수자정책을 강의할 기회를 갖게 되었고 박사과정 학생들과 한 학기 동안 행정학의 시각에서 소수자문제와 정책을 연결시킨 연구를 수행하였다. 또한 대구대학교를 졸업한 제자 장임숙 박사와 계명대학교를 졸업한 김선희 박사도 함께 참여하여 총 8편의 소수자정책사례연구를 실시하였다. 이 책의 1편에 해당하는 2편의 소수자정책의 기초연구 분야는 필자가 단독으로 수행한 연구의 결과이며, 8편의 사례연구는 제자들과의 공동 저작에 해당한다. 필자는 아직 대학 등에 제자리를 잡지 못한 박사과정학생, 시간강사들과 작업을 하면서, 이 연구가 '한국 지식 사회의 소수자집단에 의한 소수자 연구'라는 농담을 하기도 하였다. 아주 부끄럽지 않은 것은 다행히 이 연구의 저작 10편 모두가 학술진흥재단 등재학술지에 출판되었다는 점이다. 발표논문, 발표저널, 발표자에 관한 사항은 다음과 같다.

「다문화시대의 소수자운동과 행정: 담론과 과제」(한국행정학보 2008년 42권 3호: 전영평), 「소수자의 정체성, 유형, 그리고 소수자정책 연구 관점」(정부학연구 2007년 13권 2호: 전영평), 「소수자로서 비정규직 근로자와 정책변동」(한국행정학보 2007년 40권 4호: 서혁준·전영평), 「소수자로서 외국인 노동자: 정책갈등분석」(한국행정연구 2006년 15권 2호: 전영평·한승주), 「동성애소수자의 차별저항과 정책변동」(한국행정연구 2007년 15권 4호: 정재진·전영평), 「일본군위안부 소수자정책 변동과정분석」(한국행정논집 2008년 20권 3호: 전영평·서성아), 「소수자로서 납북자 가족의 정책획득 과정 연구」(정부학연구 2007년 13권 1호: 김영대·전영평), 「소수자로서 탈북자의 정책개입에 관한 분석」(정부학연구 2008년 14권 4호: 전영평·장임숙), 「결혼이주여성의 정체성 분석: 인권보호인가, 가족유지인가」(행정논총 2008 46권 4호: 김선희·전영평), 소수자로서 양심적 병역거부자와 옹호집단 간 정책갈등 분석(한국행정논집 2008년 20권 4호:전영평·박원수·김선희). 2010년 출판을 위하여 사례 연구 부분은 가장 최근까지의 자료를 수집하여 내용을 보완하였음을 밝힌다. 사실 이들 공동저자가 없었더라면 이 책의 출판은 불가능했을 것이다. 이들에게 더할 나위 없는 감사를 드리며 향후 이들이 좋은 학자로서 성장하기를 기원한다.

저자는 대학에서 소수자정책이라는 과목을 개설하여 이 책의 내용을 중심으로 2년째 강의를 하고 있다. 강의에서는 소수자관련, 인권관련, 전쟁관련 자료 및 영화를 함께 사용하면서 학생들의 발표와 토론을 유도하고 있다. 특히 다양한 사회과학분야의 학생들이 상당한 관심을 가지고 진지하게 강의에 참여하는 모습을 볼 때 이 연구를 시작한 보람을 느낀다. 인권이 중요시되는 사회로 진입함에 따라 소수자문제는 일반사회는 물론 대학과 같은 지식사회에서 더욱더 많은 관심을 가지고 다루어야 할 분야가 아닌가 생각한다.

마지막으로 이 책의 추천사를 흔쾌히 써주신 존경하는 스승 안병영 연세대 명예교수님께 감사드린다. 평생을 흔들림 없이 사회정의와 소수자를 위해 이론과 실천 양면에서 손수 모범을 보여주신 안병영 교수님의 명예에 이 책이 누가 되지 않았으면 한다.

모자란 자식을 항상 끝까지 믿어주시고 기도해 주시는 어머니와 형제, 사랑하는 아내와 가족에게 감사한다. 학문의 길로 들어 설 수 있도록 도와주시고 학문하는 자세를 가르쳐 주신 고려대학교 행정학과 은사님과 조지아 대학(University of Georgia)의 은사께도 깊이 감사드린다. 이 책이 서울대학교출판문화원에서 출판될 수 있도록 도움을 주신 서울대학교 김신복 교수님, 추천해 주신 김병섭 교수님, 늘 격려해 주는 고마운 친구 이승종 교수, 그리고 수고를 맡아주신 서울대학교출판문화원 관계자에게도 깊은 감사 말씀을 드린다.

전영평

추천의 글

전영평 교수는 한국행정학계에서 매우 드문 존재다. 대부분의 행정학자들이 주류사회와 기득이익, 그리고 체제의 안정과 효율적 관리에 학문적 관심을 갖는 데 비해, 그는 시종 비주류사회, 소수자문제, 인권 및 사회적 형평의 제고에 깊은 관심을 피력하면서, 오랫동안 이 방면 연구를 외롭게, 그러면서 매우 성공적으로 일구어 왔다. 아울러 그는 시민운동가로서도 일가를 이루었다. 그러한 면에서 그는 한국행정학의 학문적 지평의 확장과 관점의 다양화, 그리고 한국사회의 소외극복과 통합에 기여하고 있는 인물이다.

이 책은 한국사회 내부에서 소외되고 차별받는 소수자문제에 관한 개척적 연구로서, 이 방면에 관한 전 교수의 그간의 학문적 노력의 결정체다. 우선 이 책의 몇 가지 특징은 다음과 같다.

전영평 교수는 한국사회에 존재하는 다양한 소수자 세력이 표출하는 문화적 특성에 착안하여, 한국사회를 '다문화사회'로 규정하면서, '다문화시대'의 소수자운동 및 소수자 정책/행정의 담론과 과제 및 정책연구 관점을 논의하고, 주요 사례를 중심으로 정책과정을 분석한다. 그의 연구는 소수자 연구영역의 이론구성을 위해서는 물론, 소수자문제 해결이라는 절박한 현실적 이유에서 매우 필요하고, 시의 적절한 작업이라고 생각된다.

그가 이 책에서 다루는 소수자집단은 비정규직 근로자, 외국인노동자, 결혼이주 배우자, 탈북자, 동성애자, 일본군위안부 소수자 등으로, 자칫 주류사회로부터 소외, 배제되기 쉬운 주변인들이다. 소수자문제는 매우 복잡하고, 이에 대한 우리 사회의 이론적, 정책적 연구 바탕도 취약하다. 그러나 이 문제영역은 그에 대한 우리 사회 및 정부의 대응 여하에 따라, 때로는 '시한폭탄'으로 작용할 수도 있고, 때로는 '새로운 희망'으로 승화될 수 있는, 실로 중차대한 쟁점의 연쇄다. 전 교수의 그간의 고독한 연구가 소중한 이유가 바로 거기에 있다.

전 교수는 이 책에서 우선 소수자 연구에 바탕이 될 수 있는 이론적 작업을 성실하게 수행하였다. 그는 소수자운동의 범주와 특징, 그에 대한 정부의 대응방식을 논의하고, 유형을 나눈 후, 소수자행정의 주요 분야와 과제를 정리하였다. 아울러 그는 소수자정책 연구를 위한 분석틀과 논점을 체계적으로 제시함으로써 차후 소수자 및 소수자정책 연구의 정초(定礎)를 마련하였다. 험산(險山)에 새 길을 닦은 셈이다.

전영평 교수는 이 책에서 대표적인 소수자 사례를 중심으로 구체적 정책과정을 분석한다. 그는 사례에 따라 정책갈등, 정책변동, 정책개입 등의 이름으로 접근하여 소수자정책과정 특유의 첨예한 갈등과 역동성을 조직적으로 펼쳐 보이고, 문제의 본질에 입각해서 갈등해결을 위한 정책설정의 장기적 시각과 기본적 방향을 제시한다. 전 교수는 이들 연구에서 자주 사바티에와 젠킨스-스미스가 개발한 '옹호연합'모형을 분석틀로 적용하는데, 이 분야 연구를 위해 매우 유용한 분석도구로 보인다. 이들 정책사례 분석은 주요 소수자문제에 대한 우리 사회의 바른 이해를 위하여, 그리고 이후 후속연구와 정책실무자의 정책관리를 위해 매우 요긴한 자료가 될 것이다.

이 책의 또 하나의 특징은 전영평 교수가 책 전편에서 매우 균형적, 통합적 시각을 견지하고, 거시적·장기적 관점에서 접근하고 있다는 점이다. 그는 자칫 시민운동가가 빠지기 쉬운 이념이나 정서의 여울에서 벗어나 편향된 분석이나 논평을 자제하고 보다 객관적, 중립적으로 문제에 접근하려는 노력을 경주하고 있다. 소수자문제가 운동적 성격이 강한 데도 불구하고, 그의 글 속에서는 격정과 증오보다는 걱정과 대안이 앞선다. 따라서 그는 우리 사회에서 소수자문제가 오랫동안 정부의 관리주의 정책이 되어 왔음을 바르게 적시하면서도, 새로이 일고 있는 인권주의 관점에 대해서도 적절한 관심을 표명한다. 또 승패의 관점이나 때 이른 비판보다는, 사회통합의 관점에서 장기적 문제해결을 모색한다.

이 책은 전 교수가 오랜 기간 개별적으로 쓴 논문들을 다시 엮는 형식을 취했다. 따라서 얼마간 전편을 관통하는 일관된 흐름이 약하다는 인상을 준다. 그러나 전 교수가 그때그때 언젠가 이들 논문들을 한 권의 책으로 펴낼 생각을 하고 썼던 논문들이고, 또 출판에 앞서 글들을 다시 다듬었기 때문에 장마다 단편화된 느낌은 드러나지 않는다.

이 연구는 격랑의 한국 현대사를 호흡하면서 균형된 사회의식과 학자적 양식을 함께 지키며 꿋꿋하게 살아 온 한 진지한 사회과학자의 노작이다. 이 책은 비단 행정학 및 정책학 영역뿐만 아니라 정치학, 사회학, 사회복지학, 그리고 개별 문제영역의 연관 학문분야에도 매우 값진 기여를 할 것으로 확신한다. 아울러 이 책이 앞으로 우리 사회의 소수자 연구에 기폭제가 되고, 변방의 소수자들이 희망의 불씨를 지피는 데 도움이 되기를 바라는 마음 간절하다.

연세대학교 명예교수
안병영

차 례

표 차례

그림 차례

제1장 다문화시대의 소수자운동과 정책

Ⅰ. 소수자운동의 압력과 정책

1980년대 말 한국사회에서 시작된 조직적 시민운동은 한국의 정치, 경제, 사회, 문화 전반에 걸친 개혁적 변화를 요구하였고 한국의 정치는 이들의 요구를 수용하여 대대적인 개혁 정국을 유지해 왔다. 특히 문민정부 이후 사회적 부조리를 청산하고자 하는 시민사회의 요구는 더욱 증폭되어 정치와 행정 부문에도 많은 개혁적 변화가 수반되었다. 그러나 행정의 영역은 기본적으로 정치와 입법의 후속 영역이기 때문에 행정 스스로가 시민사회의 요구를 적극적으로 받아들여 그에 반응하기 위한 적극적인 정책 결정이나 집행을 하는 데에는 일정한 한계를 가질 수밖에 없는 것이 현실이다. 특히 민주주의, 시장경제, 시민사회 성장과 더불어 폭발적으로 증가하는 인권 및 다양성 존중에 대한 시민적 욕구에 대하여 행정은 뒤늦은 반응을 하기 일쑤이며, 이런 류의 새로운 문제에 대한 행정의 대응성과 문제해결 능력은 낮은 것으로 평가받게 된다. 우리의 경우, 세계화 확대, 1997년 외환위기, 양극화 심화, 세대 간, 집단 간 문화적 차이가 새로운 사회문제 영역으로 등장하면서 새로운 유형의 소수자를 양산하고 있다는 점에 유념해야 한다. 실로 21세기에는 더욱더 많은 이유로, 더욱더 다양한 유형의 소수자들이 생겨나는 사회로 이행할 것으로 보인다.

'정치가 시키는 일, 법률로 정해진 일'을 처리하는 데 열중할 수밖에 없는 행정은 다문화사회, 다양성의 사회, 세계화된 사회에서 생겨나는 새로운 문제에 관심을 가질 동기와 여력이 별로 없겠지만, 우리 사회에 존재하고 있는 다양한 부류의 소수자들은 집단적 소수자운동을 통해 — 스스로 혹은 옹호집단을 통해 — 지속적으로 자신의 정체성 확립과 인권적 지위 향상을 위한 정치적 투쟁을 해 왔다. 행정이 새로운 문제에 '손 놓고 있는 순간'에도 우리 사회의 다양한 소수자들은 자신의 인권, 지위향상, 국가통제에 대한 저항을 위해 조직적이며 전술적인 행동을 하고 있다. 이들은 그들 스스로의 정체성을 확보하여 집단활동을 하기도 하며, 옹호집단(advocacy groups)의 도움을 받기도 하면서 자신에 대한 차별적 대우의 금지, 권리 보장, 지위향상을 위한 생존권적 차원의 정치적 투쟁을 하고 있다. 민주주의 사회에서 정치가는 소수자의 표를 의식하지 않을 수 없으며, '정치가 일단 결정하면 행정은 집행'하는 사실을 경험적으로 학습한 소수자들은 자기에게 유리한 정책을 획득하기 위하여 집중적인 정치적 활동을 하게 된다. 실제로 이런 일은 우리에게만 새로워 보일 뿐, 미국, 유럽, 일본 등과 같은 선진국에서는 이미 다양한 소수자 — 예컨대 성적 소수자 — 에 대한 정치·행정적 배려가 상당히 진행되어 왔다. 이는 2000년 이후 급속하게 다문화사회로 진입해가는 한국사회의 변화에 대하여 우리의 정치 행정은 '소수자운동에 대하여 제대로 된 대안을 마련할 준비가 되어 있는가' 하는 의문을 자아내게 한다.

속도를 높이고 있는 우리 사회의 소수자운동에 대하여 행정이 '아직 준비가 덜 되었다'는 이유'로 변명하기보다는, 소수자문제의 속성과 소수자운동의 성격에 대한 이해를 증진시키는 일이 필요하다. 소수자문제 해결을 위한 행정의 역할 왜 필요한가에 대한 논거로는 라스웰(Lasswell, 1951)의 '보편적 인간의 존엄성을 구현하는 민주주의적 정책과학(the policy science of democracy)' 창설의 주창에서부터, 프레데릭슨(Frederickson, 1971)의 '사회적 형평 실현을 위한 행정의 사명', 대표관료제(representative bureaucracy)와 적극적 고용(affirmative action), 그리고 최근의 다양성관리[1](diversity management)에 이르기까지 실로 많은 이론과 실천적 관행을 찾아볼 수 있다. 이에 따라, 이제는 — 행정학분야에서의 이론적 토대가 부족하다던가 하는 소극적 자세에서 벗어나 — 소수자문제와 소수자운동에 대응하기 위한 행정학 분야의 심도 있는 논의를 본격화할 필요가 있다.

Ⅱ. 다문화사회의 소수자운동

1. 다문화사회의 개념과 소수자

다문화사회가 무엇을 의미하는가에 대해서는 다양한 의견이 있을 수 있다. 이 연구에서는 한국에서의 '다문화사회' 담론을 크게 세 가지로 구분하고자 한다. 먼저, 가장 협의의 '다문화사회' 정의는 저개발 국가들로부터 국제결혼을 매개로 한국에 이주해 온 여성이주배우자가 증가함에 따라 변해가는 한국지역사회의 문화적 지형을 일컫는 것이다. 최근의 언론 등에서 흔히 사용하는 '다문화사회'의 의미는 결혼이주배우자의 급증과[2] 이로 인한 사회문제, 그리고

1. 그리고 토플러가 말하는 '동시화'를 통한 조직적 부(Organizational Wealth)의 축적 논리까지 동원하면, 소수자운동에 동시적으로 잘 반응하는 행정조직일수록 '동시화된 소수자행정'을 통해 공공부문의 부를 창출할 수 있을 것임을 강력하게 암시하는 것이다.

2. 정부의 유엔인권보고서 초안은 '코리안 드림을 꿈꾸며 대한민국에 합법적 또는 불법적인 방법으로 입국해 체류하고 있는 외국인 이주노동자와 전체 혼인의 10%에 이를 정도로 급증하고 있는 결혼이민자로 인해 다문화사회에 대비한 사회통합과 인권존중이

그것의 극복을 위한 대안에 대한 담론과정에서 생겨난 것이다.[3] 이는 1990년대부터 한국사회에 외국인노동자의 대량으로 유입되고 그들에 대한 차별과 편견이 만연했을 때와는 매우 다른 양상이다. 외국인이지만 한국사회에 정식으로 편입되는 결혼이주배우자와, 임시동거인으로서 외국인노동자를 구분하는 것이 우리의 문화적 정서이다. 이처럼 '다문화사회'라는 말은 결혼이주배우자의 — 외국인노동자가 아닌 — 한국 유입과 그들의 정착을 기정사실화하는 과정에서 생겨난 시사적 용어임을 부인하기 어렵다.[4] '다문화사회'를 이런 식 — 다문화를 결혼이주배우자 및 그 가정의 형성 수준 — 으로 이해하는 것은 '다문화'를 가장 협의로 이해하는 것이다. 그러나 이러한 정의가 한국에서 상식적인 의미로 정착하고 있다는 점에 대해서도 주목할 필요가 있다.

둘째, '다문화'에 대한 중범위적인 이해는 결혼이주배우자뿐만 아니라 외국인노동자, 탈북자, 화교 등 한국과 혈통이 다르거나 외부에서 유입된 소수자들의 정체성과 문화적 다양성을 한국사회에서 정식으로 인정하는 견해이다. 이는 한국의 경제적 역할이 세계적으로 확장되고, 내부사회의 민주화가 진전되면서 국내에 거주하는 약소민족에 대한 존중이 필요하다는 각성에서 기인하는 바 크다. 최근의 '다문화주의'를 약소국가의 소수자 관점에서 봐야 할 필요성이 바로 여기에 있다.[5] 예컨대, 우리나라에는 한국전쟁 이후 미국인이 많이

필요한 실정'이라는 내용을 담고 있다.

3. 다문화시대에 대한 시사적 담론은 수년 전부터 시작되었으며, 학술적인 담론으로는 한국사회학회가 2007년 전기사회학대회에서 [한국적 다문화주의의 이론화]라는 통합세션을 구성한 바 있다. 세 편의 논문이 발표되었으나 다문화현상에 직접적인 논의는 한경구/한건수의 "다문화사회개념과 한국사회 다문화담론에 대한 성찰"에서만 언급되었고, 나머지는 다문화현상에 대한 구체적인 정의를 내리지 않은 채, 외국인정책, 이민문제 논의를 다루고 있다.

4. 다문화사회, 다문화시대, 다문화가정 등 다문화현상을 지칭하는 용어는 학술적인 용어로서가 아니라 미디어와 현장봉사자들 사이에서 시사적인 용어로 등장하였다. 특히 2007년에 들어서는 다문화현상에 대한 담론이 급격히 증가하고 있는데, 이를 촉발시킨 계기는 주로 결혼이주여성의 수용 및 적응과정에서의 사회문제가 크게 여론화되었기 때문이다.

5. 다문화시대를 탈민족주의의 관점에서 보는 대표적인 사례를 들면 다음과 같다. 한승

거주하고 있고, 일본인들도 커뮤니티를 구성하고 살고 있으며, 사회 전체가 미국이나 일본식 대중문화로 넘쳐나고 있었음에도 불구하고 당시에는 '다문화사회'라는 용어를 사용한 적이 없다. 이는 선진국의 문화가 '우월한' 문화로 비춰진 데 기인하는 바 크며, 상대적으로 '열등한' 문화권에 속하는 한국에서는 — 특히 젊은 층에서는 — 선진국의 대중문화를 신속히 흡수하는 것이 관건이 되었기 때문이다. 이러한 문화적 현상으로 인하여 선진국의 문화는 다문화현상이 아니라 한국사회의 주류 대중문화로 자연스럽게 정착하였으며, 이에 대한 문화적 차별감을 갖는 일도 거의 없었다.[6] 따라서 작금의 '다문화현상'에 대한 논의의 대부분은 타 약소민족의 한국 내 이주·정착 현상을 의미하는 담론으로서 의미를 갖게 된다. 그러나 이는 다민족사회를 다문화사회로 오해하는 결과를 초래할 수 있다.

셋째, '다문화사회'에 대한 가장 광의의 정의는 '다문화'의 속성을 한 국가사회에 존재하는 다양한 소수자 세력이 표출하는 다양한 문화적 특성으로 이해

주 고려대학교 총장은 "한국에서는 민족을 핏줄과 연결시키기 때문에 단군신화는 단일민족론으로 형성됐고, 과거에는 상당히 긍정적인 효과를 보였습니다. 그런데 세계교류가 많아지고, 우리나라도 다민족 다문화시대로 변화해 가고 있기 때문에 단일민족사상의 뿌리인 단군신화를 그런 사회변화에 맞게 어떻게 적응시킬 것이냐에 대한 논의가 필요한 시점이 됐습니다. 정창영 연세대 총장은 "우리나라에서 민족주의는 역사적 배경과 관계가 깊은데, 한국의 경우 강대국 사이에 끼어 있는데다가 외국의 침략도 많이 받아 한국에서 민족주의를 강화시키는 데 자연스럽게 기여했다고 봅니다. 세계 많은 나라가 다민족, 다인종사회로 가고 있는데 우리나라는 그런 경향과 달리 단일민족으로서 오랫동안 사회를 유지해 왔기 때문에 이런 특징도 민족주의 경향을 강화시키는 데 기여해 왔다고 봅니다. 그런데 이런 것이 나라 전체를 통합하는 데 기여해 온 점이 있지만 타민족에 대해 잘 이해하지 못하고 타민족에 대해 우월감을 느낀다거나 제노포비아(외국인 배척주의)로 변질되는 것은 문제가 될 수 있다고 봅니다."(문화일보, 2007.10.02)

6. 차별은 문화적 차이에서 오는 것이라기보다는 문화적 우월감에서 오는 것이라고 봐야 한다. 최근 티베트 사태의 진상에 대해 중국 南方都市報 주필 장핑이 파이낸셜타임스에 투고한 글은 시사하는 바가 많다. 그는 "서방 매체의 왜곡보도가 문화적 우월감에서 비롯됐다면 중국 내 소수민족의 민족주의 역시 한족의 문화적 우월감이 초래한 것 아니겠느냐"라고 비판한 이유로 직위해제 되었는바(동아일보, 2008.5.8), 바로 이러한 시각이 소수자 차별의 근본원인이 문화우월주의에 있음을 지적한 적당한 사례라 하겠다.

하는 것이다. 이는 '다문화'의 의미를 외국인 소수자의 수용과 적응 분야에 한정하는 데는 문제가 있다는 인식에서 출발한다. 예컨대 결혼이주배우자의 경우, 그 구성이 매우 이질적이며 — 다양한 국가의 다양한 계층에서 결혼을 매개로 이주하는 특성을 가진 관계로 — 집단적 문화정체성을 가지고 있지 않은 경우가 대부분이다. 따라서 결혼이주배우자든 외국인노동자든 고유한 문화적 정체성을 집단적으로 표출하지 못하는 한, 다문화시대를 구성하는 문화적 주체라고 불리기는 어렵다. "다문화사회와 다민족사회가 본질적으로 같은 것이라는 인식은 문화개념의 빈곤과 관련된 대표적인 오해로 볼 수 있다. 한국사회의 인적 구성이 다민족화 한다는 것이 곧 문화적 다양성을 전제하지 않기 때문이다"라는 한경구/한건수의 지적은 필자의 주장과 거의 일치한다. 백과사전적 정의에서도 다문화주의(multiculturalism)는 '여성문화, 소수파문화, 비서양문화 등 여러 유형의 이질적인 문화의 주변문화를 제도권 안으로 수용하자는 입장을 이르는 말'로 규정되고 있는바(두산백과사전), 이런 식의 정의가 우리의 소수자 연구에 더욱 적합할 것이다.[7] 이런 점에서 '다문화사회'는 보다 정확하게 말하면 '다문화주의사회'로 표현할 수 있을 것이다. 필자는 한국사회의 다문화사회 담론이 타민족 소수자를 포함하는 것은 물론이거니와 다양한 국내 소수자집단의 정체성과 삶의 방식에 대한 수용과 관련된 논의로 이행되는 것이 바람직하다고 생각한다. 예컨대, 동성애자 집단, AIDS 환자 집단, 탈북자 집단, 일본군위안부 피해자집단, 양심적 병역거부자 집단, 장애유형별 장애인 집단, 화교집단, 성매매여성집단, 납북자 가족 집단, 노숙자옹호집단, 특수부대근무자 집단 등과 같은 국내 소수자집단은 그 조직력에서 뿐만 아니라, 정체성(identity), 삶의 방식(way of life) 등의 측면에서 결혼이주배

7. 굳이 다문화주의와 다문화사회를 구분하자면, 다문화주의는 소수자의 문화를 적극적으로 주류 문화로 수용하자는 규범적 입장인 반면, 다문화시대는 소수의 문화가 어울려 있는 상황을 묘사한 관찰적 입장이라고 할 수 있겠다. 필자는 소수자의 인권을 다루는 입장에서 다문화사회를 '다문화주의사회'로 인식하고자 한다.

우자들이나 외국인노동자들 보다 훨씬 강력한 수준의 문화적 정체성을 보이고 있다. 이에 따라 한국의 다문화시대는, 개방적이며 다원적인 사회로 이행하면서 만나게 되는 다양한 소수자집단의 하위문화들이 어울리는 다문화주의 사회로 이해하고자 한다.

2. 소수자운동의 범주와 특징: 급진주의, 개량주의, 후견주의

민주화, 세계화, 양극화 등의 영향으로 최근 한국사회에서는 '다문화적 소수자운동'이 다양한 분야에서 활발하게 전개되고 있으며, 나름대로의 성과를 거두기도 하였다. 문민정부의 여성우대 정책실시, 국민의정부의 국가인권위원회설치 및 여성부 설치, 참여정부의 차별빈곤시정위원회 설치 등의 사례는 소수자운동의 성과라고 보아도 될 것이다. 그리고 이러한 성과는 소수자옹호 단체가 소수자 차별 문제를 정치적 이슈로 — 특히 대통령 선거 이슈로 — 부상시키는 데 성공하였음을 입증하는 것이기도 하다. 시민운동에 대한 정치권의 반응은 그 운동이 가진 정당성보다는 그 운동이 결집해 내는 대중적 지지 가능성에 무게를 두는 것이 사실이기 때문에, 소수자운동가 또한 다양한 전략과 전술을 사용하여 문제의 대중화를 위해 노력하게 된다. 그렇다면 소수자운동 혹은 소수자운동가들은 대체로 비슷한 이념과 가치, 전략과 전술을 사용하는 것일까? 이에 대한 답변은 '그렇지 않다'이다. 실제로 소수자운동의 성격은 나름대로 다양한 스펙트럼을 가지고 있다. 소수자운동의 다양한 스펙트럼은 소수자운동의 성격 규명은 물론이거니와, 그들이 원하는 정책의 변화가 과연 무엇인가를 파악하는 데 매우 중요하게 된다. 소수자운동 연구들을 검토한 결과를 토대로 소수자운동의 범주를 구분하면 다음과 같다.

소수자운동에 관한 사회학적 연구를 관찰하면 소수자운동은 크게 세 가지 — 급진주의, 개량주의, 후견주의 — 로 나눌 수 있다. 먼저 급진주의는 영어로는 radicalism으로 표현할 수 있는데, 이런 식의 소수자운동은 '소수자에 대한 국가폭력'을 발본색원하자는 것을 핵심으로 한다. 사회학자인 윤수종은 "소수자운동이야말로 권력에 대항하여 주체성을 새로 만들어가는 제국 시대의 주요한 운동이다. 제국 권력은 훈육 메커니즘(mechanism), 포획 메커니즘을 통해서 대중의 활동을 자신이 추구하는 이익에 맞추어 가려고 한다. 초코드화는 이러한 제국권력에 맞서서 대중은 다양한 방식으로 투쟁해야 한다"라고 역설하는바 이런 주장이 근본주의 소수자운동이라 할 수 있을 것이다. 이들의 사상은 기본적으로 맑시즘 혹은 좌익 무정부주의적 입장에 토대를 두고 있다. 국가 사회의 근본 구성을 바꾸려는 이런 류의 소수자운동 사상은 가히 혁명적 발상이라 할 수 있으나, 이러한 운동은 기본적으로 실현가능성은 물론이거니와 어떤 류의 — 국가권력의 개조 이외의 어떠한 — 국가 정책도 거부한다는 점에서 정책적 논의의 대상이 되기 어렵다.

소수자운동의 두 번째 범주는 개량주의 혹은 개혁주의(reformism)라고 할 수 있다. 개량주의적 소수자운동은 '국가사회를 인정하고, 소수자에 대한 다수자의 차별, 혹은 약자에 대한 강자의 차별을 적극적으로 시정하는 운동'을 의미한다. 소수자운동에 관심을 보이는 대부분의 사람들이 이런 부류에 속한다고 할 수 있는데, 이에는 탈근대주의자, 다원주의자, 신사회운동가, 인권 및 복지 운동가들로부터, 각성된 엘리트, 각성된 정치인, 각성된 정부기관 등이 포함될 수 있다. 예컨대 유명기(2004)는 근대국민국가를 차별과 배제의 장치로 보면서 "소수자라는 말 자체가, 국민국가를 무대로 주류집단이 펼쳐온 아이덴티티의 정치가 낳은 근대의 유산이다. … 차이를 차별로 전환하는 지배계급의 권력행사는 이름붙이기를 통하여 이루어진다'고 주장한다. 하지만 그는 국가를 거부하기보다는 탈근대사회에서의 보편적인 소수자화 현상을 지적하며 "탈근대사회의 상당수 사람들은 스스로의 의지나 취향에 따라 주류에의 종속을 거부하며 '소수자 되기'를 선언한다. 동성애자의 커밍아웃이나 양심적 병역거부자의 자기 선언은 그러한 시대의 흐름을 반영한다. 탈근대는 자발적인 소수자되기의 시대다"라고 주장하고 있는바, 이러한 그의 입장은 포스트모더니즘적 소수자운동을 대변하는 것으로 볼 수 있다. 탈근대주의 소수자운동이 국가의 기능을 암묵적으로 인정하는 수준에 머물고 있는 것과는 달리, 각종 인권운동단체, 종교집단, 나아가서는 제도권 정치가 등에 의해서도 소수자운동이 전개되기도 한다. 이처럼 개량주의적 소수자운동은 그 폭이 넓고 다양하다는 특성을 가지고 있으나, 궁극적으로는 국가의 적극적 정책 개입을 추동한다는 점에서 공통점을 가지고 있다. 마지막으로, 소수자운동의 한 범주로서 '후견주의(sponsorship)'를 들 수 있다. 이들은 소수자에 대한 동정(pity), 후견(patron), 사회봉사 수준에서 소수자에 대한 지원, 적응 훈련, 자립 등을 통해 그들이 주류사회에 동화할 수 있도록 유도하는 활동을 전개한다. 이러한 운동집단에는 종교단체, 자선단체, 사회복지단체, 직능단체, 적십자사, 로타리, 라이온스 클럽, 관변단체 등이 포함되는데, 이들은 사회문제에 대한 정치적 이념적 판단에 입각한 행동을 하기보다는, 기정사실화된 사회문제에 대하여 인도적 차원의 봉사운동을 전개하거나, 정책집행과정에 있어서의 보조자로서 개입(involvement)하는 수준의 활동을 하는 것이 특징이다. 한마디로 반응주의자는 소수자문제를 제기하거나, 확산시키거나, 정책화를 주도하는 식의 적극적 운동을 전개하는 것이 아니라, 소수자 문제나 정책이 사회불안을 초래할 경우 이를 기능적으로 해결하는 데 만족하는 운동을 전개하는 부류의 사람들인 것이다.

3. 소수자운동에 대한 정부의 대응양식: 인권주의 관점과 관리주의 관점

소수자운동은 필연적으로 소수자 정책 혹은 행정을 요구한다. 그런데 소수자운동은 소수자가 집단화할 수 있을 때 가능하거나, 소수자를 적극적으로 옹호하는 집단이 존재할 때 가능하다. 소수자의 집단적 결속과 연대가 강화되면 될수록 소수자들은 인권과 정체성에 대한 사회적 승인과 그에 부응하는 정책적, 제도적 대책을 요구하기 마련이다. 집단화된 소수자는 대부분 공통된 지침을 구축하고, 공통의 이익을 추구하며, 현시적, 잠재적 차별에 대한 강력한 저항과 아울러 이슈의 사회적 확산을 위해 총력을 다하는 경향이 있다. 예컨대, 장애인, 비정규직, 일본군위안부, 탈북자와 같은 소수자들은 매우 강한 응집력을 가지고 이슈의 사회적 확산과 유리한 정책획득을 위해 매우 적극적인 활동을 하고 있다, 반면, 외국인노동자, 결혼이주여성, 동성애자, 양심적 병역거부자, 노숙자, 난치병환자 등은 그들의 불안한 신분적, 신체적 지위로 인하여 소극적인 정체성 추구 활동에 그치는 경향이 있다. 소수자 간의 이러한 차이는 당연히 정부의 대책 마련에도 차별화를 가져올 수밖에 없다. 즉 강력한 저항성과 이슈의 사회적 확산을 시도하는 집단에게는 인권, 고용, 복지, 교육 등 거의 모든 분야에서의 제도적 대책이 마련되며, 그렇지 못한 집단에게는 관리적 시각 혹은 반응적 시각에서 대응하게 된다. 다문화시대의 다양한 소수자에 대한 정부의 대응 양식은 크게 ① 인권주의적 대응양식과 ② 관리주의적 대응양식으로 분류할 수 있다.

1) 인권주의적 대응양식

인권주의적 대응양식은 소수자문제를 '신체적·정신적·권력적·경제적·문화적 차별의 관점'에서 파악한다. 그런데 한국의 소수자운동과 소수자정책의 등장은 소수자 인권보장에 대한 국제사회의 요청과 무관하지 않다. 오히려 선진국과 유엔을 중심으로 한 인권정책의 국제화가 한국의 소수자운동, 소수자정책을 추동한 경우가 많았다.[8] 특히 올림픽 개최, OECD 가입, 국제정치경제활동증가 등 일련의 국제화 과정은 한국의 정치로 하여금 장애인, 여성, 노동,

8. 특히 장애인, 여성, 국제난민 등에 대한 유엔과 유럽, 미국 등 선진국의 인권보장 요청의 가시화는 1980년 이후 한국 등 개도국 등의 소수자정책에 큰 영향을 미쳐 왔다.

환경, 복지, 인권 측면에서의 국제사회 표준을 수용하도록 하는 데 일조하였다. 따라서 한국사회 내부 혹은 한국 정부 차원에서 소수자문제를 적극적으로 해결하고자 하는 차원에서 소수자정책을 만든 경험은 거의 없다고 해도 과언이 아니다.[9] 그런데 1990년대 이후 한국사회의 경제성장과 국제적 지위향상, 그리고 민주화의 현격한 진척은, 여성과 장애인 같은 대표적 소수자를 필두로 한국사회 소수자에 대한 인권 대책을 마련하도록 하였으며 마침내 2001년 국가인권위원회를 독립기구로 설치함으로써 소수자 인권보호를 위한 국가적 기초를 형성하였고, 소수자문제 해결을 위한 인권주의적 대응양식을 갖추도록 하였다.[10] 그러나 국가인권위원회의 권한은 기본적으로 국가권력에 의한 인권 침해 사안에 대한 조치를 권고하는 데 국한되는 것이기 때문에, 대통령과 같은 고위 정치권이 인권위원회에 힘을 실어주지 않을 경우에는 인권에 관한 권고는 유명무실해질 가능성이 크다.[11] 또한 국가인권위원회의 정치적 중립성도 최근 크게 훼손되어 정권의 색깔에 따라 국가인권위원회의 기능과 존속 여부에 관한 논의가 계속되고 있다.[12] 하지만 국가인권위원회의 설치와 그간

9. 이러한 소극성은 한국이 개도국에서 경제대국으로 이행하는 과정에서 자연스럽게 발생한 것이기도 하다. 즉 먹고사는 문제에서 겨우 벗어나는 과정에서 소수자 인권과 환경오염 등의 문제를 정부가 적극적으로 해결하기를 바라는 것은 무리일 수밖에 없다.

10. 국가인권위원회는 김대중과 노무현 정부의 후원 하에서 한국사회 각 분야에 걸친 인권 침해 사안을 적극적으로 발굴하는 작업을 계속하여 최근에는 대부분의 소수자 인권 문제에 대한 권고활동을 하고 있다. 특히 노무현 정권 시절, 유엔 인권이사국 진출과 반기문 유엔사무총장 취임을 계기로 국가인권위원회는 '인권선진국' 목표로 사회 전 분야에 걸쳐 다소 급진적인 권고를 쏟아냈다.

11. 국가인권회의가 사용하는 권리구제 양식은 국가인권위원회법에 명시되어 있는바 ① 합의의 권고, ② 구제조치 및 제도개선의 권고, ③ 고발 및 징계권고, ④ 수사의뢰, ⑤ 피해자를 위한 법률구조요청, ⑥ 긴급구제조치의 권고, ⑦ 조정을 포함한다(국가인권위원회 홈페이지). 이 중에서 국가정책에 영향을 미칠 수 있는 양식은 구제조치와 제도개선의 권고인데, 이러한 권고를 어떤 수준에서 받아들일 것인가 하는 것은 대통령과 정치권의 몫이다.

12. 참여정부의 경우, 국가인권위원회는 북한의 인권에 관한 입장 표명에 큰 제한을 받았을 뿐만 아니라, 정부에 의한 각종 인권침해사안에 대한 집착으로 인하여 친북 좌파적 성향을 가졌다는 비판을 받기도 하였다. 반면 이명박 정부는 국가인권위원회의 이념적 편향성과 월권적 활동을 문제 삼아 국가인권위원회의 폐지를 고려하였으나, 정치

의 활동 범위를 고찰할 때 국가인권위원회가 한국사회 소수자에 대한 인권보장을 위해 노력한 점은 크게 인정해야 한다.

국가인권위원회가 인권침해 구제를 대상으로 한 소수자에는 장애인, 외국인(이주노동자, 난민, 여성, 아동, 청소년, 노인, 병력자, 군인/전의경, 시설생활인(보호시설), 성적 소수자(동성애자), 새터민(탈북자) 등이 포함되어 있는바, 이는 다문화시대의 소수자를 대상으로 하는 본 연구의 대상집단과 큰 차이를 보이지 않는 것이다. 한편 소수자에 대한 인권적 접근의 핵심은 소수자에 대한 차별행위를 근절시키는 것에 있는바, 이는 기본적으로는 '성별, 종교, 장애, 나이, 사회적 신분, 출신지역(출생지, 원적지, 본적지, 성년이 되기 전의 주된 거주지역 등), 출신국가, 출신민족, 용모 등 신체조건, 기혼·미혼·별거·이혼·사별·재혼·사실혼 등 혼인여부, 임신 또는 출산, 가족형태 또는 가족상황, 인종, 피부색, 사상 또는 정치적 의견, 형의 효력이 실효된 전과, 성적(性的)지향, 학력, 병력(病歷)'(국가인권위원회법 제2조 제4호) 등에 따라 차별해서는 안 된다는 보편적 인권 원칙을 수용하는 것이다.

그러나 국가인권위원회법이 이런 식의 인권원칙을 선언하고 있다고 해서 소수자의 인권이 자동적으로 보장되는 것은 아니다. 소수자 중에서도 정체성, 저항성, 이슈확산성이 강한 집단이 인권정책의 수혜자가 될 가능성이 크며, 집단화되지 못한 소수자 혹은 옹호집단이 존재하지 않는 소수자의 경우에는 인권침해에 대한 개별적 신고를 통해서만 구제받을 수 있는 길이 열릴 뿐이다. 적극적이며 조직화된 소수자운동을 전개하는 장애인, 여성, 비정규직, 탈북자 등이 인권 정책의 우선 수혜자가 되는 반면, 결혼이주여성, 난치병 환자, 노숙자, 시설생활인, 동성애자 등이 인권정책에서 소외되는 것이 결코 우연은 아니다.

적 반대에 부닥쳐 국가인권위원회를 존치시키는 노선을 선택하였다. 정권의 성격상 이명박 정부에서는 인권위원회의 기능을 기술적으로 약화시키는 방법 — 국가인권위원회의 권고를 무력화시키거나, 국가인권위원회의 조직과 구성원을 개편하거나, 법무부를 활용하거나, 법원의 판결을 존중하는 식의 방법 — 을 택할 가능성이 크다.

2) 관리주의적 대응양식

국가인권위원회가 조직 존립의 원리에 따라 소수자에 대한 인권침해방지 및 제도적 권고를 하는 것을 주요 업무로 하는 반면, 중앙행정부서나 지방행정부서의 경우에는 인권주의 관점을 정책집행에 적극적으로 반영할 동기가 별로 없다. 산적한 각종 업무에 짓눌려 있는 행정부서에서 소수자에 대한 인권적 차원의 각별한 배려를 기대하기는 힘들다. 그들은 소수자에 대한 정부의 가이드라인을 수용하고 집행하는 것에 집착하게 마련이다. 대통령을 비롯한 정치권에서도 소수자문제가 정치적 이슈로 부상할 경우, 이에 대한 정부의 종합대책을 마련하는 식의 관리적 대응을 하는 경향이 있다.

관리주의 관점이란 '소수자문제를 기본적으로 여타 사회문제와 동등한 수준에서 보면서, 그 문제로 인한 사회적 위험과 갈등을 해결하는 수준에서 자원을 투입하여 해결하는 관점'이다. 예컨대, 다문화사회의 담론을 촉발시킨 결혼이주배우자에 대한 정부의 종합대책은 '한국사회의 인구정책차원, 농촌총각의 결혼욕구 충족차원, 이주배우자 학대로 인한 외교정책차원'의 관리대책이라고 할 수 있다. 따라서 이주배우자에 대한 정책은 아직 인권주의 관점에서의 정책적 지위를 가지고 있지 못하다. 최근 국가인권위원회가 인권주의 관점에서 주목하고 있는 장애인, 여성, 탈북자, 외국인노동자, 비정규직 소수자 등의 경우에도, 오랜 기간 동안 정부의 관리주의 정책의 대상이 되어 왔으며, 지금도 대부분의 소수자관련 문제 해결은 관리주의 관점에서 진행되고 있다고 보아야 한다. 다문화주의시대의 소수자문제의 해결에 있어 관리주의 관점은 인권주의 관점에 비하여 진보적이지 못하다는 비판을 받을 수는 있으나, 소수자문제 해결과정이 상당부분 정부의 집행과 관련되어 있다는 점에서 볼 때 관리주의 관점의 효용성도 존중될 필요가 있다.

Ⅲ. 다문화사회의 소수자행정의 복잡성

1. 소수자문제의 성격과 개념

다문화사회의 행정은 과거에 경험해 보지 못한 소수자문제, 혹은 과거와는 매우 다른 양상으로 전개되는 소수자문제에 대응해야 하는 난제에 봉착하게 된다. 특히 소수자문제는 그 특성상 유순한 문제인 경우가 드물며, 난해한 문제인 경우가 대부분이기 때문에 행정의 고민은 깊어지게 된다(Harmon & Mayer, 1986). 소수자집단은 사회적 차별로부터 인권을 보호할 수 있는 강력한 정부규제를 요구하는 한편, 다른 한편으로는 사회적 약자에 대한 복지정책과 배분정책을 요청하려들기 때문에, 정부는 인권주의 행정과 동시에 관리주의 행정을 동시에 병행해야 하는 상황에 처하게 된다.

문제를 더욱 복잡하게 하는 것은 소수자유형의 다양함이다. '소수자가 구체적으로 누구를 지칭하는가'에 대한 논의를 살펴보면, 성매매여성, 장애인, 동성애자, 이주노동자, 죄수, 양심적 병역거부자, 넝마주이, 탈북자, 북파공작원, 어린이, 불안정노동자, 청년 실업자, 부랑자, 중독자, 환자, 정신병원수용자, 노숙자, 혼혈아, 수양부모운동, 다른 과학운동, 성폭력반대운동 참여자를 포함시키는 학자도 있으며(윤수종 외, 2005), 장애인, 성매매여성, 외국인노동자, 일본군위안부, 동성애자, 비정규직 노동자, 양심적 병역거부자, 결혼이주여성, 혼혈인, 미혼모, 난치병 환자, 노숙자를 포함시키거나(전영평, 2007), 화교, 해외교포까지 포함시키는 학자들이 있다(최협 외, 2004). 한편 국가기관인 국가인권위원회는 장애인, 외국인(이주노동자, 난민, 여성, 아동, 청소년, 노인, 병력자, 군인/전의경, 시설생활인(보호시설), 성적 소수자(동성애자), 새터민(탈북자) 등을 소수자 영역에 포함시키고 있다. 이러한 다양한 견해를 종합해 보면, ① 소수자의 범위는 줄어드는 것이 아니라 향후 계속 늘어날 것이라는 것을 알 수 있고, ② 소수자와 약자의 구분이 모호해지고 있다는 것을 알 수 있다.

특히 소수자와 사회적 약자 간 경계구분 문세는 심각하게 생각해 볼 문제이다. 이런 점에서 소수자에 대한 개념적 정의에 대한 약간의 논의가 필요하다. 백과사전은 minority를 '소수자집단 [少數者集團, minority]'으로 번역하면서, "육체적·문화적 특질 때문에 다른 사람들과 구별되고 불평등한 차별대우를 받아서 집단적 차별의 대상이 되는 사람들"로 규정하고 있다.[13] 사실상 이런 관점이야 말로 소수자문제의 핵심을 지적하는 것으로서, 소수자는 수적 소수자만을 의미하지 않으며 — 예컨대 비정규직 노동자 — 강자와 주류 기득권세력에 의해서 차별받는 사회적약자라는 필요조건을 갖추어야 함을 의미한다. 이에 따라 소수자라는 용어를 약소자(弱小者)라고 부르는 것이 더 정확하다는 지적도 나오고 있다.[14] 이외에도 자발적 소수자집단까지 생겨나는 상황을 고려하면 — 동성애자, 양심적 병역거부자가 자신들에 대한 차별철폐와 후생복지를 요구할 경우,[15] — 향후 행정이 대비해야 할 과제는 복잡하고도 난해한 것이 될 수밖에 없다.

---

13. "소수자집단이 있다는 것은 보다 높은 사회적 지위와 보다 큰 특전을 가진 우세한 무리가 있다는 것과 불가분의 관계가 있다. 소수자집단은 반드시 구성원의 수가 적다는 의미는 아니다. 이 점은 식민지에서 인구가 많은 토착민이 인구가 적은 통치자로부터 차별대우를 받는 사실로도 알 수 있다. 이처럼 식민지에서의 토착민을 비롯하여 백인이 우세한 미국에서의 흑인, 그리스도(프로테스탄트)교도가 우세한 서양 각국에서의 유대인이나 또는 가톨릭 교도, 일본의 미해방(未解放) 부락민 등이 전형적인 소수자집단이다. 또 때로는 동성애와 심신장애인 등을 소수자집단으로 보는 경우도 있다" (두산백과사전 EnCyber & EnCyber.com).

14. 소수자의 핵심적 특성이 사회적 약자라는 관점에서 볼 때, 국가인권위원회가 규정하는 군인/전의경 등은 소수자의 요건을 충족시키기 힘들 것으로 보인다.

15. 현대사회를 "소수자되기"의 사회로 보는 포스트모더니즘의 입장에서는(유명기, 2004) '자발적 소수자'의 인권과 복지 문제는 당연히 정부가 해결해야 할 책임의 영역에 속한다.

2. 소수자 생성과정에 대한 이해

소수자문제, 소수자운동, 소수자유형의 복잡성은 향후 행정이 소수자문제의 해결에 전문적이고 지능적으로 반응할 수 있는 준비를 갖추어야 한다는 경고를 보내는 것이다. 이러한 경고에 대비하기 위해서 행정이 기본적으로 알아두어야 할 일은 복잡한 유형의 소수자를 소수자 생성과정을 통해 이해하는 것이다. 소수자가 어떤 과정을 통해 생겨나는가를 아는 일은 마치 의사가 병의 원인을 찾는 것과 같은 일이라고 할 수 있기 때문에, 행정이 이 과정을 반드시 이해해야 문제를 원만하게 해결할 수 있다. 소수자가 어떤 과정을 통해 생성되는가에 대한 논의는 세 가지 정도로 나누어 볼 수 있을 것 같다.

첫 번째, 소수자에 관한 사회학, 인류학적 이론은 소수자의 생성과정에 주목하고 있는데, 더글라스(Douglas, 1966) 같은 학자는 소수자는 위험 일탈적 타자를 상징화하여 사회적 위험 요소로 간주하려는 데서 소수자가 생겨난다고 한다. 더글라스는 인간 사회 질서의 근본에는 순수와 위험으로 대비되는 상징체계 — 주변의 무질서한 현상에 질서를 부여하기 위해 순수라는 상징체계와 그 외부에 존재하는 오염된 대상인 위험이라는 상징체계 — 가 존재하고 있으며, 이는 정돈되고 절제하는 '우리'와 일탈적이고 파괴적인 '타자'를 표상하도록 하는데, 이 과정에서 발생하는 '일탈적 타자'가 소수자로서 차별을 받게 된다고 한다. 이러한 소수자 생성 논의는 동성애자, 양심적 병역거부자, AIDS/한센씨병 환자, 성매매여성, 부랑자 등과 같은 소수자문제에 대한 향후 정부 대응방안을 마련하는 데 시사하는 바가 크다.

두 번째 관점은 소수자의 생성은 공동체 질서를 유지하기 위한 희생자를 선정하는 과정에서 발생한다는 것이다. 지라르(김진식·박무호 옮김, 1997: 14)는 "사회는 무슨 대가를 치루고서라도 보호하려고 애쓰는 자신의 구성원을 해칠지도 모르는 폭력의 방향을 돌려서, 비교적 그 사회와 무관한, 즉 '희생할 만한' 희생물에게 향하게 한다."라는 주장은 공동체 내부의 갈등과 폭력을 완화하기 위한 장치 및 대체 폭력의 대상으로서 소수자를 상정하게 한다. 이런 관점을 확대하여, 유명기(2004: 12)는 "세셰삭시에서 보이는 소수자와 약자에 대한 차별과 편견은 실상 그 많은 부분이 집단의 긴장과 적의를 해소하기 위해 선택된 '타자화된 내부'인 속죄양에 대한 집단폭력이다"라고 하였다. 이런 관점은 히틀러의 유대인 학살 등의 사례에서와 같이, 특정 인종, 특정 종교인의 소수자화와 그들에 대한 폭력의 과시에서 잘 드러날 수 있다. 한국의 경우 아직까지 특정 인종이나 종교인에 대한 차별현상이 발견되고 있지는 않지만, 향후 노동시장을 둘러싼 외국인노동자 차별, 이념대립과 관련한 탈북자 차별 등과 같은 문제가 발생할 수도 있다는 점에서 귀추가 주목된다고 하겠다.

세 번째 관점은, 탈근대 사회에서의 보편화된 소수자를 일컫는 관점이다. 최근 등장한 이 관점은 갑작스런 탈근대사회의 도래에 적응하지 못하거나, 적응을 거부한 결과 생겨나는 소수자를 설명하는 데 유용하다.[16] 예컨대 비정규직, 양심적 병역거부, 동성애자, 노숙자 등은 이러한 관점이 잘 설명할 수 있는 소수자이다.

소수자의 생성과정을 위에서와 같이 세 가지로 분류하는 것에 이견이 있을 수 있으나, 이런 식의 분류는 다양한 형태로 등장하는 현대사회의 소수자문제를 보다 체계적으로 이해할 수 있게 함과 동시에, 행정가로 하여금 문제의 발생과정에 천착하게 함으로써 소수자문제에 대한 적절한 대응책을 마련할 수 있다는 유용성을 가진다.

16. 윤수종은 소수자를 표준화를 거부하는 사람으로 정의하고 국가권력으로부터 배제되고 포획되기를 거부하는 특성을 가지고 있다고 주장하고 있다(윤수종 외, 2005: 13). 또한 유명기(2004)는 기존의 소수자가 선천적, 신분적 소수자였던 반면 현대의 소수자는 후천적 현상으로 만민의 소수자화가 이루어지고 있다고 주장한다(유명기, 2004: 17-20).

3. 소수자의 조건과 유형의 이해

소수자의 생성과정과 더불어 중요하게 인식해야 할 사안은, 소수자를 어떤 기준에 의해서 확인할 수 있는가 하는 것이다. 누가 사회적 차별에 노출된 소수자인가를 알아내는 일은 인권주의적 대응과 관리주의적 대응을 구사해야 하는 행정의 책임영역에 해당된다. '어떤 조건을 가진 사람이 소수자가 되는가?'에 대해서는 앤소니 드워킨과 로자린 드워킨(1999)의 구분방식이 유용한데, 그들은 소수자를 구분하는 조건으로서 식별가능성, 권력적 열세, 차별적 대우, 그리고 소수자집단성원으로서의 집단의식 등 네 가지 기준을 제시하고 있다. 먼저, 식별가능성은 신체적·문화적 특징에 의해 다른 집단과 구별되는 뚜렷한 차이를 보이는 것을 의미한다. 권력의 열세란 경제적·사회적·정치적 권력 등에 있어서 실질적인 차이가 있거나 혹은 여러 가지 자원을 동원할 수 있는 능력에서 차이가 나는 것을 의미하며, 차별적 대우는 한 개인이 단지 그 집단의 구성원이라는 이유만으로 사회적 차별을 받는 상황을 의미한다. 마지막으로 소수자는 성원 간의 집단의식이 있으며, 집단의식은 처음에는 몇 사람의 공유된 생각에서 시작되지만 차별적 관행의 반복을 통해 전체적인 연대의식으로 확장된다(윤인진, 2004). 이상과 같은 네 가지 기준에 따른 소수자의 파악은 소수자 문제와 운동에 접하게 되는 행정가들에게 소수자가 과연 어떤 상태에 있는 사람들이며, 그들의 문제를 어떤 시각에서 다루어나갈 것인가에 대한 방향을 제시할 수 있을 것이다. 하지만, 이 분류법은 네 가지 조건 중에서 몇 가지 조건을 만족시켜야 소수자로 규정될 수 있는가에 대한 의구심을 해소시키지 못하며, 다양한 소수자집단을 간략하게 정리해서 파악할 수 있는 틀을 제공하지 못하는 한계를 가진다.

이러한 문제의식은 다양한 소수자를 보다 간략한 범주로 묶어서 이해할 수 있는 방법을 모색하도록 유도하는데, 그 대안은 소수자를 유형화 ― 다소 생략적인 방법이긴 하지만 ― 해 보는 것이다. 연구자는 다문화주의시대에 번성하고 있는 각양각색의 소수자를 간략하게 정리하여 관찰할 수 있는 유형화를 시도한 바 있다(전영평, 2007).[17] 이런 식의 유형화 작업은 다문화시대의 행정으로 하여금 소수자문제 파악과 해결 방안 모색에 적잖이 기여할 수 있다. 특히 정책대상 집단이 행정가에 의해 사회적으로 건설(social construction of target population)된다는 시각에서 보면(Ingram, Schneider, and Deleon, 2007),[18] 행정가에 의한 소수자 인식의 중요성은 아무리 강조해도 지나치지 않을 것이다.[19]

Ⅳ. 소수자행정의 주요 분야와 과제

다문화주의시대를 맞아 점차 다양해지고 각별해지는 소수자운동에 대하여 행정이 적절히 대응하기 위해서는 앞서 지적한대로, 소수자문제의 성격, 소수자의 개념과 범위, 소수자의 생성과정, 소수자 구분의 기준, 소수자의 유형과 분류에 대한 이해가 필수적이다. 그러나 이러한 이해만으로는 '소수자행정이

17. 화에 대한 구체적인 서술은 이 책의 제2장에서 찾아볼 수 있다.

18. 제2장 〈표 2-1〉 참조.

19. 정책대상으로서 소수자(minority)와 소수자집단(minority group)을 통합하여 연구할 필요가 있다. 집단으로서 소수자, 즉 소수자집단은 구성원 자격에 관한 특수한 규칙과 문화적 행위에 관한 지침을 가진 집단으로 규정되지만, 현실세계의 소수자 중에는 — 예컨대 노숙자, 에이즈 환자, 외국인 배우자, 미혼모 등의 경우 — 집단으로서 특수한 규칙이나 문화적 지침을 가진 경우보다는, 열악한 지위 또는 수치심으로 인해 개별적으로 분산되어있는 경우가 많다. 이 경우 이들 소수자들은 정책적 보호 및 탐구의 대상에서 벗어날 수 있다. 따라서 정책 대상으로서 소수자에는 집단화된 소수자뿐만 아니라 집단화되지 못한 소수자가 포함되어야 하며, 이러한 포괄적 개념을 사용해야 현대사회에서 발생하는 소수자문제를 제대로 발견하고 그 문제에 상응하는 정책 대안을 마련할 수 있다"(전영평, 2007)

구체적으로 어떤 영역에서 작동하게 되는가'를 확인하기 어렵다. 연구자는 소수자행정이 매우 중요한 의미를 갖게 되는 영역으로 ① 인권영역, ② 고용영역, ③ 복지영역, ④ 교육영역을 제시하고자 한다. 먼저, 인권과 관련된 행정의 영역은 소수자에 대한 '인권기준 설정과 인권침해구제'에 관련된 사안을 결정하거나 집행하는 영역에 해당한다. 국가인권위원회, 법무부 인권국, 법원, 경찰, 국방부 등과 같은 행정부서가 이러한 업무를 담당하게 되는데, 이들은 장애인, 양심적 병역거부자, 동성애자, 외국인노동자, 결혼이주여성, 탈북자, 죄수, 난치병 환자 등과 같은 소수자가 제기하는 헌법적 기본권 보장,[20] 인권침해구제 업무와 더불어 대체복무제, 동성결혼허용 요구, 외국인에 대한 국내법 수준의 처우 요구 등과 같은 구체적인 사안에 직면하게 될 것으로 보인다. 두 번째 중요한 영역은 소수자에 대한 고용영역이다. 고용분야는 소수자가 인간다운 사회생활을 할 수 있는 경제적 토대와 관련된 영역이기 때문에 실질적으로 매우 중요한 분야가 아닐 수 없다. 특히 소수자에 대한 사회적 차별은 고용의 영역에서 가장 가시적으로 나타나는 경향이 있기 때문에 이 부분에 대한 행정의 차별시정 조치의 결정과 집행은 향후에도 계속 관건이 될 가능성이 크다. 국가인권위원회의 경우에도 감시대상 차별영역 중 고용분야를 가장 우선적으로 설정하고 있다. 세 번째 영역은 복지영역이다. 복지정책과 복지사업은 '부, 재산, 권리 등을 사회 내의 다른 계층에게 재분배하는 정책' 영역으로서 사회계층은 물론, 국가와 지방자치단체가 첨예하게 참여하는 영역이다 (Ripley and Franklin, 1986). 한국의 경우, 장애인, 노숙자, 탈북자, 일본군위안부 피해자, 결혼이주여성을 비롯한 경제적으로 취약한 각종 소수자에 대하여 국가와 지방자치단체가 관리주의적 시각에서 다양한 복지프로그램을 시행하고 있으며, 향후 이들 이외의 소수자들의 복지수요가 증가할 것으로 예측되

20. 국가인권위원회가 헌법상 자유권 개념을 사용하여 소수자에 대한 '형사사법절차상 인권보호 참정권 언론·출판의 자유 집회·결사의 자유 양심·종교의 자유 학문·예술의 자유 거주·이전의 자유 생명권 정보인권 직업의 자유 청구권 재산권'을 보장하겠다는 것은 바로 인권영역에 해당하는 것이라 하겠다.

는 바, 이 분야에 있어 소수자행정의 중요성이 더욱 심층적으로 인식될 필요가 있다. 마지막으로 교육의 영역에 있어서, 행정은 각종 소수자에 대하여 기초교육, 고등교육, 취업교육 분야에 대한 서비스를 제공하도록 요청받고 있다. 장애인, 탈북자, 결혼이주여성, 외국인노동자와 그 자녀 등과 같은 소수자들의 교육수요는 매년 증가하고 있다. 한국사회의 그늘에서 소외되고 있는 이들 약자에 대한 교육의 필요성은 교육이 소수자의 지위를 근본적으로 뒤바꿀 수 있는 기회를 제공한다는 점에서 매우 중요하다. 이에 따라 소수자 교육에 대한 행정의 개입 분야가 향후 매우 중요한 영역으로 부상할 것으로 보인다. 보다 구체적인 논의를 위하여, 탈북소수자의 경우를 사례로 하여 인권, 고용, 복지, 교육 등의 분야에 있어 소수자행정의 중요성과 소수자행정연구의 가능성을 제시하면 다음과 같다.

먼저, 탈북자의 인권영역과 관련된 행정과 행정학의 외연 확대를 논의할 수 있다. 현재 국내거주 탈북자들은 정부합동조사기관과 하나원에서의 구금 생활, 경찰수사과정에서 임의적 체포와 구금, 정부와 언론에 의한 사생활 침해, 개인정보 보호의 미비, 보호담당관의 성적 인권침해를 헌법적 기본권 침해라고 주장하고 있다. 탈북자의 인권보호 및 증진에 관해서는 국가인권위원회와 법무부가 중추적 기능을 담당하고 있고, 부수적으로 경찰청에서 이들에 대한 신변안전 및 보호업무를 수행하고 있는바, 향후 탈북자운동 단체의 지속적 활동에 따라 이들 행정기관의 인권관련 업무가 주목받는 과제로 부상할 가능성이 있다. 이에 따라 탈북자인권정책의 형성과 집행과정에 대한 행정학 분야의 연구 소재도 증가할 것으로 보인다.

둘째, 여타 소수자와 마찬가지로 탈북자에게 있어서도 고용차별은 그들의 자립과 관련된 가장 민감한 영역 중의 하나이다. 전체 탈북자 중에서 경제활동인구가 차지하는 비율이 90%를 차지하므로, 탈북자의 고용과 취업은 매우 중요한 정책 문제로 인식되어야 한다. 1997년에 제정된 '북한이탈주민 보호 및 정착지원에 관한 법률'은 취업알선을 위한 각종 지원활동에 대한 법률적 토대를 제시했고, 이후 법률 개정을 통해 고용지원을 보다 강화하도록 하고 있는바, 정부는 직업훈련과 취업보호제, 취업보호 대상 사업체 알선, 고용지원금 지급, 탈북자의 고용실태조사, 취업보호대장 작성 및 관리, 취업보호가 종료된 탈북자에 대한 취업알선 등의 업무를 수행하고 있다. 고용정책의 집행은 노동부의 북한이탈주민 취업보호담당자를 통해, 노동부의 고용안정센터 46개소의 북한이탈주민 취업지원창구를 통해, 그리고 북한이탈주민후원회와 북한이탈주민지원지역협의회를 통해 중복적으로 이루어지고 있다. 게다가 지방자치단체와 경찰청에서도 탈북자의 취업상담 및 알선을 지원하는 업무를 담당하기 때문에, 향후 탈북자고용과 관련한 정부 역할의 중요성 인식과 이에 따른 행정학 분야(고용집행평가 등)의 연구를 활발하게 전개할 필요가 있다.

셋째, 탈북자에 대한 복지영역은 탈북자의 구제 및 보호를 돕는 제반활동 — 생활보호, 의료보호, 주택알선 등 — 으로 구성된다. 탈북자에 대한 복지행정의 증가는 1990년대 후반 이후 증가한 가족단위 탈북의 증가에 기인하는 바 크다. 특히, 여성 및 노인탈북자 수의 증가는 복지서비스의 확대요인이 되고 있다. 여성탈북자는 여성으로서의 소수자적 지위와 탈북자로서의 소수자적 지위라는 이중 소수자 지위를 가지고 있어 이들에 대한 사회적 보호망이 무엇보다 시급히 요청된다. 상당수의 노인탈북자는 만성적인 질병과 질환을 시달리며, 건강이 악화된 상태에 놓여 있기 때문에 다른 연령층에 비해 의료서비스에 대한 욕구가 매우 높다. 탈북자 복지정책에 관련된 정부기관은 중앙행정부서와 지방자치단체에 이르는 넓은 행정범위를 가지고 있기 때문에 이 분야에 대한 정부역할의 중요성에 대한 인식이 고조될 필요가 있다. 이와 더불어 학계에서는 탈북자를 대상으로 하는 복지행정연구 — 주로 집행과 평가에 대한 연구 — 를 활발하게 전개할 필요가 있다.

탈북소수자에게 필요한 또 하나의 중요한 영역은 탈북자 자녀 교육 분야이다. 1990년대 후반 이후 생계형 탈북현상이 심화되면서 가족단위 탈북이 증가하였고, 이로 인해 아동 및 청소년 탈북자의 수도 크게 증가하였다. 10대 청소년 탈북자의 증가는 이들에 대한 교육정책적인 고려가 필요함을 의미한다. 청소년 탈북자는 남한사회에 조기에 적응하지 못할 경우 탈선이나 범죄의 위험에 노출될 가능성이 높기 때문에 제도적인 안전장치가 필요하다. 특히 교육 내용에 있어서 북한과 상당한 차이가 있으므로 이들에게 필요한 별도의 교육 프로그램이 요구된다. 현재 정부는 북한 학력인정 및 편입학 지원, 학비 면제 등의 교육지원책을 실시하고 있으나, 보다 체계적이고 전문적인 행정의 역할, 그리고 이에 대한 행정학 분야의 연구가 필요한 시점이다.

Ⅴ. 맺음말

행정학은 행정관리적 시각과 정책학적 시각이 융합된 학문이다. 관리적 시각의 행정학이 이론적 학문으로서, 또 실천적 도구로서 목표 달성 문제를 효과적으로 다루어 온 것이 사실이기는 하지만, 인간의 존엄을 포함한 인간 사회의 규범적 가치를 어떤 수단으로, 어떻게 구현해야 할 것인가에 대해서는 크게 기여한 바가 없다. 전통적 행정학의 논리가 '더 나은 관리(better management)'를 위해 능률과 절약이라는 가치를 어떻게 달성하는가에 초점을 맞추고 있다면, 새로운 행정학은 '정부의 서비스가 사회적 형평성(social equity)을 얼마나 증진시키는가'에 초점을 맞출 필요가 있다.

미국의 경우 1960년대 미국사회의 고질적인 소수자문제, 즉 인종차별, 여성차별, 장애인차별, 빈부차별 문제와 베트남전쟁을 둘러싼 이념 갈등이 고조에 달하고 나서야 사회문제 해결을 위한 행정의 역할에 대한 심도 깊은 논의가 본격화되었다. 1960년 말과 1970년 초 왈도(Waldo) 등 일단의 후기행태주의 학자들의 각성으로 '신행정학'이라는 새로운 학문조류가 힘을 얻게 되자 이를 후원자로 하여 사회문제 해결을 위한 정책학의 위상과 역할이 크게 주목받게 되었다. 사회적 형평, 반응성, 평등, 책임성, 참여 등의 가치 구현을 행정의 핵심 과제로 추진해야 한다는 주장은 흑인, 여성, 빈곤 계층 등과 같은 기존의 소수자들에게는 물론이거니와 행정학의 한계를 고민하던 많은 정책학자에게 새로운 지평을 열어주었다.

마침내 라스웰이 말하는 '인간의 존엄과 사회적 가치의 구현'을 위한 모종의 역할을 할 수 있는 사회적 상황이 전개된 것이다. 시대적으로도 미국에서 1960년대는 인권의식과 민주주의 고양으로 인하여 시민참여의 폭발이 있었던 시기이기도 하다(Langton, 1979). 특히 이 시기에는 인종적 소수자(흑인, 히스패닉)와 경제적 소수자(빈곤층), 성적 소수자(여성), 장애인, 제대 장병 등이 진보정치의 흐름을 타고 제각기 정책획득과 행정서비스 수혜를 위해 소수자집단운동을 효과적으로 출발시켰으며, 이로 부터 공공부분에서의 적극적 고용(Affimative Action)이 인사행정의 보조 원리가 되었으며, 실적주의 관료제는 대표관료제(Representative Bureaucracy)로의 수정을 거치게 되었다. 한국은 오랜 기간 순혈주의, 가부장주의, 권위주의, 출세주의에 문화에 빠져, 주류사회에 진입하기 어려운 사회적소수자에 대한 차별을 관행화하였다. 여성과 장애인, 난치병 환자, 일본군위안부 피해자, 혼혈인, 양심적 병역거부자, 동성애자, 성매매여성 등이 그 대표적인 차별대상이었으며, 외국인노동자, 결혼이주여성, 탈북자 등과 같은 해외유입 소수자들이 그 뒤를 잇고 있다.

이 연구에서는 한국내부에서 소외되고 차별받았던 소수자, 해외로부터 유입되는 소수자, 그리고 개성과 양심에 따라 스스로 소수자가 되는 사람들이 얽혀 있는 현재의 한국사회를 가히 '다문화주의시대'라 부르고자 하였다. 이들 사회적 소수자들은 종래에는 사회적 신분의 취약성과 대중의 무관심으로 인하여 자신의 문제를 사회 주요 이슈로 제기하지 못하였으나, 지난 10여 년 동안 이들 소수자들은 집단화를 통하여 조직적인 소수자운동을 전개하면서 국가로 하여금 인권적 차별시정을 위한 조치와 더불어, 고용, 복지, 교육을 비롯한 모든 행정 분야에 있어서 차별적 대우의 근절과 더 나아가 적극적 조치를 강구해 줄 것을 요구하고 있다. 이런 요인으로 인하여 향후 한국의 행성은 이들 사회적 소수자문제를 해결할 수 있는 지식 기반과 해결방책을 마련해야 할 것으로 보인다. 그렇다고 해서, 행정기관 쪽에서 일방적으로 소수자를 인지하고, 해당 서비스를 제공하겠다는 식의 행정중심적 사고방식을 고수해서는 곤란하다. 오히려, 소수자들이 행정서비스의 내용을 파악하고 그에 따른 서비스 요청을 용이할 수 있는 소수자의 '행정서비스 접근성'을 확보할 수 있는 각종 실천적 방안을 모색해야 한다.

소수자와 관련하여 한 가지 논쟁거리가 될 수 있는 사안은 '적법한 지위를 갖지 못하는 소수자에게까지 행정서비스를 제공해야 하는가' 하는 것이다. 행정은 기본적으로 집행행위이기 때문에 위법적 지위를 갖는 소수자 — 예: 불법체류외국노동자, 불법이민자 — 에 대해서 인권, 복지, 교육, 고용의 측면에서 서비스 제공의 한계를 노정할 수밖에 없으며, 이들에 대한 단속과 규제를 하도록 요청받고 있다. 그런데 적법성이 결여된 소수자라고 해서 행정기관이 이들을 단지 단속대상으로 취급해야 하는가에 대해서는 윤리적, 철학적, 역사적 검토가 필요하다. 예를 들면 흑인, 여성, 장애인, 노동자들은 20세기 중후반까지만 하더라도 당시의 법에 의해 '적법한' 차별을 받던 대표적인 소수자집단이었다. 만일 이들 소수자가 기존의 차별적 법과 관행에 계속 순종하였더라면, 이들 소수자는 영원히 차별의 그늘에서 벗어나지 못했을 것이다. 따라서 소수자의 지위와 소수자운동을 불법·적법의 차원에서 형식 논리로 접근하는 데는 문제가 있다. 미국에 불법으로 체류하고 있던 수많은 한국인 소수자들이 현재와 같은 재미교포의 지위를 갖게 된 것에는 소수자의 인권과 지위향상 — 비록 그들이 불법체류자라 할지라도 — 을 옹호하는 미국 내 인권집단의 노력과 이를 수용하는 정치적 수용력이 뒷받침했다는 사실을 인식해야 한다. 이런 점에서 소수자정책, 혹은 소수자행정의 역할에 대하여 향후 많은 토론과 담론을 전개할 필요가 있다.

제2장 소수자의 정체성, 유형, 그리고 소수자정책 연구관점

Ⅰ. 소수자정책 연구: 왜 필요한가?

최근 한국사회에 논란의 대상이 되고 있는 사회적 소수자(social minority)에는 장애인, 성매매여성, 이주노동자, 일본군위안부, 동성애자, 비정규직 노동자, 양심적 병역거부자, 이주배우자, 혼혈인, 미혼모, 난치병 환자, 노숙자 등 10여 개의 소수자가 포함된다. 이들 소수자 가운데에는 장애인과 같이 통상적으로 사회적 약자로 알려진 소수자도 있지만, 경기 침체 및 가족 해체 등으로 인해 생겨난 노숙자 등도 있으며, 민주화와 인권의 성장으로 인해 자신의 사회적 권리를 쟁취하고자 하는 동성애자, 양심적 병역거부자 같은 소수자들도 있다. 또한 집단 정체성을 가지고 활동하고 있는 소수자가 있는가 하면, 정체성과 연대성이 부족하여 소수자 옹호집단의 도움을 받지 않으면 혜택을 받기 힘든 소수자도 있다. 따라서 소수자의 범위와 유형은 매우 다양하며, 소수자운동도 서로 다른 형태로 전개되고 있다.

이렇듯 소수자 및 소수자운동 간에도 서로 구분되는 특이성을 보이고 있는 것이 사실이기는 하지만 이들 소수자의 공통된 주요 특징은 이들이 사회 주류 구성원에 의해 명시적, 혹은 암묵적으로 사회적 차별을 받고 있다고 느낀다는 것이다. 최근 이들 소수자들은 스스로 혹은 소수자 옹호집단(advocacy groups)의 도움을 받아, 그들이 느끼는 차별, 소외, 피해를 극복하고자 하는 운동을 전개하고 있으며, 운동의 결론으로서 자신의 인권과 피해복구를 위한 정책 및 제도 개선책을 강력히 요구하고 있다.

상황이 이러함에도 불구하고 우리 사회에서는 이들 소수자에 대한 정책적 관심이 매우 미약할 뿐만 아니라 학술적 연구도 거의 찾아보기 힘들다. 소수자문제가 이미 주요 사회문제로 부각되고 있으며, 소수자운동도 활발하게 전개되고 있고 — 일부 소수자문제, 예컨대 성매매여성, 이주노동자 문제는 소수자운동의 성과로 인해 주요 정책 대상이 되고 있음에도 불구하고 — 행정 및 정책분야에서는 이에 대한 학문적 연구 및 실천적 개입에 매우 소홀했던 것이 사실이다.

실제로 장애인, 미혼모, 성매매여성 문제는 사회복지 차원의 관리 대상 업무로 인식되는 경향이 있으며, 극빈자, 마약중독자, 노숙자, 인종차별 같은 문제는 사회학자들에 의해 소수자문제 및 소수자운동으로 제기되는 수준에 그치고 있는 가운데, 소수자의 인권, 소수자의 다양성, 소수자 실태 및 행태, 소수자 네트워크 등에 대한 연구는 소수 학자들에 의해 간헐적으로 제기되고 있을 뿐이다(윤수종 외, 2005). 따라서 행정학·정책학의 영역에서 소수자문제 연구를 심화시키고 소수자문제에 대한 행정관리적 시각의 한계를 극복하는 논리를 정립하고, 소수자문제에 대한 본격적인 이론 정립과 제도를 설계하는 일이 매우 시급하다고 하겠다.[1] 이러한 점에 착안하여 이 연구는 행정학과 정책학 분야에서 소수자문제를 어떻게 인식할 것이며, 어떠한 이론적 관점에서 접

1. 특히 소수자운동가들이 제기하는 소수자문제 해결의 주요 관점이 정책적, 행정적인 사안에 귀착된다는 사실을 볼 때(윤수종 외, 2005), 소수자문제 해결과 관련된 행정실무자와 행정학자의 역할이 매우 중요한 것임을 인식해야 한다.

근할 것인가에 대해 논의하고자 한다. 보다 구체적으로 연구자는 ① 다양한 형태의 유형하 모형을 개발하고, ② 이를 도대로 소수사 연구영역(장애인, 성적 소수자, 이주노동자, 비정규직 노동자, 양심적 병역거부자, 성매매여성, 이주배우자, 납북자 가족, 일본군위안부, 노숙자, 탈북자, 에이즈환자와 한센인 등) 및 소수자정책 사례를 연구할 수 있는 분석틀을 구성한 후, ③ 소수자의 정체성, 소수자운동, 소수자정책 변동과정을 탐구할 수 있는 다양한 정책연구 관점을 제시하고자 한다.

Ⅱ. 소수자의 정체성 논의와 소수자유형의 분류

1. 누가 소수자인가: 정책대상 집단으로서 소수자의 정체성 확인

소수자를 대상으로 한 정책 연구를 시도하고자 할 때 가장 우선적인 관심은 '누가 소수자인가'에 쏠리게 된다. 정책연구자의 입장에서 보면 소수자에 대한 보다 명백한 규정이 있어야 그들 — 즉 정책목표 집단(target group) — 을 대상으로 하는 정책연구의 의미가 충실해질 수 있기 때문이다. 그러나 소수자운동 및 소수자연구에서 드러나는 소수자의 범주 구분은 그다지 명백한 것은 아니다. 오히려 소수자의 범주가 더 넓어지고 불분명해지는 느낌이 들 정도이다. 예컨대 소수자운동을 연구한 일단의 연구자는 소수자의 범주에 성매매여성, 장애인, 동성애자, 이주노동자, 죄수, 양심적 병역거부자, 넝마주이, 탈북자, 북파공작원, 어린이, 불안정노동자, 청년 실업자, 부랑자, 중독자, 환자, 정신병원수용자, 노숙자, 혼혈아, 수양부모운동, 다른 과학운동, 성폭력반대운동 참여자를 포함시키고 있으며(윤수종 외, 2005), 이주노동자, 화교, 해외교포, 이주배우자, 정신대할머니, 미혼모, 미혼부 등 다양한 유형의 사람들이 연구자와 운동가들이 사용하는 상이한 기준에 따라 소수자로 논의되고 있다.

이처럼 너무나 다양한 사람들이 각기 다른 기준에 의해 소수자로 분류되고 있다는 점은 연구나 실무에 있어 많은 문제를 초래할 수 있다. 연구자들은 나름대로의 시각을 통해 소수자를 연구하고 있으며, 소수자운동가도 각자의 판단에 따라 소수자를 규정하고 있기 때문에, 소수자를 특징지을 만한 공통적인 기준을 발견하기란 쉽지 않게 되었다. 심지어 상당수의 소수자는 자신이 소수자로서의 정체성을 가지고 있지 못하며, 참여와 연대의 필요성도 모르고 있는 경우가 있다. 특히 정책과 행정의 측면에서 볼 때 그 대상이 되는 '소수자'에 누가 해당되는가는 그들의 인권과 차별적 대우를 현실적으로 개선할 수 있다는 점에서 매우 중요한 사안이 아닐 수 없다.

그렇다면 소수자는 구체적으로 어떤 상황에 있는 사람들을 의미하는가. 소수자는 영어의 minority에 해당하는 것으로 소수자집단(minority group)과 혼용되기도 한다. 사전적 의미에서 소수자는 '큰 사회 안에서 문화적·민족적·인종적으로 구별되는 특수집단. 한 사회 안에서 지배집단에 종속해 있는 집단을 가리키며 그 규모보다는 종속성이라는 성격이 소수인 집단'을 의미한다(브리태니커 백과사전). 한편, 소수자의 개념에 대한 학자들의 이론적 논의는 매우 다양하여, '소수자'라는 용어는 엄밀하게 정의되지 못한 채 학술적으로 광범위하게 사용되고 있는 실정이다. 더글라스(Douglas, 1966)에 따르면 인간 사회 질서의 근본에는 순수와 위험으로 대비되는 상징체계가 존재하는데 질서가 부여된 순수라는 상징체계와 그 외부에 존재하는 오염된 대상인 위험이라는 상징체계가 있고, 이는 정돈되고 절제하는 '우리'와 일탈적이고 파괴적인 '타자'를 표상하며 여기서 '타자'의 개념이 소수자에 해당된다(유명기, 2004).

한편, 르네 지라르는 공희(供犧)의례를 소개하며 공동체 내부의 갈등과 폭력을 완화하기 위한 장치로서 대체 폭력의 대상으로 소수자를 설명하고 있다(김진식·박무호 옮김, 1997). 미국 연방대법원은 소수인종에 대한 차별문제와 관련된 판결에서 다수로부터 '분리되고 고립된(discrete and insular)' 집단이라는 표현을 썼으며, 헌법상의 분류에 따른 소수자의 예로서 유색인종, 여성, 소수종교의 신자, 경제적 약자, 도덕적 소수자 등을 들 수 있다. 들뢰즈와 가타리도 소수자란 수적으로 적은 사람들이 아니라 힘의 관계에서 약자인 사람들이라고 정의하고 있다. 앤소니 드워킨과 로자린 드워킨은 소수자를 정의하는 조건으로서 식별가능성, 권력의 열세, 차별대우, 그리고 소수자집단성원으로서의 집단의식을 제시하고 있다.[2] 이처럼 소수자(혹은 소수자집단)가 누구인가에 대해서 학자들 간에 다양한 인식이 존재하고 있지만, 소수자에 해당되는 사람들에게서는 사회적 약자(social minority)로서 차별적 대우를 받으며, 결국 인권을 제대로 보장받지 못한다는 공통점을 발견할 수 있다.

2. 소수자유형의 분류와 정책적 함의

'누가 소수자인가'에 대한 기존 논의는 — 소수자문제를 주요 사회 문제로 인지하여, 문제의 발생과 결과에 대한 해석을 시도하는 — 사회학자 및 인류학자의 논의가 주류를 이루고 있다. 당연히 이들의 논의는 소수자문제의 발견과 해석에 대한 학문적·현실적 통찰력을 제시하는 데 기여하였다. 그러나 이들의 담론은 기본적으로 정책 및 행정과 관련된 논의가 아니기 때문에, 정책적 관점에서 이를 활용할 수 있는 보다 구체적인 기준과 요건을 검토할 필요가 있다.

2. 여기서 ① 식별가능성이란 신체적·문화적 특징에 의해 다른 집단과 구별되는 뚜렷한 차이를 갖는다는 것, ② 권력의 열세는 경제적, 사회적, 정치적 권력 등에 있어서 실질적인 차이가 있거나 혹은 여러 가지 자원을 동원할 수 있는 능력에서 차이가 나는 것, ③ 차별적 대우의 존재는 한 개인이 단지 그 집단의 구성이라는 이유만으로 사회적 차별을 받게 된다는 것이다. 그리고 ④ 소수자집단성원 간의 집단의식이 있다는 것으로, 이러한 집단의식은 처음에는 단지 몇 사람의 공유된 생각에서 시작되지만 차별적 관행의 반복을 통해 전체적인 연대의식으로 확대된다는 것이다(윤인진, 2004: 404에서 재인용).

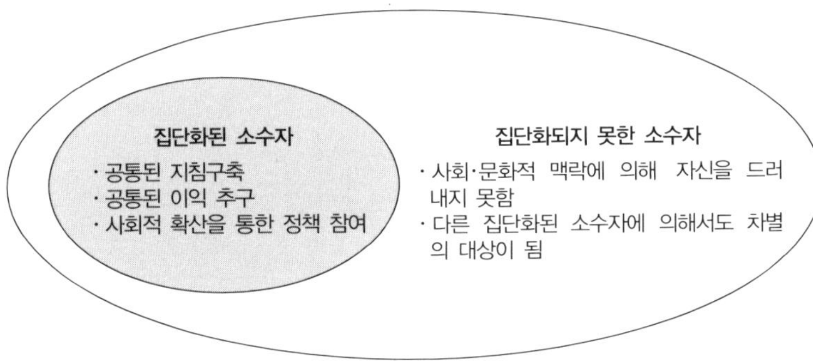

그림 2-1 소수자정책의 연구대상으로서 소수자

먼저 정책대상으로서 소수자(minority)와 소수자집단(minority group)을 통합하여 연구할 필요가 있다. 집단으로서 소수자, 즉 소수자집단은 구성원 자격에 관한 특수한 규칙과 문화적 행위에 관한 지침을 가진 집단으로 규정되지만, 현실세계의 소수자(minority) 중에는 — 예컨대 노숙자, 에이즈 환자, 외국인 배우자, 미혼모 등의 경우 — 집단으로서 특수한 규칙이나 문화적 지침을 가진 경우보다는, 열악한 지위 또는 수치심으로 인해 개별적으로 분산되어 있는 경우가 많다. 이 경우 이들 소수자들은 정책적 보호 및 탐구의 대상에서 벗어날 수 있다.

따라서 정책 대상으로서 소수자에는 집단화된 소수자(minority group)뿐만 아니라 집단화되지 못한 소수자가 포함되어야 하며, 이러한 포괄적 개념을 사용해야 현대사회에서 발생하는 소수자문제를 제대로 발견하고 그 문제에 상응하는 정책 대안을 마련할 수 있다.

한편, 정책적 관점에서 소수자문제 및 대책에 접근하기 위한 소수자의 유형 분류도 소수자 연구를 진행하기 위해 매우 중요하다. 왜냐하면 이러한 유형화를 통하여 소수자의 관점에 기초한 정책적 대안을 구상할 수 있는 연구 기회를 가질 수 있기 때문이다. 이 점에 유의하면서 현존하는 소수자를 유형화하면, 먼저 타자와의 관계 속에서 나타나는 소수자와 타자와의 관계가 아닌 개인의 인지 및 심리적 맥락에서 나타나는 소수자로 구분할 수 있다. 전자에는 ① 신체적 소수자, ② 권력적 소수자, ③ 경제적 소수자, ④ 문화적 소수자가 포함될 수 있으며, 후자에는 정신병리학적 맥락에서 ① 우울증, ② 자폐증과 같이 개인의 내면세계 속에서 느끼는 심리적 고통을 외부세계와의 교류를 단절함으로써 해소하고자 하는 사람이 포함될 수 있다. 여기서 정책학 또는 행정학에서 관심을 가져야 할 부분은 타자와의 관계 속에서 권력의 열세, 다름으로 인한 차별의 고통을 받고 있는 집단이다.

먼저 신체적 소수자는 신체적 결함으로 인하여 사회적 차별 대우와 인권 침해에 노출되는 소수자를 의미한다. 이러한 유형의 소수자에는 대표적으로 신체장애인, 정신장애인, 기형인, 에이즈/한센병환자 등이 해당된다. 이들 소수자는 외관상의 결손과 기능의 손상으로 인하여 고용, 이동, 교육 등 모든 분야에 있어 차별 대우와 인권 침해를 받은 경험과 역사를 가지고 있으며, 최근에 들어서야 제도적으로 평등한 대우를 받는 단계에 이르게 되었다. 신체적 소수자 유형 분류가 시사하는 정책적 유용성은 신체적 결함을 사유로 하는 각종 차별에 대한 정책 대응과 개선안을 마련할 수 있게 한다는 데 있으며, 그 실례로서 장애인고용, 장애인 이동, 장애인 교육 정책 등의 분야에 있어 지난 십 수 년간 진행된 획기적인 정책변화를 들 수 있다(전영평, 2000).

둘째, 권력적 소수자는 열악한 권력적 지위로 인하여 차별적 대우와 인권 침해를 경험하는 소수자이다. 이들은 사회적 주류와 구분되는 신체적 결함이나 문화적 이질성을 가진 것이 아님에도 불구하고 지배 권력에 의해 차별받는 사람들이다. 예컨대, 권력적 다수에 의해 차별받는 여성, 특정지역 거주민이 전형적으로 이에 해당된다. 또한 외국인노동자, 양심적 병역거부자, 동성애자는 물론 대부분의 소수자들이 권력적 소수자에 해당된다. 이들은 신체적 소수자 경우와는 달리 고용, 이동, 교육 등의 측면에서 현격한 차별을 받고 있지는 않으며, 권력적 열세만 정책적으로 극복되면 차별과 인권 침해에서 벗어날 수 있다는 특징을 가진다. 권력적 소수자유형이 정책적으로 시사하는 바는 권력적 열세에 의한 각종 차별 문제와 이에 따른 정책 대응과 인권 개선 방안이 필요하다는 점이다.

셋째, 경제적 소수자는 열악한 경제적 지위로 인하여 차별적 대우와 인권 침해를 받는 사람들이다. 전형적인 사례로는 비정규직, 도시 빈민, 외국인노동자 등이 이에 해당한다. 경제적 소수자는 권력적 소수자와 마찬가지로 구성원의 수로는 사회적 다수를 차지하지만 경제력 및 고용의 지위에 있어 열악한 지위에 있는 자를 말한다. 이러한 경제력 차이에 의한 차별에 대한 초기 인식은 칼 맑스(Karl Marx)의 부르주아에 의한 프롤레타리아 착취로 설명될 수 있으며, 이러한 시각은 프롤레타리아 혁명을 통한 공산주의 건설로 실현되기도 하였다. 그러나 1990년대 들어 공산주의의 붕괴와 신자유주의적 세계자본주의 영향으로 인해 계급적 시각에 의한 권력 재구성의 노력보다는, 세계자본주의 체제 내에서의 사용자와 노동자간, 노동자와 노동자간, 부유층, 중산층, 빈민층과 같은 계층적 시각에서의 소수자 차별을 시정하는 정책이 주목받게 되었다. 즉 최근의 경제적 소수자로는 비정규직, 외국인노동자, 노숙자, 도시 빈민 등과 같은 사람들이 등장하고 이에 따라 국가의 정책도 이들에 대한 차별 시정 및 인권 침해 개선과 같은 사안에 집중하게 되었다.

넷째, 문화적 소수자는 문화적 차이로 인하여 차별 대우와 인권 침해를 받는 사람들이다. 이러한 문화적 이질감이란 인종, 종교, 가치관, 도덕률 등의 차이로 인하여 소수자를 위험요소 혹은 혐오요소로 느끼는 것을 의미한다. 문화적 소수자에는 전형적으로 혼혈인, 동성애자, 외국인 배우자, 성매매여성, 미혼모 등이 포함된다. 이들 소수자는 한 사회의 문화에서 도덕적인 금기로 통용되는 삶의 방식으로 살기 때문에, 문화적 동질성을 가진 다수의 집단으로부터 차별 대우와 인권 침해를 경험하게 된다. 문화적 소수자는 사회적으로 낙인찍히는 상황에 처하기 때문에 권력적 소수자나 경제적 소수자보다 더 열악한 상황에 처하게 되는 경우가 많으며, 경제적·권력적 상황이 나아진다 하더라도 그들에 대한 사회적 차별과 편견이 개선되기 어렵다. 따라서 문화적 소

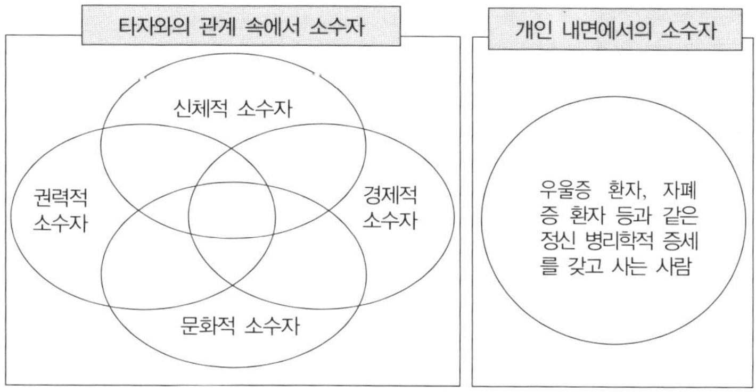

그림 2-2 소수자유형 간의 관계도(고유성과 중첩성)

수자에 대한 차별금지 및 인권 개선은 보다 선진적인 문화제도와 관행을 도입하고 홍보하는 정책을 시행함으로써 개선될 여지가 있다. 이런 점에서 문화적 소수자 구분의 정책적 유용성이 있다고 하겠다.

한편, 소수자에 대한 이러한 유형화를 함에 있어 반드시 고려해야 할 점은 이들 4개 소수자들이 각자의 고유한 특성을 가짐과 동시에 다른 유형과의 중복도 가능하다는 점이다. 예컨대 신체적 소수자는 신체적 결함이라는 고유한 소수자 특성을 가지고 있지만, 이들은 동시에 경제적 소수자, 권력적 소수자, 문화적 소수자일 수도 있다는 점을 배제할 수 없다는 것이다. 따라서 4개 유형의 소수자 분류는 완전히 상호배타적인(mutually exclusive)분류는 아니며, 2개 이상의 중첩도 가능하다는 점을 밝히고자 한다. 4개 유형의 소수자의 특성을 고유성과 중첩성에 주목하여 도표로 표시하면 〈그림 2-2〉와 같다.

이상의 논의를 통해 우리는 소수자를 ① 집단화의 정도에 따라, 집단화된 소수자와 비집단화된 소수자로 분류할 수 있으며, ② 차별의 원인에 따라, 신체적 소수자, 권력적 소수자, 경제적 소수자, 문화적 소수자로 구분할 수 있으며, ③ 소수자유형 간에는 중복적 소수가 가능할 수 있음을 알았다. 그런데 보다 체계적이며 정밀한 정책 사례 연구를 위해서는 — 즉 사례연구 대상이

표 2-1 소수자의 유형화와 예시

구분		조직화 여부	
		집단화	비집단화
소수자 특징	신체적 소수자	유형 1 (장애인)	유형 2 (HIV/AIDS 감염인, 한센인)
	권력적 소수자	유형 3 (탈북자)	유형 4 (양심적 병역거부자)
	경제적 소수자	유형 5 (비정규직/외국인노동자)	유형 6 (노숙자)
	문화적 소수자	유형 7 (성적 소수자/일본군위안부)	유형 8 (이주배우자, 미혼모)

되는 정책 사례를 보다 체계적이고 다양하게 선택하기 위해서는 — 좀 더 세밀하게 분류된 유형화가 필요할 것으로 보인다.

이를 위해서 연구자는 위의 2개의 분류 기준을 결합하여 〈표 2-1〉과 같은 8개의 소수자유형 분류체계를 고안하였다. 이 분류체계는 소수자정책 연구를 위한 사례 도출에 기준이 될 수 있으며, 그 유용성은 앞으로 소수자 사례연구의 축적을 통해 검증될 수 있을 것이다.

Ⅲ. 소수자정책 연구를 위한 분석틀과 논점들

앞에서 우리는 산만하게 분포되어 있는 소수자를 체계적으로 정리할 수 있는 소수자유형화를 시도하였다. 다음 단계에서는 각각의 소수자를 주제로 한 소수자운동과 소수자정책과정을 분석하는 일이 필요하다. 특히 이 연구는 여타 사회과학이 연구하는 소수자 관점(예컨대, 소수자운동 관점)과는 달리 소수자정책 변동과정을 다루는 것을 핵심으로 하기 때문에 정책학 관점의 논의가 반드시 필요하게 된다. 보다 체계적이고 충실한 소수자정책 연구를 수행하기 위하여 이 절에서는 소수자정책 연구의 분석틀과 주요 논점을 다음과 같이 제시하고자 한다.

1. 소수자정책 연구의 분석틀 구성

소수자정책의 변동을 체계적으로 분석하기 위해서는 ① 소수자문제의 주체인 소수자(집단)의 특성 및 유형 분석, ② 소수자문제를 사회문제와 정책문제로 이끌어가는 소수자운동 분석, 그리고 ③ 소수자문제의 정책의제화, 정책결정, 정책집행, 정책평가 및 정책환류로 이어지는 소수자정책의 변동과정 분석이 필요하다. 이러한 일련의 연구과정을 분석적 개념틀로 도표화하면 〈그림 2-3〉과 같다.

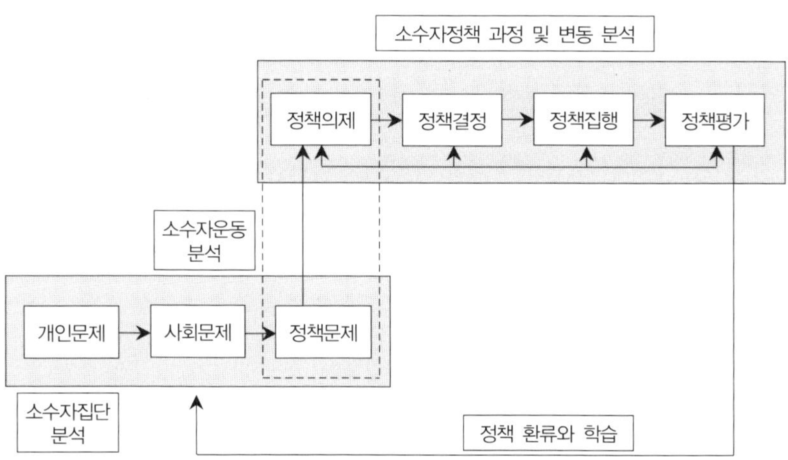

그림 2-3 소수자문제의 정책화과정과 분석의 개념틀

2. 소수자정책 연구를 위한 주요 질문과 논점의 설정

소수자정책 연구의 분석틀을 토대로 각 단계별로 연구 질문을 작성한 후, 그에 따른 연구 논점을 제시하면 다음과 같다.

첫째, 누가 소수자인가? 소수자는 어떤 특징을 가지고 있으며, 어떻게 유형화될 수 있는가?

둘째, 소수자운동은 어떤 동기에 의해 시작되며 운동이 요구하는 것은 무엇인가?

셋째, 소수자운동은 어떤 계기와 어떠한 과정을 거쳐 정치적·정책적 의제가 되며 입법화되는가?

넷째, 소수자운동은 어떤 정치적 상황에서 전개되는가?

다섯째, 소수자운동을 통해 입법화된 정책은 제대로 집행되는가?

여섯째, 소수자정책의 결과 집행에는 어떤 문제가 있는가?

일곱째, 소수자정책의 변동은 왜 일어나며 변화된 제도는 성공적인 집행을 담보하는가?

여덟째, 소수자정책의 바람직한 학습은 일어나고 있는가?

아홉째, 소수자정책 사례분석을 통한 정책학에서의 소수자 접근법의 이론화 가능성과 기여는 무엇인가?

이상과 같은 연구 질문을 개념화하여 사례 연구를 위한 주요 논점으로 도식화하면 〈그림 2-4〉와 같이 정리될 수 있다.

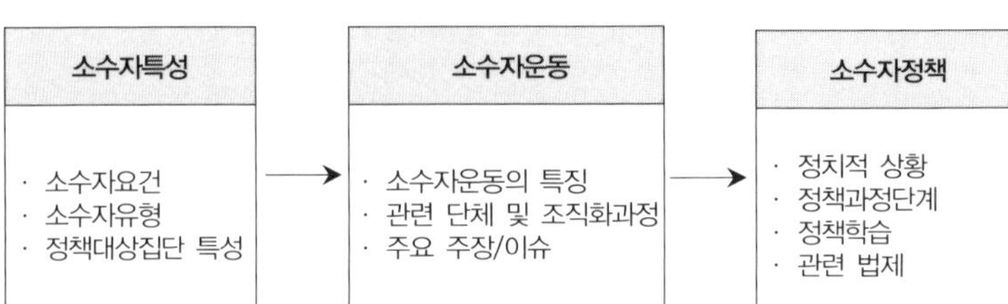

그림 2-4 소수자정책 과정을 연구하기 위해 설정된 논점의 도식화

Ⅳ. 소수자운동의 분석 지표

여기서는 앞서 제시된 소수자정책의 분석 지표에 관한 구체적인 검토를 하고자 한다. 소수자 특성(소수자요건, 유형, 정책대상특성)에 대해서는 앞의 소수자 정체성 논의와 유형분류에서 상술하였고 소수자정책과정은 다음 장에서 논의할 것이기 때문에, 여기에서는 소수자운동의 특징을 다루기로 한다. 과거 여성 문제나 장애인 문제에서 보여준 바와 같이 소수자문제는 그 속성상 — 이를 사회적으로 이슈화하고 확산하여 정책의제로 진입시키기 위해서는 — 정책주도집단으로서 소수자옹호자(또는 옹호집단)의 역할이 무엇보다 중요하다고 할 것이다. 이에 따라 소수자운동의 분석을 위해서는 ① 소수자운동의 특성, ② 소수자운동의 관련 집단과 조직화 과정, ③ 주요 주장이나 이슈 등을 검토해야 할 것이다.

1. 소수자운동의 특성

소수자운동의 성격 규명은 다양한 소수자문제가 어떻게 사회운동으로 진화하는지를 규명하는 데 있어서 매우 중요하다. 소수자운동의 핵심적 성격으로는 정체성, 저항성, 확산성을 제시할 수 있다.

① 정체성: 정체성이란 소수자집단 스스로, 혹은 타자에 의해 가지게 되는 소수자 의식을 의미한다. 소수자운동 특성으로서 정체성 기준은 자발적인 정체성 확보의 경우와 타자에 의해 소수자로 분류할 수 있다. 예를 들어 결혼이주여성의 경우가 타자에 의해 소수자 정체성이 확보되는 사례라면, 동성애자의 경우는 자발적인 정체성 확보의 사례가 된다.

② 저항성: 소수자운동은 사회 및 행정(제도) 등에 의한 차별에 대한 저항(또는 거부)이라는 성격을 갖는다. 예컨대, 장애인, 혼혈아, 외국인노동자, 비정규직 노동자 등 대부분의 소수자들은 노동시장에서 실제적 차별을 받고 있으며, 양심적 병역거부자의 경우에도 그들을 범죄자로 낙인찍는 것에 대하여 전형적인 제도화된 차별이라고 주장하고 있다. 우리 사회에 민주화가 진전됨에 따라 소수자로서 정체성을 가진 사람들은 차별로 인식하는 각종 제도, 관행에 대하여 강력히 저항하는 행동적 특성을 보이고 있다.

③ 확산성: 소수자운동은 집단화와 여론화를 통하여 확산되는 특성을 가진다. 한국사회만 보더라도 민주화와 다양성의 진전으로 과거 숨겨져 있던 소수자의 문제가 최근 두드러지게 공론화되고 있음을 알 수 있다. 양심적 병역거부자, 동성애자와 같은 성적 소수자문제, 그리고 국제결혼의 증대에 따른 외국인 배우자·혼혈아 문제 등은 이와 같은 환경 변화에 따라 사회적으로 확산된 소수자 이슈라고 할 것이다. 소수자운동이 보여주는 이러한 세 가지 특성은 개별 소수자정책에 대한 연구를 시작하는 단계에서 매우 중요한 논점을 제기하게 된다.

2. 소수자운동 관련단체와 조직화과정의 검토

사회운동으로서 소수자운동은 소수자들에 대한 차별이나 인권침해를 초래하는 기존 사회적·제도적 문제를 변경시키고자 하는 저항운동의 성격을 갖는다. 이런 운동은 현실 여건에 대한 소수자의 불만 또는 차별문제 인식에서 출발하게 되는데, 이들 소수자문제가 사회적 이슈로 전개되기 위해서는 집합적 행동으로 진화하는 것이 필요하다. 많은 경우 이러한 집합적 행동은 소수자들의 자발적인 집단화 노력보다는 주로 시민운동이나 인권운동단체를 통해서 조직화되며 이들 운동단체와 연대하여 사회적 이슈가 되는 경향이 있다. 이에 따라 이들의 조직화 과정을 소수자운동의 분석 기준으로 선택하여 각 소수자 사례에서 소수자운동이 어떻게 조직화되는지 그리고 여기에 어떤 옹호집단들이 관련되어 있는지를 파악하는 일이 필요하다. 어떤 참여자들이 어떤 식으로 조직 활동에 참여하게 되고, 어떻게 참여자들 간에 지지를 인지하고 연대감을 형성하게 되는가와 같은 '집합적 정체성'의 사회적 구축에 초점을 맞추는 연구가 필요하게 된다.

3. 소수자운동의 주요 주장과 이슈의 검토

소수자정책 연구를 본격화하기 전에 각 소수자운동에서 제기되는 주요 주장들이 무엇인지, 그리고 소수자운동으로 야기되는 이슈들은 어떤 것인지를 조사하는 일이 필요하다. 그 이유는 소수자를 옹호하는 사회운동에서는 새로운 정책 또는 입법의 수립이나 기존의 정책 또는 입법의 변경에 대한 주장이 제기되며 이것이 새로운 쟁점이 되기 때문이다.

V. 소수자정책과정 분석의 이론적 관점과 도구

일단 소수자 및 소수자운동의 특성에 관한 기본적 고찰이 이루어지면 그 다음 단계로는 소수자정책(변동)과정에 대한 본격적인 논의를 전개할 필요가 있다. 이 부분이야 말로 소수자정책 연구가 타 학문분야의 소수자 연구와 차별성을 보이는 분야이며, 또한 기존의 정책 관련 이론 및 분석도구가 잘 활용되어야 할 부분이다. 이 연구에서는 소수자정책(변동)과정을 정책학적 관점에서 잘 해석할 수 있는 이론적 도구로서 ① 정책을 둘러싼 정치적 상황, ② 정책과정 분석 이론, ③ 정책 학습 개념, ④ 제도로서의 소수자 관련 법제를 제시하고, 이를 중심으로 향후 소수자정책 변동연구의 전개 가능성을 논의하고자 한다.

1. 정치적 상황 검토

소수자정책의 정치상황 규명은 정부 개입의 맥락적 측면과 정책과정상의 특성을 이해하기 위한 기준이 된다. 사회정책으로서 소수자정책의 본질을 보다 정확히 이해하기 위해서는 소수자정책 또한 정치과정의 산물이며, 집행과정 또한 상황에 따라 변화하는 정치의 장내의 세력 관계를 반영하는 정치적 과정으로 파악할 필요가 있기 때문이다. 예를 들면, 정책의 정치상황 분석을 위해서는 윌슨(Wilson, 1989)의 정치상황모형을 적용할 수 있다. 대체로 소수자정책의 경우 비용의 분산과 편익의 집중이라는 '고객정치상황'이나 비용의 집중과 편익의 분산을 특징으로 하는 '창도가적 정치상황'으로 나타날 것으로 예측되지만, 구체적인 정치상황은 각 소수자 사례의 유형에 따라 달리 나타나게 된다.

2. 정책과정단계의 검토: 사례별 단계구분과 분석틀 적용

소수자정책은 각 사례마다 상이한 정책과정의 단계에 위치하고 있다. 예컨대 앞에서 기술한 바와 같이 장애인이나 외국인노동자 등 이미 법제화되고 집행과정에 있는 경우도 있지만, 공식적인 정책결정이 이루어지지 못하고 정책의제의 형성단계 혹은 그 이전에 머물러 있는 경우도 많다. 따라서 구체적인

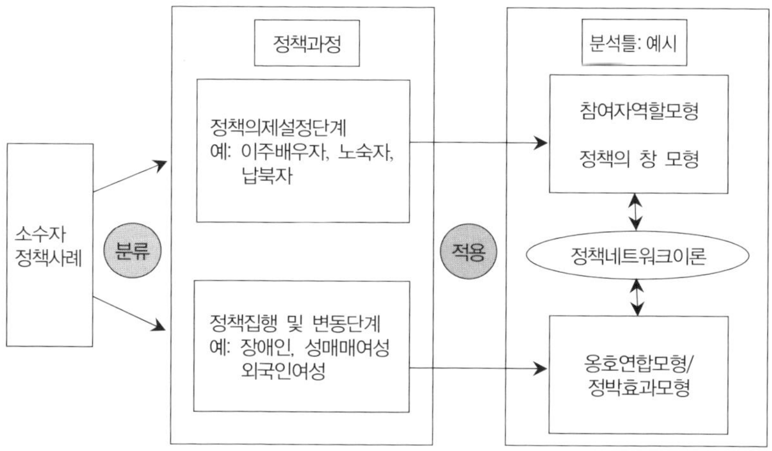

그림 2-5 사례별 정책과정의 단계구분과 분석틀의 적용

정책과정 분석은 개별 소수자정책 사례가 어느 정책과정단계에 있는지를 확인하고 그에 따라 적절한 분석틀을 구성하고 적용해야 할 것이다. 연구대상이 되는 소수자정책의 사례들은 크게 ① 의제형성단계(이슈단계포함)에 있는 경우와 ② 집행 및 변동 단계에 있는 경우의 두 가지 유형으로 구분할 수 있다. 따라서 소수자정책 사례의 분석은 정책단계에 따라 다른 분석틀을 적용해야 할 것이다.

1) 기본 모형으로서 정책네트워크이론의 적용

정책과정에 대한 분석은 주로 정책참여자 간의 상호작용과정에 초점이 주어진다. 그것은 정책과정이 궁극적으로 참여자 간의 상호작용적 통제과정 또는 정치적 게임이기 때문이다. 특히 소수자정책은 주류 사회(혹은 다수)의 차별과 분리에 대항하는 소수자집단(또는 옹호집단)의 정책운동으로 등장하게 된다. 이와 같은 소수자정책의 형성과정에는 상이한 입장에 있는 행위자들 간의 신념과 이익의 대립에 수반하는 정치적 갈등상황이 나타나기 쉽다. 따라서 소수자정책의 사례분석에는 정책과정에 공식적·비공식적으로 참여하는 다양한 행위자들 간의 상호작용과 역동성을 정확히 분석하는 것이 필요하다. 이런 점에서 다양한 참여자들의 행위로 특징지어지는 정책과정의 연구에 정책네트워크 모형은 적절한 설명의 틀을 제공할 수 있다. 정책네트워크는 '특정 정책영역에서 정부부문과 조직화된 민간부문 행위자들 간의 상호의존적인 연계관계의 복합체'로 파악될 수 있는데, 급격한 정책 환경과 행정수요 변화에 적절히 대응하지 못하는 정부 관료제의 한계 인식에서 출발하여 다수의 민간부문 행위자들의 참여에 주목하는 정책네트워크 관점은 시민사회(또는 옹호집단)의 주도적 역할이 요구되는 소수자정책의 형성과 집행과정의 역동성 분석에 유용할 것이다. 정책네트워크 모형을 개별 소수자정책사례에 대한 분석도구로 적용할 때에는 소수자정책을 둘러싼 다수의 참여자들 간의 복잡한 상호관계의 구조를 파악하는 데 주안점을 두어야 할 것이다. 즉 소수자정책과정에 대한 기술의 차원을 넘어 정책 산출이나 결과에 대한 심도 있는 설명력을 제공하기 위해서는 소수자정책 네트워크의 ① 참여자, ② 상호작용 및 관계, ③ 네트워크 구조에 대한 엄밀한 분석이 요구된다.

2) 정책의제설정단계의 분석: 참여자 역할모형의 적용

소수자문제는 소수자운동의 활발한 전개 혹은 강력한 정책옹호자의 등장 없이는 정책화되기 어렵다. 특히 기존의 지배적 문화에 대해 일탈적 속성을 가지는 소수자문제는 그 성격상 정부의 공식 의제로 진입하는 데 어려움을 겪게 된다. 따라서 상당수의 소수자문제는 정책과정 상에 있어 의제설정단계 이전에 머물고 있다. 이런 점에서 정책의제로 진입하는 과정에 있는 소수자문제를 분석하기 위해서는 소수자 이슈를 둘러싼 참여자들 간의 대립과 갈등 및 타협과 조정과 같은 정치적 역동성을 면밀하게 검토할 필요가 있다. 이를 위해서는 정책참여자와 정치과정 분석을 위한 정책네트워크 모형 이외에도 기존의 다양한 정책의제형성모형이 적용될 수 있을 것이다. 특히 소수자정책

이슈를 둘러싼 다양한 행위자들의 상호작용 분석에는 새로운 참여자역할모형의 적용도 고려될 필요가 있다. 주도(Leading)·스윙(Swing)·반대(Veto)·지지(Support) 집단의 4유형론은 정책참여자들을 찬성옹호집단과 반대옹호집단으로 구분하는 전형적인 참여자에 대한 이원적 관점의 한계를 보완하고, 소수자 정책영역의 다양한 참여자들이 정책과정상에서 보여주는 역할과 역할 변화에 대한 설명력을 제고할 수 있을 것이다(Porter-Smith and Brown, 1991).[3] 또한 정책결정의 우연적 연결성 커플링(coupling)을 강조하는 킹던(Kingdon)의 '정책의 창' 모형은 "왜 오랫동안 소수자집단이 지속적으로 요구해 온 정책이 특정 시점에서 공식의제로 등장하게 되는지"를 설명하는 데 도움이 될 수 있을 것이다.

3) 집행 및 변동단계의 분석: 옹호연합모형과 정박효과모형의 적용

정책집행 및 변동단계에 있는 소수자정책사례에 대해서는 옹호연합모형(ACF)의 적용가능성을 타진해 볼 수 있다. 사바티에와 젠킨스-스미스(1999)에 의해 고안된 옹호연합모형은 정책의 결정 혹은 변화는 옹호연합 간의 상호작용에 의해 일어난다는 점을 설명하는 정책과정모형이다. 옹호연합모형에서는 2개 혹은 그 이상의 특정 정책이슈에 대한 신념에 바탕을 둔 정책옹호연합이 있다고 가정하고, 이 연합들이 서로 다른 정책신념에 기반한 정책대안을 가지고 정책논의에 참여하고 경쟁함으로써 정책이 결정되고 변화한다고 본다. 이러한 연합 간의 정책경쟁을 통해 정부는 정책 대안을 선택 혹은 중재하여 정책을 시행한다. 이렇게 시행된 정책결과 또는 효과는 다시 정책연합과 정책연합에 영향을 미치는 외부요소들에 영향을 미친다. 정책연합은 기본적인 문제의 특성, 기본적으로 이용 가능한 자연자원의 할당, 근본적인 사회문화

3. 포터와 브라운(1991)은 국제환경정치의 분석을 위해 주요행위자로서 국가들을 지도국가, 규범체제 지지국가, 거부권 보유 국가, 태도 유보 국가로 세분한 바 있다. 이러한 유형론은 다양한 정책행위자들의 특성과 역할을 보다 구체적으로 설명할 수 있다는 장점을 가지며, 이는 국내 정치에도 그대로 적용될 수 있을 것으로 보인다.

적 가치, 법적 규범 같은 비교적 정적인 요소들과 사회경제적 여건의 변화, 체계화된 주도 연합의 변화, 하부체계나 다른 정부의 결정이나 영향 같은 역동적인 외부요소들에 의해 영향을 받는데, 이렇게 두 범주로 나눠질 수 있는 안정적인 영향요인과 역동적인 영향요인은 정책신념에 바탕을 둔 연합에 대한 제약요인이 된다.

한편, 소수자정책의 변동에 대한 설명을 위해 정박효과(Anchoring Effect) 모형의 적용 가능성을 고려할 필요가 있다. 정박효과모형에서는 정책이 도입되는 초기단계에서 정책의 내용이 잘못 설정될 경우 — 즉 잘못된 정책의 정박(anchoring) — 그로 인해 이후의 집행과정이 혼선을 일으키게 됨으로써 정책이 목표를 제대로 달성하기 어렵다는 것이다(전영평·이곤수, 2002).[4] 사회가치의 배분(혹은 재분배)을 둘러싸고 극심한 갈등을 야기할 수 있는 소수자정책의 경우에 정책결정의 내용이 소수자의 실질적인 인권보호나 차별금지를 위한 합리적 방안이 되지 못하고 상징적으로 규정되거나 정책비용부담집단에게 유리한 방향으로 결정되기 쉽다. 더욱이 조직화되지 못하고 자원동원력이 미약한 소수자정책 영역에서 창도적 정치가의 역할마저 부족한 경우에는 정책결정은 형식화되기 쉽다. 이렇게 부실하게 결정된 정책은 그 미미한 성과로 인하여 소수자 옹호연합에 의한 새로운 정책변화의 요구에 직면하게 되는 것이다. 최근 장애인옹호연합들에 의해 장애인차별금지법 제정운동이 강력하게 전개되고 그에 따라 '장애인차별금지및권리구제에관한법률'이 입법화된 사

4. 전영평·이곤수(2002)에서 제시된 정박효과모형은 닻을 내린 선박이 일정한 범위 내에서만 움직일 수 있듯이, 정책집행도 일정한 범위 내에서 움직일 수밖에 없으며 닻을 올리는 상황이 닥쳐야 비로소 선박이 움직이듯이 집행상의 문제와 정책상황의 중대한 변화가 와야 "정책정박"이 끝나고 새로운 "정책항해"가 시작된다는 것을 말한다. 다시 말해 최초의 정책이 결정될 당시 전개되었던 상황이 정책의 성격과 전략구성에 결정적으로 영향을 주며, 일단 이런 식으로 법률의 논리와 전략이 고착되게 되면 그 이후의 정책집행은 그 태생적 한계 때문에 소기의 성과를 거두기 힘들게 된다는 가정에 기초한 것이다. 정박효과(anchoring effect)는 일단 정책이 결정되면 정책집행은 그 법률이 정하는 범위 내에서만 효과를 발휘할 수 있으며, 따라서 정책집행에 새로운 변화가 오기 위해서는 정책기조와 논리의 변화가 있어야 한다는 점을 시사하고 있다.

례는 이러한 정박효과에 따른 정책실패가 다소 시정된 사례로 평가할 수 있다. 정책과정분석에 있어 정책형성단계를 포함한 상황석 요인까지 포괄하는 정박효과모형은 정책변동의 인과성에 대한 보다 면밀한 해석을 제공하기 때문에 소수자정책의 변동에 대한 이해의 폭을 넓힐 수 있을 것으로 기대된다.

3. 정책학습의 검토

정책학습은 통상 정책과정의 경험을 통해 얻은 교훈을 기초로 정책참여자의 사고나 행위를 지속적으로 변화시켜 나가는 것을 목적으로 한다. 특히 사바티에(1988)는 경험으로부터 얻어진 그리고 정책목표의 성취와 관련된 사고 또는 행동 의도를 비교적 지속적으로 변화시키는 것을 '정책지향적 학습'으로 규정하면서 이러한 학습은 다양한 연합의 구성원들이 자신들의 정책목표를 촉진시키기 위해 세상을 보다 잘 이해하고자 하는 노력이라는 점을 강조하였다.[5] 결국 정책학습은 정책행위자들의 정책참여를 통해서 보다 진화된 정책을 산출해 나가는 과정으로 이해될 수 있다.[6] 이러한 정책학습의 시각은 소수자운동과 소수자정책의 형성 및 변화를 이해하는 데 유용한 준거틀을 제공하게 된다. 특히 소수자문제의 해결과 관련하여 바람직한 정책학습을 발견하기 위해서는 개별 소수자정책 사례 속에서 정책학습이 어떻게 이루어지고 있는지를 조사할 필요가 있다. 정책학습에 대한 분석은 다양한 소수자정책사례들의 비교분석을 통해 소수자문제의 학습과정에 대한 이해를 제고하고, 실무적으

5. 사바티에(1988)에 따르면, 옹호연합은 지지자들의 이익을 증진시키기 위해 존재하지만, 경쟁관계의 연합체와의 신중한 정책논쟁을 통해서만 자신들의 이익을 효과적으로 성취할 수 있게 된다. 바로 이러한 논쟁의 존재가 정책의 질을 향상시키게 된다는 점에서 정책변동과 정책학습의 관계를 설명하고 있다.

6. 로즈(Rose, 1988)는 현재상태의 불만족을 해결하기 위해 새로운 대안을 찾아 적극적인 탐색활동을 하는 과정을 정책학습으로 정의하였다.

로는 학습실패로 인한 정책실패[7] 가능성을 감소시켜 바람직한 소수자정책을 위한 정책적 시사점을 제공할 것으로 판단된다.

4. 법제화 혹은 관련 법제도의 검토

소수자정책과정의 분석기준으로서 법제화(관련 법제도)는 각 사례별로 법제화된 결과 및 관련 법제도의 현황에 대한 자료의 수집 및 정리로 진행될 수 있다. 이러한 작업의 필요한 이유는 소수자 관련 법령들이 개별 소수자유형에 따라 매우 다양한 형태로 존재하기 때문이다. 어떤 소수자(예: 장애인)문제의 경우에는 이미 구체적 법체계로 구축된 경우도 있지만, 개별 소수자 보호를 위한 독립된 법률이 구축되지 못한 소수자문제 영역도 존재한다. 이런 점에서 연구대상인 소수자정책사례의 법제화 정도를 체계적으로 정리할 경우, 한국사회의 다양한 소수자정책사례를 횡단하여 제도적 차이를 규명할 수 있는 유용한 정보를 획득하게 될 것이다.

Ⅵ. 결론

행정학 분야에서 소수자집단과 소수자운동에 관한 연구는 소수자문제의 해결이라는 현실적 이유에서나 소수자 연구영역의 이론 구성의 측면에서 매우

7. 정책실패의 요인을 학습실패에서 찾는 대표적 연구로서 김도훈(2003)에 따르면, 불확실한 상황에서 제한된 합리성에 기반하여 이루어지는 정책결정은 불완전성을 내재하게 되고, 따라서 불완전한 정책이 집행 및 평가과정에서 보완되고 수정되지 못하여 이에 대한 적절한 학습이 이루어지지 못할 때 정책실패가 발생한다는 것이다.

표 2-2 연구의 주요 논점(지표)과 소수자정책 사례의 결합: 한국의 사회적 소수자집단, 소수자운동, 소수자정책의 특징과 주요 내용

논점의 구분 / 유형	소수자집단 특성			소수자운동 특성			소수자정책 특성				소수자 정책 분석틀
	소수자 요건	정책대상 집단 특징정도	인권침해 특성	관련 집단	조직화과정	주요 이슈/주장	정치적 상황	정책과정 단계	법제화/관련 법제도	정책 변동	
장애인	신체적 결함	식별가능 ◎ 권력 열세 ○ 차별 대우 ◎ 집단의식 ○	자유권 ○ 사회권 ◎ 경제권 ◎ 문화권 ◎	장애인 단체, 후견단체 등	장애인 차별금지를 위한 연합체 형성	사회적 차별의 철폐	창도가적 정치상황	정책집행 및 재형성	장애인 복지법, 장애인 고용및직업 재활법 등	장애인 차별 금지 입법화	수정된 옹호연합 모형, 정박효과 모형

주: ◎매우 강함(높음) ○다소 강함(높음) ◇보통 △약함

필요한 작업이라 할 수 있다. 국내의 소수자 연구는 주로 사회학자들에 의해 사회운동 차원에서 진행되고 있는바, 행정학 분야에서 이를 더욱 확장하여 소수자정책의 형성과 변동에 관한 정책 정보를 산출할 경우 그 연구의 결과가 소수자정책실무와 소수자정책이론의 형성에 기여하는 바가 적지 않을 것이다. 최근 행정학 분야에서 몇몇 소수자집단에 대한 연구들이 등장하고 있지만, 기존 정책 이론 적용을 위한 사례로 선택되는 경우가 대부분이며, 소수자 연구로서 정체성을 살린 연구가 되지는 못하고 있다.

이런 점을 의식하여 이 연구는 정책학 관점에서 소수자 연구를 위한 일반적인 분석틀을 구성하고 분석의 논점을 제시함으로써 한국의 소수자정책 연구를 위한 이론적 토대를 구축하고자 하였다. 이 연구에서 제안하는 소수자정책 연구의 방법론적 실효성은 구체적 사례연구를 통해 확인될 수 있겠지만, 소수자 연구의 주요 논점이 한국사회의 다양한 소수자집단에 적용하여 어떠한 정책연구가 가능할 것인가를 표현하면 〈표 2-2〉와 같이 정리할 수 있을 것이다.

예를 들어, 조직화된 신체적 소수자(유형 1)인 장애인 사례의 경우, 첫째 소수자집단 특성 측면에 있어서 외형상의 혐오, 위험, 사회적 비용이라는 편견과 고정관념을 가지는 소수자의 특성을 보이며, 높은 식별가능성, 다소 높은 권력열세, 심각한 차별대우, 상당한 집단의식을 나타내고 있고, 자유권, 사회

권, 경제권, 문화권 등의 측면에서 기본적인 인권 침해를 받고 있는 것을 알 수 있다.

둘째, 소수자운동의 특성 측면에서, 장애인은 각종 장애유형에 따른 장애인 자조집단 및 결사체와 장애인 부모나 지지자들로 구성되는 옹호단체가 있으며 정책사안에 따라 연합을 형성하기도 한다. 특히 장애인 차별금지법 옹호운동과정에서는 82개 단체로 구성된 '장애인차별금지법제정추진연대'가 2003년 결성되어 활동하고 있다. 셋째, 소수자정책 과정의 특성의 측면에서 주목할 것은 '장애인차별금지법'의 제정이다. 장애인차별금지법제정운동의 전개는 이른바 창도가적 정치 상황 하에서 정책과정의 어려움을 내재하고 있다. 이를 정책과정의 특성 측면에서 보면, 기존의 4대 장애인관련법(장애인복지법, 장애인고용촉진및직업재활법, 특수교육법, 장애인·노인·임산부등편의증진보장에관한법률)의 한계를 비판하고 새로운 차별금지를 위한 독립된 장애인차별금지에 관한 입법을 주장하는 장애인정책의 재형성 단계에 있다고 하겠다. 2001년부터 시작된 장애인차별금지법제정운동은 2002년 입법청원을 비롯한 제도적 활동과 더불어 각종 장애인단체의 공청회나 집회시위 등 실력행사로 전개되었다. 그 결과 2006년에는 국가인권위원회의 차별금지법과 별도로 독립된 장애인차별금지법이 마련되어 2007년 3월 '장애인차별금지및권리구제에관한법률'이 국회를 통과하게 되었다(장추련: http://www.ddask.net). 마지막으로 이러한 일련의 장애인차별금지를 위한 소수자운동과 정책의 형성과정에 대한 이론적 분석틀로는 수정된 옹호연합모형이나 정박효과모형을 적용할 수 있을 것이다.

본 연구에서 제안하는 방법론적 모형을 적용한 소수자정책 연구가 활발하게 이루어진다면 각 유형별로 소수자 속성의 구체적 기술, 소수자운동의 특성(각 소수자운동의 동기와 주장, 그리고 과정) 및 소수자정책과정의 특징(정치적 상황, 입법화된 내용 및 집행성과, 제도변화와 정책학습 등)의 체계적 분석을 통해 한국사회의 소수자와 소수자정책에 관한 이해를 제고하는 데 기여하게 될 것이다. 그렇지만 이 연구에서는 소수자정책 연구를 위한 하나의 통합된 분석모형을 제시하고자 하지 않았다. 이는 소수자사례의 다양성과 정책적 접근이 거의 없는 현재의 상황에서 단일한 관점보다는 적용 가능한 대안적 설명모형을 제안하는 것도 의미 있는 작업이라고 판단하였기 때문이다. 향후 개별 소수자정책에 대한 실질적인 연구를 통해 보다 정교하고 세밀한 분석틀과 분석 방법이 개발될 수도 있을 것이며, 그에 따라 소수자정책분석에 특유한 이론적 모형과 이론의 개발이 가능할 것이다.

제3장 소수자로서 비정규직 근로자와 정책

Ⅰ. 비정규직 문제, 어떻게 접근할 것인가

세계화 물결과 외환위기 사태는 한국사회의 전통적 고용 관행에 엄청난 변화를 초래하였다. 비정규직 고용 제도의 도입이 바로 그것이다. 근로자의 고용 불안을 해소하기 위해 정부는 노사정위원회를 구성하여 기업생존과 고용안정이라는 다소 상반적인 정책 목표를 수행하고자 하였으나, 노사정위원회는 끝내 효과적인 타결을 보지 못하였다. 이후 비정규직 고용은 보편적 고용현상이 되었으며, 비정규직 근로자는 정규직 근로자에 비하여 경제 사회적 측면에서 심각한 차별을 받는 소수자가 되었다. 통계청의 '경제활동인구조사 부가조사(2008년 8월 기준)'에 따르면 비정규직 근로자는 544만 5,000명으로 2007년 570만 3,000명에 비해 다소 감소하였지만, 2003년 이래로 증가추세를 보이고 있는 것으로 나타났다.[1] 이러한 비정규직 고용증가 현상은 한국사회만의 특별한 현

1. 통계청에 자료(각년도 8월 기준)에 의하면 2003년 460만 6,000명, 2004년 539만

상이라고는 할 수는 없으며, 일본, 유럽 등에서 드러나듯이 비정규직의 문제가 인권 침해 및 차별로 이어질 수 있다는 점에서 주의를 필요로 하고 있다.[2]

우리 사회에서 비정규직에 의한 노동분쟁은 비정규직 근로자의 비중이 1999년 전체 근로자의 50%를 넘어서면서부터 시작되었으며, 일부 비정규직 근로자들이 자신의 차별적 대우를 개선하기 위한 노동운동을 전개함으로써 세간의 주목을 받게 되었다. 즉, 1999년 11월 재능교사노조가 결성되고 법외노조 상태에서도 32일간의 파업투쟁을 전개하여 임금과 단체협약을 체결함으로써 비정규직의 문제가 수면으로 부상한 것이다. 이어 2000년에는 롯데호텔 노조의 파업투쟁이 공권력의 투입으로 인해 노동운동 전체 투쟁으로 확산되고, 결국 3년 이상 근무한 계약직 조합원이 정규직으로 전환됨으로써 '비정규직의 정규직화' 요구는 주요한 사회적 쟁점이 되었다.

이런 상황 하에서 민주노동당이 2004년 4월 15일 총선에서 10석을 차지하게 되자, 동년 7월 "비정규직 보호와 관련된 4개의 법률안"을 발의하였다. 그러나 민노당이 제시한 근로자 파견을 주요 내용으로 하는 비정규직 보호 법안에 대해 재계와 노동계가 모두 불만을 표출하면서 다양한 이해 집단 간의 갈등이 심화되기 시작하였다.[3] 2004년 11월 2일 정부는 "기간제및단시간근로자보호에관한법안' 등 비정규직 입법안과 '근로자퇴직급여보장법안"을 정부안으로 확정하였다. 하지만 2006년 2월 국회 환경노동위원회가 표결로 '비정규직 법안'[4]을 통과시켰음에도 불구하고,[5] 제258회 임시국회 마지막 날인

4,000명, 2005년 548만 3,000명, 2006년 545만 7,000명, 2007년 570만 3,000명, 2008년 544만 5,000명으로 나타나고 있다.

2. 비정규직 종사자의 증가는 소위 일하는 빈민(working poor)을 양산하고, 계층 간의 소득격차를 심화시키는 요인으로 작용하며, 또 일단 근로자가 비정규직에 취업되는 경우 노동시장의 구조적 분절로 인하여 비정규직 종사자의 위치를 쉽게 탈출하지 못함으로써 빈곤의 지속화를 경험할 위험이 크다고 한다(최준호, 2003: 152).

3. 최대 쟁점은 2개 법안이 담고 있는 ① 26개로 제한되어 온 파견 근로자 허용업종을 10개 금지업종을 제외한 전 업종으로 확대, ② 파견 근로자 사용기간을 2년에서 3년으로 확대, ③ 기간제 근로계약기간을 1년에서 3년으로 확대하는 방안 등이다.

2006년 3월 2일 한나라당, 민주당, 민노당, 국민중심당 등 야 4당이 연합해 비정규직 법안 처리를 무산시켰다. 이와 같은 다양한 이해 집단 간의 갈등에도 불구하고 2007년 7월 1일부터 '비정규직보호법'이 실행되었지만, 노동계에서는 비정규직을 더욱 확산시킬 것이라며 반대하였고, 재계에서는 노동시장의 유연성 제고에 역행하는 처사라며 반발하였다. 결과적으로 아직까지 정부, 기업, 노동계의 입장 차이가 좁혀지지 않고 있는 실정이다.[6] 이처럼 비정규직에 관한 정책은 지난 10여 년 간 다양한 요인과 상황에 따라 변화하여 왔으며 앞으로도 많은 변화를 겪을 것으로 보인다.

이 연구에서는 지난 10여 년 간 한국사회의 주요 노동 정책의 이슈로 떠오르고 있는 비정규직 고용을 둘러싼 갈등 실태를 소수자 관점에서 파악하고, 정부의 비정규직 관련 정책이 어떠한 역동적 과정을 거쳐 변화되었는가를 설명하고자 한다. 비정규직 근로자를 소수자로 볼 수 있는가에 대해서는 논란이 있을 수 있으나, 국내외의 소수자 연구 기준에 따르면 비정규직 근로자는 명백한 소수자 지위를 갖는다. 최근 사회학, 경제학 등에서도 비정규직에 대한 연구가 발표되고 있으나, 이들 분과에서는 비정규직 문제를 소수자 고용정책의 차원에서 고찰하고 있지 못하다.

하지만 비정규직은 경제적 소수자로서 차별적 대우를 개선하려는 집단적 노력을 해 왔고, 정부, 기업, 각종 찬반옹호집단들도 이에 대한 정책 및 대안을 지난 10여 년 간 꾸준히 제시해 왔기 때문에 이제는 비정규직고용과 관련

---

4. '비정규직 보호법'이라 함은 "기간제및단시간근로자보호등에관한법률"과 "파견근로자보호등에관한법률" 그리고 '노동위원회법'을 말한다.

5. 2006년 2월 27일 환경 노동위원장이 질서유지권을 발동해 민주노동당 의원들의 출입이 봉쇄한 가운데 표결이 이뤄졌다. 표결에는 환노위 재적 위원 16명 가운데 열린우리당과 한나라당 의원 12명이 참석해서 찬성 11, 기권 1로 가결되었다.

6. 최근 경제위기를 겪고 있는 시점에서 정부는 2008년 12월 16일 이명박 대통령 주재로 열린 '2009년 경제운용방안 보고회의'에서 현재 2년으로 제한하고 있는 비정규직 근로자의 사용기간을 4년으로 확대하고, 현재 32개 업종에만 제한적으로 허용돼 있는 파견근로자 고용 규제도 대폭 완화한다는 방침을 발표하였다. 이에 대하여 노동계는 제도 개선안이 비정규직을 양산하는 '땜질식 처방'이라며 강력히 반대하고 있다.

한 정책 변동과정의 체계적 검토가 필요한 시점이 되었다. 이 연구에서는 사바티에와 젠킨스-스미스(Sabatier & Jenkins-Smith, 1999)가 제시한 옹호연합모형(ACF)과 포터와 브라운(Porter & Brown)의 기회자집단 개념[7]을 사용하여 한국사회의 소수자인 비정규직과 관련한 정책변동과정을 분석하고자 하였다.

Ⅱ. 소수자로서 비정규직

1. 비정규직의 개념과 연구 경향 검토

비정규직이란 개념은 학자들에 따라 다르게 사용하고 있으며, 그 범위 및 규모에 있어서도 다양한 의견이 존재하고 있다. 비정규직의 개념은 프리드만(Freedman, 1985)의 'contingent work arrangements'라는 용어에서 유래하며, 이러한 논의 선상에서 보면 비정규직(contingent work)이란 '기업들이 특정 시점에, 특정 장소에서, 특정한 제품이나 서비스, 기술 등을 요구하는 수요를 충족시키기 위한 일시적이고 조건부적인 고용계약'이라고 정의할 수 있다(이영면, 2003: 63). 폴리브카(Polivka, 1996)는 비정규직을 '근로자 개인이 명시적 혹은 묵시적으로 장기 고용관계를 맺지 않았거나 최소한의 근로시간이 비체계적인 방법으로 변경될 수 있는 일자리'로, 폴리브카와 나르돈(Polivka & Nardone, 1989)은 '개인이 명시적·묵시적으로 장기간의 고용관

7. 기회자집단이라는 개념은 국제환경정치에서 보존과 개발에 대하여 일정한 소신 없이 자국의 이익에 따라 그때그때 기회주의적으로 대응하는 국가집단을 의미한다(Porter & Brown, 1991). 여기서는 이 개념을 비정규직 고용정책 갈등상황에서 자신의 이익에 따라 기회주의적으로 행동하는 집단의 행태를 묘사하기 위한 개념으로 사용하고자 하였다.

계가 되어 있지 않거나 최소한의 근로시간이 비체계적인 방법으로 바뀔 수 있는 어떤 일자리'로, 그리고 미국의 노동통계위원회(The Bureau of Labor Statistic, 1995)는 '명시적, 묵시적으로 장기간의 고용형태를 갖고 있지 않는 노동자'로 정의하고 있다(허갑수, 2004: 82). 통계청의 통계상 비정규직은 고용계약기간을 기준으로 고용계약기간이 1월 미만인 '일용직'과 1월 이상 1년 미만의 '임시직'으로 구분하고 있다.[8] 또한 박우성·노용진(2000)은 '상시고용을 전제로 계약기간의 정함이 없는 정규직 인력에 대한 상대적 개념으로서 이러한 계약 형태와 구별되는 근로계약을 맺은 다양한 인력'으로(허갑수, 2004: 82-83), 한준·장지연(2001: 2-3)은 비정규근로는 정규근로형태의 잔여 범주로 파악하고 있다.

비정규직의 범위에 대해서도 노동계와 정부의 기준이 다르게 나타나고 있다. 노동계는 비정규직 범위(2008년 8월 기준)를 경제활동인구[9] 본조사상의 임시·일용직 근로자와 상용직 근로자 중 부가조사상의 비정규직 근로자를 합한 것으로 파악(839만 7,000명, 52.1%)하고 있으며, 정부(노사정 합의기준)는 경제활동인구 부가조사상 고용형태에 따른 비정규직만으로 파악(544만 5,000명, 33.8%)하고 있다. 결론적으로 비정규직을 어떻게 규정하는가에 따라 비정규직의 규모와 성격이 다르게 파악될 수 있기 때문에 비정규직 개념을 어떻게 조작적으로 정의하는가 하는 문제는 쉽게 합의를 이끌어내지 못하고 있다.[10]

한편 이러한 용어 정의와 범위의 혼란 속에서도 비정규직에 대한 학술적 연

8. 1년 이상 고용되는 자를 '상용직'으로 분류하고 있다.

9. 통계청 경제활동인구조사는 매월 실시하는 '본조사'와 연 1회(8월, 2007년부터는 3월과 8월에 걸쳐 연 2회)에 실시하는 '부가조사'가 있다. 본조사에서는 근로자를 종사자 지위에 따라 상용직, 임시직, 일용직으로 분류하고 있으며, 부가조사에서는 고용형태에 따라 한시적 근로자, 시간제 근로자, 비전형 근로자로 분류하고 있다.

10. 한국경영자총협회가 발간하고 있는 '월간경영계'(2008.5.)에 의하면, 사실 정부기준에 의한 비정규직 범위 역시 외국과 비교하면 상당히 넓은 편이라 지적하고 있다.

구는 계속 되었는바, 비정규직과 관련된 기존의 논문은 비정규직의 현황과 개선방안에 관한 연구(김훈식·송준호, 2001; 최준호, 2003; 허갑수, 2004; 박재규, 2004; 배화숙, 2005; 고준기·서우석, 2007; 엄의현, 2007), 상황과 관련된 연구(남재량·김태기, 2001; 김강식, 2008), 영향요인에 관한 연구(김주일, 2001; 윤정향, 2003; 서창적·안성혁, 2004; 김성국 외, 2004; 권순식, 2004; 이덕로·김찬중, 2008; 김찬중·윤찬성, 2008; 김호원 외, 2008), 고용의 결정요인에 관한 연구(신동엽 외, 2003), 노동조합의 역할에 관한 연구(조형제·이성균, 1999; 박우성·박재용, 2005), 법적제도와 관련된 연구(정이환·이병훈, 2000; 조경배, 2003; 이회성, 2004, 박주영, 2008; 이달휴, 2008), 외국과의 비교 연구(이명숙·송병국, 2005; 구혜란, 2005; 윤애림, 2008) 등 다양한 분야에서 진행되어 왔다. 하지만 기존의 연구들은 비정규직과 관련된 구조적인 요인에 초점을 맞추고 있으며, 사회문화적인 가치 및 규범과 관련된 논의는 부족하다. 아울러 비정규직 근로자들을 소수자집단으로 인식하고 이와 관련된 정책을 논의한 연구는 전무한 실정에 있다. 따라서 비정규직 근로자를 소수자로 규정하고 비정규직을 둘러싼 연합들 간의 규범과 갈등상황 및 정책변동과정을 살펴보는 일이 필요하다.

2. 소수자로서의 비정규직

소수자는 이른바 표준적인 인간과는 거리가 먼 사람들이기 때문에 차별과 배제의 대상으로 인식되는 사람을 지칭하며(윤수종, 2005: 17), 소수자집단은 신체적 혹은 문화적 특성에 기초하여 우월 집단에 비하여 더 적은 사회적 보상을 받는 집단을 의미한다(Marger, 2005: 255). 흔히 소수자라고 하면 수적으로 열세에 있는 집단을 생각하는 경향이 있으며, 장애인, 국제결혼 배우자, 성매매여성, 화교, 탈북자 가족, 노숙자, 동성애자, 이주노동자 등을 쉽게 떠올

린다.[11] 하지만 비정규직 근로자의 경우에도 분명히 경제적·인권적 차별을 받고 있기 때문에 사회적인 소수자에 해당된다고 할 수 있을 것이다. 즉, 소수자의 범주를 반드시 수적으로 소수자인 경우만 한정할 필요는 없다. 소수자 범주 규정의 핵심은 차별적 대우 여부이기 때문에, 차별과 인권침해가 존재하는 모든 경우에는 예외 없이 소수자가 될 수 있다(이준일, 2002: 221-222).[12] 소수자란 숫자를 의미하는 것이 아니라, 오히려 숫자로는 다수를 점할 수도 있다할 것이다. 따라서 비정규직 근로자의 경우 우리나라 근로자의 50% 이상을 차지(노동계 기준)하는 상당수의 사람들이지만 이들은 정치적·권력적·경제적 소수자로 분류될 수 있다.

그렇다면, 비정규직 근로자가 소수자인지 어떻게 파악할 수 있는가?[13] 소수자를 규정함에 있어서 생득적인 조건들과 차등적 권력관계의 중요성을 함께 강조한 앤서니 드워킨과 로자린 드워킨(1999: 17-24; 윤인진, 2004: 404)은 소수자를 정의하는 네 가지 조건을 제시하고 있다. 첫째, '식별가능성'이다. 식별가능성이란 신체적·문화적 특징에 의해 다른 집단과 구별되는 뚜렷한 차이를 갖는 것을 의미한다. 비정규직 근로자의 경우에 신체적으로는 정규직과 별 차이가 없지만 근무의 형태, 작업여건, 작업장에서의 대우와 같은 문화적 측면에서 정규직 근로자와는 뚜렷한 차이를 보이고 있다. 즉, 정규직 근로자의 인권 및 대우 등은 노동조합 등을 통하여 상당히 개선되고 있지만, 상대적으로 비정규직 근로자의 경우 현실적으로 노동조합 등에 가입되지 않기 때문[14]에 비정규직 근로자의 경우 더욱 열악하게 되는 것이다. 또한 최근처럼

11. 전영평(2007)은 정책 대상으로서의 소수자를 '집단화된 소수자'와 '집단화되지 못한 소수자'라는 포괄적인 개념을 사용하고 있으며, 정책적 관점에서 소수자 문제 및 대책에 접근하기 위한 소수자의 유형을 분류하고 있다.

12. 차별은 19세기 중반부터 발생하여 지금까지 이어져오고 있는데, 이러한 차별은 사회생활의 일반적인 특징으로써 불평등 혹은 불이익의 원인이다. 또한 차별은 개별적인 행위인데, 같은 계층의 구성원들이 유사하게 취급되기 때문이다(Banton, 1994: 3-5).

13. 전영평(2008)은 누가 사회적 차별에 노출된 소수자인가를 알아채는 일은 인권주의적 대응과 관리주의적 대응을 구사해야 하는 행정의 책임영역에 해당된다고 하였다.

표 3-1 고용형태별 임금과 노동시간 현황

구분		2005년 8월	2006년 8월	2007년 8월	2008년 8월
월평균 임금 (만원)	전체 임금근로자	159	166	175	185
	정규직	220	226	239	250
	비정규직	112	116	120	125
	격차(%, 정규직=100)	50.9	51.3	50.1	49.9
시간당 임금 (원)	전체 임금근로자	8,179	8,602	9,151	9,831
	정규직	11,203	11,653	12,452	13,238
	비정규직	5,817	6,107	6,366	6,704
	격차(%, 정규직=100)	51.9	52.4	51.1	51.2
주당 평소 노동시간 (시간)	전체 임금근로자	47.5	46.6	45.9	45.1
	정규직	47.3	46.6	46.0	45.0
	비정규직	47.6	46.6	45.8	45.2

자료: 한국노동사회연구소, 김유선(2005, 2006, 2007, 2008)에서 재정리

경제가 침체기에 빠질수록 상대적으로 노동조합 등을 통해 보호받는 정규직에 비해 뚜렷한 대응책을 갖고 있지 못한 비정규직 근로자는 해고되는 경우가 더욱 많게 된다.

둘째, '권력의 열세'이다. 여기서 말하는 권력의 열세란 경제력, 사회적 지위, 정치권력 등 다양한 측면에서 실질적인 차이가 있거나 혹은 여러 가지 자원을 동원할 수 있는 능력에서의 차이를 의미한다. 근로자의 권익을 보호하기 위하여 노력하고 있는 민주노동당의 경우 2000년 1월 출범하여 비정규직 근로자를 위한 비정규직 법안 통과 등에 대한 강경한 저지의사 등을 보였지만 의석수가 다른 정당에 비하여 상대적으로 적을 뿐만 아니라,[15] 다수의 보수적인 성향을 가진 정치인 등으로 인하여 정치권력에서 열세를 보이고 있는 실정

14. 노동조합은 근로자가 납부하는 조합비로 운영되고 있는데, 조합비를 납부하지 않는 비정규직 근로자의 경우 단체에서의 발언권이 주어지지 않는다.

15. 2009년 1월 6일 현재 전체 296석 중 한나라당 172석(58.11%), 민주당 82석(27.70%), 선진과창조의모임 20석(6.76%), 민주노동당 5석(1.69%)이다.

이다. 또한 비정규직 근로자의 경우 정규직 근로자에 비해서 명백한 임금 차이를 보이고 있다.

통계청(2007년 기준)의 고용형태별 정규직 근로자와 비정규직 근로자의 월 급여액은 각각 202만 7,000원과 114만 5,000원(정규직 근로자 대비 56.5%)으로 나타나고 있으며,[16] 한국노동사회연구소에 의하면 정규직과 비정규직 간의 시간당 임금 격차는 2008년 8월 현재 51.2%로 나타나고 있다. 저임금과 임금격차는 일부 근로자를 공공부조 대상자로 만들 수 있으며 무엇보다 사회보험제도에 가입하지 못하거나[17] 여타 복지제도에 포함되지 못하므로 인해 현재의 빈곤이 지속될 수 있는 가능성이 커진다. 또한 상해나 산업재해 등 사회적 위험에 직면하게 되었을 때 다른 보호 기제가 부족하여 경제적 빈곤은 물론 다양한 사회적 기회로의 접근성이 낮아진다. 아울러 조직 내부에서 정치적 영향력을 행사하는 데도 한계가 엄연히 존재하고 있으며, 비정규직 근로자의 목소리를 대변해 주는 단체의 경우에도 실질적인 정치적 결정에서는 배제되는 경우가 많다.

셋째, '차별적 대우'이다. 소수자는 단지 한 집단의 성원이라는 이유만으로 사회적 차별의 대상이 되기도 한다. 기업은 정규직과 비정규직에 관한 기준을 명확히 하고 있으며, 비정규직에 대한 차별은 임금, 복지 등의 차원에서 더욱 명확해진다. 비정규직 근로자에 대한 사회적 배제는 전 사회적으로 용인되는 경향이 있다는 지적도 있으며(윤정향, 2003), 정규직과 비정규직은 근로자의 기업복지 제공여부, 학비보조, 주택마련 지원, 사내근로복지기금, 경조사 지원, 보육비 지원 등에서 유의미한 차이가 있다(배화숙, 2005). 보다 구체적으로는

16. 통계청의 고용형태별(2007년 기준) 시간당정액급여액은 정규직 근로자 1만 1,026원, 비정규직 근로자 7,359원으로 정규직 근로자 대비 비정규직 근로자의 시간당정액급여는 66.7%에 해당한다.

17. 통계청의 경제활동인구 부가조사(2008.8) 결과에서 사회보험인 국민연금·건강보험·고용보험 가입자 비율을 살펴보면, 정규직은 77.3%, 78.0%, 65.8%로 나타났지만, 비정규직은 39.0%, 41.5%, 39.2%로 나타났다.

표 3-2 비정규직 분류의 기준과 유형

기 준	특 성	유 형
고용기간	한시적 고용	임시직, 계약직
근로시간	시간제 고용	단시간근로, 시간제근로
고용주체	간접 고용	파견근로, 용역근로
계약형식	특수 고용	호출근로, 독립도급, 가내근로

자료 : 장지연(2001: 7)

〈표 3-2〉에서 보듯이 비정규직은 다양한 기준과 유형화를 통해 차별적인 대우를 받고 있는 것이 분명하다.

넷째, 소수자집단 성원으로서의 '주관적 의식'이다. 소수자의 집단의식은 처음에는 몇 사람의 공유된 생각에서 시작하게 되지만 차별적 관행의 반복을 통하여 전체적인 연대의식으로 확장되는 경향이 있다. 비정규직의 경우에도 이러한 현상은 잘 나타나고 있다. 1999년부터 급속도로 발전한 비정규직의 노조결성을 통한 투쟁활동은 현재까지 그 규모가 지속적으로 확대되고 있으며 상당수의 정규직근로자들도 이에 동조하고 있다. 이러한 연대의식을 공유하고 있는 집단으로는 양대노총과 전국비정규직노조대표자연대회의, 비정규직철폐 100만인서명운동본부 등이 있는데 이들은 중·대규모의 사업체 및 공단 등에도 비정규직 관련 단체들을 결성하여 자신들의 차별적인 대우를 철폐하고 권익을 증진시키기 위한 집합적인 행동을 표출하고 있다. 결론적으로 오늘날 한국의 비정규직 근로자는 식별가능성, 권력의 열세, 차별적 대우, 주관적 의식 등의 차원에서 소수자의 특성을 가지고 있다고 할 수 있다.

Ⅲ. 비정규직 정책갈등연구를 위한 설계

1. 비정규직 정책갈등 분석모형의 채택

위의 논의에서 분명해진 것은 한국사회의 비정규직 근로자는 자본주의 사회의 지배적 사회관계로부터 배제되어 있는 사회적 약자라는 점, 경제력, 사회적 지위, 정치권력 등 다양한 측면에서 실질적인 차이와 동원의 능력에 있어서 차이가 발생하고 있다는 점, 정규직에 비하여 불평등한 차별적 대우를 받는다는 점, 소수자로서 집단적 의식을 가지고 있다는 점에서 명백히 소수자로서의 지위를 가지고 있다. 여기서 우리는 이들 비정규직 소수자들이 제시하는 문제를 정책적 연구 대상으로 다루어야 할 필요가 있는 것인가를 고민하게 된다. 이에 대한 대답은 당연히 '그렇다'이다. 왜냐하면, 이들 비정규직이 최종적으로 원하는 것이 바로 자기에게 유리한 정책이기 때문이다. 한편, 비정규직 고용으로 이득을 얻는 기업 및 민간 기관들도 자신에게 유리한 정책을 필요로 하고 있다. 정책수립자는 사회적으로 비상한 관심을 끌고 있는 이 문제에 대한 적절한 대응책을 마련해야 하는 딜레마적 상황에 놓이게 된다. 당연히 소수자, 기업, 정부가 서로에게 유리한 정책을 위해 투쟁하는 이런 상황은 매우 흥미 있는 정책 연구의 대상이 아닐 수 없다.

연구의 초점은 소수자로서 비정규직 문제를 정책 연구의 대상으로 할 것인가 아닌가의 문제가 아니라, 비정규직 문제를 둘러싼 정책갈등 사례를 어떤 시각에서 연구하는 것이 합당한가에 맞추어질 필요가 있다. 그렇다면 어떤 시각이 비정규직 문제를 둘러싼 정책갈등을 적절히 설명해 낼 수 있는 것일까? 정책갈등을 설명하기 위한 분석적 시각은 여러 가지가 있을 수 있지만 — 예컨대 Iron Triangle Model, Issue Network Model, Social Network Analysis 등 — 시간의 흐름에 따라 가장 세밀하고 구체적으로 정책갈등을 설명할 수 있는 모형으로는 사바티에와 젠킨스-스미스(1999)의 옹호연합모형

(ACF: Advocacy Coalition Framework)이 보다 적합할 것으로 보인다. 또한 신념에 따른 갈등이 나타나는 소수자문제에 있어서도 옹호연합모형에서 말하는 정책신념 개념을 확장하여 적용가능하다(전영평·한승주, 2006: 169).

옹호연합모형(Sabatier & Jenkins-Smith, 1993; 1999)은 정책과정의 단계모형(stages model)에 대한 대안으로써 개발되었는데(Elliott & Schlaepfer, 2001: 645), 이 모형의 핵심적 장점은 ① 정책갈등을 시간적 흐름에 따라 인과적으로 설명할 수 있으며, ② 정책과정 전반에 걸쳐서 일어나는 정책지향 학습(policy-oriented learning)을 확인할 수 있고(Sabatier & Jenkins-Smith, 1993: 3-4; 전진석, 2003: 60-61), ③ 정책하위체계라는 관점을 도입하여 정책문제에 대한 믿음을 옹호하는 행위자 및 연합들 간의 경쟁을 파악할 수 있다는 것이다(Kübler, 2001: 624). 비정규직 정책갈등은 10년이라는 시간 속에서 다양한 참여자의 상호작용이 잘 드러난 정책하위체계로 구성되어 있어 옹호연합모형에 따른 분석이 매우 적합할 것으로 보인다.

보다 구체적으로, 소수자인 비정규직은 자신에 대한 차별적 대우를 극복하기 위한 제도적 보호막을 구축하기 위해 자체 노력은 물론 옹호집단을 결속하여 제도 획득을 위해 지속적 투쟁을 해 왔다. 비정규직을 고용하는 기업 측에서도 자신에게 유리한 제도적 보호막을 잃지 않기 위해 기업옹호집단을 동원하고 정책 논리를 개발해 왔다. 한편 정치권과 정부는 서로 대립하는 양자를 조정하고 사회적 상황과 합법성의 관점에 부응하는 정책을 마련하기 위한 노력을 해 왔다. 즉, 비정규직과 비정규직 옹호집단, 기업과 기업옹호집단, 정책수립관련자 및 각종 참여자들이 상호 작용하는 이러한 체제는 옹호연합모형이 채택하는 정책하위체제 관점에서 가장 잘 수용될 수 있다.

2. 옹호연합모형과 비정규직 사례분석 분야 설정

옹호연합모형을 토대로 비정규직 정책변동 사례를 보다 잘 설명하기 위해서는 옹호연합모형 구성에 관한 구체적인 서술이 필요하다. 사바티에와 젠킨스-스미스(1999: 118-120)에 의하면 옹호연합모형 적용의 주요 전제는 다음과 같다. 첫째, 현대산업사회에서 정책변동을 이해할 수 있는 가장 유용한 단위는 특별한 정부조직 혹은 프로그램이 아니라 정책하위체계인데, 정책하위체계들은 다양한 공공조직과 사조직에서 활동하는 행위자들을 포함한다. 둘째, 정책하위체계의 개념은 전통적인 철의 삼각형(iron triangles)의 개념으로부터 확장하여 정책 아이디어를 생성, 확산, 그리고 평가하는 데 있어서 중요한 역할을 하는 저널리스트, 연구가, 정책분석가를 포함시켜야 한다(Helco, 1978; Jordan and Richardson, 1983; Kingdon, 1984; Hall, 1993). 아울러 모든 수준의 정부활동에 참여하고 있는 행위자들을 포함시켜야 한다. 셋째, 공공정책(프로그램)들은 목표를 어떻게 달성할 수 있을지에 관하여 암묵적인 이론들(implicit theories)과 결합되고(Pressman and Wildavsky, 1973; Majone, 1980), 믿음체계(belief systems)와 같은 방식으로 개념화될 수 있다는 것이다. 마지막으로 정책변동의 과정을 이해하기 위해서는 10년 이상의 기간을 필요로 한다.

옹호연합모형에서는 정책하위체계에 영향을 주는 상당히 안정적인 변수(relatively stable parameters)와 역동적인 변수(dynamic events)를 포함하는 외적변수가 있으며, 이들 외적변수들은 정책하위체계 행위자들의 행동에 일련의 제약을 주거나 기회를 제공해 주는 요소로 작용한다.[18] 또한 각각의 연합과 관련된 믿음체계는 삼자 간의 계층제적 구조로 조직화되어 있다. 가장

18. 여기서의 재원은 정책하위체계의 행위자들이 활동하는 데 있어서 안정적, 외적조건들이 제공하여 주는 사회적·법적·문화적·사회경제적 측면과 여론 등으로부터 다양한 지원 등을 의미한다.

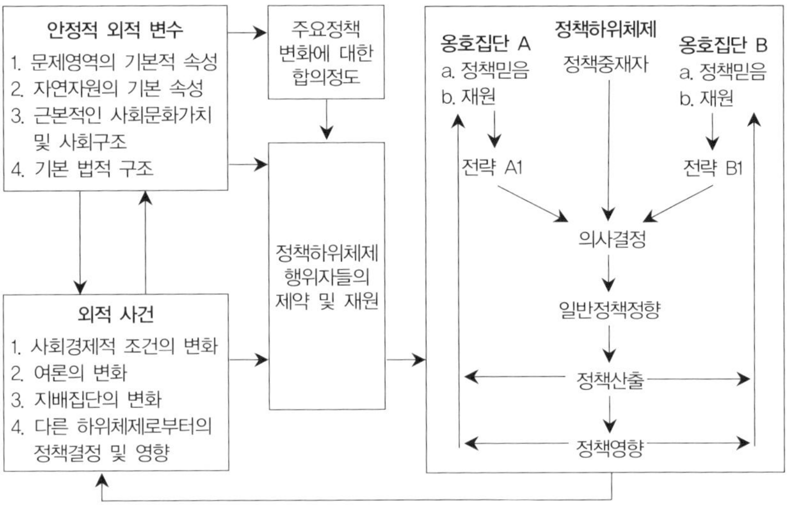

자료 : Sabatier and Jenkins-Smith(1999: 149)

그림 3-1 옹호집단연합모형

높은 수준인 공유된 믿음체계의 핵심부분(deep core)은 존재론적이고 규범론적 믿음을 포함하고, 다음 수준인 정책핵심(policy core beliefs) 부분은 전체적인 정책영역 혹은 하위체계에 걸쳐 연합들의 기본적인 규범적 언명과 인과적 인식을 나타낸다(Sabatier & Jenkins-Smith, 1999: 121-122). 그리고 정책하위체계 하에는 공·사를 불문하고 다양한 수준에서 활동하는 행위자들을 포함하는 정책옹호연합들이 있으며, 이들 옹호연합들은 그들의 믿음체계가 정부의 정책과 프로그램으로 관철되도록 자신들이 동원할 수 있는 재원을 최대한 이용하여 다양한 전략을 구사하게 된다. 그리고 경쟁하는 정책옹호연합들이 선택한 전략들은 정책중개자들(Policy Brokers)에 의하여 중재된다(Sabatier & Jenkins-Smith, 1999: 122). 끝으로, 정책하위체계 내에서는 정책지향학습이 발생하게 되는데 연합들은 서로 외부로부터 학습하고자하며, 공공정책에 그들의 믿음체계를 반영시키기 위한 다양한 전략들을 사용하게 된다. 정책논의에 대한 전문가 포럼 등은 이러한 것을 가능하게 해 주는 역할을 한다(Elliott & Schlaepfer, 2001: 645).

본 연구에서는 위에서 검토한 옹호연합모형의 가성과 구조에 따라 비정규직 정책의 변동과정을 다음 순서에 따라 설명하기로 한다. ① 비정규직 정책에 영향을 주는 안정적 외적 변수, ② 비정규직 정책에 영향을 주는 역동적 외적 변수, ③ 비정규직 정책을 둘러싼 정책옹호연합 및 신념체계, ④ 비정규직 정책을 둘러싼 중개자집단의 역할, ⑤ 비정규직 정책을 둘러싼 정책학습이라는 다섯 가지 검토 분야이다.

Ⅳ. 비정규직 정책갈등 사례분석

1. 비정규직 정책을 둘러싼 안정적인 외적 변수

옹호연합모형에서는 안정적인 변수로 문제영역의 기본 속성, 자연 자원의 기본 속성, 근본적인 사회문화 가치 및 사회구조, 그리고 기본 법적 구조 등으로 구분하여 제시하고 있다. 이들 변수들은 정책하위체계들이 채택할 수 있는 주요 정책변동에 대한 합의에 영향을 미칠 뿐만 아니라 제약 및 재원으로 작용하게 된다. 이에 근거하여 비정규직과 관련된 정책하위체계에 영향을 미치는 안정적인 외적 변수를 파악하면 다음과 같다.

1) 비정규직 근로의 규모와 현황에 대한 불일치

비정규직의 규모와 현황에 대한 의견의 불일치는 이 문제를 둘러싼 갈등을 복잡하게 하는 고질적인 요인으로 작용하고 있다. 비정규직의 규모에 대한 일치된 견해가 있어야 이 문제 해결을 위한 대안이 마련될 수 있음에도 불구하고, 지난 십 수 년간 비정규직에 대한 일치된 의견은 도출되지 못하고 있다.

표 3-3 정부와 노동계의 비정규직 근로 규모 비교 (단위: 1,000명, %)

구분		근로자수(비중)				
		2004년 8월	2005년 8월	2006년 8월	2007년 8월	2008년 8월
전체		14,584(100.0)	14,968(100.0)	15,351(100.0)	15,882(100.0)	16,104(100.0)
정부	정규직	9,190 (63.0)	9,486 (63.4)	9,894 (64.5)	10,180 (64.1)	10,658 (66.2)
	비정규직	5,394 (37.0)	5,483 (36.6)	5,457 (35.5)	5,703 (35.9)	5,445 (33.8)
노동계	정규직	6,428 (44.1)	6,564 (43.9)	6,905 (45.0)	7,268 (45.8)	7,707 (47.9)
	비정규직	8,156 (55.9)	8,404 (56.1)	8,446 (55.0)	8,614 (54.2)	8,397 (52.1)

주: 정부-노동부 비정규직 기준
노동계 - 한국노동사회연구소 비정규직 기준
자료: 통계청, 〈경제활동인구 부가조사〉
한국노동사회연구소, 〈각년도 경제활동인구 부가조사 결과〉 자료

이로 인하여 비정규직 정책갈등 해결이 처음부터 어려워지게 된다. 또한 정부, 경제계, 노동계 등 각 이해관계자들은 비정규 직 근로자의 규모를 유리한 쪽으로 해석·적용하고 있기 때문에 대립 상황이 나타나고 있다.

이와 같은 상황은 〈표 3-3〉에서 볼 수 있듯이 정부와 노동계는 지속적으로 각각 다른 비정규직 규모를 제시하여 의견의 대립을 나타내고 있다. 최근 2008년 8월 통계청에서 조사한 결과에 의하면, 비정규직 근로자의 규모는 작년 동기 대비 25만 8,000명 감소한 544만 5,000명으로 전체 임금근로자의 33.8%를 차지하고 있는 것으로 알려졌으나, 노동계를 대표하고 있는 한국노동사회연구소는 취약근로자까지 포함할 경우 비정규직 근로자 규모는 839만 7,000명으로 전체 근로자의 52.1%를 차지하고 있는 것으로 보고 있다. 즉, 정부와 노동계의 서로 다른 기준에 따라 295만 2,000명의 차이가 있는 것이다. 이러한 비정규직의 규모와 현황에 대한 의견 불일치는 비정규직 고용문제 해결을 어렵게 하는 중요한 요인이 되고 있다.

2) 비정규직 고용행태의 존속, 변화, 그리고 구조적 요인

지난 수십 년간 사회문화 혹은 사회구조의 한 양식으로서 존속해 온 비정규

표 3-4 연도별 임금근로자의 종사상 지위별 비중 (단위: %)

연도	상용직	임시직	일용직
1963년	60.0		40.0
1970년	73.0		27.0
1980년	79.9		20.1
1990년	54.2	29.0	16.8
1994년	57.9	27.8	14.4
1997년	54.1	31.6	14.3
1999년	48.7	33.3	18.0
2001년	49.2	34.6	16.2
2003년	50.5	34.7	14.8
2005년	52.1	33.3	14.6
2007년	54.0	32.4	13.6

자료 : 안주엽 외(2001: 14)에서 재정리. 통계청, 〈경제활동인구조사〉

직 고용행태 또한 비정규직 고용갈등을 해결하기 어렵게 만드는 요인으로 작용해 왔다. 1960년대 이후 한국의 사용자들은 비정규직 고용을 당연시하는 전통을 가지고 있었으며, 피고용인도 이에 대하여 반발하지 않고 수용하였다. 이후 1970년대에는 두 차례에 걸친 오일쇼크가 경제성장에 제동을 걸었으나, 경제개발의 축을 경공업으로부터 중화학공업으로 옮기며 여전히 고도성장을 하였으며, 이에 따른 노동력 수요의 증대는 비정규직의 비중을 더욱 감소시켰다(안주엽 외, 2001: 13). 이어 비정규직고용이 감소되고 비교적 안정적인 고용관행을 보인 것은 1980년대 경제 팽창기였다. 그러나 1990년 이후, 특히 1997년 외환위기 시에는 다시 비정규직 고용이 팽창하는 추세를 보이고 있다. 최근 비정규직 고용이 감소하고 있지만 1980년대보다는 훨씬 못 미치고 있다.

또한 여성의 경제활동참가가 늘어나면서 단시간 근로계약이나 특수계약과 같은 대안적인 노동계약이 공급자에 의해 선호되고 있다(안주엽 외, 2002: 5). 경력을 쌓아 더 나은 직장으로의 이동, 육아·가사 등의 병행, 노력한 만큼의 수익창출, 근무시간의 신축적인 조절, 원하는 분야의 일자리가 없거나 전공이나 경력에 맞는 일자리가 없어서 실업을 선택하는 자발적인 실업[19]도 하나의 요인으로 지적될 수 있는데, 즉 고용인의 요구와 기대, 라이프스타일의 변화로 작업장에서의 관계에 변화를 가져오고 있다(Allan, 2002: 106).[20] 그리고 대립적인 노사 간의 갈등도 주요한 원인이될 수 있다. 즉, 대립적인 노사갈등이 높을수록 고용인들은 기업의 정상적인 운영을 위하여 정규직보다는 비정규직 고용을 선호하게 되는 것이다. 이러한 고용행태는 정책하위체계들이 채택할 수 있는 주요 정책변동에 대한 합의에 영향을 미치게 된다.

다음으로 고려할 수 있는 것은 구조적 환경의 변화이다. 산업의 구조가 광공업에서 서비스산업 위주로 변화됨에 따라 수요의 변화에 따른 인력공급의 유연성 확보가 우선시되고 있다. 또한 경제위기 이전부터 존재해 온 우리나라의 이중노동시장구조도 문제이다. 노동수요의 성격과 단체교섭력의 불평등성은 노동조합이 강력하고 근로조건이 좋은 1차부문과 노동조합이 유명무실하거나 없는 2차부문으로 나누어지는 계층적 이중노동시장 현상으로 나타날 수 있는데, 대다수의 비정규근로는 2차부문에 고용된다. 따라서 비정규근로의 증가는 2차노동시장의 비대화를 초래하였다(안주엽 외, 2002: 6). 아울러 점진적인 고용안정성 격차의 확대(정이환·전병유, 2004: 22)로 인한 비정규직 근로의 증가를 고려할 수 있다. 이상에서 제시된 요인들로 인하여 행위자들은 비정규직 고용정책을 둘러싸고 있는 문제에 직면하게 되며 갈등 해결

19. 통계청이 2008년 3월 실시한 경제활동인구 부가조사(근로형태별) 결과에 의하면, 일자리 형태 선택동기 중 정규직은 '자발적 사유'가 74.1%, 비정규직은 42.0%로 나타났으며, 동년 8월에는 정규직은 72.6%, 비정규직은 40.2%로 나타났다.

20. 고용인들은 자신들의 가족들과 더 많은 시간을 갖길 원하며, 유연한 노동시간을 고용주에게 제시하기도 한다. 또한 아이들을 양육하고 부모를 부양해야 하는 책임을 가지고 있는 고용인들은 일용직(특히 파트타임)을 해결책으로 여기고 있는데, 이는 유연성을 확보할 수 있기 때문이다. 또한 전문직, 기술직, 관리직의 사람들은 일시적인 일은 택하는 경향, 즉 비정규직으로 일하기를 선호하는데, 오랜 기간 동안 한 곳에서 일하기보다는 자유로움을 느끼고 싶어 하기 때문이다. 이에 따라 자발적인 비정규직이 증가하게 되는 것이다.

에 제약을 받게 된다.

3) 근로기준법과 파견근로자보호등에관한법률

비정규직 고용정책 갈등에 지속적으로 영향을 주는 중요한 변수 중의 하나는 이 문제를 둘러싼 기본적인 법적·제도적 장치라 할 수 있는데, 이에는 근로기준법 및 파견근로자보호등에관한법률 등이 있다. 근로기준법은 헌법에 의하여 근로조건의 기준을 정함으로써 근로자의 기본적 생활을 보장, 향상시키며 균형 있는 국민경제의 발전을 도모하기 위하여 1997년 3월 13일 제정(법률 제5309호)되었으며 2008년 말 기준으로 총 17번 개정되었다. 이처럼 미비한 제도를 보완하거나 상대적으로 취약한 근로자를 보호하기 위하여 법률을 자주 개정한 것이 사실이었다. 하지만 이후에도 2004년 민주노동당이 국회에 진출하게 됨에 따라 근로자의 목소리도 더욱 커지게 되었으며, 2005년도에만 세 번의 개정이 있었고, 이어 2008년도에도 네 번의 개정이 있었다.

근로자파견의 고용형태는 빠른 속도로 변화하는 노동시장과 다양한 고용형태에 대한 수요 증가에 따라 발생하게 되었다. 경영자 측면에서는 일시적·간헐적으로 발생하는 업무의 수요를 충족시키거나, 또는 정규직으로 인력을 유지하기 곤란한 업무에 대해 외주의 형태로 인적자원관리의 유연성을 제고하기 위해 근로자파견과 같은 제도에 대한 수요가 발생하였다. 정부에서는 증가하는 실업을 완화시키고 노동시장에서 인력수급의 효율성을 증가시키기 위한 수단으로써 이러한 근로자파견제도의 도입을 검토하였으며, 실업자의 입장에서는 직장을 찾을 수 있는 기회가 확대된다는 의미에서 근로자파견의 제도화에 대한 욕구가 생겨나게 되었다(김승태, 2001: 16). 이에 따라 1998년 2월 20일에 제정된 "파견근로자보호등에관한법률(법률 제5512호: 근로자파견법)"[21]은 근로자파견사업의 적정한 운영을 기하고 파견근로자의 근로조건 등

21. 이 법제화에 대한 논의는 1993년부터 시작되었으나 경영계와 노동계의 주장이 상반되는 가운데 오랜 기간 실행되지 못하다가 비로소 1998년 7월 1일부터 26개 직종에

에 관한 기준을 확립함으로써 파견근로자의 고용안전과 복지증진에 이바지하고 인력수급을 원활하게 함을 목적으로 하고 있다.

그러나 정부는 1998년 2월에 노사정위원회에서 '경제위기극복을위한사회협약'을 체결하고, 정리해고제와 변형노동시간제, 그리고 근로자파견제 등 노동시장 유연성을 강화는 제도를 합법화하였다.[22] 이러한 고용관련제도의 도입으로 비정규직 고용이 급격히 증가하였다고 설명할 수 있다(이주희·이성균, 2003: 7). 이와 같은 법적 장치들은 비정규직 관련 행위자들의 정책갈등 해결을 위한 재원 및 제약이 될 수 있으며, 각각의 행위자 집단들은 이를 이용한 전략을 수립하고 정책결정에 영향력을 행사하게 된다.

2. 비정규직 정책을 둘러싼 역동적인 외적 변수

시간적 흐름에 따른 역동적인 외적변수들은 비정규직과 관련된 정책에 대하여 상당한 영향력을 미치고 있다. 임시일용직 등 비정규직이 1980년대 초중반과 1990년대 중반 이후 두 차례에 걸쳐 빠른 속도로 증가했음에도 그동안 비정규직 문제는 사회적 관심사가 되지 않았다(김유선, 2004: 54). 그러나 IMF사태와 신자유주의 정책사조로 인한 환경의 변화 및 양극화 현상의 확대와 같은 사회적 환경은 비정규직근로에 대한 인식과 가치관에 영향을 미치기 시작하였다.

기업이 비정규직 고용을 점차적으로 증가시키려는 가장 큰 이유는 세계화의 물결이 급속히 진행됨에 따른 시장상황의 변화이다.[23] 즉, 기업들 간의 경

한해 최장 2년 동안 사용할 수 있도록 제정되었다(김승택, 2001: 16-17).

22. 근로기준법은 '1주간의 소정근로시간이 당해 사업장의 동종업무에 종사하는 통상근로자의 근로시간에 비하여 짧은 근로자'(제21조)를 단기간 근로자로서 고용할 수 있도록 허용하였고, 근로자파견제는 26개 직종(전산직 등 전문직종과 청소직 등 일반직종)에서 용역 및 파견근로자들을 합법적으로 고용하도록 허용하였다(이주희·이성균, 2003: 7).

쟁이 점차적으로 심해지고 있는 것이다. 선진 자본주의국가의 경험을 보면, 각 기업들은 1970년대 말부터 1980년대 초에 발생한 석유위기를 전후로 하여 더욱 치열해진 시장상황에서 살아남기 위하여 유연적 생산체제 등 새로운 생산방식과 경영혁신전략을 도입하였다(이주희·이성균, 2003: 11). 이러한 사실은 대부분의 자본주의국가에서 공통적으로 나타났는데, OECD가 1996년을 기준으로 지난 5년간의 파트타임 근로자와 일용직 근로자 증가율을 분석한 바에 따르면 유럽 10개국에서 평균 23%(파트타임 근로자), 27%(일용직 근로자)의 증가율을 기록하고 있다는 사실을 볼 때 모든 국가에서 비정규직 종사자들이 증가한 것은 명확한 사실이다(이주희·이성균, 2003: 12).

우리나라의 경우에 기업들은 1987년 이후 임금인상 및 경영참가를 요구하는 노동조합 활동에 대응하기 위하여 비정규직 고용을 확대해 왔고특히 조선 산업과 같이 비정규직 종사자를 오래전부터 고용해 온 기업들은 정규직 근로자들을 중심으로 하는 노동조합 활동이 1987년 이후 급격히 증가하자 비정규직 고용을 확대한 경험이 있다(이주희·이성균, 2003: 14). 그러나 비정규직이 급격히 증가하게 된 계기는 1997년 말에 발생한 IMF 위기 때문으로 볼 수 있다. IMF 이전에도 비정규직은 40% 이상이 존재하였지만 증가 추세가 급격하지는 않았다. 하지만 한국의 경제가 심각한 위기를 겪게 됨에 따라 그 수는 50%를 상회하게 되었던 것이다. 기업들은 구조조정 등을 통하여 살아남기 위한 노력을 하게 되었다. 특히 정보통신기술의 발달을 기초로 한 서비스산업의 비약적인 증대는 종래의 공장제 산업구조 하에서의 수동적, 위계질서에 따른 기술 중심적 노동조직을 능동적이고 창조적이며 자기 책임적인 협력자들의 집합체로서 인간 중심적 노동조직으로 바꾸어 놓고 있다(김형배·박지순, 2004: 2). 더욱이 기업은 세계적인 규모의 경쟁체제 하에서 시장변화에 대한 적응력을 높이기 위

23. 매튜식과 힐(Matusik & Hill, 1998)은 비정규직의 사용은 기업의 지식축적, 가치창출, 경쟁적 이점을 확보할 수 있다고 주장하였으며, 이러한 관계를 설명하기 위한 모델을 구축하였다.

하여 혁신적인 구조조정을 단행하고 그에 상응하는 경영조직을 개선하였다. 또한 정부도 국가의 경제가 붕괴되는 것을 막기 위한 정책들을 내세우기 시작하였다. 미국과 영국이 주도한 세계화의 물결에 따라 '황금구속복'[24]을 몸에 맞춰 입으려는 정부의 신자유주의 정책도 이러한 비정규직 근로자 증가의 결정적인 요인으로 작동하게 되었다.

3. 비정규직 정책을 둘러싼 정책옹호연합과 신념체계

옹호연합모형 정책하위체계 내에서는 정책옹호연합들이 정책경쟁을 통해서 정책변동을 이끌게 되는데(양승일, 2005: 47), 이를 통하여 정책옹호연합들의 특성을 파악할 수 있는 것이다. 비정규직과 관련하여 옹호연합은 크게 두 부류로 분류될 수 있다.[25] 비정규직제도를 옹호하는 연합과 비정규직제도를 반대하는 옹호연합이다. 우선 비정규직제도를 옹호하는 연합은 정부와 기업을 들 수 있으며, 비정규직제도 반대를 옹호하는 연합은 양대노총(한국노총, 민주노총)과 민주노동당, 국가인권위원회 등이 있다.

정책옹호연합들의 신념체계는 정책옹호연합들을 연결시키기 위한 중추적 조직원리(Munro, 1993: 115)이며 서로 공유하고 있는 특징을 보이고 있다. 이러한 신념체계는 규범적 핵심신념, 정책신념, 그리고 도구적 정책신념으로 구분할 수 있다. 이를 바탕으로 상반된 연합들 간의 경쟁과 대립 및 내부의 정책학습을 통한 조정이 이루어지고 이는 궁극적으로 정책의 유지 혹은 변화를

24. 황금구속복은 자본주의화와 세계화를 의미한다. 그러나 이 황금구속복은 사이즈가 단 하나뿐이며 무조건 이 옷에 맞춰야 성공할 수 있다(Friedman, 2003).

25. 각 연합들 간의 핵심규범을 '차별'로 보지 않고, '시장'으로 볼 수도 있다. 이에 따라 시장을 중심으로 '시장신봉연합'과 '반시장연합'으로 구분하는 것이 타당할 수 있다. 하지만 이는 논문의 틀과 시각을 근본적으로 수정해야하는 어려움이 있으며, 양대 노총을 제외한 다른 행위자들의 구분이 다소 모호하다. 따라서 추후 논의의 대상으로 상정하여 분석할 수 있을 것이다.

가능케 한다(장지호, 2003: 15).

비정규직제도를 옹호하는 연합의 규범직 핵심은 비정규식을 활용함으로써 시장의 유연화를 통하여 세계화 시대에 맞게 기업의 경쟁력과 나아가서는 국가의 경쟁력을 확보하고자 하는 것이다. 한국의 기업 경영진들은 1990년대 초반부터 노동시장 유연성 확대를 적극적으로 추진하였다. 이들은 노동시장 유연성을 확대하는 것이 기업경쟁력을 확보하는 세계적인 추세임을 강조하고, 정부로 하여금 경직된 노동시장 관련 제도를 유연화하도록 촉구하였다(이주희·이성균, 2003: 33). 이러한 경영진들의 주장은 1996년의 노동법 개정에 반영되었으며, 노동계의 반대로 유보되었던 근로자파견제도 등이 경제위기를 계기로 노사정합의사항으로 제도화되었다(이주희·이성균, 2003: 33). 이 때문에 이들에게 있어서 차별은 언제나 정당화될 수 있다는 것이다. 따라서 이들의 정책핵심은 비정규직제도를 그대로 유지하고자 한다. 한편, 비정규직제도 반대를 옹호하는 연합의 규범적 핵심은 비정규직제도를 존속시킬 경우 차별이 발생하게 되므로 차별을 금지하는 것과 이를 통하여 동일한 노동에 대한 정규직과 동일한 임금을 요구하는 것이다. 따라서 정책핵심은 비정규직제도를 철폐하는 것이라 할 수 있다.

이와 같이 규범적 핵심과 정책핵심이 첨예하게 다른 두 연합은 도구적 정책신념에 있어서도 상당한 차이를 보여주고 있다. 경영자인 사업주가 파견근로를 이용하는 주된 이유(김승택, 2001: 23-24)는 첫째, 신규근로자들을 고용하면 발생하는 신규 고용비용, 교육훈련비용과 정규직을 고용할 때 발생하는 부가급여 및 비생산시간 등에 대한 비용이 절감되고 준비되어 있는 근로자들을 신속하게 찾을 수 있다. 둘째, 계절적이거나 경기변동에 의해 발생하는 일시적 인력수요에 대해 정규직에 대한 고용조정 없이 근로의 양을 조절할 수 있는 고용의 유연성을 가질 수 있다. 셋째, 상용으로 고용하기는 곤란하지만 특수한 업무에 전문 인력이 필요한 경우 그 필요한 기간 동안만 전문 인력을 활용할 수 있다는 것이다. 정부의 경우도 예산절감과 효율성을 확대를 위하여 비정규직을 허용하고 있다. 이는 최근 비정규직 법안에 대한 정부의 입장에서 살펴볼 수 있다. 정부는 동일노동·동일임금 원칙을 법안에 명시하는 것을 반대하고 있으며, 기간제와 관련해서는 사유제한을 반대하며, 정규직과 같은 근로조건과 신분이 보장되는 것을 원치 않고 있다. 또한 파견법과 관련해서도 파견기간을 3년으로 확대하여 유지하는 방안을 검토하고 있으며 파견기간이 끝나면 3개월간 파견근로자를 쓸 수 없는 휴지기를 신설하고 있는 것이다.

이에 반해 비정규직제도의 철폐를 주장하고 있는 연합은 비정규직 근로자의 문제는 단지 '차별받고 못사는 근로자'만의 문제가 아니라 자본의 신자유주의적 구조조정이 정리해고 뿐만 아니라 다양한 방식을 통해 정규직을 비정규직화하는 '일상적 구조조정'이 일어나고 있다는 것, 다시 말해 우리 사회에서 '안정된 일자리' 자체가 파괴되고 있다는 점에서 심각한 문제를 제기하고 있으며, 파견근로자들은 파견법을 악용한 사업주들에 의해 해고의 위협에 상시적으로 처하게 된다는 것이다. 이와 관련해서 1998년 7월 1일부터 시행된 파견법에는 파견근로자들을 보호하기 위해, '2년 이상 고용한 파견근로자는 사용업체가 직접 고용해야 한다'는 조항이 들어 있다. 그러나 사용업체들은 이렇듯 파견법 6조 3항에 명시되어 있는 직접고용의무를 회피하기 위해 대량해고 및 배치전환을 할 수 있다. 또한 비정규직의 확대는 '일하는 빈민'으로서 저임금 근로자가 양산되고 있을 뿐 아니라, 이것이 다시 전체 근로자대중의 빈곤화를 초래한다는 것을 의미한다. 특히 간접고용의 경우는 고용형태의 불안정성과 착취의 중층화로 말미암아 불안정노동의 유형 중에서도 가장 낮은 임금군을 점하고 있다. 파견·용역근로자들이 이같이 저임금에 시달릴 수밖에 없는 근본적 이유는 다중적 착취구조 때문이라는 것이다. 사내 하청 근로자들의 사업장은 정규직들이 일하는 곳보다 같은 회사에서도 작업환경이 훨씬 열악한 곳이 많기 때문에 산업 재해가 끊이지 않는다. 대부분의 하청기업들이 장비 및 시설에 대한 투자 없이 운영되며, 환경개선이나 교육 및 산업 재해 예방에 투자할 재원이 없는 사업장이 대부분이다. 즉, 하청 노동 등 불안정 근로자

표 3-5 정책옹호연합의 신념체계

구분	비정규직제도 옹호연합	비정규직제도 반대 옹호연합
규범적 핵심	· 차별의 정당화 · 시장의 유연화	· 차별의 금지 · 동일 노동, 동일 임금
정책 핵심	· 비정규직제도의 유지	· 비정규직제도의 철폐
도구적 정책 신념	· 노동시장 유입 기회 증가 · 경제환경에 대처 유리 · 임금 및 관리비용의 축소 · 비생산 시간에 대한 비용절감 · 효율성의 제고를 통한 경쟁력 강화 · 신자유주의정책 선호	· 인적자원개발의 어려움 · 낮은 조직몰입도와 직장만족도 · 인적자원개발의 지속성과 지식 이전 가능성 상실 · 생산성 축소 · 안정된 일자리의 파괴 · 노동의 빈곤화와 건강파괴

는 근본적으로 정규직 근로자들이 기피하는 힘들거나 지저분한 곳에 투입되어 일을 한다. 그렇기 때문에 정규직과 다른 조건이 동일하다 하더라도 산재사고의 위험에 심각하게 노출된다. 정규직 근로자들에 비해 적은 임금수준은 하청근로자를 정신적·육체적으로 압박하고, 생활임금을 확보하기 위해 좀 더 지치고 피곤해질 때까지 작업을 하게 된다는 것이다. 아울러 비정규직의 증가는 임금근로자 내의 힘의 불균형과 갈등, 그리고 소득격차를 악화시킨다. 비정규직에 대한 해고의 용이함으로 인해 비정규직 근로자는 노동조합에의 참여나 결성과 같은 당연한 근로자로서의 권리주장을 하기 어렵다. 또한 정규직과 동일(가치)노동에 종사하는 비정규직조차 정규직에 훨씬 못 미치는 임금과 근로조건을 감수해야 하므로 노동계급 내의 형평성의 문제가 제기된다. 비정규직 종사자는 지속적인 지식이전의 기회에 노출되지 못하기 때문에 궁극적으로 하향곡선을 그리는 생애직업이동을 경험하게 된다. 무엇보다도 중요한 것은 이 문제가 경제위기 이후 노사갈등의 새로운 원인으로 부각되고 있다는 것이다. 단기계약 종사자와 파트타임 근로자들을 고용하는 기업에서는 이러한 비정규직 취업자들의 노동조건과 고용불안정성을 쟁점으로 노사갈등이 확산되고 있다.[26]

4. 비정규직 정책을 둘러싼 중개자집단의 역할: 중개자에서 기회자 집단으로

비정규직제도 반대 옹호집단과 비정규직제도 옹호집단 간에 협상과 타협을 통하여 합의된 정책을 이끌어내도록 하는 집단은 노동계, 기업, 그리고 정부의 각 대변인들로 구성된 노사정위원회의 '비정규직근로자대책특별위원회'(이하 비대책위)라고 할 수 있다. 노사정위원회는 경제위기와 IMF 관리체제를 극복하기 위한 사회적 협의기구로써 1998년 초에 출범하여 경제·사회개혁과 노사관계 제도 개선을 도모하는 한편, 위기극복에 일정한 역할을 해 오고 있다. 즉, 노사정 사회주체들은 노사정위원회 참여를 통하여 실업, 고용, 구조조정, 노사관계, 사회보장 등의 영역에 걸친 다양한 의제를 논의하여 합의를 도출하기 위하여 노력해 왔고, 이 과정에서 사회적 협의를 위한 공론의 장으로서 사회적 갈등을 조정하고 나아가 정책결정의 정당성을 제공하는 역할을 수행하였다.

그러나 고용형태의 다양화와 비정규직 근로자가 늘어남에 따라 비정규직 근로자보호와 노동시장의 유연성을 조화시키기 위한 사항들을 종합적으로 논의할 필요성이 대두되었다. 이를 위하여 2001년 5월에 노사정위원회 하에 비정규직 대책을 종합적으로 논의하는 '비대책위'를 신설하였다. 비대책위의 주요 논의사항은 기간제·파견·단시간 고용근로자 등 보호방안을 강구하고, 비정규직 근로자의 권익을 보호하기 위한 근로감독을 강화하는 방안을 수립하고, 사회보험 확대를 적용하는 방안 등을 논의하였다. 그러나 노사정위원회에 참여한 노동계와 경영계의 대표들이 이러한 쟁점에 대하여 이견(異見)을 보이고 있어 비정규직 고용을 둘러싼 해결방안을 쉽게 마련하지 못하였다.

또한 노사정위원회의 대표자회의는 노동부, 노사정위원회, 한국노총, 민주노총, 경영자총협회, 대한상의 등 6개 기관·단체장으로 구성되어 있는 데, 노

26. 비정규직철폐 100만 서명운동본부 자료집에서 정리하였다.

표 3-6 비정규 근로자 권리보장 관련 노동계, 노동부, 경영계의 주요 내용

구분	노동계	노동부	경영계
차별폐지(해소)	· 고용형태 이유 차별금지 · 동일노동·동일임금 명문화	· 불합리한 차별금지원칙규정 · 동일노동·동일임금 명문화반대 · 차별구제위(노동위원회) 설치	· 동일노동 동일임금 규정 반대
임시직 사용제한	· 객관적·합리적 사유 없는 임시직 사용 제한 · 사용기간 제한(1년)	· 사유제한 반대 · 2년까지 기간제 사용 (2년 초과 시 해고제한)	· 사유제한 반대 · 사용기간 3년으로
파견제	· 파견법 폐지 · 불법파견 시 직접고용 · 도급/파견 구분기준 강화 · 사용자 범위 확대	· 상용형 파견 전제로 파견업종 확대(네가티브 리스트 방식) · 특정일자리 교체사용 제한 (휴지기 도입)	· 파견업종 확대
특수고용 근로자	· 근기법상 근로자로 인정 · 노동3권 보장	· 노사정위 논의로 유보 ※ 노사정위(공익안): 유사근로자로 유사2권(단체조직권, 교섭체결권) 보장 등	· 근로자인정 반대 · 경제법상으로 규율가능
법 실효성 확보	· 명예근로감독관제 도입 · 위법 상습 사용자 가중처벌	· 없음	· 없음
시간제 근로자 (단시간 근로자)	· 시간제근로자 정의 엄격히 (소정노동시간의 70% 미만) · 협정시간 외 초과수당 지급	· 초과근로 제한	· 없음

자료 : 국가인권위원회, 2005.6.27. 보도자료

사정위원회 개편과 '노사관계법·제도 선진화 방안' 처리를 논의하기 위해 2004년 6월과 7월 두 차례 열렸으나 같은 해 8월 민주노총의 참여 거부로 중단됐다. 이후 한국노총 민주노총 등 노동계는 2005년 단체협약과 관련한 교섭에서 제1순위 요구로 '비정규직의 정규직화와 차별철폐'를 내세웠다. 반면 재계를 대표하는 전경련은 최근 '2005년 임단협 쟁점과 과제'라는 보고서를 통해 "노동계의 비정규직 관련 협상안은 단체교섭 대상이 될 수 없다"면서 대화 자체를 거부하는 초강수를 뒀다(내일신문, 2005.6.29.). 급기야 2005년 7월 7일 한국노총이 김대환 노동부장관의 사퇴를 요구하며 노사정위원회를 탈퇴하였다. 한국노총은 김대환 노동부장관이 한국노총을 협상 파트너로 인정하지 않는다며 노사정위원회 탈퇴를 선언한 것이다. 이로서 노사정위원회가 발족된 이후 최대의 위기를 맞이하게 되면서 역할을 할 수 없게 되었다.

최근 들어 또다시 비정규직법안에 통과 문제와 관련하여 양대 노총의 참여가 나타나기 시작하고 있지만 비정규직 관련 법안에 대한 기본적인 입장에는 변화가 없는 것으로 보인다. 결론적으로 노사정위원회는 초기 단계에는 중개자의 입장을 보이다가 이후에는 각각의 대립적인 입장을 보임으로써 기회자집단의 형태를 띠고 있는 것이다.

5. 비정규직 정책을 둘러싼 정책학습

옹호연합모형에서는 정책학습을 장기적이고 점증적인 변화를 촉진하는 중심적인 힘으로 파악하고 있다(Munro, 1993: 124). 이에 따라 옹호연합은 자신의 신념체계를 강화하거나 수정하는 과정으로서 정책지향학습을 하며 연합 내부의 정책학습은 논쟁을 촉진하는 전문적이고 공개적인 포럼이 존재할 때 주로 이루어진다(김동만, 2004: 249). 여기서 주목할 만한 정책학습은 비정규직 정책 관련 토론회와 포럼이다.

비정규직과 관련된 토론회 혹은 포럼은 2000년부터 본격적으로 시작되었다. 2000년 1월 13일 한국노동연구원과 한국노사관계학회는 '새천년 한국노사관계의 진로와 노사협력'이란 주제로 기념토론회를 가졌다. 2000년 11월 14일 오후 한국경영자총협회 주최로 서울 여의도 국민일보 사옥에서 열린 '비정규직 근로자 증가와 보호대책' 토론회를 가졌으며, 2001년 9월 3일에는 한국개발연구원(KDI) 주최로 열린 '비전 2011프로젝트'에서 비정규직에 대한 활발한 논의를 하였다.[27] 2002년 5월 14일에는 노무현 후보가 노사정책과 관련된 의견을 밝혔으며, 2002년 11월 26일 민주노동당 권영길 후보는 "비정규직

27. 한국노동사회연구소 김유선(金裕善) 부소장은 노동정책반 토론회에서 "지난해 8월 현재 비정규근로자는 전체 근로자의 58%인 758만명에 달했다"면서 "이들의 임금은 1999년부터 2000년까지 2년 연속 낮아져 고용형태별 임금격차가 확대되고 있다"고 밝혔다(한국일보, 2001.9.3.).

근로자 문제를 해결하기 위해 근로자 파견법과 용역업체를 없애겠다"며 "장기적으로는 비정규직을 철폐하겠다"고 주장했다(한국경제, 2002.11.27.). 2003년 1월 22일에는 대통령직 인수위원회가 주최한 '사회분야 국정과제' 토론회에서는 빈곤층·장애인·비정규직 등 소외계층에 대한 지원방안이 논의됐다. 2003년 2월 13일 한국경제신문사는 노동연구원과 한국노동조합총연맹, 전국민주노동조합총연맹, 한국경영자총협회 등 노사단체들과 공동으로 여의도 63빌딩에서 '비정규직 고용문제에 대한 바람직한 정책방향'을 모색하기 위한 토론회를 가졌다. 2004년 1월 26일에는 정부가 일자리 만들기를 새해 최우선 국정과제의 하나로 채택한 가운데 서울 프레스 센터에서 노사정위원회(위원장 김금수) 주최로 '일자리 만들기' 토론회가 열렸다. 2004년 3월 19일 김대환 노동부장관은 오마이포럼 주최로 열린 토론 앞으로의 입장을 밝히기도 하였다.[28] 2004년 5월 24일에는 바른 사회를 위한 시민사회가 주최하고 한국경제신문이 후원한 '최근 노사 관계의 핵심쟁점과 대응방안' 토론회에서 참석자들은 "최근 논란이 확산되고 있는 비정규직과 노조 경영참여 문제는 시장경제 논리로 풀어야 한다"며 이같이 의견을 모았다(한국경제, 2004.5.24.).

그리고 2004년 5월 31일에는 대통령의 주재 하에 토론회가 열렸다. '대화와 상생의 노사관계 토론회'에 참석한 노동계와 재계 대표들은 비정규직문제와 같은 구체적인 사안보다는 대화 채널을 어떻게 마련하고, 정착시킬 것인가 하는 데 관심을 보였다(머니투데이, 2004.5.31.). 또한 전국시설관리노조 등 민주노총 소속 비정규직노조, 한국노총 비정규연대회의, 전국불안정노동철폐연대, 한국비정규노동센터, 민주노동당 등 전국 35개 비정규직노조 및 단체들이 2005년 1월 29일부터 30일까지 고려대 경영대 학우강당에서 '비정규운동 대토론회'를 열고 비정규운동의 고민과 과제를 도출하는 자리를 마련하였다.

---

28. 노동부장관은 "비정규직의 차별을 해소하기 위해 공공부문부터 나설 것"이라며 "(공공부문의 비정규직 가운데) 일부를 정규직화하고, 극히 일부지만 공무원화까지 추진할 것"이라고 밝혔다(오마이뉴스, 2004.3.20.).

이후 2005년 10월 6일에는 노동계와 경영계가 경색된 노사관계 해결을 위해 처음으로 토론회를 가졌지만 각종 현안을 둘러싸고 팽팽한 설전을 벌이기도 했다. 이러한 가운데 2006년 4월 14일에는 노사정위원회의 발전방향에 대해서 토론회를 가지고 노사정위 개편방안을 확정하기 위한 노력을 경주하는가 하면, 동년 8월 30일에는 김용기 삼성경제연구소 연구원은 "비정규직과 지방 중소기업, 여성·노인 등 타협의 범위를 확대하고 정부나 다른 정당과의 협력을 모색해야 한다"며 주장했다(서울신문, 2006.8.31.). 이후에도 비정규직과 관련된 지속적인 공개토론회와 포럼의 자리가 마련되고 있으며, 앞으로도 비정규직 관련 현안에 대한 논의를 지속시키기 위한 노력을 보이고 있다.

이상의 내용에서 볼 수 있는 것처럼 '비정규직제도 옹호연합'과 '비정규직제도 반대옹호연합'은 비정규직 처우에 대한 문제를 절실히 느끼고 있다. 또한 이처럼 지속적인 토론회와 포럼 등을 통하여 정책학습을 위한 노력을 기울여 왔다.

이러한 각 연합들의 정책지향학습의 결과로 노사정위원회에 '비정규직근로 특위'가 신설되었고, 비정규직제도 반대 옹호연합(한국노총)이 비정규직제도 옹호 연합과의 양보 없는 신념체계를 견지하다가 동등·유사 기술·작업수행능력에 대한 동등처우, 기간제 사용기간 2년(초과시 무기계약간주), 파견업종 현행 유지, 파견기간 2년, 불법파견시 즉시 고용의무, 휴지기간 삭제 등의 수정안을 내놓으면서 실질적인 정책에 영향을 주기 위하여 노력하였다. 아울러 2006년 2월 27일 환경노동위원회 법안심사소위는 법안심의를 재개하고 핵심 쟁점[29]을 제외한 대부분의 사항을 의결하고 이를 법사위에 송부하는 등의 노력을 보였다. 아울러 비정규직 관련 3개 법안이 처음 국회에서 상정된 지 2년 1개월째인 2006년 11월 30일 국회 본회의를 통과하였으며, 2007년 7월 1일부터는 종업원 300명 이상 기업부터 단계적으로 이들 법에 담긴 비정규직 보호 대책들이 시행되었다. 따라서 옹호연합모형에서 정의하고 있는 것처럼 〈표 3-8〉의 '비정규직보호법'은 정책지향학습을 통한 정책변동으로 볼 수 있는 것이다.

29. 핵심 쟁점인 차별금지 규정방식은 정부원안대로 의결하였다.

표 3-7 비정규직 정책관련 전문적인 토론회와 포럼

주최일			주 제	주최 및 후원	참여자
2000	1	13	새천년 한국노사관계의 진로와 노사협력	노사정위와 한국경제신문	한국노동연구원, 한국노사관계학회
	6	1	특수고용형태 여성근로자, 어떻게 보호할 것인가?	한국여성단체연합	여야국회의원, 여성계·노동계 인사
	11	14	비정규직 근로자 증가와 보호대책	한국경영자총협회	한국노동연구원, 각계 기업 연구원
2001	4	6	여성부의 핵심 정책과제	한국여성단체협의회	여성계 주요인사 200여 명
	5	23	노사공영의 현안과제	한국능률협회	노사정위원회, 한국경영자총협회장, 한국노동조합총연맹 사무총장
	9	3	'비전 2011프로젝트' 노동정책	한국개발연구원(KDI)	각계인사
2003	1	22	사회분야 국정과제	대통령직 인수위원회	재정경제부, 교육인적자원부, 보건복지부 등
	1	24	우리나라 노사관계 바뀌어야 한다	한국경영자총협회	최고경영자 인사들
	4	1	대전지역 고용차별 실태와 성 평등한 직장문화 정착을 위한 토론회	대전여민회	각계의 전문가
	11	6	금융산업 비정규직 근로자 실태와 조직화 방안	한국비정규노동센터	노동계 및 학계 전문가
2004	1	26	일자리만들기	노사정위원회	근로자, 사용자, 정부, 지역사회의 시민 등
	3	19	비정규직 현안 문제	오마이포럼	한국노동사회연구소, 노동부장관, 민주노총 위원장, 한국노총 위원장
	5	24	최근 노사 관계의 핵심쟁점과 대응방안	시민사회와 한국경제신문	노동단체 대표 및 경제계
	5	31	대화와 상생의 노사관계 토론회	청와대	노동계, 재계 대표들
2005	1	29	비정규운동 5년을 말한다	비정규운동대토론회 조직위원회	한국비정규노동센터, 민주노동당, 전국 35개 비정규직노조 및 단체
	6	1	노무현 정권, 경제정책 중간 평가 토론회	한나라당	한국경제연구원장, 금융연구원
	10	6	노사대토론회	경총	경총, 한국노총, 민주노총
	11	25	2006년 경제정책운용-10대 긴급제안	한국선진화포럼	각계 원로, 전문가 200여 명 등
2006	3	28	인권위, 이대로 좋은가	자유주의연대	학계 전문가 및 변호사
	4	14	노사정위원회 발전방향 대토론회	노사정위원회	학계 전문가, 시민사회, 국회의원 등
	8	30	뉴딜 토론회	열린정책연구원	정부와 재계, 노동계, 시민단체 등

표 3-8 비정규직보호법의 주요 내용

항목		현행	변경
기간제 근로자	차별금지	별도 규정 없음	비정규직 근로규정 신설, 차별시정 절차 도입
	근로계약 갱신	별도 규정 없음	사용기간을 2년으로 제한하고 기간 초과 시 무기근로계약으로 간주
단시간 근로자	차별금지	별도 규정 없음	기간제 근로자의 경우와 같음
	법정근로시간 내 초과 근로 규제	없음	법정근로시간 내라도 초과 근로 12시간 이내로 제한
파견근로자	차별금지	선언적 규정	기간제·단시간 근로자의 경우와 같음
	파견기간	최대 2년	현행 유지
	근로계약 갱신	파견기간 2년 초과시 고용의제, 불법파견 경우 규정 없음	파견근로자 2년 초과사용 땐 직접 고용 의무화, 파견금지 업종 파견시 즉시 직접 고용 의무(불이행 시 3,000만 원 과태료)
	파견허용 대상 업무	대상업무 열거(포지티브) 방식	포지티브 방식 유지, 시행령 확대 조정
	처벌 양형	파견사업주 3년 이하 징역 또는 2,000만 원 이하 벌금, 사용 사업주 1년 이하 징역 또는 1,000만 원 이하 벌금	파견사업주, 사용사업주 3년 이하 징역 또는 2,000만 원 이하 벌금으로 통일

자료 : 국민일보(2006.11.30.)

V. 맺음말

비정규직을 둘러싼 논쟁은 현재까지도 표류 중에 있는 것은 사실이다. 하지만 본 연구를 통하여 옹호연합모형은 소수자로서의 비정규직 근로자와 관련된 정책변동에 대하여 매우 그럴듯한 설명력을 제공하는 모형임을 확인할 수 있었다. 분석 결과에 따라 〈그림 3-2〉와 같은 모형을 도출해 볼 수 있다. 규범

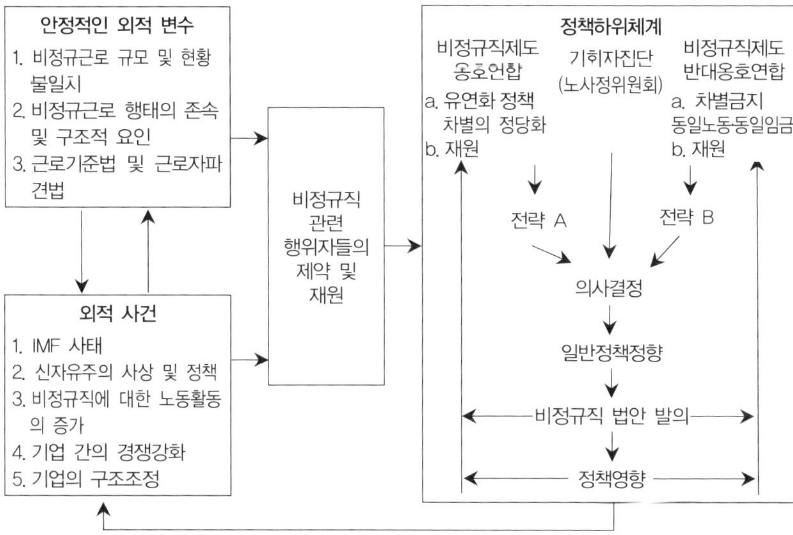

그림 3-2 옹호연합모형을 이용한 비정규직 관련 정책변동분석

적 핵심인 차별을 둘러싼 비정규직제도 옹호연합(시장의 유연화)과 비정규직제도 반대옹호연합(동일 노동·동일 임금)이 있음을 밝혀낼 수 있었다. 아울러 비정규직을 둘러싼 안정적인 외적변수와 역동적인 외적사건들은 모두 비정규직과 관련된 정책하위체계의 행위자들에게 직·간접적으로 영향을 미쳤다. 안정적인 외적변수로는 비정규근로 규모 및 현황에 대한 불일치, 비정규근로의 행태 존속, 변화, 및 구조적 요인, 그리고 법적·제도적 장치인 근로기준법 및 근로자파견법을 들 수 있다. 역동적인 외적사건으로는 1990년대 말에 전 세계적으로 확산되었던 IMF 사태와 신자유주의 사상 및 정책, 비정규직에 대한 노동활동의 증가, 초국적 기업을 위시한 기업들 간의 경쟁강화, 기업의 구조조정 등을 들 수 있다.

또한 대립되는 연합들은 자신들의 신념체계가 정책에 반영될 수 있도록 각종 토론회와 포럼 등에 참여하여 그들의 의견을 관철시키기 위하여 노력하였다. 이와 같은 정책지향학습의 결과로 인하여 최근 도구적 정책신념이 어느 정도 수렴된 비정규직관련 법안이 발의되었고, 이는 사회적인 약자인 동시에 차별받고 있는 비정규직 근로자 관련 정책이 변동되고 있음을 알 수 있게 하였다.

하지만 옹호연합 간의 합의를 도출하고 의사결정에 영향을 주는 집단으로 상정된 정책중개자는 옹호연합모형의 한계로 빈번하게 제시되었던 것처럼(Kübler, 2001; 전진석, 2003; 장지호, 2004; 김동만, 2004) 본 연구에서도 다소 한계점을 나타내고 있다. 그러나 본 연구에서는 옹호연합모형을 수정하여 정책중개자집단을 수정하여 기회자집단으로 상정하고 초기 정책중개자의 형태에서 기회자집단으로 변화되고 있는 것으로 설명하였다. 이는 정책변동이 어떠한 과정을 거치고 있는지 이해하기 위하여 옹호연합모형을 전적으로 따르기보다는 상황에 맞게 수정하여 설명할 필요성이 있다는 것과 이를 계기로 한층 향상된 연구를 위한 초석이 될 수 있다는 점을 강조하기 위한 것이다. 또한 펭거와 크록(Fenger & Klok, 2001)이 지적했듯이 옹호연합의 지속적 유지 가능성에 대한 심층적 설명이 기존 옹호연합모형으로는 부족하며, 이를 위해서는 옹호연합이 공유하고 있는 신념체계뿐만 아니라 연합 구성원들의 상호의존성을 보다 면밀히 살펴봐야 한다(김동만, 2004: 252).

마지막으로 비정규직 근로자를 소수자로 상정하고 정책영역으로 편입시켜 다루었다는 점에서도 의미를 찾을 수 있다. 즉, 소수자정책이란 사회적으로 특정 집단에 대한 정당성이 없는 차별이 확산되어 사회문제가 되었을 때, 그들의 인권이 보장될 수 있도록 정책방향을 전환하는 데 큰 의의를 두는 것(전영평·한승주, 2006: 182)이며, 소수자문제의 해결이라는 현실적 이유에서나 소수자 연구영역의 이론 구성 측면에서 매우 필요한 작업(전영평, 2007: 126)이기 때문이다. 이를 통하여 비정규직 근로자뿐만 아니라 아직까지 행정학 분야에서 활발하게 연구가 진행되지 않은 소수자관련 연구에 한층 더 박차를 가할 수 있을 것이며, 본 연구를 통하여 적용 가능성을 입증 받은 옹호연합모형을 통하여 관련된 정책변동을 설명하고 정책적 함의를 도출할 수 있을 것이다.

제4장 소수자로서 외국인노동자와 정책

Ⅰ. 외국인노동자 문제, 어떤 시각에서 볼 것인가

한국인의 '3D' 업종 기피 현상으로 인해 유입된 외국인노동자는 지난 10여 년 간 중소기업의 주요 노동력이 되어 한국 경제 발전에 큰 기여를 하였다. 그러나 동시에, 외국인노동자는 한국인이 아니라는 이유로, 또 임시 거주 노동자라는 이유로 각종 차별과 착취의 대상으로 소외되어 왔다. 1980년대 후반 들어 임금상승 및 노동조건개선 압력이 급격히 높아지면서 '3D' 업종의 중소 제조업체들과 활황을 맞은 건설현장은 심각한 인력난과 고용비용 상승압력에 직면하였고 그 해결책으로 외국인노동자의 합법적 고용을 정부에 강력히 요구하였다. 이와 더불어 아시안게임과 서울올림픽 등 국제규모의 행사가 연이어 치러지면서 출입국 규제가 완화되었고 1992년 중국과의 수교는 외국인노동자의 입국을 더욱 용이하게 하면서 그 숫자를 급증시키는 계기가 되었다. 이렇게 외국인노동자의 급격한 유입이 시작된 이후 약 15년이 지난 지금, 외국인노동자 정책은 '산업연수생제도', '연수후취업제도'를 거쳐 '고용허가제도'

로 변화되었다.

1980년 후반에서 1990년대 중반에 이르는 시기까지 외국인노동자에 대한 사회의 시각은 중소기업 부문의 저비용 인력 충원이라는 관점과 일맥상통하였다. 정부가 외국인노동자 급증에 별다른 대안을 마련하지 않고 묵인하는 가운데 '연수생' 노동자들은 중소기업체에 낮은 임금으로 취업하여 중소기업기반을 지탱하는 역할을 하였다. 그러나 부실한 제도의 왜곡된 운영과 더불어 배타적 인종관을 가진 한국사회는 외국인노동자에 대한 심각한 편견과 인권 침해라는 문제를 안게 되었다. 정부가 '외국인 단순 기능 인력의 국내취업 금지'의 원칙 아래 법적으로 외국인 '근로자'가 존재할 수 없도록 규제하자, 대부분의 외국인노동자들은 산업재해보상, 의료보험, 퇴직금 수혜 등 노동자로서의 주요 권리를 누릴 수가 없었고 실제 작업장에서는 임금체불, 감금노동, 여권압수 등 인권 침해 사례가 빈번히 발생하였다. 사회적으로도 외국인노동자의 급증은 배타적 순혈주의가 강한 한국사회에 일종의 불안감을 형성하며 이들에 대한 차별적인 편견을 갖게 하였다.[1]

이러한 부조리한 사회적 처우에 대하여 1990년대 중반부터 한국사회의 일각에서는 각성된 세력에 의해 외국인노동자를 인권 침해의 희생자로 바라보는 사회적 반성이 일어나기 시작하였으며 이들을 지원하는 옹호단체(advocacy group)가 나타나기 시작하였다. 최근에 들어서는 외국인노동자에 대한 인권침해와 차별을 막고, 그들의 지위를 우리 사회 내의 '소수자'로 인정하여 문화적인 편견과 차별을 극복하려는 노력이 보다 구체화되고 있으며 정부의 정책에도 많은 긍정적인 변화가 나타나고 있다.

외국인노동자 문제에 대한 이러한 관점의 변화는 중소기업의 저비용인력관리 차원의 정책이 사회문화적 종합대책 차원으로 전환되는 결과를 가져왔

1. 외국인노동자를 '가난을 피해 한국까지 일하러 온 불쌍한 노동자', '불법체류하며 마약밀매 등 사회적 범죄를 일으킬지 모르는 잠재적 범죄자', '한국여성과의 결혼으로 단일민족의 혈통을 훼손할 것'이라고 인식하는 태도 등이 이에 해당된다.

다. 한국사회에서 그간 진행된 외국인노동자 정책을 둘러싼 갈등과 대립은 — 기존의 중소기업 이익중심 논리에 맞서 — 외국인노동자의 인권을 보장해야 한다는 논리 구축에 도달하게 하였으며, 이는 '인권보장'이라는 보편적 신념의 승리를 의미하는 것이기도 하다. 산업연수생제도에서 외국인노동자의 노동자성(workerness)을 법적으로 인정한 고용허가제도로의 정책변화는 이러한 정책신념 갈등의 긍정적 산출물로 볼 수 있으며, 이는 이른바 옹호연합이론(Advocacy Coalition Framework)에서 말하는 정책신념에 따른 정책옹호연합의 갈등과 유사한 것이다. 이상과 같은 인식하에, 이 연구는 ① 외국인노동자의 소수자로서의 특성, ② 외국인노동자 문제를 둘러싼 정책환경과 옹호연합 갈등, ③ 각 옹호연합의 정책논리, 신념, 그것이 초래한 정책 변화에 관하여 논의하고자 한다. 구체적으로 옹호연합이론에서 말하는 정책신념에 따른 연합형성과 갈등이라는 틀을 이용하여 분석하며, 특히 구체적 행위자들의 행태 분석보다는 외국인노동자 문제를 둘러싸고 어떠한 가치와 논리 간의 충돌이 있었는지 밝히고자 한다.

Ⅱ. 소수자로서 외국인노동자

자본은 노동력이 저렴한 지역으로 이동하고, 노동력도 고임금과 양호한 노동조건을 찾아 이동하는 세계화 과정 속에서 '외국인노동자'가 한국사회 안에서도 무시 못 할 규모의 노동력으로 자리 잡게 된 것은 결코 우연이 아니다.[2] 그러나 외국인노동자 도입에 관한 정책 논리가 미처 준비되지 않은 상황에서

2. 법무부자료에 따르면 2008년 3월 31일 현재 국내에 체류 중인 외국인은 111만 8,000여 명이며, 이중 불법체류자는 전체의 20.7%에 이르는 23만 1,000여 명에 이른다.

추진된 외국인노동자의 유입은 당연히 많은 사회적 문제를 낳게 되었다. 사용자의 인권침해, 임금·복지에 대한 경제적 불이익, 행정단속과정의 인권침해, 외국인노동자 자녀의 교육문제, 언어·문화적 마찰 등이 바로 그것이다. 이러한 사회문제는 지난 10여 년 간 한국사회의 주요 갈등으로 부각되었으며, 결국 외국인노동자 문제는 저비용 노동자라는 관점을 넘어서 사회적·정책적 차별의 피해자라는 인권적 관점으로 다루어지기 시작하였다.

1. 외국인노동자의 개념

외국인노동자를 일컫는 용어는 학자들과 시민운동가들에 의해 다양하게 제시되고 있는데 주로 외국인노동자(foreign worker), 이주노동자(migrant worker), 미등록노동자(nonregistered worker) 등의 표현을 사용한다.[3] 다양한 명칭만큼이나 외국인노동자에 대한 정의도 다양한데 국제협약인 '이주노동자권리보호협약'(1990)에 따르면 "그 사람이 국적국이 아닌 나라에서 유급활동에 종사할 예정이거나 이에 종사하고 있거나 또는 종사해 온 사람을 말한다"라고 밝히고 있어 국제적으로는 민족, 국적, 합법적 취업여부, 취업동기, 취업기간, 취업분야 등은 다양하지만 유급노동을 목적으로 유입된 자들로 넓게 이해되고 있다. 한국의 외국인근로자의고용등에관한법률은 외국인근로자를 "대한민국의 국적을 가지지 아니한 자로서 국내에 소재하고 있는 사업 또는 사업장에서 임금을 목적으로 근로를 제공하고 있거나 제공하고자 하는 자"로 정의하고 있다.

'외국인노동자'라는 용어가 국적구별과 차별을 포함하고 있다는 지적이 있으나, 여기서는 위에서 언급한 넓은 의미로서 이 표현을 일관하여 쓰기로 하

3. 이런 용어사용의 다양성은 차별과 편견을 가능한 배제하고 그들이 겪는 문제를 통칭할 수 있는 표현을 찾고자 하는 노력의 일환으로 볼 수 있을 것이다.

겠으며, 구체적 분석대상으로는 한국사회에서 주로 갈등의 대상이며 정책의 주요대상인 '단기간 유입된 단순기능직 노동자'로 한정하여 분석하고자 한다.

2. 외국인노동자의 사회문제화

외국인노동자가 본격 유입된 1990년대 들어서면서부터 외국인노동자 문제가 함께 대두되기 시작하는데 문제의 핵심은 한국의 외국인노동자 정책이 원칙적으로 단순기능인력의 국내취업을 금지하는 정책을 고수하였다는데 있었다. 현실 세계에서는 외국인노동자가 나날이 급증해 갔지만 법적으로는 한국사회에 외국인노동자는 전혀 없었던 것이다. 이 괴리로 인해 산업현장에 투입되어 있던 외국인노동자들은 어떠한 법적 권리도 안전하게 보장받을 수도 없었고 오히려 강제출국의 위협 속에서 열악한 환경을 감내해야만 했다. 외국인노동자 사망원인 중 높은 비율이 의료혜택을 제때 받지 못해 중병으로 발전하거나 지병으로 인한 병사, 근무 중 발생한 산업재해사망, 열악한 주거환경으로 인한 사고 등으로 나타나고 있어(양혜우, 2002) 당시 이들의 인권 상황이 얼마나 심각했는가를 알 수 있다.

인권침해 사례가 점차 늘어가면서 외국인노동자를 지원하고 문제의 해결을 주장하는 시민·종교단체들이 설립되어 활동을 벌여나가게 되는데 1993년 재중동포 노동자 임호 씨가 불법체류에 대한 과다한 범칙금 징수에 항의해 투신자살을 하자 많은 단체들이 연대하여 시위를 벌였다. 1994년 산업재해 피해보상을 요구하는 외국인노동자들이 경제정의실천연합에서 강당농성을 벌인데 이어, 1995년에는 부당한 대우에 항의하는 네팔인 외국인노동자들이 명동성당에서 농성을 벌이며 언론과 여론의 주목을 받게 되었다. 이 두 농성은 사회적으로 외국인노동자 인권문제에 대한 각성을 일으켰고 정부는 미등록노동자에게도 산재보험·의료보험을 적용하고 근로기준법상의 최저임금·폭행금지 등의 8개 조항을 적용하기로 결정하였다. 그러나 노동자성(workerness)을 부정하는 산업연수생제도의 유지 입장은 변하지 않았다. 산업연수생, 불법체류노동자들은 파업과 농성으로 외국인노동자의 취업을 공식적으로 허가할 것을 요구했지만 국내 기업가들은 고용비용 상승과 내국인노동자의 일자리를 잠식할 것이라는 우려를 내세우며 고용허가제에 강력히 반발하였기 때문이다.

이후 외국인노동자 문제는 이들을 합법적인 노동자로 인정할 것인가에 대한 입장 차이를 보이며 고용허가제도 도입을 둘러싼 대립으로 이행되었다. 그러나 결국 2004년 고용허가제도가 도입됨에 따라서 한국사회에서 외국인노동자는 더 이상 낮은 임금으로 이용할 수 있는 노동인력이라는 시각을 벗어나 경제발전의 한 주체로 법적인 인정을 받게 되었다. 정부는 '외국인처우에관한기본법'을 제정하고 '외국인정책위원회'를 설치하는 등 외국인노동자 문제를 종합적인 대책이 필요한 사회문화적 정책문제로서 취급하게 되었다.

3. 외국인노동자의 소수자적 특징

어떤 집단이 차별받는 소수자집단으로 정체성을 갖고 있는가에 대해서는 소수자의 조건에 관한 주요 논의를 검토함으로써 시사점을 얻을 수 있을 것이다. 실제로 '소수자가 누구인가'에 대한 정의는 여러 가지로 나타나고 있지만, 여기서는 앤소니 드워킨과 로자린 드워킨이 제시한 식별가능성, 권력의 열세, 차별적 대우의 존재, 집단의식의 충족여부를 통해서 외국인노동자가 한국사회 속의 소수자로서 보이는 특징을 검토하고자 한다.

1) 식별가능성

식별가능성이란 소수자집단이 어떤 신체적, 문화적 특징에 의해 다른 집단과 구별되는 뚜렷한 차이를 갖는 것을 말한다. 직접적으로 접촉할 때 느끼

표 4-1 외국인노동자의 국적별 분포

구분	총체류자	합법체류자	불법체류자	
			16-60세	전 체
총 계	556,746	496,580	58,051	60,166
필리핀	33,149	25,914	7,224	7,235
몽 골	14,645	10,566	4,066	4,079
한국계 중국인	308,598	300,065	6,781	8,533
중 국	25,413	16,203	8,944	9,210
스리랑카	12,921	11,523	1,397	1,398
베트남	47,055	37,846	9,207	9,209
태 국	29,317	24,546	4,760	4,771
인도네시아	24,104	20,326	3,777	3,778
우즈베키스탄	11,216	8,914	2,290	2,302
파키스탄	5,183	3,362	1,817	1,821
캄보디아	3,756	3,354	402	402
방글라데시	4,876	2,015	2,851	2,861
키르기스스탄	493	413	79	80
네 팔	3,326	1,680	1,646	1,646
미얀마	2,376	1,728	648	648
일 본	1,323	1,316	7	7
미 국	10,516	10,371	137	145
캐나다	5,470	5,380	87	90
러시아	891	616	270	275
한국계 러시아인	1,685	1,675	9	10
영 국	1,944	1,919	23	25
프랑스	217	213	4	4
호 주	884	873	8	11
뉴질랜드	698	689	8	9
기 타	6,690	5,073	1,609	1,617

자료: 출입국외국인정책본부(2008). 2008년 9월 기준.

게 되는 외모, 언어, 습관 등의 차이야말로 이들을 다른 집단으로 여기게 만들고 차별적 대우와 시각을 갖게 하는 일차적인 요인이 될 수 있다. 외국인노동자집단의 식별가능성 여부는 외국인노동자들이 한국사회 안에서 신체적·문화적인 뚜렷한 차이를 보이고 있는지, 그 차이가 사회내부에 이질감을 일으킬 만한 차이인지를 검토함으로써 알 수 있다.

현재 국내에 체류 중인 외국인노동자들의 국적은 태국, 인도네시아, 방글라데시, 몽골, 베트남, 러시아 등 다양하게 나타나고 있는데, 2008년 9월 현재의 국적별 분포를 보면 총 55만 6,746명의 외국인노동자 중 중국(중국계한국인 포함)이 가장 많고 다음으로 베트남, 필리핀, 태국, 인도네시아 등 순으로 나타났는데 이들은 주로 남방계 인종적 특징을 보이는 민족들로서 외모적 특징이 우리와는 확연히 구별된다. 신체적 특징뿐만 아니라 언어와 식생활의 차이 역시 이질감을 형성하게 하는데, 예를 들면 돼지고기를 금하는 무슬림을 위한 정육점이나 필리핀 사람들이 스스로 여는 주말장터가 생겨나는 등 우리와 다른 공동체를 형성해 나가는 모습은 자연스러운 모습으로 받아들여지기보다는 이국적이고 낯선 풍경으로 여겨지고 있다. 한편 절반이 넘는 중국계 한국인들은 한국말을 사용하는 같은 동포로서 일반적으로 인식되지만, 억양과 표현법들의 차이로 인해 이른바 '연변족'이라고 표현되며 '연변 말씨'는 우스꽝스럽거나 촌스러운 이미지라고 인식되는 등 역시 사회 내의 또 다른 타자로 취급된다.

2) 권력의 열세

권력의 열세란 경제력, 사회적 지위, 정치적 권력 등 다양한 측면에서 실질적으로 열세에 있거나 자원을 동원할 수 있는 능력이 보다 열등한 위치에 있음을 의미한다. 외국인노동자의 경우 고용, 임금, 노동여건 등에서 내국인노동자에 비해 열등한 위치에 놓여 있는데, 한국노동연구원의 2005년 연구보고서에 의하면 300개 업체를 대상으로 내국인노동자와 비교한 외국인노동자들의 근로시간, 임금수준 분석에서 근로시간은 내국인노동자에 비해 길고 임금

표 4-2 내국인노동자에 대한 외국인노동자의 근로시간과 임금수준 비교

구분	사례수	근로시간	임금수준
		평균	평균
전 체	300	100.8	85.1
1-9인 미만 기업	88	99.7	83.3
10-29인 미만 기업	116	101.5	85.4
30인 이상 기업	96	100.8	86.5

자료: 한국노동연구원(2005), 「고용허가제 시행1년의 평가 및 향후 발전방향」.

수준은 낮은 것(85.1%수준)으로 나타났다. 취업조건에서도 취업지이동이 허용되지 않으며 단기간(3년)의 취업기간을 넘지 못하고 취업직종이 내국인노동자가 기피하는 위험업종이 중심을 이루고 있어, 내국인노동자들에 비해 이들의 열등한 위상을 보여주고 있다. 또한 최근 외국인이주운동협의회와 이주인권연대가 조사한 2008년 고용허가제 실태보고에 따르면 이들은 평균 11시간에 이르는 장시간의 노동을 하고 있으면서도 평균임금은 109만 원에 불과하여 최저임금의 적용을 받지 못하고 있었다. 더욱이 법적으로 외국인노동자들의 노동자성(workerness)이 인정되기 전이었던 산업연수생제도 아래서는 단결권, 단체교섭권, 단체행동권 등 노동3권을 갖지 못했고 최저임금, 산업재해보험, 의료보험, 퇴직금 등의 혜택도 받을 수 없어, 개별 사업장에서 부당한 인권침해 사례의 원인이 되었다.

이런 권력적 열세의 문제는 외국인노동자를 그 사회의 '시민'으로 인정할 수 있는가 즉, 시민자격에 대한 경계 설정의 문제이기도 하다. 외국인노동자를 같은 사회의 한 시민으로 인정하게 된다면 내국인노동자와 동등한 시민으로의 권리 혹은 권력을 획득하게 된다. 외국인노동자가 어떻게 시민자격(citizenship)을 갖는가에 대해서는 혈연, 언어, 관습 등에 있어서의 일치성이 원초적인 연분을 형성하는가를 중심으로 민족적 종족의식의 중요성을 강조하는 '혈연공동체 기준'과, 이와 정반대에 위치한 구성원으로서 보이는 보편성과 공통점에 중심을 두고 단순히 그 영토 안에서 태어나거나 일정

한 기간 동안 그곳에서 거주하기만 하면 된다는 '공화주의적 기준'이 있다(Ishay, 2005: 445). 유럽에서는 1945년부터 1995년 사이에 1억 명 이상의 전후 이주자들이 OECD국가들로 유입되면서 시민권리를 재규정하려는 움직임이 나타났고, 공화주의적 기준에서 이들을 같은 사회시민으로 인정해야 한다는 주장이 제기되기도 하였다. 하지만 대부분 국가와 주류 사회의 관점은 혈연 등 원초적인 일치성을 시민권리의 기준 여부로 삼고 있다.

3) 차별적 대우의 존재

소수자에 대한 차별은 사회문화적으로 형성된 편견을 가진 주류 다수가 소수자집단에게 어떠한 차별적인 취급과 대우를 행하는가를 살핌으로써 알 수 있다. 외국인노동자는 공장노동자를 천하고 경멸할 만한 대상으로 보는 전통적인 시각을 지닌 한국사회 속에서 지배적인 문화의 외부자들이라는 측면에서 이중 차별을 경험하게 된다. 즉 그들의 지위는 경제적 불이익을 의미할 뿐만 아니라 사회적 유동성과 인종적 동질성이라는 지배적 헤게모니 담론들의 측면에서도 불이익을 받는 처지에 놓이게 된다(Gray, 2004).

외국인노동자를 지원하는 시민단체들이 수집한 차별 사례들은 이들이 직장 내에서 내국인노동자들의 하대와 욕설, 범법의 의심과 공포 등 부정한 존재로서 취급받았던 각종 인권 침해를 보여주고 있다. '더 가난한 국가에서 온 노동자'를 바라보는 태도는 시혜적이거나 권위주의적인 모습을 띠게 되며, 이런 차별의식은 외국인노동자와의 관계에서 직장동료로 평등하게 대하기보다는 직장 상사처럼 행동하기를 원하는 결과를 초래한다. 또 외국인노동자는 곧 '불법체류'노동자로 등치되어 이들에 대한 이미지는 보다 '열등한 존재'에 가깝게 된다. 예컨대 외국인노동자 쉼터에 오가는 아프리카인들에 대해 동네 주민들이 불안감을 호소하며 부녀자들의 안전에 위협을 느끼고 공중위생에도 문제가 생긴다는 민원을 제기한 사례는 이러한 시각을 단적으로 보여주는 것이다(한건수, 2004). 사회문화적으로 형성된 이러한 편견은 외국인노동자에 대한 각종 차별적 대우를 낳고 있으며, 부당한 차별은 해소되기보다는 집단적 반복을 통해 보다 강화되어 왔다고 볼 수 있다.

4) 집단의식

소수자집단의 성원으로서 집단의식을 갖고 있는지 여부 역시 소수자 정체성을 규정하는 데 중요한 요소가 된다. 소수자로서의 집단의식은 단지 몇 사람의 공유된 생각에서 시작하지만 차별적 관행의 반복을 통해 전체적인 연대의식으로 확장된다.

10년이 넘는 기간 동안 행해진 차별로 인해, 외국인노동자들은 편견과 차별을 받고 있다는 주관적인 차별감을 개인에서 집단의 차원으로 확대하였다. 차별받는 집단으로서 집단의식을 확대해 가는 것은 이들이 조직화된 저항을 보일 수 있는지, 얼마나 활발한 활동을 보이는지를 통해 추론할 수 있다. 외국인노동자들은 산업연수제도 아래 인권침해가 계속되자 시민단체의 지원을 받으면서 자신들의 권리보장을 위한 농성을 벌여나갔으며 이를 통해 외국인노동자 문제를 사회문제화하는 데 성공하였다. 대표적 사례로는 산재피해보상을 요구하며 부당대우에 항의했던 1994년 경실련 강당농성사건, 1995년 네팔인 명동성당농성사건이 있다. 이 시점 이후 불법체류자, 산업연수생들은 자신들의 불법체류 지위문제를 이슈화시키고 비인권적 행태가 가해지고 있음을 알리고 산업현장에서도 회사의 불법적 인권침해에 맞서 농성과 파업으로 맞섰다.

초기의 저항 활동은 외국인노동자가 주도하지 못하는 한계를 보였으나, 최근에는 외국인노동자 스스로의 조직결성과 활동이 활발해졌다. 실제로 2005년 4월에는 외국인노동자 독자적 노동조합인 '서울경기인천이주노동자노동조합'을 처음으로 결성함으로써 외국인노동자들이 집단적 자각을 높이고 주도적 활동을 펼치게 되었다.

Ⅲ. 외국인노동자 문제를 둘러싼 갈등구조

외국인노동자 차별이 사회문제화되고, 이후 이 문제가 정책 의제가 되는 과정에서 나타난 사회갈등은 그 본질에 대한 보다 구체적인 분석을 필요로 한다. 특히 어떤 환경적인 요인의 영향하에서 외국인노동자 정책을 둘러싼 가치대립이 있었는지, 그 논리는 어떻게 구성되어 있으며 구체적으로 어떤 집단 간의 대립으로 나타났는가를 검토해 볼 필요가 있다. 이 글에서는 기존의 '중소기업의 이익보호'를 중심으로 구축된 정책신념과 '노동인권의 보장'이라는 가치를 옹호하는 집단들이 대립하는 과정에 주목하면서, 옹호연합모형에 의거하여 환경적 영향변수, 정책신념, 정책옹호연합의 형성과 강화과정을 살펴보고자 한다.

1. 옹호연합이론과 소수자문제에의 적용타당성

외국인노동자 정책에 대한 선행연구는 크게 ① 사회학적 시각으로 국내의 외국인노동자 정책을 평가하고 제도적 대안을 찾는 연구(설동훈, 1999, 유길상, 2002), ② 경제학적 시각으로 외국인노동자의 고용실태 및 유입영향에 관한 연구(유명기, 2000, 설동훈, 2003, 한건수, 2004), ③ 행정학적 시각으로 외국인노동자 정책결정과정을 분석하는 연구(나영돈, 1996; 박강로, 2001; 허미연, 2004; 고혜원·이철순, 2004; 김지현, 2005) 등으로, 1990년대 중반 이후 외국인노동자 정책에 대한 비판이 높아지면서 연구논문 등이 활발히 출판되고 있다. 그 중 행정학 분야에서는 외국인노동자 정책과정에 참여한 이해자 집단과 이들 사이의 갈등을 구체적으로 검토하는 연구가 대부분으로, 정책네트워크분석, 정책유형과 정치과정에 따른 분석 등 다양한 분석틀이 사용되어졌으나 참여하는 행위자들 각각의 행태만 분석되어졌을 뿐 이들이 거시적으로 정책과정에서 왜 그런 연대를 형성하였는지, 이 과정에 개입한 외적인 변수들은 무엇인지를 충실히 설명하지 못하였다. 이러한 점에 착안하여 이 연구는 정책옹호연합모형의 핵심 개념을 토대로 외국인노동자 정책을 둘러싼 정책환경, 옹호 집단, 정책신념 및 논리 갈등 과정을 분석하고자 한다. 특히 행위자의 구체적인 행태분석보다는 행위자들이 집단을 형성하며 공유한 정책신념의 발생과 충돌에 대하여 검토하고자 한다.

1) 정책신념

옹호연합모형의 핵심적 주장에 따르면 정책은 외적 변수들의 영향 아래에서 대립된 신념을 지지하는 공·사조직을 막론한 다양한 행위자들이 옹호연합을 만들고 갈등하는 과정에서 변동된다. 여기서 신념은 심층신념(deep core), 정책신념(policy core), 2차적 측면(secondary aspects)의 계층적 체계를 가지고 있는데 사바티에의 주장처럼 심층신념이란 개종만큼이나 어려운 근본적이고 규범적인 공리로서 직접적 정책갈등의 장이 되기는 힘들며, 정책신념(belief systems of policy)이 옹호연합을 형성하는 기본적인 신념으로서 정책갈등과 변동을 분석하는 영역이 된다고 한다(Sabatier & Jenkins- Smith, 1999). 지지하는 정책신념 아래 모인 다양한 행위자들은 정책신념에 맞는 구체적인 정책을 내세우면서 연합을 형성하며, 이 정책신념에 근거한 정책옹호연합 간의 대립과 타협 속에서 정책은 장기적으로 변동해 간다.

2) 정책옹호연합

정책신념의 대립이 벌어지는 영역에서는 개별 행위자의 행태를 분석단위로 하기보다는 같은 행태를 보이는 행위자들의 연합이 적절한 분석단위가 될 수 있다. 행위자들은 연합을 이루고 주로 연합단위로 행동을 나타내기 때문에 정책갈등의 분석 단위를 공통의 정책신념 하에서 유사한 활동을 벌이는 정책연합(policy coalition)으로 삼는 것이 보다 적절해지는 것이다. 옹호연합모형에서는 정책과정에 참여하는 행위자를 정책하위체계(policy subsystem)에 포함시키고, 이 체제 내의 행위자로는 공·사 구분을 막론한 행정관료, 의회위원회, 이익집단, 언론매체, 학자, 정책분석가 등을 포함시킨다. 정책참여자들은 각자가 지지하는 정책신념에 따라 정책옹호연합을 형성하는 성향이 있으며, 그들의 신념에 맞는 정책을 산출하기 위해 다양한 자원을 동원하고 전략을 구사하게 된다.

3) 상대적으로 안정적인 요인과 외적 사건

옹호연합모형은 정책과정에 있어서 정책환경의 영향력을 중요시하며, 다른 여타 모형보다 구체적인 기준을 제시하는 장점을 가진다. 이 모형은 환경 영향요인을 상대적으로 안정적인 요인변수와 역동적인 외부적 사건(external events)변수로 구별한다. 안정적 요인변수는 장기간에 걸쳐서 쉽게 변하지 않으며 옹호연합의 재원과 신념에 영향을 미치는 것으로 인식된다. 이 변수에는 문제영역의 기본속성, 자연자원의 기본적 분포, 근본적인 사회문화가치와 사회구조, 기본적인 법적구조가 포함되어 있다. 외부적 사건변수는 보통 10년 정도에 걸쳐 변화 가능한 것으로, 사회경제적인 중요한 변화, 지배권력의 변화, 다른 행위자로부터의 정책결정과 영향 등을 말한다. 행위자들을 제약하는 동시에 자원이 되기도 하는 외적변수들의 변화로 인하여 정책변동이 시작된다는 것이다.[4] 이외에도 정책변동과정에서 행위자들 사이의 정책지향적학습(policy- oriented learning)과 정책중재자의 역할 등을 중요한 개념으로 채택하고 있다.

4) 소수자문제에 있어서 옹호연합모형의 적용타당성

옹호연합모형은 기존 연구에서는 자원개발, 환경개발, 규제산업 등의 갈등을 설명하는 접근방법으로 주로 사용되어 왔는데, 이들 분야에서 형성된 갈등은 주로 정책신념 차원의 대립으로 발생하며 갈등이 쉽사리 해소되지 않은 채 대립된 양쪽 입장이 장기간 지속되기 때문이다. 실제 정책의 여러 분야를 살펴본다면 기업자유－노동자인권, 국가안보－인권보장, 경제개발－환경보전 등 사회의 기본적인 가치갈등이 상존하는 영역이 있음을 알 수 있다. 이러한 정책신념의 대립은 오랜 기간 동안 타협되지 않고 구체적인 정책사안을 달리하면서 계속 나타나 장기적인 일관성을 갖는다. 이런 특징 때문에 소수자문제에 있어서도 옹호연합모형에서 말하는 정책신념 개념을 확장하여 적용이 가능하다 할 것이다. 소수자문제에 있어서의 갈등은 다른 어떤 문제보다 사회문화적으로 형성된 가치관 혹은 신념이 영향을 미치며 실제 소수자문제들은 쉽게 해결되거나 타협되지 않고 장기간 사회 내에 존재하며 갈등하고 있기 때문이다.

외국인노동자가 국내에 유입되면서 불거진 한국사회 내의 정책갈등을 구체적으로 분석하기 위해 어떤 환경적인 요인의 영향 아래에서 외국인노동자 정책을 둘러싼 가치 대립, 논리 대립, 집단 대립이 출현하였는가를 알아볼 필

4. 초기 옹호연합모형은 정책변동의 원인으로 외적 변수만을 꼽고 정책변동이 언제 일어나며 그 과정이 어떤지를 설명하지 못했으며 많은 외적변수 가운데 정책변동을 특별히 일으키는 변수들과 그 원인에 주목하지 않았다(Sabatier & Jenkins-Smith, 1999: 147). 후속 옹호연합모형들은 이를 보완하면서 단지 외적인 변수들의 영향으로 정책이 변동하는 것이 아니며, 정책변동을 major change와 minor change로 구별하며 정책신념의 변동을 주로 'major change'라 하여 2차적 측면의 변화인 minor change와 구별을 두고 있다. 보충되어진 정책변동의 원인들로는 ① 정책신념의 변화 자체가 드물게 일어나므로 그 예측이 어렵고, ② 외부의 변화가 오더라도 비지배적 연합이 이를 이용할 수 있어야 정책변동이 가능하며, ③ 각 사회마다 정책변화에 합의하는 정도가 다를 수 있어 정책변동이 사회마다 다를 수 있고, ④ 또 정부의 계층적 관료제의 특성상 정책신념의 변동이 종속적일 수 있다는 점 등을 추가하고 있다.

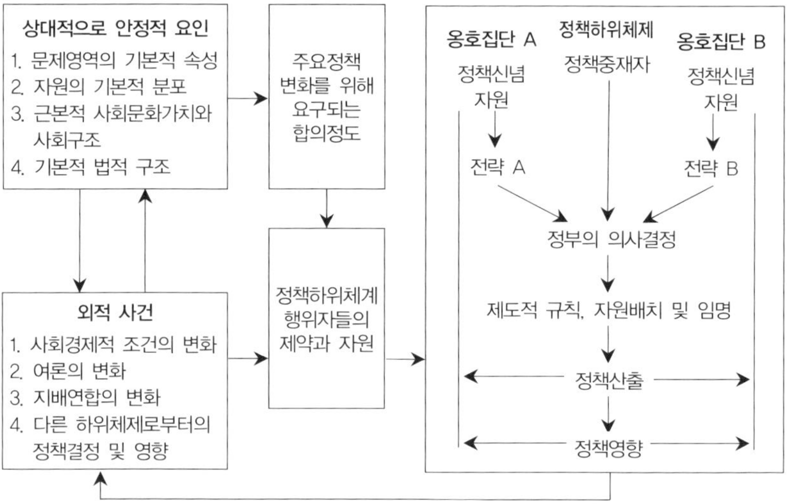

Sabatier & Jenkins-Smith(1999: 149)

그림 4-1 정책옹호연합이론의 분석틀

요가 있는데, 옹호연합모형에서 제시하는 정책환경요인과 정책신념의 갈등 아이디어 등은 소수자로서 외국인노동자와 직접 관련된 정책 과정을 설명하는 좋은 개념이 될 수 있을 것이다.

2. 환경적 영향변수

어떤 정책이든 이를 둘러싼 환경적 요인을 검토하는 것은 기본적이며 중요한 일이다. 환경적 요인은 정책에 직접적인 영향을 주기도 하며 간접적인 영향을 주기도 하는데, 외국인노동자 문제는 특히 기업이익과 인권보장이라는 두 가지 첨예한 정책신념의 갈등으로 심화되면서 이를 둘러싼 법, 정치, 여론 등에 큰 영향을 받았다. 서로 대립하는 정책옹호연합은 외적인 환경을 자기가 지지하는 정책신념을 강화하는 수단이나 계기로 이용하면서, 상대방을 궁지에 몰아넣으려는 계획을 세우게 된다. 이 과정에서 각 연합의 정책신념은 더욱 강하된다. 한편, 각 연합들은 자기들이 시시하는 정책을 도출하기 어려운 환경이 조성될 경우 기술적인 조정과 타협을 하고자 한다. 결국 정책은 의제 형성, 결정, 집행, 평가의 전 차원에서 변화되는 모습을 보이게 된다.

1) 안정적인 요인

(1) 문제의 기본적 속성 – 자본과 노동의 세계적 이동

외국인노동자 문제에 대해 가장 거시적 영향을 주고 있는 변수는 역시 세계화 흐름일 것이다. 냉전체제의 붕괴로 더욱 가속된 자본주의의 전지구화는 이미 일찍부터 초국적 자본을 형성하고 이윤을 따라 국경을 넘는 빠른 자본이동을 발생시키고 있었다. 이러한 세계적 교류와 이동현상에 노동도 예외가 아니어서 1980년대 중반부터 노동력 역시 국제적 이동을 활발히 시작하였으며 1990년 중반에는 매년 국경을 넘어 이동하는 사람 수는 대략 1억 명에 달하는 것으로 보고되고 있다. 한국을 포함한 동아시아 지역에서도 1990년 걸프전쟁으로 중동에 진출해 있던 노동력이 동아시아 쪽으로 옮겨가면서 국제적인 노동이동이 활발히 나타나는 계기가 되었다(설동훈, 1999).

(2) 근본적인 사회문화가치: 배타적인 단일민족 환상

단일민족으로서 국가를 같은 혈연집단으로 동일시하는 한국의 사회적 관념은 오랜 세월동안 받아들여져 지극히 당연한 가치로 믿어져 왔고, 일제지배 등 근현대 격변기는 우리에게 민족적 정체성을 각성시켰다. 하지만 이러한 민족의 개념에 대해서는 많은 논란이 있어 왔다. 인간의 역사발전이 '자연적'으로 민족을 단위로 발전해 왔다는 한스 콘(Hans Kohn) 등의 시원주의적 관점은 20세기 후반 들면서 민족이나 민족국가라는 개념은 아주 우연한 근대적 현상이라는 근대주의적 관점의 비판을 받게 되었다. 또한 베네딕트 앤더슨(Benedict Anderson) 등은 민족이란 발명된 전통이며 상상된 공동체라는 비판을 제기하였고 민족이라는 사회문화적 단위가 정치경제적 단위인 국가와 일치할 것을 요구하는 민족주의로 표현될 때 그 배타성은 필연적이라고 주장하였다. 역사적으로 단일한 민족단위의 국가가 형성된 한국사회의 경우 혈연집단에 기초한 민족주의 개념이 유효하였는 바, 외국 인력의 본격도입이란 역사적 유례없는 사건이었기에 배타적 인식과 혈연적 순수성이 훼손당할 것이라는 감정이 사회질서를 혼란시킬 타자로서 외국인노동자를 사회적으로 분리시키는 태도를 보이게 하였다.

(3) 기본적인 법적 구조– 외국인노동자 정책의 장기적 부재 상황

서구 유럽은 과거 식민지 등으로부터 온 이주자의 급증으로 이를 규제한 정책경험이 있었고 특히 지역경제공동체를 형성해 가면서 노동이주를 포함한 거주이전에 대해 보다 전향적인 제도와 정책을 취해 왔다. 또 노령화되고 부유한 서유럽의 산업사회에 저개발국의 이주자들의 유입은 경제적 기능과 사회적 가치가 있다고 판명되어 저개발국으로부터 이주를 허용해 왔다. 반면 한국은 국가차원에서 외국인노동자 정책을 수립하거나 실시했던 역사적 경험이 없어 외국인노동자 문제를 다루는 기본적인 법적 제도가 쉽게 갖춰질 수 없었고, 이는 외국인노동자의 권리를 용인하는 과정을 더욱 어렵게 하였다.

2) 외적 사건

(1) 사회경제적 조건의 변화: 만성화된 구인난, 외국인 입국규제 완화, IMF 경제위기

1980년대 후반 임금상승과 노동조건의 향상으로 고용비용이 상승되었고 내국인노동자가 '3D'업종을 기피하는 현상이 나타나게 되자 중소규모의 제조업체에서는 단순기능 인력난이 심화되었다. 비슷한 시기에 주택 200만호 건설이 진행되면서 활황을 맞은 건설현장에서도 인력난을 겪게 되자, 중소기업 사업자들은 외국인노동자를 합법적으로 고용할 수 있도록 해달라고 정부에 강력하게 요구하였다. 한편 1986년 아시아게임과 1988년 서울올림픽 등 국

제규모의 행사를 연이어 치르면서 외국인 관광객의 방문을 용이하게 할 목적으로 출입국 관련 규제를 대폭 완화하고 사증면제 협정체결, 입국심사 간편화 등 각종 외국인에 대한 규제를 완화되자, 한국에서의 취업을 원하는 외국인노동자의 입국은 더욱 용이하게 되었다. 여기에 노태우 정부의 북방정책 추진으로 중국과의 교류를 트고 재중동포의 고국방문을 적극 추진하자 조선족 동포들이 대거 한국으로 몰려와 국내 서비스직, 단순기능직종을 중심으로 취업하게 된다.

또 다른 사회경제적 조건의 변화는 1997년의 IMF 경제위기였다. 많은 중소기업이 도산하고 내국인노동자의 실업률이 높아지자 정부는 산업연수생 도입 규모를 대폭 축소하고 국내 불법체류노동자에 대한 일제단속을 펼치면서 외국인노동자 규모를 감축하기 위한 조치를 취했고 이에 외국인노동자들의 출국이 증가하였다. 하지만 경제가 빠르게 회복되고 높은 실업률 속에서도 외국인노동자들이 근무하던 '3D' 업종의 일자리는 내국인노동자로 대체되지 못한 채 여전히 인력난을 보이자 정부는 산업연수생 규모를 다시 증가시켰고 외국인노동인력의 감소는 일시적 현상에 그치고 만다.

(2) 여론의 변화: 시민단체의 활성화와 외국인노동자 처우개선 여론의 고조

1990년대 들어 본격적으로 전개된 시민운동은 사회 내 중요한 세력으로 확고히 자리하게 되었다. 1987년 민주화 이후 폭발적으로 증가한 노동단체, 시민단체 등은 1990년대 조직별로 특정 사업과 이슈를 가지고 정부 감시와 통제 기능을 담당하게 되었으며, 정치개혁과 경제민주화, 환경보호와 인권보장 등 각종 사회적 문제에 개입하여 이를 정책 의제화하는 역할을 수행하였다. 외국인노동자 문제의 경우에도 개별적 인권침해 사례에 대해 이를 상담하고 지원하는 단체들이 1990년대 초반부터 설립되기 시작하여 1990년대 중반에 이르자 외국인노동자 문제를 사회이슈로 만드는 데 주도적 집단으로 활동하게 되었다. 이러한 단체의 수는 고용허가제가 도입되기 직전이던 2003년에는

전국적으로 약 155개에 이르렀다.[5]

(3) 지배적 권력의 변화 – 참여정부의 등장

2002년 대통령선거에서는 노무현 후보와 이회창 후보 모두 선거공약으로써 고용허가제도의 도입을 주요 정책과제로 내세우면서 새 정권출범에 따른 제도의 도입가능성이 높아졌다. 2003년 출범한 노무현 정부는 3월 29일 고용허가제 도입 방침을 공식적으로 밝힘에 따라 고용허가제도 이슈는 운동단체의 요구수준을 넘어서서 공식적으로 정책 의제화되었으며, 2004년 고용허가제도 실시에 직접적 원동력이 되었다.

3. 정책신념에 따른 정책옹호연합의 형성과 강화

다양한 외부환경 변수의 영향 아래, 외국인노동자 문제에 대해서 같은 입장을 가진 일련의 집단들은 서로 간의 연대를 서서히 형성해 나갔다. 점차 이들은 같은 가치를 표방하고 조직적으로 행동해 나감으로써 정책옹호연합이론에서 설명하는 정책신념(policy core)을 같이하는 다양한 집단 간의 연대체인 정책연합(policy coalition)을 형성하게 되었으나 서로 대립·갈등하는 모습을 보이기도 하였다. 외국인노동자 문제에서 발견한 정책신념은 '기업이익의 보호'와 '인권의 보장'으로 표현할 수 있을 것이며, 이 정책신념에 근거하여 나타난 2차적 측면, 즉 정책주장은 '산업연수제도 유지'와 '고용허가제도 도입'으로 나타난다. 이 대립된 정책주장은 정책옹호연합 사이의 중요한 마찰점이 되었다. 외국인노동자 정책과정에서 등장한 연합은 기업이익을 옹호하는 '기업이익옹호연합'과 이에 맞서 노동인권을 보장하려는 정책신념을 가진 '노동인권

---

5. 설동훈, 2003, 『외국인노동자 실태 및 지원서비스 수요조사』, 한국국제노동재단.

옹호연합'으로 분류할 수 있다. 각 연합에 참여한 행위자들의 참여수준은 다양하지만 일관성과 적극성의 차이가 있을 뿐 내부분 관련된 행위자들은 두 정책옹호연합에 포함될 수 있다.

결국 노동자의 인권이 보장되어야 함을 주장하는 시민단체, 인권기구 등의 신념과 기업의 이익이 보장되기를 바라는 중소기업협동조합중앙회 및 경제단체들의 신념 사이의 마찰이 바로 외국인노동자 정책갈등의 기본구조를 형성하게 되었다. 외국인노동자 문제를 둘러싼 정책신념에 대한 분석은 다음 장을 통해 구체적으로 분석할 것이며 여기서는 외국인노동자 문제에서 나타난 두 정책옹호연합의 형성과 특징을 검토하고자 한다.

1) 기업이익옹호연합의 형성과 특징

기업이익옹호연합은 외국인노동자 문제를 둘러싼 '지배적 연합(governing coalition)'으로서 이에는 중소기업협동조합중앙회(중기협), 산업자원부, 국회 산업자원위원회, 경제단체 등이 포함된다. 1994년에 이르러 중소기업협동조합중앙회 주관의 산업연수생제도가 시행되면서 중기협은 산업기술연수생의 모집·알선·연수·사후관리를 독점적으로 운영하는 주체로 선정되었고 산업연수생제도에서 특별한 이해관계를 갖기 시작한다. 이로 인하여 중기협은 산업연수생제도를 적극적으로 방어하는 활동을 벌이며 산업자원부 및 정부관련 부처와 밀접한 관계를 유지한 결과, 주무부서인 산업자원부로 하여금 산업연수생제도의 관리권한을 위임받았다. 1990년대 후반 고용허가제 도입을 위한 법률안이 국회에 상정되면서부터는 국회의 산업자원위원회가 중소기업 부담가중을 이유로 법률안 통과를 무산시키는 역할을 하였다. 한국경영자총협회, 전국경제인연합회, 대한상공회의소, 한국무역협회 등 경제단체들은 고용허가제 도입이 고용주의 비용부담을 증가시킨다는 점을 지속적으로 강조하며 각종 성명서와 합동회의, 기자회견을 통해 반대 입장에 적극 동조하였다.

기업이익옹호연합은 외국인노동자 정책영역에서 지배적 연합으로서 노동인권 규범이 외국인노동자 정책에 형성되는 것을 막았다. 노동인권옹호연합에 비하여 먼저 형성되고 안정성을 갖춘 이점을 활용하여 중기협 — 산업자원부 — 산업자원위원회의 전통적 철의 삼각구조(iron triangle)를 중심으로 지지세력을 확장하면서 연합(coalition)이 되어 갔다. 기업이익옹호연합의 행위자들은 노동인권옹호연합에 비해서 상대적으로 다양한 집단이 참여하고 있지는 않다. 하지만 연합강도는 매우 강하여 참여한 행위자들이 정치적 환경변화에 따라 기회주의적 행태를 보이지 않고 대부분 일관되게 동일한 입장을 견지하고 있다.

2) 노동인권옹호연합의 형성과 특징

노동인권옹호연합은 시민단체, 노동조합, 국가인권위원회, 국제기구, 노동부, 국회 환경노동위원회 등으로 구성되어 있으며 지배적 연합을 공격하는 폭넓고 다양한 참여집단으로 구성되어 있다.[6] 외국인노동자 인권침해사례가 급증하던 1990년대 중반부터 시민단체는 인권보장 여론을 고조시키는 핵심적 역할을 해나갔고, 노동조합은 외국인노동력 도입에 대해 우려의 시각을 보이기도 했으나 점차 노동자로서 정당한 권리를 부여할 것을 주장하며 연합에 참여하였다. 또한 국제연합(UN) 등의 국제기구 및 단체는 한국이 가입한 인권협약을 근거로 외국인노동자의 여건개선과 차별철폐 권고의견을 정부에 요구하는 등 국제적 압력을 행사하였다. 국가인권위원회는 2001년 설립 이후부터 외국인노동자 인권침해 실태를 조사해 시정권고해 나갔고, 노동부는 노동자의 근로조건을 담당하는 부처로서 외국인노동자 인권개선의 압력을 직접적으로 받으면서 고용허가제를 통한 인권보호와 장기적 정책수립을 추진하게 되었다. 국회 환경노동위원회는 고용허가제 법안통과에 대해 산업자원위원회와 달리 긍정적 입장

6. 정책네트워크를 통해 외국인노동자 정책을 분석한 김지현(2005)의 논문은 외형상 중심 참여자는 노동부와 산업자원부에 집중되어 있는 집중형으로 보이지만 고용허가제로 변해 오면서 참여자들이 늘어났고 각 집단 간 서로 영향을 주고받는 형태가 두드러지게 나타나는 분산형 형태를 보여준다고 주장한다.

을 보였다.

노동인권옹호연합 행위자 사이의 응집강도나 안정성은 다양한 참여집단과 참여수준의 차이를 보여 상대적으로 약하게 나타났다. 하지만 이들은 외국인노동자의 인권보장을 통한 이득이 참여한 행위자들에게 직접적으로 귀속되는 것이 아니었음에도, 고용허가제 도입을 위한 여론을 확보하고 법안을 마련하기 위한 비지배적 대항집단으로서의 역할을 수행하였다.

Ⅳ. 외국인노동자 정책을 둘러싼 논리와 신념 구성

외국인노동자 정책과정에서 대립했던 각 옹호연합의 정책신념이 구체적으로 어떠한 논리로 구성되었으며 그 특징은 무엇인가를 검토하는 것은 외국인노동자 문제의 본질 파악과 이에 근거한 정책방향 설정에 중요하다.

먼저, 각 연합의 외국인노동자 도입을 찬성하는 논리와 반대하는 논리를 간략하게 검토하면 다음과 같다. 외국인노동자의 국내 유입에 반대하는 입장에서는 첫째, 폐쇄적 민족주의 논리에 입각하여 타 민족, 타 인종의 유입으로 단일 민족의 혈통이 훼손된다는 점을 우려한다. 이 논리는 외국인노동자를 불법체류자로 인식하면서 그들의 취업에 대한 부정적 이미지를 강화시키는 데 기여한다. 둘째, 경제 불균형 논리로서, 특정 직종의 노동력을 외국인에게 의존하게 되는 불균형한 경제상황이 연출되며, 이것은 불안정한 국제정치상황 속에서는 국가안보의 문제까지 발생시킬 수 있다고 본다. 또한 구조조정 되어야 할 산업을 저비용의 외국인노동력에 의존해 존속하게 함으로써 경제구조 개선에도 좋지 않은 영향을 미친다고 본다. 셋째, 배타적 노동시장 논리로서 외국인노동자들이 저임금으로 고용되면서 내국인노동자의 임금이 더불어 낮아지고 그들이 내국인노동자의 일자리를 대체하여 국내 실업률이 높아질 것이므로 사회경제적 불안정을 초래할 수 있다는 것이다.

한편, 외국인노동자 도입을 찬성하는 논리를 정리하면 다음과 같다. 첫째, 경제발전의 논리로서, 외국인노동자와 내국인 간의 노동시장은 분절되어 있으며 외국인노동자 도입은 국내의 부족한 노동력을 충원하여 국내 노동시장을 보완해 경제를 발전시킬 수 있다는 것이다. 둘째, 문화적 개방의 논리로서, 외국문화를 간접 학습할 기회가 될 것이며 우리 사회 속에 문화적인 다양성이 더 잘 형성될 계기가 된다고 본다. 셋째 자유노동권의 논리로서, 인간은 누구나 어디에서든지 평등한 노동의 권리를 가져야 하므로 타국에서도 국적을 불문하고 자유로운 노동이 보장되어야 한다는 것이다. 이 논리에 따르면 외국인노동자는 내국인노동자와 동등한 노동자성을 인정받게 되고 취업과 이직 등의 자유도 인정되어야 한다.

1. 기업이익옹호연합의 정책신념 구성

위에서 보았듯이, 중기협을 중심으로 형성된 기업이익옹호연합에서는 '산업연수생' 도입을 통해서 부족한 중소기업인력난을 보충해야 한다고 지속적으로 주장하였다. 산업연수제도의 확대 필요성과 고용허가제도의 도입 반대 논리를 개발하여 성명서 및 각종 정책토론회, 기자회견 등을 통해 홍보해 왔는데, 주로 주장되는 구체적인 근거들을 분류하면 〈표 4-3〉과 같으며, 고용허가제도의 도입이 가져오는 부담의 강조와 합법적 외국인노동자 도입이 가져올 부정적 영향의 강조 등으로 구성되어 있다.

표 4-3 기업이익옹호연합의 논리

구분	내용	
정책신념 (policy core)	기업이익 보장	
정책주장 (secondary aspects)	산업연수생제도 유지	
구체적 논리와 주장	고용허가제도의 중소기업부담강조	자금난과 인력난 가중 외국인근로자의 고용비용이 20-30% 정도 증가하게 돼 중소기업의 자금난과 인력난이 더욱 심화된다.[7]
		고용의 비탄력성 증가 고용자체를 비탄력적으로 만들어 기업부담 증가 우려가 높다.[8]
		불안정한 노사관계 발생 노사관계의 불안을 야기할 것이며 이는 고임금을 감당할 수 없는 중소기업을 지원한다는 외국인연수제도의 근본취지에 어긋난다.[9]
	폐쇄적 민족주의 논리	정주화로 인한 사회적 불안과 부담 발생 외국인노동자의 국내 정착은 사회불안과 사회복지비용증가 등 경제적 부작용을 초래할 가능성이 높다.[10] 결혼 및 2세의 출생, 주거문제나 사회보장확산 등 상당한 사회적 문제가 발생할 것이다.[11]
		단일민족문화 훼손 우려 단일민족사회에 외국인노동력의 대량유입은 사회문화적 기반을 취약하게 한다.[12]
	배타적 노동시장 논리	내국인노동자 일자리 대체 내국인근로자들의 일자리를 잠식하고 실업률을 높이고, 외국인노동자들의 귀국유인을 없애 불법체류를 증가시키고[13] 노동시장불안을 야기한다.[14]

7. 중소기업협동조합중앙회 성명서, 1996.
8. 중소기업협동조합중앙회 성명서, 1997.
9. 경제 5단체 성명서, 2000.7.6.
10. 중소기업협동조합중앙회 성명서, 2003.4.2.
11. 중소기업협동조합중앙회 성명서, 2005.
12. 중소기업협동조합중앙회 성명서, 2005.
13. 중소기업협동조합중앙회 성명서, 2005.
14. 국회 산업자원위원회 성명서, 2003.2.5

1) 중소기업이익 우선 옹호

외국인노동자 도입제도를 옹호하는 입장의 핵심에는 '중소기업의 이익'이라는 경제적 타산이 존재한다. 중소기업협동조합중앙회, 경제단체들, 국회 산업자원위원회 등은 표현을 약간씩 달리할 뿐 외국인노동자도입 여부와 그 법적 형태 및 규모에 있어서 철저히 중소기업의 고용부담 완화 및 이윤추구에 이득이 되어야 한다는 것이다. 이런 입장은 중소기업의 이익보호라는 정책신념을 구성하는 것으로서, 이를 관철하기 위한 정책 측면(secondary aspects)으로 산업연수생제도를 방어하게 된다. 이들은 산업연수생제도의 문제점을 정부 단속과정의 문제점, 입국절차의 문제 등 다른 원인으로 귀인시키면서 제도를 정당화시켰고, 고용허가제도가 도입되었을 때의 부정적 효과를 중기협을 중심으로 홍보하고 확산시켜 나갔다. '자금난과 인력난가중', '고용의 비탄력성 증가', '불안정한 노사관계 발생' 등이 기업이익옹호연합이 중요한 문제점으로 부각시켜 왔던 논리들이었다.

2) 구축된 이익방어를 위한 논리 모순

기업이익옹호연합은 고용허가제도를 반대하는 동시에 외국인노동자 도입의 부정적 측면을 강조하고 있는데, 이들의 주장은 '정주화로 인한 사회적 불안'과 '단일민족 문화기반 훼손'을 우려하는 폐쇄적 민족주의 논리, '내국인노동자의 일자리가 대체된다'는 배타적 노동시장논리에 입각하고 있었다. 그런데 폐쇄적 민족주의 논리와 배타적 노동시장논리는 앞에서 검토한 바대로 외국인노동자 도입자체를 반대하는 대표적인 논리들이다. 반면, 중소기업은 노동시장에서 외국인노동자를 필요로 하는 수요자이다. 외국인노동력을 필요로 하는 측이 중소기업체이면서도 외국인노동자의 도입을 반대하고 있는 셈인데, 이 모순은 초기 '산업연수생제도'로 외국인노동인력이 도입됨으로써[15] 합법적 외국인노동자가

---

15. 당시 정부는 민주화 이후 각종 선거를 앞두고 여론주도층인 중소기업가와 노동단체 측의 눈치를 살펴야 했던 상황에서, 외국인노동자 도입을 원하는 중소기업과 이를 반

아닌 산업연수생의 편법 고용으로 고용비용을 감소시키는 이득을 구축할 수 있었기 때문이다. 외국인노동력 도입의 체계가 복잡한 정치적 상황 속에서 '연수생' 제도로 초기에 '정박'(anchoring)[16]됨에 따라 기업이익옹호연합은 이를 통해 이미 형성되어 버린 중소기업의 이득을 방어하기 위한 논리를 구축할 수 있었다. 결국 합법적 외국인노동자 고용으로 인한 비용 상승을 막고자 하는 의도로 인하여, 외국인노동자 도입 반대 논리가 실질적으로 외국인노동력을 수요로 하는 자에게 이용되는 모순을 보인 것이다. 이렇게 중소기업의 이익여부를 기준으로 연합되어 있는 이 옹호연합은 '중소기업이익보장', '산업연수제도 확대'라는 계층적 신념체계를 공유하는 행태를 보이게 되었다.

2. 노동인권옹호연합의 정책신념 구성

노동인권옹호연합은 산업연수제도의 폐해를 비판하며 노동인권을 적절히 보장하기 위한 대책으로 고용허가제의 전면 도입을 입법청원, 시위, 성명서 및 각종 정책토론회 등 다양한 방법을 통해 지속적으로 주장하였다. 이 과정에서 나타나는 구체적인 주장들을 통해 옹호연합의 신념체계에서 보이는 특징을 검토할 수 있다.

1) 노동인권 우선 옹호

노동인권옹호연합이 보이는 외국인노동자에 대한 관점을 분석하면, 가장 핵심적인 요구는 '노동인권의 보장'임을 알 수 있다. 이들은 외국인노동자

대하는 노동단체 사이에서 산업연수생제도라는 정치적 선택을 하게 되었는데, 이는 공식적으로 외국인노동자의 도입은 금지하고 산업연수생만 도입하면서 이들을 실질적인 노동자로 활용하는 편법이었다(설동훈, 1999).

16. 외국인노동자가 연수생제도로 도입된 것을 정책정박(anchoring)으로 표현한 것은 전영평 외(2002)의 정책정박효과에서 도입한 것임을 밝힌다.

표 4-4 노동인권옹호연합의 논리

<table>
<tr><th>구분</th><th colspan="2">내용</th></tr>
<tr><td>정책신념
(policy core)</td><td colspan="2">노동인권 보장</td></tr>
<tr><td>정책주장
(secondary aspects)</td><td colspan="2">고용허가제도 도입</td></tr>
<tr><td rowspan="5">구체적 논리와 주장</td><td rowspan="3">산업연수생제도의 인권침해 강조</td><td>합법적 노동자성 부정으로 인한 인권침해
산업연수생이 저임금근로자로 이용되면서도 연수생이라는 이유로 노동관계법이 적용되지 못하여 임금체불, 산업재해, 폭행·감금 등 인권침해 사례가 지속적으로 발생하며 특히 신분상 지위를 악용하여 불법취업자에게 집중적으로 발생되었는데도 이들의 신고기피로 행정기관에 의한 적절한 보호가 어려운 실정이다.[17]</td></tr>
<tr><td>불법체류자 양산
산업연수생제도 아래 현지송출기관의 비리가 계속되었고 그 부담으로 인해 외국인노동자들은 더욱 사업체를 이탈함으로써 불법체류자가 양산되었음에도 불구하고 인력난 때문에 불법행위는 묵인되고 있다.[18·19]</td></tr>
<tr><td>국가이미지 훼손
연수생 및 불법취업외국인에 대한 인권침해로 인권후진국이라는 비난을 받는 등 국가이미지가 훼손되고 있다.[20]</td></tr>
<tr><td>경제발전의 논리</td><td>탄력적 노동공급과 고용안정
합법적 근로자로서 적절한 대우를 한다면 불법노동시장이 최소화되고 국내시장에 맞는 탄력적 노동공급 이뤄져 외국인고용비용 감소할 것이다.[21]
고용계약이 1년 단위로 짧아 집단행동가능성이 낮고, 외국인에게 노동3권을 허용한 외국의 사례를 보아도 외국인근로자의 집단행동은 거의 발생하지 않고 있다.[22]</td></tr>
<tr><td>자유노동권의 논리</td><td>자유로운 노동권 보장
내·외국인노동자를 막론하고 노동자로서 노동권 및 이주와 취업의 자유는 보장되어야 하며[23], 외국인노동자 문제의 근본적 해결을 위해서는 사업장 이동의 자유가 허용되는 노동허가제가 도입되어야 한다.[24]</td></tr>
</table>

17. 노동부, 외국인노동자 권익보호대책, 2002.11.
18. 외국인노동자문제공동대책위원회 성명서, 2000.11.3.
19. 외국인노동자대책협의회 기자회견, 2005.10.28.
20. 노동부, 『고용허가제자료』 1, 2000.
21. 외국인이주노동자대책협의회. 2005.

정책 추진과정의 문제 중 인권문제를 가장 크게 부각시키면서 이를 해결하기 위한 정책 측면(secondary aspects)으로 '고용허가제도'를 주장한다. 이들은 산업연수제도가 실제 노동자를 합법적 노동자로 인정하지 않음으로써 인권침해를 초래하였으며, 오히려 불법체류의 유인만을 늘였고 이것이 사회문제화되면서 국가이미지까지 훼손하였다고 주장한다. 따라서 이들은 고용허가제도를 통해 외국인노동자가 합법적으로 도입되었을 때 오히려 탄력적인 노동공급과 고용안정으로 경제발전이 가능하다는 경제발전의 논리와, 노동자로서 국적을 떠나 자유로이 노동할 수 노동권이 보장되어야 한다는 자유노동의 논리를 들면서 긍정적 효과를 부각시켰다.

2) 비지배적 신념의 발전

노동인권옹호연합의 활동은 '저임금에 기반한 기업이윤 창출'이라는 외국인노동자 정책의 지배적 시각에 반하는 '노동인권'이라는 규범을 등장시켰다. 이는 지배적 신념에 대항하는 비지배적 신념의 발전이라는 의미를 갖는다. 우리 사회는 오랜 개발 중심 경제체계 아래서 사회통합의 지배적 가치로 '경제개발과 기업이윤'을 추구하였다. 따라서 비지배적 가치였던 노동인권의 등장과 확산은 상대적으로 오랜 시간과 높은 수준의 사회적 합의가 필요하였다. 옹호연합모형에서도 중요 정책변동을 위해 요구되는 합의정도가 문제영역이나 사회문화에 따라 다를 수 있다고 보고 있듯이,[25] 외국인노동자 정책의 변동과정이 여론에 힘입고도 몇 차례의 국회통과무산을 겪는 등 정책전환이 쉽지

---

22. 외국인노동자대책협의회 성명서, 2005.
23. 서울경인지역이주노동자조합 성명서, 2005.
24. 민주노총 성명서, 2003. 4. 3.
25. 정책변동의 원인을 보충하는 여러 옹호연합모형에서 중요하게 보고 있는 것의 하나는, 사회문화적 배경에 따라 정책변동에 요구되는 사회적 합의정도가 다르다는 것이며, 이를 ① 과반수에 이르지 못하는 정도(less than a majority), ② 과반수에 이른 정도(a bare majority), ③ 압도적 다수(a supermajority), ④ 의견의 일치(a consensus) 단계별로 나누고 있다.

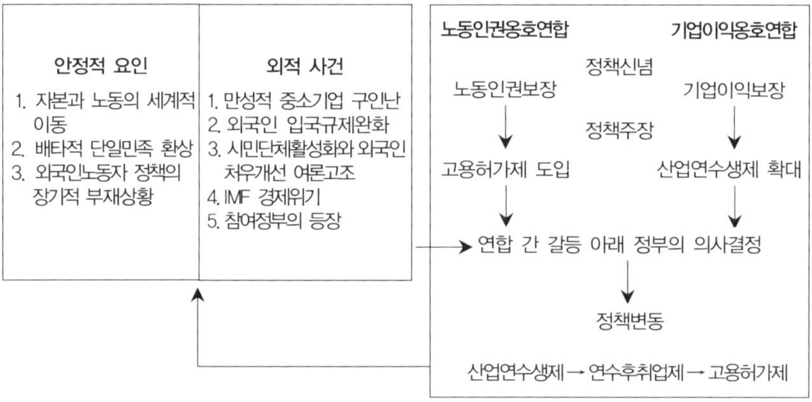

그림 4-2 외국인노동자 정책의 갈등구조와 정책변화

않았던 것은 비지배적 가치가 지배가치에 대응해 정책변동수준에 이르기 위해 더 높은 수준의 합의가 필요했던 것으로 해석할 수 있다.

즉 외국인노동자의 인권문제가 1990년대 중반부터 지속적으로 확산되며 여론의 힘을 얻어갔지만 기존의 중소기업이익 보호이라는 지배적인 신념의 방어에 의해 고용허가제도의 도입이 번번히 무산되었던 것이다. 그러나 외국인노동자인권보장을 공약으로 내세운 정권의 등장으로 더 이상 산업연수생제도의 현상유지가 어려운 상황에 이르자 연수 후 취업제도를 거쳐 2007년 1월부터는 산업연수생 제도가 폐지되고 고용허가제로 통합되는 전기를 맞게 된다. 이를 제도적으로 지원하기 위해서 국무총리를 위원장으로 하는 외국인정책위원회를 2005년 발족하였고 2006년에는 법무부 내에 민관합동 외국인권익증진협의회를 설치하였다. 또한 2007년에는 재한외국인처우기본법을 제정하였으며, 현재는 차별금지법을 마련하고 있다. 이러한 일련의 정책변화는 외국인노동자의 노동인권이라는 비지배적 가치가 정책공간에 성공적으로 진입했음을 의미하는 것으로 볼 수 있을 것이다.

Ⅴ. 요약과 정책적 시사점

내국인과 신체·문화적으로 구별되는 외국인노동자는 그동안 한국사회에서 권력적 열세에 놓인 채 심각한 차별대우를 받음으로써 많은 사회적 갈등을 발생시켰는데, 이 갈등은 지난 10여 년간 쉽게 해결되지 못하고 심화되면서 성공적인 정책적 합의점을 찾는 데 어려움을 겪도록 하였다. 본 논문에서는 외국인노동자가 소수자로서 나타내는 특징을 검토했으며, 외국인노동자 문제를 둘러싼 갈등이 정책신념에 근거를 둔 갈등에 가깝다는 것을 확인하였다. 또한 이들의 인권을 보장해야 한다는 집단과 외국인노동자의 인권보다는 우리 중소기업들의 이익을 더욱 증진시켜야 한다는 집단으로 크게 나뉘어져 대립해 왔던 지난 10년간의 과정 및 특징을 정책옹호연합 간의 갈등 시각에서 살펴보았다. 이상의 논의를 종합하여 외국인노동자 정책을 둘러 싼 기본적인 정책신념 구조와 주요 환경 변수를 그림으로 표시하면 〈그림 4-2〉와 같다.

2004년 고용허가제도가 본격 실시된 이후, 외국인노동자 문제에 있어 기업이익과 노동인권이라는 두 가지 관점은 — 지배적 관점과 비지배적 관점이 아닌 — 대등한 입장에서 경쟁하고 있는 것으로 보인다. 적어도 현행 법제도상으로는 생산성, 근로경력 등에 따른 합리적 차별 이외에 외국인이라는 이유로 노동권을 제한할 수 없도록 하는 제도가 마련되었고 외국인노동자의 권익을 보장하는 법률들이 제정되었으며 이를 담당할 정부기구가 설치되기도 하였다. 이를 통해, 기업의 이익이라는 지배적 정책신념은 비지배적 위치에 있던 인권 보장 가치의 사회적 확산에 의해 그 주도적 위치가 축소되었으며, 현행 외국인노동자 정책은 인권 보장 규범의 형성에 성공한 것으로 평가할 수 있을 것이다.[26] 또 하나 흥미로운 것은 두 옹호연합 사이의 대립이 외국인노동자를

26. 오페(Offe, 1987)에 따르면 사회운동 성공기준은 실재적 성공(권력엘리트의 정책결정이 사회운동의 요구와 일치하는 경우), 절차적 성공(정책결정과정에 참여할 수 있는

도입해야 하는가에 대한 찬반논리의 대립이 아니라, 외국인노동자를 합법화 시켜야 하는가에 대한 찬반의 대립으로 바뀌어져 오히려 외국인노동력의 수요자가 합법적 도입에 반대하는 모순을 드러냈다는 것이다.

최근의 변화를 보면, '중소기업이익'을 중심으로 한 옹호연합과 '노동인권보장'을 옹호하는 연합들 사이에 옹호연합 분화 및 강화의 모습이 나타나고 있다. 노동인권옹호연합은 제도상의 인권이 실제 산업현장에서 괴리 없이 구현되도록 인권침해를 막고 감시하고자 하면서도, '취업지이동의 자유'를 또 다른 핵심 주장으로 하는 노동허가제도를 제기하고 있다. 이 과정에서 연합 내의 다양한 집단의 참여보다는 일부 시민단체가 이슈를 주도하고 있다. 한편 기업이익옹호연합은 외국인노동자에 대한 차별은 생산성, 근로경력 등에 따른 합리적 차별이라는 논리에 천착하면서, 취업지이동의 자유를 보장하는 노동허가제의 고용관리상의 어려움과 내국인 일자리 침해 등 노동시장의 교란문제를 지속적으로 강조하고 있다.

이 연구는 한국사회의 많은 정책갈등을 바라보는 시각의 하나로 소수자적 접근, 소수자의 인권을 고려한 정책접근을 본격적으로 제기하는 데 의미를 두었다. 소수자정책은 사회적으로 특정 집단에 대한 정당성 없는 차별이 확산되어 사회문제가 되었을 때, 그들의 인권이 보장될 수 있도록 정책방향을 전환하는 데 큰 의의를 두어야 한다. 이런 점에서 우리 사회는 외국인노동자들이 차별받는 소수자집단이 되어감에 따라 이들의 인권보장을 위한 사회문화적 대책이 포함된 종합적인 정책을 발전시켜야 한다. 고용허가제 도입 이후 수년이 지난 현재 한국사회에서 또 다른 진화과정에 놓여 있는 외국인노동자 문제를 예상하는 데 있어서 보다 거시적 분석이 필요하다는 시각에서 볼 때, 이 연구가 보여준 거시적인 분석은 시의적으로도 적실성을 갖고 있다고 볼 수 있다.

경우), 정치적 성공(제도권관계자가 집단이해의 대표자로 사회운동을 승인하는 경우)으로 나뉘는데 우리의 외국인노동자운동을 보면 고용허가제도의 도입으로 인해 절차적이며 정치적 성공을 거뒀다는 평가가 가능할 것이다.

그러나 역동적으로 변화하는 정책갈등에 대한 체계적인 연구와 대안 마련을 위해서는 옹호연합의 개별 참여자에 초점을 둔 구체적인 활동분석과 정책결정·변동과정이 충실히 설명될 수 있는 후속연구가 필요할 것이다. 또한 정책신념이라는 거시적 차원의 설명이외에도 외국인노동자 문제에 영향을 미쳤던 많은 영향변수들을 고려한 분석이 뒷받침되어야 할 것이다.

제5장 소수자로서 동성애자와 정책

Ⅰ. 동성애자 문제, 어떻게 접근할 것인가

사회의 다원화 그리고 표현의 자유가 점차 확대·보장되는 지구적 환경변화에 따라 선천적, 후천적 특성의 복합에 기인한 소수자의 숫자가 현격히 증가하고 있다. 우리나라에서도 1990년 이후 민주주의의 심화와 더불어 그동안 문화와 역사적 맥락에 의해 금기(taboo)시되던 사안을 표현하는 경우가 현저히 증가하고 있다. 그러나 다른 한편으로는 일반인과 다르다는 이유로 사회적 차별을 받지 않기 위해 자신의 정체성을 숨기고 살아가는 소수자가 있는데 이러한 예로 동성애자[1]를 들 수 있다.

전통적 유교주의 문화와 해방 후 기독교 사상의 빠른 확산은 우리 사회에서

1. 이 연구에서의 동성애자는 보다 광의적인 개념으로 성적 소수자인 트랜스젠더, 레즈비언, 게이를 모두 포함한다. 동성애자는 선천적 성징과 후천적 성징이 개별적·복합적으로 어우러져 형성된 특별한 인간형으로서, 주류 이성애 사회에 의해 일탈자로 배격되는 복합적 소수자의 지위를 갖는다 하겠다.

동성애를 허용하지 않는 구조와 이를 금기시하는 문화를 형성하였다. 이에 따라 동성애자들은 자신이 동성애자라는 것을 철저히 숨긴 채 살아가며, 만약 동성애자라는 것이 알려지게 되면 다양한 사회적 차별을 받기도 한다. 이들에 대한 사회적 차별이 존재하는 이유는 사회 구조 및 문화적 억압구조와 동성애자 스스로의 소극적 역할 측면에서 찾을 수 있다. 사회문화적 억압구조의 관점은 동성애의 원인을 잘못된 개인의 선택으로 보는 관점으로 육체적 쾌락을 추구하고자 사회의 윤리와 금기에 저항하였다는 점, 사회 문화에 대척된다는 점 등을 강조하며 동성애자를 차별하거나 이들의 존재를 인정하지 않는 특징을 갖는다.[2] 반면 동성애자의 소극적 역할을 강조하는 관점은 동성애자의 정체성 확립이 매우 부실한 가운데, 사회적 불이익이 너무 커 동성애자 스스로가 분리된 개인으로 존립하게 되는 성향, 즉 집단화되지 못하는 성향을 차별의 이유로 간주하는 입장이다.

너무나 큰 사회적 억압과 차별이 있었기 때문에 우리 사회에서 동성애자라는 단어가 흔히 사용되고, 동성애 문제가 사회적으로 표출된지는 그리 오래되지 않았다. 한국사회에서 동성애자에 대한 논의가 크게 확산되기 시작한 것은 2000년에 들어서면서부터인데, 2000년에 연예인 홍석천 씨의 커밍아웃과 이반문학의 확산이 동성애자에 대한 사회적 관심을 증진시키는 역할을 하였다. 이에 따라 한국사회가 배제하고 차별해 온 동성애자에 대한 인권문제가 제기되고, 국가인권위원회가 이에 관심을 갖게 되면서 동성애자의 인권을 정책적으로 연구하고자 하는 움직임도 생겨나기 시작하였다. 비록 현재 우리나라 법령에서는 동성애자의 혼인을 합법적으로 인정하지는 않고 있으나,[3] 국가

2. 여기서의 선택은 이유야 어찌 되었든 간에 개인의 만족을 극대화하기 위한 하나의 선택과정을 통해 동성애가 되었다는 것을 강조하는 것으로 동성애자에 대한 존재 자체를 인정하지 않는 집단의 논리이다.

3. 2004년 7월 28일 동성 간의 혼인관계는 법적으로 인정할 수 없다는 판결이 우리나라에서 처음으로 나왔다. 법원에서는 동성 간의 동거를 사실혼 관계로 볼 수 없다는 점, 우리 사회에서의 혼인은 남성과 여성의 정신적·육체적 결합을 의미하며 동성 간의 동거관계는 현행법으로 보호할 수 없다는 점, 우리 정서상 동성 간의 혼인은 시기상조

인권원위원회[4]에서는 성적지향을 근거로 동성애자에 대한 불이익이나 차별이 있어서는 안 된다고 규정[5]함으로써 서서히 동성애자에 대한 일반인의 관심이 증대되고 있다.[6]

이러한 일련의 변화는 불과 10년도 되지 않는 사이에 이루어진 것으로 기존에 존재하던 법과 제도에 변화가 나타나고 있음을 보여주는 것이다. 그렇다면 이러한 변화는 어떻게 시작되고 진화되었으며, 어떠한 논리에 의해 진행되고 있는 것인가?

이 연구는 동성애 소수자와 관련된 제반 사회적 상황을 정책적 관점에서 연구한 논의가 전무한 상황이라는 점에 착안하여 ① 한국사회의 소수자로서 동성애자 지위 및 정체성에 관한 논의를 개진하고, ② 동성애자가 자신의 존재와 정체성을 사회에 알리고, 자신에게 차별을 가하는 제도를 변화시키기 위해 노력하는 전략을 분석함으로써 동성애자를 둘러싼 제도의 변화과정을 규명하고자 한다.

라는게 재판부의 판단이었다.

4. 국가인권위법 제31조는 "성적지향을 이유로 차별해서는 안 된다."라고 명시하고 있다.
5. 2005년 3월 5일 동성애자 단체의 회원이라는 이유로 부산광역시 여성센터가 여성단체를 상대로 실시하는 교육수강을 거부한 사건이 있었는데 이 진정에 대해 국가인권위원회는 부산여성센터장에게 향후 교육수강에 있어 성적지향을 이유로한 차별행위가 재발하지 않도록 조치를 취할 것을 권고하였다.
6. 국가인권위원회에서는 2006년 7월 24일 차별금지법 제정을 국무총리에 권고하고, 우리 헌법의 핵심원리인 평등권의 실현을 위해 다양한 제도적 방안을 강구하고 있다(국가인권위원회, 2002, 2006). 이러한 노력의 일환으로 2008년 차별금지법이 국회 수준에서 다루어지고 있으며, 현재 계류중에 있다. 그러나 초기 인권위가 제시한 수준의 차별금지법 내용 중 성적 소수자에 대한 차별 금지 내용이 제외됨으로써 성적 소수자연대와 민주노동당 등으로부터 수많은 질타를 받고 있는 상황이다.

Ⅱ. 이론적 배경과 연구방법

1. 소수자의 정의와 범주

동성애자가 왜 이 사회에서 차별의 대상이 되는가를 이해하기 위해서는 소수자라는 범주를 먼저 이해할 필요가 있다. 소수자는 일반적으로 한 사회에서 존재하는 표준화된 규범을 자의에 의해서든 타의에 의해서든 거부하게 됨으로써 국가 권력으로부터 배제된다는 특성을 지닌다(윤수종, 2005: 13). 따라서 이들은 표준화된 규범을 거부한다는 측면에서 사회다수의 구성원과 '다름'을 표현하고 있으며, 다르다는 이유로 다양한 차별을 받게 된다. 또한 국가권력으로부터 배제되기 때문에 차별이 인해 인권이 훼손되는 것을 적절히 구제받지도 못한다. 이는 소수자에 대한 차별은 사회 내에서 다수가 소수자집단의 정치, 경제, 사회적 기회를 제한하는 행위(Fredricson & Knobel, 1982: 30- 33)와 이것이 행해지는 사회적 관계의 복합적 시스템(Pettigrew & Taylor, 1990: 688)을 모두 포함하는 가운데 이루어지기 때문이다.

소수자에 대한 정의는 역사적 맥락에 따라 지배세력이 누구이며, 지배세력을 안정시키는 요소가 무엇인가에 따라 변화되어 왔다. 산업혁명 이전에는 수(number)를 기준으로 소수와 다수를 분리하였다면 산업혁명 이후에는 자본의 소유여부에 의해 소수자를 규정하였고, 지식정보화 사회에서는 지식정보를 기초로 생산성을 향상시킬 수 있느냐 없느냐에 대한 능력에 의해 소수와 다수가 분리되어 왔다(국가인권위원회: 2004, 482-484). 따라서 사회에 존재하는 대부분의 사람들은 한편으로는 사회의 다수입장에 서기도 하며 동시에 소수자의 입장에 서게 되는 이중적 삶을 살아간다. 그러나 전술한 소수자에 대한 정의는 너무 광범위하기 때문에 소수자의 경계 자체를 흐리게 만들 수 있다는 한계를 갖는다.

소수자에 대한 정의가 불완전하게 이루어지고 있는 상황에서 가장 최근에 전영평·한승주(2006)는 앤소니 드워킨과 로자린 드워킨이 제시한 식별가능성, 권력의 열세, 차별적 대우의 존재, 집단의식의 충속 여부를 통해 소수자를 정의하고 있다. 이 연구에 따르면 소수자는 첫째, 어떤 신체적·문화적 특성에 의해 다른 집단과 구별되는 뚜렷한 차이를 갖고 있어 기존 사회는 이들 집단에 이질감을 느끼고 타자화하는 성향을 갖는다. 둘째, 경제적·사회적 지위, 정치적 권력 등 다양한 측면에서 실질적 차이가 있거나 혹은 자원을 동원할 수 있는 능력의 차이가 보다 열등한 위치에 존재한다. 셋째, 한 개인이 단지 그 집단의 성원이라는 이유만으로 사회적 차별의 대상이 된다. 넷째, 소수자로서의 집단의식은 단지 몇몇 사람의 공유된 생각에서 시작하지만 차별적 관행의 반복을 통해 전체적인 연대의식으로 확대된다(전영평·한승주, 2006: 161-166; 전영평, 2006).

전술한 바와 마찬가지로 소수자는 다양한 측면에서 정의될 수 있고 전술한 다양한 기준들 중 특히 사회적 차별을 받는다는 측면이 충족될 경우 소수자의 범주에 포함된다고 보는 것이 바람직한 정의라고 판단된다(전영평, 2006). 전술한 기준은 이후 논의될 동성애자의 정체성과 그들이 어떠한 수준에서의 소수자인지를 판단하는 기준으로 작용하게 될 것이다.

2. 동성애자 제도변동의 분석틀로서 옹호연합모형

동성애자 운동은 전술했듯이 그들이 사회의 다수가 아니기 때문에 연합을 형성하여 기존의 제도나 문화에 대항하는 형식을 취한다. 예를 들어 자신들의 목적과 여타 시민단체의 목적을 결합하는 방법을 통해 사회적 지지를 얻고, 이를 이슈화하는 형태로 운동을 전개시킨다. 뿐만 아니라 충격적 단어 혹은 상징적인 어휘와 행동 등을 전략적으로 사용한다.[7]

동성애자들은 자신들의 문제가 사회문제로 진화할 수 있도록 노력하고, 사회문제로 이슈화된 다음 자신들의 의지에 의해 제도 또는 정책을 변동시키기 위해 쟁점 확산 전략 중 참여력 과시 전략을 추구하는 성향을 보인다. 즉, 동성애자들은 이미 사회 속에서 자신들의 의견이 일반대중에게 쉽게 확산되지 않고, 일반대중들이 자신들의 문제에 대해 무관심하다는 현실을 인식하여 자신들이 무엇을 주장하는지를 사회에 알리며, 사회적 이슈를 증폭시키기 위해 자신들의 논리에 동조하는 집단이 많이 존재한다는 것을 알림으로써 대중들의 관심을 얻고자 노력한다(Cobb & Elder, 1972: 124-129; 정재진, 2003: 23-27).

따라서 동성애운동의 특성과 일련의 전개과정은 동성애자 옹호집단과 반대집단 간의 역동적 대응이 펼쳐지는 정책옹호연합모형으로 설명이 가능하다. 이하에서는 이 연구에서의 정책변동에 대한 개념 정의와 정책변동을 설명하는 다양한 방법 중 정책옹호연합모형을 이용하여 사례를 분석하고자 한다.

1) 정책변동

정책변동 개념에 대해서는 아직까지 합의되거나 체계화된 정의를 찾아보기 어렵다. 홀(Hall, 1993)은 정책 목표와 수단의 급격한 변화를 정책변동이라고 정의하고 있으며, 호그우드와 피터스(Hogwood & Peters, 1983)는 정책형성, 집행, 평가 전 과정에서 정책이 변화되는 것을 정책변동이라 정의한다. 정정길(2000)은 정책 내용, 즉 정책 목표와 정책수단 및 대상 집합 등의 변동만이 아니라 정책집행방법, 즉 서비스제공 체계상의 변화를 비롯한 규정의 변화까지도 포함되는 것이라 정의한다. 즉, 학자들의 정의에 따르면 결국 정책 변

7. 정책과정에서 정책현상에 대한 상징적 해석은 모호성과 한계성으로 인해 주요한 전략적 수단으로 사용된다(윤견수, 1991: 31; 오석홍·김영평 외, 2000: 63). 즉, 상징은 본질적으로 표출의 기능, 대표의 기능, 의미함축의 기능을 하며(Cassirrer, 1944: 23-41) 집단 내에서의 의사소통과 정보전달의 기능을 하고(McKeon, 1954: 72) 집단 성원들의 신념을 강화시키는 기능을 하며(Morgan, Frost, and Pondy, 1983: 5) 집단결속과 사회통합의 기능을 하기 때문이다(Rothman, 1981: 285).

동은 정책의 전 과정 속에서 외부적 환경과 내부적 조건의 변화 등에 의해 정책의 목표, 수단, 집행 과정의 변화와 정책 종결 이후 환류를 통한 정책의 새 틀 짜기를 모두 포함하는 것이라 정의할 수 있다. 이 연구에서는 정책변동을 기존에 국가가 고수해 오던 또는 현재 실행되고 있는 정책이나 제도가 외부적 충격에 의해 수정되는 과정과 결과로 정의하고자 한다.

2) 정책변동의 틀로서 옹호연합모형

정책변동에 대한 원인을 탐구한 연구들은 크게 세 가지 영역으로 분류할 수 있는데 킹던(Kingdon, 1984)의 정책흐름모형과 사바티에(1988)의 옹호연합모형 그리고 메나헴과 조르단과 그린어웨이(Menahem, 1998)의 정책 패러다임(Policy Paradigm) 모형이 그것이다. 먼저 킹던의 정책흐름모형은 쓰레기통모형에 의존한 의제설정과 정책형성모형에 기초를 두고 있으며 어떤 의제가 정책의제로 형성되고 어떤 의제는 그렇지 않은가에 대해 그 원인을 밝히는 데 초점을 둔다. 이 모형에서는 문제의 흐름, 정책대안의 흐름, 정치의 흐름이 만나 경쟁, 협력, 조정되면서 정책의 창(policy window)이 열릴 때 정책의제로 선택되는 과정을 설명한다. 그러나 정책 분석가를 탈정치적인 사람으로 취급하여 정책옹호자와 반대자 간의 갈등과 역할을 충분히 다루지 못한다는 한계를 갖는다. 사바티에는 안정적 환경, 외적 사건, 정책하위체제 내의 신념, 자원의 역동적 변화의 설명을 통해 정책변동을 설명하고자 한다. 그러나 이는 연합의 특성을 신념체계의 공유를 통해서만 파악하여 사회·경제적 이해관계를 간과한다는 한계가 존재한다. 메나헴과 조르단과 그린어웨이의 정책패러다임모형에서는 정책목표를 구체화시켜주는 사고체계 및 기준을 정책 패러다임이라고 명명하고 정부부문의 행위 주체와 비정부부문의 행위주체 간의 통합되고 안정적인 구조인 정책 정책네트워크가 패러다임 변화에 영향을 미친다고 본다. 그러나 이 모형은 구조적으로 변화하는 정책변동을 충실히 설명하지 못한다는 한계를 갖는다.

결국 어떠한 모형도 현실을 충분하고 완벽하게 설명하지는 못한다는 한계에 직면한다. 이는 사회과학 이론구성의 한계와의 특성에 기인한 것으로, 다양한 모형 중 연구주제와 가장 밀접한 모형을 분석의 틀로 구성하는 것이 바람직할 것이라는 암시를 하는 것으로 보아도 될 것이다. 연구 분석을 위한 대상인 엑스존 사례는 새로운 정책이 의제화된 상황은 아니고, 정부부문의 안정적인 네트워크가 기존의 정책을 변경시킨 것이 아니다. 오히려 소수자집단이 외부적으로 연합체를 만들어 기존의 제도와 제도를 지지하는 연합과 갈등하는 과정에서 기존의 정책을 변화시켰다. 따라서 기존 정책의 집행과정에서의 변화라는 점, 집단 간 갈등을 통한 기존 제도의 변경이라는 점에서 사바티에의 정책옹호연합모형이 분석틀로서 적합하다. 그러나 이 연구에서 분석 대상으로 선정한 엑스존 사례 역시 사바티에의 모형에 포함되는 모든 변수를 완벽하게 포함하지는 못하고 있다. 이는 모든 사례가 동일한 모형에 동일하게 포착될 수 없다는 현실에서 기인하는 것인데, 이 연구에서는 사바티에의 모형을 기초로 하되 기존 정책 옹호연합에 반대하는 동성애자 집단들이 어떠한 전략을 추구하는지를 분석하고 이를 통해 제도가 어떻게 변화되고 있는지를 통시적 맥락에서 분석하고자 한다.

사바티에(1988, 1999)가 정책변동을 설명하기 위해 제시한 정책옹호연합모형은 특정 정책을 옹호하고자 정치적으로 중요한 활동을 하는 정책옹호연합을 분석단위로 설정한다. 정책옹호연합모형에는 정책하위 체제에 영향을 미치는 안정적인 외적변수와 역동적인 외적변수가 존재한다. 그리고 안정적 외적 변수로는 문제영역의 기본적 속성, 천연자연자원의 분포, 근본적인 사회문화 가치, 헌정 구조 등이 있는데 이러한 안정적인 변수들은 변화가 불가능하지는 않으나 마치 종교의 개종처럼 변화의 속도가 매우 더디고 범위 또한 협소하다. 반면 역동적인 외적변수로는 선거 등을 통한 정권교체나 경제위기와 같은 사회적으로 중요한 계기가 되는 사건들과 여론의 변화가 포함된다 (Sabatier, 1988: 134-137; 김동만, 2004: 236; 전진석, 2003: 211; 장지호,

2004: 177). 그리고 정책하위체제에는 공사를 불문하고 다양한 수준에서 활동하는 행위자들을 포함하는 정책옹호연합들이 있으며, 이들 옹호연합들은 그들의 믿음체계가 정부의 정책과 프로그램으로 관철되도록 자신들이 동원할 수 있는 재원을 최대한 이용하여 다양한 전략을 구사하게 된다(Sabatier & Jenkin-Smith, 1999). 이 체제 내의 행위자로는 공·사 구분을 막론한 행정관료, 의회위원회, 이익집단, 언론매체, 학자, 정책분석가 등이 포함되며 이들은 각자가 지지하는 정책신념에 따라 정책옹호연합을 형성하는 성향이 있고, 그들의 신념에 맞는 정책을 산출하기 위해 다양한 자원을 동원하고 전략을 구사하게 된다(전영평·한승주, 2006: 168; 서혁준·전영평, 2006; Sabatier & Jenkin-Smith, 1999: 119).

정책옹호연합의 형성요소 중 신념체계는 근본적인 규범과 신념으로 구성되는 심층신념과 사회의 자원 및 정치적 권한의 적정한 배분에 관한 인식을 의미하는 정책신념, 정책영역에서 상대적으로 작은 관심사인 이차적 내용 등으로 구성된다. 그리고 특정 연합의 형성과 지속이 모든 신념체계에 대한 구성원 간 합의를 전제로 하는 것은 아니며, 동맹체 형성요인인 세 가지 신념체계는 위계적 구조를 갖는다. 다른 동맹체와의 경쟁에서 상대적 우위를 확보하기 위해서 이차적 내용보다는 정책핵심에 대한 합의가 더 우선시 되는 것이 신념체계 간의 위계적 관계 중 하나이다.

즉, 내부의 합의의 폭을 넓히거나 동맹체를 유지시키거나 사회적으로 자신의 입장이 보다 잘 수용되도록 하기 위해 자신의 신념체계에 결정적 요소가 아닌 것은 포기할 수 있기 때문에 구성원 간의 합의내용과 수준은 내·외부의 상황에 따라 가변적이다. 또한 신념체계의 공유만이 동맹체 활동의 필요충분조건은 아니다.[8] 펭거와 크록(Fenger & Klok, 2001)은 동맹체의 잠재적 구

8. 옹호연합모형에서 제시하는 신념체계는 새로운 형성개념이라 볼 수 없으며, 기존 정책이론들에서 제시하던 정책목표-실질적 정책수단-실행적 정책수단의 개념체계와 같은 맥락으로 이해될 수 있을 것이다(전영평·한승주, 2006: 167).

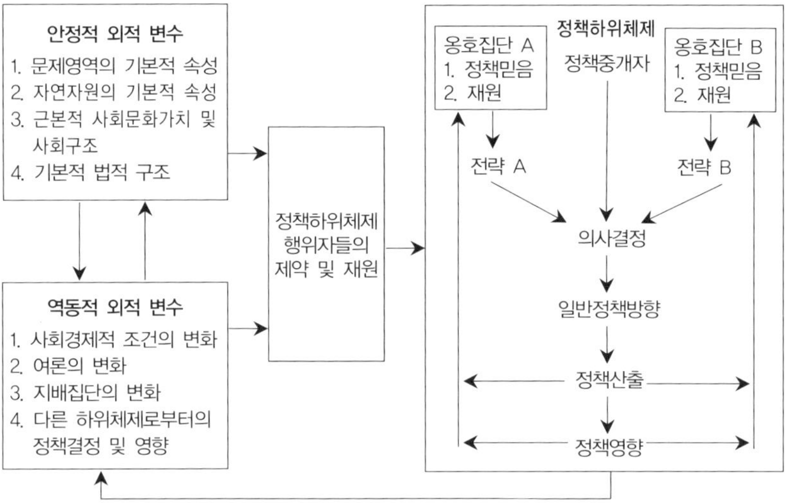

자료: Sabatier & Jenkins-Smith(1999: 149).

그림 5-1 정책변동의 옹호연합모형 구조틀

성원들이 실질적으로 조정된 행위에 참여하도록 하는 데에는 조직적 상호이해관계가 있어야 한다고 주장한다. 상호의존성의 특성에 따라 조직적 상호이해관계는 공생적 상호의존과 경쟁적 상호의존으로 구분되는데 전자는 한 행위 집단의 역할이나 자원이 다른 행위자의 목표추구에 긍정적 영향을 끼치는 것이며 후자는 다른 행위자에게 부정적인 기여를 하는 것이다(남상민, 2003: 33-34).

3. 선행연구의 검토

동성애자를 주제로 한 연구들은 그리 많지 않다. 잡지나 관련 시민단체에서 정기적으로 배포하는 소개지에 동성애자 권익을 보호해야 한다 또는 보호해서는 안 된다는 논설들이 대부분이다(안향숙, 2002; 최준혁, 2002; 플린, 2004).

또 동성애자 집단은 아직까지도 동성애자의 인권보호를 위한 정책적 제언을 확대하지 않고 있으며, 다만 동성애자의 혼인, 동성애자의 차별을 열거하는 수준에 있고 그 자료도 매우 부족하며 일반에 공개하는 것을 꺼려하고 있다.

그 결과 동성애자에 대한 연구는 대부분이 사회학적인 맥락과 법적인 맥락에서 극히 제한적으로 이루어졌다. 그러나 사회학적 맥락에서의 동성애를 주제로 한 연구들(정경운, 2003; 양명수, 1997)도 대부분 학술지나 학회를 통해 발표되고 기고되는 논문의 형식이 아닌 개인의 주장을 담은 수준의 글들이 대부분이다. 또 그 대안에 대한 논의는 정책적 맥락과 거리가 멀다. 일반적으로 정책적 맥락이라 하면 한 사회의 정치, 경제, 사회적 환경 속에서 공공의 문제를 해결하거나 목표 달성을 위해 정부에 의해 결정된 행동방침을 포함한다. 그리고 정책은 정치, 경제, 윤리, 민주적 정당성 모두를 수렴하는 범위에서 숙고되어야 한다(Munch, 1987: 319-336). 일례로 동성애자 관련 정책이 결정·집행되기 위해서는 동성애자를 위한 제도 마련에 대해 일반대중이 공감하고, 그 문제가 사회 문제로 이슈화되어야 하며, 그 문제를 해결하기 위해 적합한 방법을 구상해야 하고, 그 방법으로 문제를 진행시키기 위한 인적·물적 자원의 확보 계획 등을 보다 현실적으로 분석해야 한다. 그러나 사회학적 맥락에서의 연구들은 동성애자의 인권에 보다 많은 초점을 둠으로써 동성애자의 인권을 보호해야 한다는 선언적인 논의가 대부분이며, 이를 정책적으로 어떻게 수용하고 관리해야 하는지에 대해서는 논의하지 않고 있다는 한계가 있다. 한편 법적인 맥락에서의 연구(조재현, 2002; 서현진, 2002; 곽진영, 2001; 강달천, 2001)는 동성애자에 대한 차별의 굴레를 벗기기 위한 방안 중 하나로서 현 법률의 개정을 논의하거나 외국의 동성애자 기본권 논쟁 또는 평결 사례를 제시하는 수준에 그치고 있다. 최근에는 여성개발원과 국가인권위원회에서 차별을 완화하고, 인간의 기본권을 보장하기 위해 동성애자에 대한 연구가 진행되고는 있으나 이 또한 실태조사 수준에 머무르고 있다.

전반적으로 볼 때 동성애에 대한 공신력 있는 기관의 통계자료가 부재하고,

동성애 집단 스스로 관련된 자료를 일반에 공개하는 것을 꺼리기 때문에 학술 연구가 거의 이루어지지 않고 있다. 또한 학문적 측면에서 논의를 진행한다 할지라도 편견이 가미된 주장으로 결론이 도출되는 경우가 많고 정책적인 대안을 마련한 연구들이 존재하지 않고 있다. 특히 사회적 소수자에 대한 인권의 논의는 사회학과 법학을 넘어 정치 및 행정적인 맥락에서 논의되어져야 하는데, 아직 행정 및 정책적인 측면에서 동성애자를 논의한 연구는 없는 상황이다.

4. 연구방법

이 연구에서는 첫째 동성애자가 어떠한 측면에서 소수자이고, 또 소수자로서의 이들은 어떠한 인식적·사회적 정체성을 갖고 있는지를 밝히고자 하였다. 이를 위해서 소수자의 기준을 제시한 선행연구들을 이용하였으며, 현재 법률 및 제도상으로 이들에 대한 차별은 어떻게 존재하고 있으며, 동성애자 운동의 역사적 변화과정은 어떠했는지를 개괄적으로 살펴보고자 하였다. 둘째, 동성애자들이 자신들의 인권옹호를 위해 어떻게 동맹체를 구성하고, 그 과정에서 기존의 제도가 어떻게 변동되었는가를 분석하고자 하였다.

연구를 위한 자료는 면접 및 문헌연구를 통해 이루어졌다. 면접방법은 전화면접을 통해 이루어졌으며, 문헌연구는 동성애자의 개념과 특성을 이해하는데 사용되었다. 그리고 동성애자를 연구한 선행연구의 부족과 현황자료의 미흡으로 인해 신문자료가 이용되었다. 신문자료 분석은 국내 일간지(조선일보, 중앙일보, 동아일보, 한겨레신문, 경향신문, 대한매일신문)를 기준으로 동성애 관련 기사 및 사건을 중심으로 동성애 집단이 무엇을 추구하며, 어떠한 이슈를 중심으로 어떠한 행위를 하였는가와 그 반대집단은 어떻게 대응을 하였는가를 분석하였다. 신문분석의 시간적 배경은 1999년부터 2006년 8월 30일까지의 자료가 이용되었다.

연구의 진행을 위해 3장에서는 소수자로서의 동성애자에 대해 논의하였고, 4장에서 엑스존(http://www.exzone) 사례를 중심으로 옹호연합모형을 활용한 성적 소수자운동을 분석한 후 5장에서 결론 및 연구의 한계를 논의하였다.

Ⅲ. 소수자로서 동성애자

1. 동성애자의 정의

동성애자는 성적인 측면에서 비정형성을 가지고 있는 사람들을 총칭한다. 그러나 동성애자에 대한 정의는 생각보다 쉽지 않다. 왜냐하면 1990년대 후반부터 다양한 연구자들에 의해 동성애라는 큰 범주 안에 존재하는 다양한 개념들 즉, 이반, 퀴어, 게이, 레즈비언, 호모 등과 같은 개념들 다양하게 정의되어 왔기 때문이다. 게다가 다양한 용어들이 서로 혼잡하게 사용되고 있기 때문에 각 개념 간 구분이 명확하지도 않다. 동성애자의 하위 범주에 속하는 개념들을 정의한 연구들에 기초해 각각의 개념을 구분하면 다음과 같다. 퀴어는 이성애적인 것이 아닌 다른 무엇으로 자신을 확정하기보다는 아닌 모든 것, 그 어떤 것 속에서 자신을 유동적이고 불연속적인 계열체로 놓아 양성애자, 트랜스 섹슈얼즈, 양성구유자, 레즈비언, 게이, 복장도착자 모두를 포함한다(서동진, 1996: 167). 이반은 일반인이 아니라 그들과 구별된다는 차원에서 사용하기 시작된 것으로 퀴어의 의미로 성적 소수자를 일컫는다. 즉, 1995년 게이 커뮤니티에서 영어에 의존된 동성애의 개념을 한글말로 개발·표현하자는 취지에서 이반이라는 단어가 등장하게 되었다(윤가현, 1997: 27; 이해솔, 1999: 364). 게이는 남성 동성애자를 나타내는 말이지만 미국에서는 남성 동성애자와 여성 동성애자 모두를 지칭하는 개념으로 사용되기도 한다. 그리고 레즈비언은 여성 동성애자를 지칭하는 단어이다(성적 소수자 사전, 2006). 한편 사회학적 정의의 범주를 벗어나 생물학적 정의에 따르면 게이는 성정체감 장애를 가진 사람들과 달리 자신의 생물학적인 성기관을 혐오하지 않기 때문에 성전환 수술에는 별다른 관심이 없으며, 또 생물학적인 성기관이 자신과 동일한 상대에게 관심을 보이는 사람(박기환, 2005: 550)이라 정의하고 있다.

최근에는 소수자와 연계한 논의가 활발해짐에 따라 동성애에 대한 정의도 더욱 포괄적으로 변화하고 있다. 국가인권위원회(2004)는 인간의 성별은 몇 개의 위상으로 구성되는데 크게 성별(sex), 성별자기인식(sexual identity), 사회적·문화적 성별(gender role), 성적 지향(sexual orientation)으로 나눌 수 있는데 이것 중 하나 또는 복수가 비정형적인 사람들을 총칭하여 성적 소수자라 지칭하며, 동성애자는 이중 성적지향이라는 기준에 의해 다수와 구분되는 집단이라 정의하고 있고, 한채윤(2002a, 2002b)은 성적인 특질로 구별되어 차별받는 집단이라 정의한다. 양현아(2002)는 성적 소수자란 정치적 뉘앙스가 강한 용어로서 이성애자를 제외한 다양한 성적 지향(동성애자, 양성애자, 트렌스젠더, 소아애자, 새디스트, 이성복장선호 포함)을 근거로 한 차별이라 정의하고 있고, 한국여성성적 소수자인권운동모임인 끼리끼리(2005)는 이성애 중심 사회에서 주류의 위치를 차지하고 있는 이성애자 이외의 정체성을 가진 사람들을 통칭한다고 정의하고 있다.

이상의 다양한 개념 정의에서 살펴본 바와 같이 동성애자는 개인적인 측면에서 볼 때 이성애자라는 다수와 구분되는 '다름'의 성적 정체성을 갖는 사람으로 정의할 수 있으며, 이러한 생체학적 정의에서 벗어나 사회적 차별과 조합시킬 때 소수자로서의 범주에 포함되는 것이다.

2. 소수자로서 동성애자의 정체성

동성애자는 소수자의 범주 중 어느 범주에 해당되는 것인지를 알아보기 위해 앤소니 드워킨과 로자린 드워킨(Dworkin & Dworkin, 1999)이 사용한 네 가지 기준에 기초해 살펴보면 다음과 같다. 동성애자는 신체적·문화적 특징에 의해 다른 집단과 구별되기보다는 정체성 즉, 성적 지향에 기초해 다수의 집단과 구별된다. 뿐만 아니라 이들은 음성적이기 때문에 표면적으로는 다른 집단으로 구분되지 않는다. 즉, 동성애자 스스로 커밍아웃을 하기 전까지는 식별가능성이 존재하지 않는다는 특성을 갖는다. 이는 외국인노동자, 국제결혼 여성, 노숙자들이 수동적인 식별가능성에 의해 다수와 구분된다는 것과 다른 맥락이다. 아직 우리나라에서는 동성애자들의 성애의 특성, 동성애수, 결혼상태 등과 같은 기초 사실도 제대로 알려져 있지 않은 상황이다(양현아, 2004: 61). 외국의 통상적 기준으로 보면 인구의 4~16%가 동성애자인 바 우리 사회의 동성애자도 최소한 100만 명으로 추정하고 있을 뿐이다. 그러나 외부에 자신의 정체성을 알리게 될 경우 식별가능성은 동성애자를 소수자집단의 범주에 묶어 놓게 된다. 그런데 소수자집단의 범주라 할지라도 그 범주의 범위는 전국어디에서나 공통적으로 식별 가능한 것이 아닌 자신의 활동 반경 내에서 식별 가능하다.

동성애자는 경제적·사회적 지위, 정치적 권력 등의 다양한 측면에서 실질적인 차이가 존재하기도 하고 그렇지 않기도 하다. 동성애자는 노숙자나 장애자와 달리 경제적 생활능력이 있는 사람들인 경우가 대부분이다. 게다가 미국이나 유럽의 경우는 동성애자이면서 의원 또는 관료인 사람들도 다수 존재한다. 따라서 사회적·경제적·권력적 측면에서 항상 열세라고 말하긴 어렵다. 특히 식별가능성과 연관시켜 볼 때 동성애자들은 자신의 성적지향을 추구하는 과정에서 동성애자라는 사실을 외부에 밝히지 않는다면 자신들이 갖고 있는 권력의 우위를 지속적으로 점할 수 있다는 특성을 갖는다. 그런데 이 역시 동성애자 스스로 자신의 정체성을 밝히게 될 때 사회적·정치적·경제적 우위를 포기하게 되는 경우가 많다.

동성애자를 차별과 연결시킬 경우 우리 사회에서 동성애자 집단은 성적 지향을 이유로 사회적으로 구별, 배제, 차별 받는 집단이라 정의할 수 있다. 그리고 이들은 결코 양적인 차원에서 수적으로 적은 사람들만을 의미하는 것이 아니다. 2004년 여성개발원의 연구결과에 따르면 우리 국민들은 장애인이나 외국인노동자, 가난한 사람들에 비해 동성애자들은 상대적으로 차별을 받고 있지 않다고 인식하고 있는 것으로 나타나고 있다(여성개발원, 2004: 52-78). 이러한 연구결과는 동성애자의 음성적 측면이 크게 작용한 것이라 보인다. 특히 동성애자는 같은 소수자집단에서도 차별을 받게 되는 이중 차별의 대상이 된다. 레즈비언 여성 집단 또는 연합체들은 대부분 '가부장적 사회의 폐지와 성 정체성에 대한 차별의 금지'를 조직 목표로 설정하고 활동한다. 이중 가부장적 사회의 폐지는 여타의 여성단체들이 표방하는 조직목표와 크게 다를 바 없다. 그러나 이들이 여성단체와 함께 가부장적 사회의 폐지를 논의하고자 할 때 일반 여성단체들은 레즈비언 단체들이 자신들과 함께 활동하는 것을 꺼려한다. 결국 동성애자 단체들은 사회 다수로부터 차별과 억압을 받으며, 여타의 소수자집단으로부터까지 차별을 받는 이중차별의 대상이 되고 있다.

2004년 레즈비언인권연구소와 한국여성성적 소수자인권운동모임 〈끼리끼리〉에서 실시한 실태조사[9] 결과를 살펴보면 동성애자들은 자신들 스스로 서로 다른 동성애자에 대해 부정적 인식을 갖고 있는 경우가 많으며, 사회에서의 동성애에 대한 혐오, 이성애 중심주의의 확대 등으로 인해 자신들의 기본적 시민권이 박탈되고 있다는 인식이 강한 것으로 나타나고 있다(http://lesbian.or.kr. http://www.kirikiri.org/). 전술했듯이 소수자는 대부분 사

9. 이 조사에서는 서울시와 부산시에 거주하는 20-30대 레즈비언 561명을 대상으로 조사한 것으로 한편에서는 게이의 특성을 반영할 수 없다는 한계가 존재하는 것은 사실이나 아직 국내의 게이와 레즈비언에 대한 명확한 통계자료가 없는 상황에서 우리나라 동성애자의 특성을 미루어 짐작할 수 있는 자료라 판단된다.

표 5-1 소수자로서 동성애자의 정체성

소수자의 범주	동성애자의 특성
식별가능성	· 적극적인 자기 드러내기가 없으면 식별 불가능 · 커밍아웃을 한다 할지라도 자신이 포함된 공동체(회사, 학교, 지역 등) 내에서만의 식별가능성
권력의 열세	· 기타 소수자집단과 달리 정치적·경제적·사회적 권력 확보 · 적극적인 자기 드러내기가 없으면 정치·경제·사회적 권력의 열세가 존재하지 않음.
차별적 대우의 존재	· 커밍아웃을 함과 동시에 차별적 대우 존재 · 이성애자로 대표되는 다수자와 기타 소수자집단으로부터 이중차별의 대상이 됨.
집단의식	· 집단의식이 강하고 이슈 확산을 위해 노력함 · 동성애자의 범주에 다양한 성적 지향을 기초로 한 집단이 참여하기 때문에 집단 간 갈등도 함께 존재

회적 약자에 속한다. 물론 동성애자 등과 같이 사회적 약자에 속하지 않는 집단도 존재하나 대부분 사회적 지위가 낮거나 소득이 낮은 사람들이 소수자집단을 형성하는 경우가 많다. 따라서 이들은 자신들의 권익보호를 위해 공동노력을 한다. 사회적 약자인 이들이 사회에 자신의 문제를 알리고, 정책적 보장을 받기 위해 이용하는 전략으로는 참여력 과시 전략 또는 정체성을 기초로 한 자원동원과 연대전략을 들 수 있다. 여기서의 자원동원이란 물적 자원뿐만 아니라 개인으로서는 사회의 다수에 대항하기 어렵기 때문에 같은 처지에 있는 사람들이 함께 모여 조직을 구성하고, 자신들의 의지와 목표 그리고 정체성을 정교화함으로써 뚜렷한 목소리를 내는 것을 의미한다. 그리고 연대란 비록 동일한 정체성은 아닐지라도 부분적으로 정체성이 일치하는 집단들이 공동의 이익을 확보하기 위해 연합을 형성하는 것을 의미한다.

이러한 연합의 형성은 정책의제설정단계와 결정단계에서 이들이 사회로부터 받게 되는 차별을 극소화하고, 국가 권력으로부터 배제됨으로써 받게 되는 불이익을 최소화할 수 있는 방패로서의 역할을 하게 된다. 뿐만 아니라 기존에 존재하고 있던 제도나 정책을 변경시키는 역할도 함께 하게 된다. 그러나 성적 소수자의 정의에는 레즈비언, 게이, 트렌스젠더 집단이 포함되는데, 이들은 비록 성적 소수자라는 공통점이 존재하나 각기 다른 성 정체성을 갖고 있어 이들 간 연합형성이 쉽지 않으며, 어떠한 경우에는 레즈비언과 게이 집단 간 갈등, 동성애 집단과 트렌스젠더 집단 간 갈등이 발생하는 경우도 있다.

3. 동성애자에 대한 차별현황

우리나라는 비록 국가인권위원회가 성적 소수자에 대한 차별을 금지할 것을 제안하고는 있으나 아직도 동성애에 대한 차별이 존재한다. 동성애에 대한 차별은 인간의 행위를 규제하는 규범 및 제도적 측면에서의 차별과, 동성애자를 지칭하는 개념 즉, 사람들의 인지구조에 차별을 각인시키는 정의(definition)적 측면에서 차별로 구분할 수 있다.

먼저 정의적 측면에서 차별은 동성애자에 대한 혐오, 반감 등을 유발하는 용어로 동성애자를 표현하는 것을 의미한다. 2008년 현재 인터넷 포털 검색창에 '동성애'라는 단어의 정의를 검색하면 과거와 달리 동성애자를 하나의 인간으로 취급하고 있다. 그러나 아직도 동성애자는 일반인과 다른 이반으로 취급된다. 비록 현재까지도 동성애자에 대한 개념적 차별이 부분적으로 존재하기는 하지만 이렇게 변화된 이면에는 그동안 민주노동당, 인권위원회, 성적 소수자 시민연대 등의 적극적인 노력이 있었다. 불과 3-4년 전까지만 해도 포털 사이트에 '동성애'를 검색하면 성인인증을 받아야만 했고, 동성애자를 정신병자, 치료의 대상자, 에이즈, 성적 변태자 등으로 정의한 바 있다. 그러나 기존과 비교해 개념적인 측면에서 동성애자에 대한 혐오 수준이 완화된 것은 사실이나 아직도 갈 길이 멀다. 아직 우리나라에서 개념상 동성애자의 존재를 인정하기는 하지만 적극적으로 수용하지는 못하고 있기 때문이다. 적극적으로 동성애자의 인권을 존중하고, 동성애자를 이성애자와 비교해 차별하는 이유는 규범 및 제도적 측면에서 아직도 동성애자를 이성애자와 동일하게 바라

표 5-2 우리나라 법령 및 판례상 성적 소수자에 대한 견해

성적 소수자 인권 보호 법령 및 판례	성적 소수자 인권 침해 법령 및 판례
· 국가인권위원회 법 30조 · 인천지방법원 트렌스젠더 인정 · 대법원 트랜스젠더의 호적상 성별 정정 신청 허가 · 군사법원 동성애 처벌 위헌 소송	· 군인사법 시행규칙 · 징병신체검사등 검사규칙 · 군혈액관리 규칙 · 혈액관리법 시행규칙 · 군형법 제92조 · 군인사법 시행규칙 제56조. · 정기간행물의등록등에관한법령 시행령 · 동성간 혼인관계 불인정

보지 않기 때문이다.

2008년 현재 동성애자와 관련된 두 가지 상반된 법률이 존재한다. 하나는 동성애자 보호를 규정하는 법 및 판례이고 다른 하나는 이들을 차별하는 법 및 규칙인데 이는 〈표 5-2〉와 같다. 2001년 11월 24일부터 시행된 국가인권위원회법 제30조 제2항에는 성적 지향을 이유로 한 고용, 재화, 용역 등의 공급이나 이용에 있어서의 차별 행위 및 교육시설이나 직업훈련기관의 이용에 있어서의 차별행위는 평등권 침해행위로 규정되어 있다. 한편 인천지방법원은 2003년에 트랜스젠더를 법적으로 인정한 바 있다. 그리고 최근 들어 2006년에 대법원은 트랜스젠더의 호적상 성별정정 신청을 허가한 바 있다.[10] 인천지방법원과 대법원의 판례는 성문법과 판례를 중시하는 우리나라의 제도적 측면에 비추어 볼 때 향후 동성애자에 대한 차별을 완화시킬 수 있는 중요한 조치로 판단된다.

한편 현재 군형법 제92조와 제56조에는 동성애(계간: 鷄姦) 금지를 천명하고 있으나 2008년 11월 군사법원은 자발적 계간에 대해서는 징역을 면해 줄

10. 이 판결이 난 후 한국기독교총연합회는 "하리수 등 일부 연예인들의 사례가 이슈로 떠오르고 영화 등을 통해 동성애가 유행처럼 번지는 상황에서 대법원이 휩쓸려 사회적 동의가 부족한 상태에서 결정을 내렸다"고 비판하였고, 천주교 주교회의 생명윤리 연구회는 "누군가가 성 정체성 때문에 어려움을 겪고 있다면 장애 극복이나 치료 차원에서 도움을 주어야지 정체성을 바꾸도록 허용하는 것은 궁극적인 해결방안이 아니다"라고 비판하였다.

것을 헌법재판소에 제청한 바 있다. 이에 대해 재판부는 국제적 흐름뿐만 아니라 국내적으로도 동성애를 소재로 한 영화, 드라마, 소설 등이 사회적 관심을 받고 국민의식도 변화하고 있는 상황에서 강제에 의하지 않은 동성애를 징역형으로 처벌하는 것은 과도한 규제라고 밝혔다.

반면 군인사법시행규칙과 징병신체검사등검사규칙에 의할 경우 동성애를 심신장애로 규정하여 차별을 두고 있다.[11] 또한 군인사법시행규칙 제12조 및 혈액관리법시행규칙 제12조에는 채혈시 헌혈기록카드를 작성하도록 하고 있으며, 각 별지 서식은 채혈 전에 헌혈자의 헌혈 부작용을 방지하고 수혈자의 건강을 보호하기 위하여 헌혈자에 대해 실시하는 문진 사항을 규정하고 있는데 여기에 동성과의 성 접촉여부에 대한 질문사항을 규정하고, 만약 동성 간에 성 접촉 여부가 있을 경우 헌혈을 하지 못하게 하는 차별이 존재한다. 또한 군형법 제92조에 의하면 동성 간의 성행위를 추행으로 간주하여 처벌하는 규정을 두고 있다. 마지막으로 정기간행물등록 등에 관한 법률 제10조 및 동법 시행령 제10조에서는 청소년에게 유해하거나 사회윤리를 침해할 우려가 있는 정기간행물에 대하여 납본의무를 규정하면서 청소년 유해 및 사회윤리 침해 기준[12]에 동성애를 변태 성행위 등과 함께 '사회통념상 허용되지 아니하는 성

11. 현 군인사법 시행규칙 제53조에서는 전역 등의 기준을 정하면서 성적 동일성 장애 및 성적 선호장애라는 표현으로 동성애와 기타 성적 지향을 성인행태장애로 분류하고 있으며, 징병신체검사 등 검사규칙은 신체검사 대상자의 질병, 심신장애의 정도 및 평가기준을 규정하면서 성주체성장애 및 성적 선호장애라는 표현을 하고 있다.

12. 정기간행물의등록등에관한법률시행령 제10조에 의하면 대통령령이 정하는 정기간행물이라 함은 다음 각호의 1에 해당되는 것을 말한다. 1.등록 후 처음 발행되는 정기간행물 1.청소년에게 유해하거나 사회윤리를 침해할 우려가 있는 특수주간신문(과학, 종교, 교육분야를 제외한다), 잡지(정치, 경제, 과학, 종교, 교육분야를 제외한다) 중 별표 1의 기준에 해당하는 것으로서 문화관광부장관이 정하여 고시하는 정기간행물을 말한다.

이중 정기간행물의 등록등에관한법률시행령에서는 청소년유해 및 사회윤리 침해 기준을 제시하고 있는데, 이에 따를 경우 혼음, 동성애, 근친상간, 가학·피학성음란증 등 변태성행위, 매춘행위 기타 사회통념상 허용되지 아니하는 성관계를 조장할 우려가 있는 것이라 정의하고 있다.

관계'로 규정하고 있다.

특히 군대에서의 동성애자에 대한 차별을 누고 2005년 이후에 들어서면서 찬성과 반대의 목소리가 더욱 거세지고 있다. 2006년 2월에 신병교육소에 입소한 동성애자가 상담을 신청하였다가 동성애자라는 것이 알려져 자살을 기도한 바 있고, 같은 해 3월에는 서울 도봉 경찰서 전투경찰대 소속 유정민 일경은 동성애를 거부하는 군대에 저항해 양심적 병역거부를 선언한 바 있다. 그러나 이에 대해 국방부는 2006년 4월에 국회 국방위 보고에서 병영 내 모든 성적 행위를 인정하지 않을 것이며, 특히 군형법 제92조와 군인사법 시행규칙 제56조에서 규정하고 있고 동성애자에 대한 원칙을 고수함으로써 동성애 처벌법을 폐지하지 않을 것을 분명히 하였다.

4. 동성애운동의 변화과정과 내용

우리나라 역사에서 동성애자는 그동안 그늘 속에 감추어진 존재였다. 그 실체가 사회적으로 드러나기 시작한 것은 10여 년에 불과하며 언론에서 '호모'나 '변태'와 같은 비하어가 아닌 '동성애자'라는 단어를 쓰기 시작한 것도 최근의 일이다. 한편으로 보면 비록 아직은 동성애자에 대한 사회적 편견이 존재하고는 있다 할지라도 변태나 호모 같은 비하어에서 동성애자로 그 지칭이 변화하였다는 것은 그동안 다양한 경로를 통해 동성애자들의 인권을 알리는 노력의 결과로 보인다. 우리나라에서 동성애자 인권보호를 위해 동성애자들이 집단화하고, 협력을 통해 사회의 일반에 자신들의 정체성을 알리는 과정을 역사적으로 살펴보면 다음과 같다.

1993년에 한국 최초의 동성애자 인권모임인 〈초동회〉가 만들어졌으나 곧 해체되게 된다. 이후, 1994년에 종로 낙원동과 같이 자체 커뮤니티가 있었던 게이들은 남성 동성애자 인권운동 모임인 〈친구사이〉를 조직했지만 레즈비언은 자체조직을 만들 역량과 인원이 부족했다. 이에 〈초동회〉 창립 멤버들은 〈친구사이〉 소식지에 10개월 동안 홍보를 하는 과정에서 5명의 레즈비언을 만나 여성동성애자 인권운동모임인 〈끼리끼리〉가 발족하였다.

이후 1995년부터 고려대학교, 서울대학교, 연세대학교 등을 중심으로 동성애자 모임이 결성되기 시작했고, 같은 해 6월에 〈친구사이〉, 〈끼리끼리〉, 〈또 하나의 사랑〉, 〈대학 동성애자 연합회〉 등 4개 단체가 연대하여 〈한국동성애자인권운동협의회〉를 창설하였다. 그리고 1996년엔 익명성과 빠른 정보 공유라는 장점에 힘입어 PC통신 동성애자 모임이 크게 성장하였다. 당시까지의 모임은 비록 동성애자의 인권확보라는 내용을 포함하고 있었으나 대부분 동성애와 관련한 상담, 정보교환에 주요 역점을 두고 있었다.

1997년 1월 14일에는 동성애자들이 처음으로 거리시위를 하였고, 같은 해 6월 종로 탑골공원에서 동성애를 차별화하는 교과서를 개정하기 위한 집회를 열기도 하였다. 이후 1998년에는 〈한국동성애자단체협의회〉를 설립하여 전국적 규모로 조직을 확대, 연대협의체를 결성해 대사회적 발언권을 높였고, 운동의 범주도 상담과 정보교환에서 인권운동으로 점차 변화되었다.

이후 시민사회 단체와의 지속적인 연대활동을 통해 2001년엔 국가인권위원회법의 아홉 가지 차별 항목 가운데 하나로 '성적지향'이 포함되는 성과를 낳기도 하였다. 그리고 2001년엔 한국 여성 성적 소수자 인권운동 모임인 〈끼리끼리〉와 〈부산여성성적소수자 인권센터〉, 하이텔 동성애자 인권동호회인 〈또 하나의 사랑〉, 한국 남성동성애자 인권운동모임인 〈친구사이〉가 공동 운영위원으로 하고, 충북 동성애자 모임인 〈푸른 마을 사람들〉, 이화레즈비언 인권원동 모임인 〈변태소녀 하늘을 날다〉 등이 참여하는 〈한국동성애자연합〉이 결성하게 되었다. 그리고 2005년 5월에는 〈레즈비언 인권연구소〉, 〈부산여성성적소수자 인권센터〉, 〈변태소녀 하늘을 날다〉, 〈한국 레즈비언 상담소〉가 모여 〈한국레즈비언권리운동연대〉를 결성하게 되었다.

동성애 단체들은 문화부문으로 조직활동의 범위를 확장하여 실행에 옮기기도 하였다. 영화를 통한 동성애자들의 자긍심 고취와 이성애자와의 소통을 꿈꾸는 "서울 퀴어영화제", 한국 최초의 동성애 전문잡지로 서점 유통을 시도한 『버디』의 발간이 있었고 「니아까」, 「보릿자루」와 같은 무가지도 제작·배포하였다. 그리고 2000년부터 해마다 거리행진 퍼레이드와 전시회, 영화제, 토론회 등을 엮는 동성애자들의 축제인 "퀴어 문화 축제"를 꾸준히 열고 있다. 이러한 변화가 지속되는 과정에서 〈한국성적소수자문화인권센터〉는 2005년에 캐나다에 본부를 둔 성적 소수자 인권조직인 ARC(Allied Rainbow Cmmunities) 인터네셔널과 함께 4일 동안 잠실 올림픽 파크텔에서 젠더, 섹슈얼리티, HIV/AIDS와 인권을 주제로 인권활동가 국제회의를 개최하기도 하였다.

2006년에 들어서면서 동성애자들의 개별적 커밍아웃(coming out)과 현 제도에 대한 반기를 들거나 특정 정치 집단을 지지하는 등 그 활동의 범주를 점차 확대하고 있다. 일례로 2006년 3월 6일에는 헌정 이후 처음으로 현역병이 동성애자라는 것을 스스로 밝히고 병역거부를 신청하였으며, 2006년 6월 12일에는 동성애자 관련 정책 조언을 하고, 동성애 문제를 사회 공론화하는 데 앞장서겠다는 취지 하에 고건 지지 동성애자 모임이 출범하였다.

2007년 들어서면서 성적 소수자는 더욱 연대를 확대해 나갔으며, 특히 인권위가 제시한 차별금지법 제정과 관련하여 입장표명을 더욱 강하게 하고 있다. 인권위의 차별금지 권고안이 법무부의 법안 마련으로 진행되는 과정에서 많은 성적 소수자들은 희망을 갖고 헌법에 보장된 행복추구권 등을 보장받고자 하였다. 그러나 법무부는 성적지향에 대한 차별을 이 법안에 포함시키지 않았다. 이에 성적 소수자 단체들은 한국성적소수자문화인권센터와 성적소수자차별반대무지개행동을 결성하여 더욱 적극적으로 자신들의 입장을 표명하고 있다.

이러한 일련의 조직연대와 이슈 확산 그리고 문화행위 등을 통해 성적 소수자들은 자신이 동성애자, 또는 트렌스젠더임을 당당히 밝히고 동성애에 대한 사회적 차별이 인간의 존엄성과 인권을 억압하는 것이라는 것을 문제 삼아 그

표 5-3 우리나라 성적 소수자의 연합과 인권운동의 전개과정

연도	성적 소수자 연대과정	비고
1993	· 초동회 발족	· 최초의 성적 소수자 연합이었으나 같은 해에 해체됨
1994	· 친구사이 발족 · 끼리끼리 발족	· 게이연합 · 레즈비언 연합
1995	· 대학동성애자 연합회 발족: 고려대(사람과 사람), 서울대(마음006), 연세대(컴 투게더) · 또 하나의 사랑 발족 · 한국동성애자인권운동협의회 창설	· 한국동성애자 인권운동협의회는 친구 사이, 끼리끼리, 대학동성애 연합회, 또 하나의 사랑이 연대·결성한 조직임
1997	· 동성애의 날 선포를 위한 거리 시위 · 동성애를 차별화하는 교과서를 개정하기 위한 집회	· 최초의 동성애자 시위이자 이때부터 동성애 논의가 확대됨.
1998	· 한국 동성애자 단체 협의회 설립	
2002	· 한국 동성애자 연합 결성	· 끼리끼리, 부산여성성적 소수자 인권센터, 또 하나의 사랑, 친구사이, 푸른마을 사람들, 변태소녀 하늘을 날다 등이 참여
2005	· 한국레즈비언권리운동연대	· 레즈비언 인권연구소, 부산여성성적 소수자 인권센터, 변태소녀 하늘을 날다, 한국 레즈비언 상담소 등이 참여
2006	· 희망한국국민연내 동성애자 모임 결성	· 기존에 존재하는 400만 성적 소수자 집단의 참여 유도
2006	· 한국성적소수자문화인권센터 · 성적소수자차별반대무지개행동	· 성전환자인권연대, 지렁이, 대구경북성소수자인권행동, 동성애자인권연대, 진보신당, 성정치기획단, 민주노동당 성소수자위원회 등 50여 개 단체 모임

자료: 한국동성애자 연합: http://www. lgbt. or. kr; 윤수종, 2005. 재구성.

늘에서 양지로 자신들의 입장을 전환시키고 있다.[13]

이러한 역사적 운동변화과정에서 동성애자의 성 정체성 역시 변화하게 되었다. 초기에 동성애자에 대한 성정체성은 일반인과 다른 성적 장애인, 일반

13. 국가인권위원회, 2005; Oh my News, 2005. 12. 16일자 신문, 한국 레즈비언권리운동연대: http://www.lright. org, 한국동성애자 연합: http://www.lgbt.or.kr, 부산여성성적소수자인권센터:www.womcenter.org, 친구사이: http://www.chingusai.net/, 끼리끼리: http://www.kirikiri.org/, 푸른마을 사람들: www.bluequeer.com 내부자료)

인과 다른 또는 일반인과 어울릴 수 없는 사회적 소외자로서 자리매김하였고, 외부에서의 인식 또한 변태, 에이즈 유빌자라는 편견이 지배적 이었다. 그러나 동성애자 간의 연대와 이들의 권리확보 노력이 지속되는 과정에서 동성애자들은 자신들도 일반인과 동일한 인권과 존엄성을 갖은 다르지 않은 사람으로 인식하게 되었고, 외부에서도 이들에 대한 기존의 편견을 어느 정도 완화하고 있는 추세이다.

5. 동성애에 대한 사회적 인식

동성애에 대한 차별은 제도적 측면과 동성애자 스스로의 노력여하에 따라 그 수준이 변화한다. 역사적으로 볼 때 성적 소수자들은 동성애자 인권 찾기 노력을 위해 자발적으로 연대하고 지속적인 노력을 확대해 왔다. 그 결과 사회적으로도 동성애에 대한 관용의 폭이 점차 확대되고 있다. 2008년 6월 제 9회 퀴어(queer)문화제가 실행되었는데 퀴어문화제가 처음 시작할 때 시민들과 정치권의 반응은 냉소적이었고, 종교단체들은 이들을 적으로 규정하였다. 퀴어문화제가 실시되는 주변 상가들은 문을 내렸고, 장사가 되지 않는다는 이유로 이들에게 돌을 던지기도 하였다. 뿐만 아니라 대학 내에서도 동성애 서클은 지속적으로 테러를 당해 오기도 하였다. 그러나 2008년 현재 우리나라의 동성애는 비록 이성애자와 동일한 대우를 받지는 못하지만 이전과 비교해 많은 부분에서 그 존재를 인정받고 있다. 퀴어문화제가 이제 대학로를 중심으로 한 하나의 축제로 인식되기 시작하였고, 전통적인 기독교 사상이 지배적인 연세대학교에서 동성애자 동아리인 '컴투게더'가 2007년에 정식 동아리로 인정받았다. 또한 2007년 총선에서 민주노동당은 최현숙 씨를 서울 종로구에 입후보시켰고, 최현숙 씨는 자신을 성적 소수자라고 알림으로써 국내 최초 공직선거에 도전하기도 하였다. 이러한 일련의 변화는 앞으로도 지속될 것으로 판단된다. 그럼에도 불구하고 아직까지 동성애자에 대한 차별은 존재하고 사회 각 집단별로 동성애자에 대한 갈등이 뿌리 깊게 존재하고 있다.

동성애에 대한 사회적 인식이 가장 보수적인 집단은 전술한 군대뿐만 아니라 종교계를 들 수 있다. 종교계는 인권위가 권고한 차별금지법안을 적극 반대하고 있는데 그 이유는 동성애 차별 금지를 반대하는 데 있다. 한국교회언론회는 "입법이 추진 중인 이 법안은 성적 소수자의 인권을 지나치게 고려한 나머지 사회에 미칠 부정적 파장이나 청소년들에게 끼칠 나쁜 영향에 대해서는 등한시하고 있다"라며 "특히 입법 추진과정에서 국민적 합의를 도출하지 않고 국가인권위원회의 권고만으로 입법화하는 것에 우려를 표시한다"라고 주장하기도 했다. 이에 더해 이 사회의 지도층인 교수들도 "법안이 통과되면 모든 학교에서 동성애를 정상이라고 가르쳐야 하며, 동성애를 하지 않도록 상담하거나 권고조차 할 수 없다"면서 "TV와 같은 매스컴 등에서 동성애를 우호적으로 표현하거나 동성애의 노골적인 성적 행위가 묘사된 비디오 등이 많아질 가능성이 높다"라고 반대하고 있다.[14]

사회의 변화는 점진적이고 경로 의존적으로 변화된다는 측면에서 동성애자에 대한 반대여론의 존재는 비록 동성애자에 대한 우리 사회의 변화가 부분적으로 보여지고는 있으나 획기적인 변화는 기대하기 어렵다는 것을 보여준다. 이러한 맥락에서 아직도 동성애자는 우리 사회의 소수자임에 틀림없다.

14. 동성애자에 대한 차별을 반대하는 국가인권위원회 역시 모순적인 행태를 보이기도 한다. 국가인권위원회는 2008년 '국가 인권교육 교재'와 '군 의료분야 인권 교육 교재'를 마련하여 보급한바 있다. 그러나 이 교재에 동성애 차별 금지를 담은 내용은 존재하지 않는다. 오히려 사례를 들어 동성애 군인이 있을 때 어떻게 대응할 것인가? 라는 과제를 제시하고는 있으나 적극적으로 동성애 차별을 금지하지는 않고 있다.

Ⅳ. 동성애자 정책 변동분석

1. 사례의 개요

〈정보통신윤리위원회〉는 2000년 8월 25일 17차 전문위원회에서 "엑스존(http://www.exzone)은 한국 최고의 게이 웹사이트로 순수한 열린 마음들의 열린 만남을 모토로 운영된다고는 하나 전체 게시판의 내용들이 음란하고 욕설 등을 구체적으로 묘사하고 있는 데도 청소년들이 아무런 제재 없이 쉽게 접속할 수 있으므로 청소년 유해매체물 심의기준 중 수간을 묘사하거나 혼음, 근친상간, 동성애, 가학·피학성 음란증 등 변태성행위, 매춘행위, 기타 사회통념상 허용되지 아니한 성관계를 조장하는 것에 해당한다"는 이유로 청소년보호법 제10조 및 동법 시행령 제7조에 의하여 청소년 유해매체물로 심의·결정하였고, 청소년보호위원회는 정보통신윤리위원회의 요청에 따라 2000년 9월 20일 청소년 보호위원회 고시 제2000-31호로 결정사유를 음란, 효력발생일을 2000년 9월 27일로 하여 엑스존이 청소년 유해매체물에 해당한다는 내용의 고시를 하였다. 이후 2001년 10월 12일 정보통신부는 정보통신망이용촉진및정보보호등에관한법률 제42조 및 정보통신망이용촉진및정보보호등에관한법률시행령 제21조의 규정에 근거하여 게이사이트인 엑스존을 유해매체물(퇴폐2등급)로 규정하였다.

이에 엑스존 관리자는 정보통신윤리위원회의 결정에 대한 항의표시로 엑스존을 폐쇄하였고 고려대 동성애 모임인 〈사람과 사람〉, 시민단체 〈정보통신검열반대 공동행동〉 등과 연대해 행정소송과 헌법소원을 제출하는 등 정부의 동성애자 차별을 없애고, 동성애자를 변태 및 음란물로 규정하는 현행법을 무효화시키려 노력하였다. 그 결과 국가인권위원회는 청소년 유해매체물 개별심의 기준에 동성애가 포함되는 것은 헌법에 위배되며, 동성애 사이트는 청소년 유해매체가 아니라는 결정을 하게 되었고, 정보통신윤리위원회와 〈청소년

표 5-4 엑스존 사건 진행과정

연도	사안	비고
2000.8.25	· 엑스존을 청소년 유해매체물로 지정 (동성애를 퇴폐 2등급으로 분류)	· 〈정보통신윤리위원회〉
2001.1.31	· 정치권에서 동성애자 인권보호 규정을 명문화한 국가인권위원회법안 마련	· 한나라당과 민주당
2001.11. 1	· 엑스존에 대해 청소년 유해매체임을 표시하지 않으면 형사처벌하겠다는 경고	· 〈정보통신윤리위원회〉
2001.11.16	· 경고장에 대한 항의로 사이트 폐쇄 및 검열에 반대하는 〈차별반대공동행동〉이라는 사이트 운영 · 등급제와 검열행위의 폐쇄요구	· 엑스존 사이트 운영자 · 고려대 동성애모임 〈사람과 사람〉, 시민단체 〈정보통신 검열반대 공동행동〉
2001.12.29	· 헌법에 보장된 표현의 자유를 침해하는 국가검열에 대한 헌법 소원	· 엑스존 사이트 운영자
2002.1.10	· 동성애자 차별법 철폐와 인터넷 내용 등급제 폐지를 위한 행정소송(서울행정법원에 제출)	· 시민단체 〈정보통신 검열반대 공동행동〉
2002.2.19	· 위법사실 자체를 광고토록 하는 것은 위헌이지만 위법으로 판정을 받아 시정명령을 받았다는 사실을 광고토록 하는 것은 위헌이 아니다.	· 헌법 재판소
2002.8.14	· 피고들에 대한 사건의 청구는 모두 이유가 없으므로 원고 기각	· 서울 법원
2002.8.16	· 항소	· 정보통신 검열반대 공동행동
2002.12.12	· 인터넷상 동성애 사이트를 청소년 유해물로 규정한 청소년 보호법시행령은 위헌 소지가 있다.	· 서울 고법
2002.12.22	· 청소년 유해매체물 결정 및 고시처분 무효확인 청구는 성문화 조장 우려가 있어 기각	· 서울 고법
2003.4.2	· 청소년 유해매체물 개별심의기준에 동성애가 포함되는 것은 헌법에 위배되며, 동성애 사이트는 청소년 유해매체가 아니다.	· 국가인권위원회
2004.1.2	· 인터넷상 청소년 유해매체물에 전자 표시를 해 프로그램으로 차단할 수 있게 한 정보통신망이용촉진 및 정보보호 등에 관한 법률은 합헌	· 헌법재판소
2004.4.26	· 인권위의 결정 및 동성애단체에 대한 재정적 지원에 반대 시위	· 기독교윤리실천운동 · 나라사랑 네트워크
2004.2.5	· 청소년 유해매체물 심의기준에서 '동성애' 삭제 입법예고	· 〈청소년보호위원회〉
2004.4.30	· 청소년 유해매체물 심의기준에서 '동성애' 삭제	· 〈청소년보호위원회〉

보호위원회〉에 음란물의 규정 중 동성애자를 제외할 것을 권고하였다.

국가인권위원회의 이러한 권고는 4년 동안 정부를 상대로 한 법정 소송과 집회, 성명서 등의 발표를 통해 동성애자가 비이성적이고 음란한 주체가 아니라는 것을 사회에 알리는 계기가 되었다. 비록 인터넷상 등급과 전자 표시제도를 둘러싼 논의는 현재까지 진행되고는 있으나 청소년 유해매체물 심의기준에서 동성애가 삭제되게 되는 결과를 얻게 되었고 이는 과거 동성애자에 대한 차별을 합법화한 제도의 변화를 의미하는 것이었다.

2. 안정적 외적 변수

1) 문제영역의 기본적인 속성

동성애집단들에 따르면 인터넷을 통한 동성애자 간 교류와 의사소통은 사회에서 차별받고 소외받는 동성애자 간 정보교류와 대화를 활성화시키고, 이를 통해 동성애자가 성정체성을 찾고, 한 인간으로서 존엄성을 확인할 수 있다고 한다. 그러나 당시 정보통신 윤리위원회와 청소년 보호위원회는 인터넷 등급제를 실행하기에 앞서 청소년들이 동성애 사이트에 접속함으로써 발생되는 문제를 미연에 방지하고자 엑스존에 대해 유해매체물로 등급을 지정하고, 전자적 표시 등을 통해 청소년들이 엑스존에 접속하지 못하도록 하고자 하였다. 정부의 이러한 결정 방침의 궁극적인 목표는 청소년 보호였지만 동성애 청소년을 고려하지 않고 있다는 점(동성애 청소년에 대한 차별)과 동성애가 음란하거나 변태적인 것이 아니라는 점을 두고 동성애 집단으로부터 큰 저항에 부딪히게 된다.

2) 사회문화 가치

우리 사회에서 동성애는 죄악시되어 왔다. 특히 단일민족 국가에서 나타나는 고유한 특징 중 하나인 '일치성' 존중사상은 사회규범에 반한 행위 및 인지를 갖고 있는 개인 또는 집단에 대해 차별을 일상화하는 관행을 만들었다. 엑스존 사례에서도 마찬가지로 동성애 집단이 얻은 승리는 청소년 유해 매체물에서 동성애가 빠졌다는 것뿐이지 엄밀히 말해 서울행정법원과 서울고법은 엑스존이 제기한 퇴폐2등급의 폐지를 무효화하여 결과적으로 볼 때 동성애 집단의 완벽한 승리는 아니었다. 그럼에도 불구하고 이 사례가 제도 또는 정책의 변동이라 할 수 있는 것은 외부적 충격에 의해 기존의 제도와 정책을 일정 부분 변경했기 때문이다.

3) 기본적 법령 체계

동성애 사이트가 퇴폐2등급으로 분류되는 데 중요한 기준으로 작용했던 것은 청소년보호법에서 규정하고 있는 청소년 유해매체물 기준이며, 이를 기초로한 정보통신망이용촉진및정보보호등에관한법률이 직접적인 규제법으로 작용하였다.

청소년보호법 규정에 의할 경우 '혼음, 동성애, 근친상간, 가학·피학성음란증 등 변태성행위, 매춘행위, 기타 사회통념상 허용되지 아니하는 성관계를 조장할 우려가 있는 것'은 청소년 유해매체물이 된다. 이러한 청소년 보호법에 근거해 정보통신망이용촉진및정보보호등에관한법률 제42조에서는 청소년 유해매체물의 표시를 규정하고 있는데 이에 따를 경우 전기통신사업자의 전기통신역무를 이용하여 일반에게 공개를 목적으로 정보를 제공하는자(이하 정보제공자라 한다)중 청소년 보호법 제7조 제4호의 규정에 의한 매체물로서 동법 제2조 제3호의 규정에 의한 청소년 유해매체물을 제공하고자 하는 자는 대통령령이 정하는 표시방법에 따라 당해 정보가 청소년 유해매체물임을 표시하여야 한다고 규정하고 있다. 또한 동법 64조에서는 이를 위반했을 경우에 대한 벌칙규정을 제시하고 있는데 이에 따를 경우 제42조의 규정을 위반하여 당해 정보가 청소년 유해매체물임을 표시하지 아니하고 영리를 목적으로 제공한 자는 2년 이하의 징역 또는 1,000만 원 이하의 벌금에 처한다고 명시하고 있다. 엑스존을 둘러싼 정보통신윤리위원회와 동성애집단들의 갈등과 정책경쟁은 전술한 법령 중에 동성애를 변태성행위의 범주에서 제외시키는 결과를 가져왔는데 이는 동성애가 우리나라의 사회 통념에 비추어 당연하다는 것을 의미하는 것은 아니었다.

3. 역동적 외적 변수

1) 사회적 · 경제적 조건의 변화

사회의 다원화와 경제발전은 국민의 삶의 질을 증진시켰고, 개인들은 생존을 위해 반드시 필요한 의식주 이외에 자유로운 표현, 양심의 자유, 평등을 추구하게 되었다. 우리나라에서도 마찬가지로 1970년대 급진적인 산업화를 겪고 2000년 이후 경제적 정치적 안정화기에 접어들면서 집단보다는 개인의 자유와 표현을 다양한 방법으로 표출하게 되었다. 이러한 변화는 동성애자를 커밍아웃하는 촉진제 역할을 하게 되었다. 물론 이반서적들을 보게 되면 인류생존과 함께 동성애는 함께 존재해 왔었다고 한다. 그러나 권위주의적이고 가족주의적인 우리나라에서 동성애는 비록 그것이 현실로 존재하고 있을지라도 존재의 현실을 외면하는 경향이 강하였다. 그럼에도 불구하고 홍석천의 커밍아웃을 시작으로 2000년대에 들어서면서부터 동성애자임을 밝히고 떳떳이 이성애자들과 함께 생활하는 사례가 증가되고 있다. 결국 사회적·경제적 조건의 선진화와 다원화는 동성애자의 사회적 진출을 자극하게 되었으며, 이는 앞으로 더욱 확대·촉진될 것이라 예상된다.

2) 여론의 변화

당시 엑스존을 둘러싼 정보통신윤리위원회와 동성애 집단 간의 갈등은 사회적으로 큰 반향을 불러일으키지는 못했다. 당시 신문자료를 양적으로 분석한 결과 2000-2004년까지 엑스존을 기사화한 건수는 17건밖에 되지 않는다. 4년이라는 긴 시간 동안 표현의 자유와 평등권 그리고 사회로부터 쏟아지는 질책과 편견을 해소하기 위해 노력한 결과는 여론 및 언론에 의해 크게 이슈화되지 못했다. 또 여론을 필터링하고 여론을 조작하는 언론 역시 엑스존에 대한 사실관계(소송을 했고, 법원이 이를 기각했다는 식의 사실)만을 공지하고 있을 뿐 엑스존에 대한 사설 또는 입장을 다룬 경우는 거의 없었다. 다만 스포츠 일간지에서 미국 동성 부부 1호가 파경을 겪었다든지, 영국에서 1호 동성 부부가 탄생했다라든가, 중국 베이징에서 동성애 문화제가 개막되려고 했지만 중국 공안에 의해 해체되었다라든가 하는 외국의 동성애 관련 사건을 간단하게 정리하는 수준이었다.

게다가 일반 시민운동가 및 시민단체 또한 동성애자의 문제를 크게 확대하려 들지 않았고, 많은 경우 인터넷 검열에 한해서만 관심을 보일 뿐 엑스존을 통해 동성애자의 인권을 보호해야 한다는 입장에서 적극적으로 사회적 이슈화를 추동한 단체는 그리 많지 않았다.

국내의 여론이 크게 변화되지 않음에도 불구하고 국제적인 여론의 변화는 국내일반 대중들에게 동성애에 대한 관심의 변화를 일으키는 데 큰 영향을 미치는 요소로 작용하였다. 특히 글로벌스탠더드(global standard)에 대한 관심이 증대되고, 인터넷 및 정보통신기술의 발달 여론을 필터링하는 국내 언론에 의해 일반 대중의 관심이 변화되던 과거와는 달리 국민 스스로 외국의 상황을 이해하고, 분석함으로써 동성애에 대한 편견을 완화시켰다고 보인다. 일례로 엑스존 사건이 한창 진행 중이던 2002년 동성애에 대해 설문한 결과 동성애가 있을 수도 있다고 응답한 비중이 전체의 54.4%로 절반을 넘는 반면 있을 수 없다고 응답한 비중은 전체의 39%인 것으로 나타났다.

3) 지배집단의 변화

엑스존 사례를 둘러싼 지배집단의 적극적 개입은 존재하지 않았다. 다만 2002년 대선을 앞두고 정치권에서는 동성애 관련 정치적 관심의 확대를 강조하였으나 대선 이후로는 동성애 문제에 대해 큰 관심을 두는 정당이 존재하지 않았다.

2001년 대선을 앞두고 한나라당 이회창 총재는 보수정책노선을 고수하면서도 "일이나 인간관계에 장애를 주지 않는다면 동성애자라는 이유로 고용관계에서 배척하는 것은 적절하지 못하다"면서 다소 전향적인 입장을 밝혔다. 그러나 동성애자를 포함한 정책공약은 존재하지 않았다. 민주당과 한나라당 역시 2001년에 국내 법체계 사상 처음으로 동성애자 인권보호 규정을 명문화한 '국가인권위원회법안'과 '인권법안'을 각각 마련함으로써 동성애자에 대한 정책적 관심을 두어야 한다는 이슈를 제기하였다. 그러나 대선 이후 정치권의 동성애자에 대한 관심은 거의 없었으며, 엑스존 사례와 관련하여 동성애자의 입장을 옹호하는 행위는 일체하지 않았다.

민주주의와 분권 그리고 사회적 약자의 보호라는 모토를 가지고 등장한 참여정부 역시 국가인권위원회를 유지하는 수준에서 정책적 노력을 취하였을 뿐 동성애 집단에 대한 보호를 위해 예산을 마련하여 연구를 진행하게 된 것은 2005년 들어서면서부터이고, 엑스존에 대해서는 직접적인 관심을 투영하지 않았다. 그런데 여기서 주목할 것은 국가인권위원회라는 조직의 역할이다. 국가인권위원회는 과거에 존재하던 신문고 등과 같은 기구와 달리 헌정사상 초유의 독립기구로서 인권침해와 차별행위에 대한 진정 접수를 하고, 이에 대한 시정명령을 내릴 수 있는 기구로서 그 역할과 기능이 기존에 존재한 여타의 기구와 다르다. 특히 국가인권위원회는 동성애에 대한 차별 시정 안을 접수받고 엑스존 사례뿐만 아니라 지속적인 동성애차별 시정을 위해 노력해 옴으로써 동성애 인권보호를 위한 환경요인이자 엑스존 사례에서 동성애자에 대한 차별을 시정하기 위한 옹호 인자로 역할을 하게 된다.

4. 정책하위 체제

1) 정책옹호연합과 옹호연합의 활동

엑스존사례를 둘러싼 정책갈등의 연합은 동성애를 변태 성욕자가 아닌 이성애자와 동일한 사람으로 인식해 엑스존 또한 이성애자가 만든 사이트라고 인정해 주길 원하는 동성애 옹호연합과 이에 대치되어 동성애자를 청소년에게 해악을 미치는 집단이며 따라서 동성애집단이 만든 사이트는 청소년 보호를 위해 차단해야 한다는 반동성애 옹호연합으로 구분될 수 있다.

동성애 옹호연합[15]은 크게 2개의 연합이 연대하고 있는데 하나는 동성애자 연합이고 다른 하나는 인터넷 검열 반대 연합이다. 동성애자 연합은 〈끼리끼리〉, 〈부산여성성적소수자인권센터〉, 〈또 하나의 사랑〉, 〈친구사이〉, 〈푸른 마을 사람들〉, 〈변태소녀 하늘을 날다〉 등으로 구성되어 있으며, 이들의 핵심 주장은 동성애자 또한 이성애자와 다름이 없다는 것이다. 반면 인터넷 국가검열 반대를 위한 공동대책위원회는 인터넷 국가검열 전체를 철폐하고 사회적 소수자의 권리를 보장하기 위한 대안적인 인터넷 이용환경을 모색하는 데 목

15. 인터넷 국가검열반대를 위한 공동대책위원회에는 〈고난받는이들과함께하는모임〉, 〈광주NCC인권위원회〉, 〈광주인권운동센터〉, 〈노동문화정책정보센터〉, 〈노동자의힘〉, 〈다산인권센터〉, 〈다함께〉, 〈도서관운동연구회〉, 〈동성애자인권연대〉, 〈문화연대〉, 〈민주노동당〉, 〈민주사회를위한변호사모임〉, 〈민주언론운동시민연합〉, 〈민주주의민족통일전국연합〉, 〈민주화를위한전국교수협의회〉, 〈부산정보연대PIN〉, 〈불교인권위원회〉, 〈사이버녹색연합〉, 〈사회당〉, 〈새사회연대〉, 〈서울대이공대신문사〉, 〈성남청년정보센터〉, 〈스크린쿼터문화연대〉, 〈시민행동21〉, 〈영화인회의〉, 〈우리만화연대〉, 〈인권과평화를위한국제민주연대〉, 〈인권실천시민연대〉, 〈인권운동사랑방〉, 〈장애인의꿈너머〉, 〈전국민주노동조합총연맹〉, 〈전국빈민연합〉, 〈전국시사만화작가회의〉, 〈전북대정보통신큰눈〉, 〈전북민주언론운동연합〉, 〈전북민중연대회의〉, 〈전북여성단체연합〉, 〈정보통신연대INP〉, 〈진보네트워크〉, 〈참여연대〉, 〈평화인권연대〉, 〈학생행동연대〉, 〈한국기독교네트워크〉, 한국노동네트워크협의회〉, 〈한국대학총학생회연합〉, 〈한국동성애자연합〉, 〈한국독립영화협회〉, 〈한국민족예술인총연합〉, 〈한국동성애자연합〉, 〈한국독립영화협회〉, 〈한국민족예술인총연합〉, 〈한국성적소주자인권센터〉, 〈함께하는시민행동〉 등 총 55개 단체가 연합하고 있다.

적을 둠으로써 동성애자 연합보다 광의적인 맥락에서 인터넷 검열을 반대하고 있다.

동성애 반대연합은 〈정보통신윤리위원회〉와 〈청소년보호위원회〉 그리고 〈기독교윤리실천운동연합〉, 〈나라사랑네트워크〉로 분류될 수 있다. 〈정보통신윤리위원회〉와 〈청소년보호위원회〉는 현행법상 청소년보호를 위해 규정된 지침에 따라 동성애사이트를 폐쇄해야 한다는 입장이며 기독교 윤리실천운동연합과 나라사랑네트워크는 동성애 존재 자체를 부정하는 집단이다. 특히 기독교윤리실천운동연합의 경우 성서에 입각해 동성애의 존재를 부정하며, 나라사랑네트워크는 사회문화 및 규범에 기초를 두고 동성애는 국가를 분열시키고, 혼란을 가중시키는 존재라고 인식하고 있다.

전술한 구도 하에 엑스존을 둘러싼 정책경쟁은 쌍방향적 대응이라기보다 동성애 옹호연합이 현존하는 법률과 규제를 완화하고자 동성애 반대연합에 대항하는 형식으로 진행되었으며, 동성애 반대연합은 적극적으로 나서서 동성애 옹호연합과 갈등해소를 위한 노력을 하지 않는 식으로 진행되었다. 다만 법리상 소송과정에 참여해 자료의 제출 및 근거규정을 마련하는 데 관심을 두었고 기독교 윤리실천 운동연합과 나라사랑네트워크 또한 동성애자의 존재 자체를 부정하기 때문에 동성애자와 직접적인 마찰과 갈등을 발생시키지 않았다. 다만 국가인권위원회에서 동성애를 지원하는 행위를 하거나 법령에 존재하는 동성애에 대한 규정을 삭제할 것을 청소년 보호위원회에 권고할 때 국가인권위원회를 상대로 대응을 했을 뿐이다. 일례로 한국기독교총연합회는 2003년 4월 7일 국가 인권위원회가 동성애 사이트를 유해매체가 아니라고 한 결정에 대해 논설 및 사설 또는 집단적 행동으로 그 결정에 반대하기보다는 동성애 사이트가 유해매체가 아니라는 결정에 관한 철회 요청건이라는 공문을 보내는 등 갈등과 쟁점을 확산시키지 않는 범위 내에서 동성애의 금지를 요구하였다.

전체적인 맥락에서 볼 때 엑스존을 둘러싼 갈등 양상은 동성애옹호연합의 일방적인 갈등 표출이라 하겠는데, 이러한 현상은 과거에 동성애를 숨기고자 했던 것과 다른 새로운 양상으로서 지속적인 동성애 옹호연합의 노력은 결과적으로 청소년음란매체물에서 동성애를 삭제하는 결과를 가져왔다.

2) 신념체계

동성애자연합의 신념은 이들이 〈한국동성애자연합〉을 결성하면서 조직의 목표와 사명으로 결의했던 내용을 보면 알 수 있는데, 이들의 신념 체계는 첫째, 도덕적·종교적·통념적·정치적·법률적 행위로부터 동성애자들의 권리를 방어하는 데 목적을 둔다. 둘째, 국내뿐 아니라 국제적 조직체의 동성애자들과 긴밀하게 정보를 교환함으로써 한국 성적 소수자들의 현실을 국제사회에 알리고 보다 나은 한국 동성애자들의 삶의 여건을 조성하는 데 목적을 둔다. 셋째, 한국사회의 억압받고 차별받는 여성, 노동자, 장애인, 에이즈 감염인, 어린이, 노인, 빈곤층, 외국인 에이즈 감염인 등에게 행해지는 모든 비도덕적, 비이성적 억압, 차별들을 해소하기 위한 노력들에 적극적으로 지지를 표명하고 관련 시민사회단체들과 연대 투쟁하는 데 목적을 둔다는 선언에서 발견할 수 있다. 마지막으로 한국 시민단체가 가진 동성애자에 대한 막연한 이해와 관념적 인권의식을 해소하기 위해 보다 적극적으로 시민사회단체를 교육하여 동성애에 대한 이해의 폭을 넓히고 보다 실질적인 연대를 구성하고 이를 토대로 폭넓고 보편적 인권을 위해서 노력한다는 데 목적을 둔다는 선언에서 발견할 수 있다. 결과적으로 볼 때 동성애자 연합의 규범적 핵심은 동성애자와 이성애자가 동일한 인간이라는 점, 동성애자에 대한 사회적 차별금지이다.

특히 엑스존을 둘러싸고 정부와 공방을 벌이는 과정에서 동성애자 집단은 검열을 반대하는 집단과 연합을 구성하게 되는데, 이는 정책의제설정 및 결정 또는 정책변동에서 소수의 의사를 정책에 반영하기 위한 방법으로 많이 사용되게 되었다. 즉, 여론이 이 사건에 주목을 하도록 만들기 위해 성명서 아래 혹은 플래카드 하단에 각계각층의 지지단체 서명을 통해 다수로부터 정당성

표 5-5 엑스존 사례에 대한 정책옹호연합의 신념체계

구분	동성애 옹호연합	동성애 반대연합
규범적 기저핵심신념	· 동성애자=이성애자 · 차별반대	· 동성애자=변태성욕자 · 일반인과 다른 사람들
하위 신념	· 동성애자에 대한 잘못된 편견 및 법령의 수정 · 인터넷 검열 반대	· 동성애자에 대한 규제강화 · 인터넷 검열을 통해 청소년 접속제한
역동적 전략	· 동성애 문제의 사회적 이슈화를 위한 쟁점확산 및 자원 동원전략 · 적극 갈등 확산 전략	· 동성애 문제의 이슈화를 확대시키기 않기 위한 쟁점무력화 전략 · 무관심에 의한 이슈 무력화

을 얻고 있음을 강조하는 전략도 함께 구사하였다.

반면 〈청소년보호위원회〉와 〈정보통신윤리위원회〉는 사회 통념에 비추어 동성애는 적절한 성행위가 아니며, 만약 동성애를 모르던 청소년이 동성애를 알게 됨으로써 동성애를 하게 될 수 있다고 가정하여 동성애 사이트에 청소년이 접속되는 것을 미연에 방지하고자 하였다. 비록 청소년보호위원회와 〈정보통신윤리위원회〉가 청소년보호를 목적으로 하고 조직미션을 가지고는 있으나, 이들의 기본신념은 동성애 - 잘못된 성행위 또는 동성애 - 변태성행위라는 등식을 강하게 지지하고 있는 것으로서 이것이야말로 청소년보호위원회와 정보통신윤리위원회의 규범적 기저의 핵심 신념에 해당하는 것이라 하겠다.

5. 정책변동에 대한 요약

엑스존 사례는 정보통신기술이 잘 발달된 국가인 우리나라에서 발생했다는 점에서 주목할 만한 사건이다. 이 사건이 진행되는 과정에서 인터넷 검열 반대집단이 이에 개입하였으며, 엑스존이 동성애 사이트라는 점에서 동성애 집단이 이에 관여하는 양상을 띠게 되었다. 이중 인터넷 검열 반대집단은 정보통신부의 검열에 소극적인 자세로 임하게 됨으로써 결국 동성애집단이 적극 반대논리를 펴게 되는 역할을 담당하였다.

엑스존을 둘러싼 문제는 동성애자를 일반인과 동일하게 판단하고, 이들을 일반인과 똑같이 대우할 것이냐 말 것이냐의 문제로서 — 500년 넘게 성적 금기를 강조해 오던 유교문화의 유산이 남아 있다 할지라도 — 급속한 세계화의 흐름 속에서 성에 대한 정체성 즉, 어디까지를 일반인과 똑같은 성적 존재로 취급해야 할지에 대한 혼란이 존재하고 있었던 시기에 발생한 문제이다. 게다가 청소년 보호법과 군형법에서는 동성애를 비이성적 성행위로 정의함으로써 이미 동성애를 규제하는 제도가 마련되어 있었다.

그러나 최근 사회·경제적 부문에서의 세계화와 외국의 성문화 등이 국내에 유입되고, 인터넷 및 정보통신기술의 발달로 인해 일반대중의 동성애에 대한 이해가 확산됨에 따라 동성애에 대한 부정적 인식이 점차 감소하게 되었다. 이러한 인식변화는 비록 일반대중 및 언론 그리고 지배집단이 엑스존 사례에 직접적인 관심을 갖고 있지 않고, 특히 정치적 논리에 의해 동성애를 직접적으로 지지하지 못하는 여건이었다 할지라도 간접적으로 우리나라 성문화의 저변을 조금씩 개방화시키는 역할을 함으로써 결국은 엑스존을 합법적인 사이트로 판단하는 데 영향을 미치게 되었다.

동성애 규제정책을 옹호하는 집단과 이를 변화시키기 위해 노력하는 집단들 간에는 일방향적인 갈등이 존재하였다. 즉, 동성애집단은 엑스존 문제를 검열문제와 연계하고, 또 여타의 시민단체들과 협동으로 사회에 이슈화시키기 위해 부단히 노력해 온 반면, 이에 반대하는 집단에서는 동성애 및 엑스존 사례 자체를 쟁점화시키지 않기 위해 동성애집단에 대한 직접적인 대응을 단 한 번도 하지 않았다. 이러한 갈등양상은 여타의 정책결정과정에서 사회적 약자의 집단과 지배집단이 구사하는 전략과 유사한 모습이다.

V. 맺음말

동성애는 우리나라 문화와 역사에서 볼 때 매우 금기시되어 온 성적 관행이다. 최근 동성애자들은 자신이 원자화되어 존재하게 될 때 사회적 차별을 감당할 수 없다는 것을 인지하고 동성애자 간의 친목과 우애를 돈독히 하며 사회적 차별을 해소하기 위해 다양한 동성애자 연합을 구성해 운영하고 있다. 동성애자 연합은 과거 몇몇 중앙 수준의 연합체에서 이제는 지방에 지사를 둔 연합체로 발전하고 있다. 우리 사회에서 동성애자들이 자신의 권리확보를 위해 싸우는 경우는 거의 없었으나 정보통신과 인터넷 발달은 새로운 역사적인 사건을 만들어 냈다. 이른바 엑스존 사건 그것인데, 비록 엑스존사건에 대한 평결이 동성애자들에게 불리한 법리적 해석을 하고 있을지라도 동성애자들은 두 가지 측면에서 승리하였다. 하나는 동성애자가 이 사회에서 차지하는 비중이 꽤 크고, 이들이 이제 사회 전면에 나서 동성애에 대한 차별을 시정하고자 노력하고 있다는 것으로 이는 과거와 비교했을 때 가장 큰 변화라 하겠다. 다른 하나는 청소년보호규정에서 더 이상 동성애가 변태성욕자로 낙인찍히지 않게 되었다는 것이다. 흔히 에이즈보균자를 동성애자로 취급하였고, 동성애자는 모든 사회악의 근원이라는 인식이 지배적이였던 우리나라에서 동성애를 하나의 사랑표현으로 인식하게 된 것이다.

이 연구는 동성애자에 대한 연구가 미진하고, 소수자로서의 동성애자가 어떠한 위치에 존재하고 있는지에 대해 논의가 확산되지 않은 시점에서 소수자로서 동성애자의 정체성 확보투쟁과 동성애자 운동의 역사적 발전과정을 논의하고 엑스존 사례를 들어 소수자로서 동성애자가 기존의 정책과 제도를 변동시키는 일련의 과정을 정책옹호연합의 틀에 의해 분석을 시도하였다. 그러나 아직까지도 동성애자들이 확산시키는 이슈는 여론에 쉽게 받아들여지지 않고 있으며, 반동성애 집단은 동성애집단의 존재 자체를 거부하기 때문에 집단 간의 역동적인 관계도 크게 존재하지 않고 외부의 역동적인 조건도 크게 존재하고 있지 않다. 이에 따라 정책옹호연합모형에서 제시하는 다양한 기준과 엑스존 사례에서의 조건이 완벽하게 적용되지는 않는다. 그럼에도 불구하고 정책변동을 설명하는 다양한 방법 중 옹호연합모형이 이런 갈등 현상을 보다 잘 설명해 줄 수 있다는 판단 하에 정책옹호연합모형을 분석틀로 설정하였다. 이러한 측면에서 이 글은 동성애가 문제를 아직까지 동성애에 대한 행정학적 또는 정책학적 측면에서 분석한 연구가 없는 상황에서 — 정책옹호연합이라는 정책변동의 틀에 적용하여 나름대로 분석을 시도하였다는 의의를 갖는다.

제6장 소수자로서 일본군위안부와 정책

Ⅰ. 일본군위안부 문제: 어떻게 접근할 것인가

1980년대 말 시작된 일본군위안부대책운동은 20여 년 간 지속된 일본대사관 앞 수요시위와 국내외 정신대 대책 시민운동가들의 지속적인 노력으로 2007년에는 미국 하원 본회의[1]를 비롯하여 네덜란드, 캐나다 그리고 유럽연

1. 일본인 3세 의원인 마이클 혼다가 주도한 이번 결의안은 일본 총리 아베와 일본로비스트의 갖은 방해에도 불구하고 미국하원에서 통과되어 전 세계적인 각성을 일으키는 계기가 되었다. 그러나 이번 결의안은 일본의 사과를 촉구하는 결의안으로서의 상징성을 갖는다는 한계를 가진다. 미국언론에 따르면 이번 결의안은 상원에서 다시 거론되지 않을 것이며, 사과에 따른 책임과 보상 등과는 전혀 관계가 없다는 것이다. 또한 이번 결의안의 수준은 제2차 세계대전 당시 미국거주 일본인의 강제 수용에 대한 부시의 사과에 대응하는 수준의 사과를 요구하는 수준이라고 한다. 미국 일간지 *THE ASSOCIATED PRESS* 2007.7.30가 House Seeks Japan's Apology on "Comfort Women"라는 제목 하에 보도한 원문을 인용하면 다음과 같다. The House resolution, which has no companion in the Senate, urges Japan to "formally acknowledge, apologize and accept historical responsibility in a clear and unequivocal manner" for the suffering of so-called "comfort women."

합의회에서 위안부 강제 동원에 대한 일본정부의 공식사과를 요구하는 일본군위안부규탄결의안 통과라는 성과를 이루었다. 일본군에게는 성노예(sex slave)라는 약자 중의 약자로 인권을 유린당하고, 고국에 돌아와서도 성노예였다는 사실에 대한 수치심과 차별적 대우로 고통받고, 여성이라는 또 다른 약점으로 인하여 다중의 장애에 둘러싸인 소수자중의 소수자가 바로 일본군위안부(Japanese military comfort women)였다.

일본군위안부 소수자는 일본에 의한 식민통치라는 우리나라의 불행한 역사를 배경으로 일본이 그들의 전쟁상황중에 한국 여성을 동원하여 군대 성노예로 전락시킨 바로 그 당사자인 동시에, 궁극적으로는 일본제국주의의 반인권 정책의 피해자였다. 더욱이 이들이 국가부재상태의 피해자였음에도 불구하고, 이들에 대한 정부의 인권정책이 매우 소극적이어서 이들이 사회적으로나 경제적으로 숨어 사는 약자의 모습으로 살게 한 것은 매우 유감스러운 일이 아닐 수 없다. 다행히 소수 국내시민단체가 중심이 되어 어려운 여건 속에서도 일본군위안부 대책마련을 위한 인권활동을 전개하고, 해외에 거주하는 한국인 여성운동가들이 정신대대책위원회를 결성하여 국제사회와 미국의 정치권을 설득해 낸 것은 소수자정책에 있어서 시민운동의 힘이 얼마나 중요한 것인가를 보여주는 좋은 사례가 되었다.

정신대로도 불리고, 일본군위안부로도 불리는 이 특이한 형태의 한국 소수자들이 뒤늦게나마 커밍아웃을 하고, 지속적인 인권투쟁에 참여하게 된 것은 피해자 인권 회복의 중요성을 미리 감지한 정신대인권 옹호자들 때문이었다. 1993년 문민정부 출범 이후, 일본군위안부 소수자문제가 민주화 물결을 타고 사회적 이슈로 급부상하기는 하였으나, 이 이슈는 쉽게 정부정책으로 연결되지 못한 채, 정신대할머니와 시민운동가의 손에서 문제 해결을 기다리는 지지부진한 사회적 이슈로 남아 있었다. 결과적으로 그간의 일본군위안부 소수자관련 정책 성과는 거의 대부분이 '한국정신대대책협의회', '나눔의 집', '정신대할머니와함께하는시민모임' 등과 같은 자발적 시민단체에 의해서 얻어진 것이라고 할 수 있다.

이러한 판단에 따라 이 연구는 소수자로서 일본군위안부 사례를 중심으로 옹호집단들이 활동과 정부의 대응, 기타 국내외 성책수체 간의 관계들을 살펴보고 그간의 정책이 어떠한 양상으로 전개되어 왔는가를 분석해 보고자 한다. 보다 구체적으로, 연구자는 일본군위안부 피해자의 소수자로서 특성을 드워킨의 네 가지 기준을 통해 조명하고, 이후 사바티에와 젠킨스-스미스에 의해 제시된 옹호연합모형을 사용하여 소수자로서 일본군위안부 피해자, 시민단체, 정부부처 및 기타 국내외 참여자를 중심으로 이 정책의 역동적 변화과정을 서술하고자 한다.

Ⅱ. 소수자 관점에서의 일본군위안부 연구와 이론적 논의

1. 기존의 연구 경향

일본군위안부 피해자에 대한 연구는 1990년대 이후 국내학자들을 중심으로 여성학을 비롯한 다양한 분야에서 꾸준히 이루어져 왔다. 그러나 국내외적 관심에 비해 정책학적 연구는 그리 활발히 이루어지지 못한 측면이 있다. 그간 수행되어 온 일본군위안부 피해자에 대한 연구는 크게 세 가지 분야로 구분해 볼 수 있다. 첫째, 일본군위안부에 대한 연구가 가장 활발히 이루어졌고 가장 많은 논문이 발표된 분야는 여성학관련 분야이다. 이들 연구들은 일본군위안부 문제를 둘러싼 여성의 인권침해를 조명하고 관련된 국내외 시민사회의 활동을 분석한 연구가 다수를 이루고 있다. 일본군위안부 문제에 대한 그 심각성을 소개하고 이들 피해자가 과거 일제전쟁 당시 입은 피해뿐만 아니라 해방 후 현재에 이르기까지 해결하지 못한 문제들을 분석하고 있다. 더 나아가 일본군위안부를 둘러싼 다양한 시민단체들의 국내외활동을 소개하고 일본군위안부

표 6-1 일본군위안부 소수자에 대한 선행연구 경향

선행연구	해당연구
여성운동 및 시민운동적 관점	윤향숙(1997), 이민아(1998), 신영숙(2002), 정진성(2003a), 김정란(2004), 곽진영(2006), 정진성(2007)
역사적 관점	정진성(1994), 양현아(2001), 김도형(2003), 정진성(2003b), 강영심(2007)
개인피해 및 치료적 관점	김명혜(2004), 심지은·민성길·이창호·김주영·송원(2004), 주은연·김홍열(2005)

피해자 문제에 대한 사회적 각성을 촉구하는 사회계도적 성격이 강한 논문들이 주류를 이루고 있다(윤향숙, 1997; 이민아, 1998; 신영숙, 2002; 정진성, 2003a; 김정란, 2004; 곽진영, 2006; 정진성, 2007). 두 번째 분야에는 일본군위안부 문제를 역사적 관점에서 조명한 연구들이 포함된다. 이 논문들은 역사 특히 현대사적 관점에서 일제 말 강제동원의 한 유형으로 위안부 동원을 조명하고, 당시 일제의 위안부정책이 가졌던 문제점들을 조명하며 평가하고 있다(정진성, 1994; 양현아, 2001; 김도형, 2003; 정진성, 2003b; 강영심, 2007). 마지막으로 개인사적 관점에서 피해당사자들이 겪은 과거 경험과 그로 인해 현재까지 겪고 있는 정신적·육체적 피해 및 그 치료에 대한 연구들이 있는데 이 연구들은 일본군위안부 피해자들이 겪고 있는 정신적 피해를 중심으로 그 증상을 분석하고 원예치료 등의 방안을 제시하고 있다(주은연·김홍열, 2004, 2005; 김명혜, 2004; 심은지·민성길·이창호·김주영·송원영, 2004).

일본군위안부 피해자 문제를 다룬 그간의 연구들을 살펴보면, 일본군위안부를 소수자의 관점에서 연구한 논문은 거의 찾아보기 힘든 상황이며, 특히 정부 정책 측면에서 이들에 대한 정책이 어떻게 이루어져왔는지 분석한 연구는 전무한 상황임을 알 수 있다. 이러한 측면에서 한국사회의 사회운동 — 소수자옹호운동 — 이 어떻게 정부의 정책을 변화시켰는가 — 즉 '일본군위안부 소수자에 대한 한국의 정책이 어떤 요인들에 의하여 어떻게 변화해 왔는가' — 를 정책 연구의 시각에서 종합적이고 체계적으로 조명해 보는 것은 매우의미 있는 일이라 하겠다.

2. '소수자'로서의 일본군위안부 피해자의 정체성

1) 소수자중의 소수자 : 일본군위안부, 혹은 정신대여성, 혹은 일본군 성노예

일본군위안부, 정신대, 일본군 성노예 등으로 불리어 온 일본군 정신대 차출 여성의 지위가 소수자인가 아닌가에 대한 논의는 거의 필요가 없을 정도이다. 정신대에 차출된 여성조차도 주변의 차가운 시선과 도덕적 수치심으로 인하여 그들에 대한 호칭을 '일본군 성노예' 혹은 '일본군위안부' 등으로 하지 말고 정신대여성으로 부를 것을 원할 정도로 사회적 차별에 대한 그들의 두려움은 크다.[2] 일본제국주의 정부에 의해 당초부터 군대위안부로 차출되어 일본군 성노예로 전락한 이들 여성들이야말로 국가 폭력에 의해 희생된 소수자 중의 소수자가 아닐 수 없다. 인류의 역사가 약자에 대한 차별로 점철된 역사라 할지라도, 20세기 중반이라는 근세에 자행된 군대위안부 차출제도는 일본제국주의 저급 문화가 만들어 낸 잔인한 인권유린의 산물이라 아니할 수 없다. 문제는 일본이 패망하고 한국이 독립국가가 된 이후 50여 년이 경과하는 과정에서도 여전히 일본군위안부 혹은 정신대여성들은 한국사회에서조차 기억하고 싶

2. 정신대대책협의회의 창립멤버이며 2007년 8월 『딸들의 아리랑』을 펴낸 정신대여성운동가 김혜원은 일본군위안부라는 명칭의 유래에 대해 다음과 같이 진술하고 있다. "원래 저희가 이 운동을 시작할 당시에는 위안부라든지 성노예라는 말은 없었어요. 정신대라고만 했죠. 이 용어는 제 책 『딸들의 아리랑』 서문에서도 밝혔지만 일본 사람들이 전쟁 중일 때 노동력을 착취하기 위해서 스스로 몸을 던져서 나간다. 즉 무상의 노동을 제공한다는 뜻으로 일본 내에서 근로자들에게 붙인 이름이에요. 그런데 나중에 노동력이 더 필요해지니까 식민지인 우리나라에까지 정신대라는 이름을 가지고 온 거죠. 거기에는 성이라는 문제를 비껴간 포괄적인 뜻이잖아요. 그래서 우리도 그 말을 쓴 겁니다. 그랬는데 차차 이 문제가 확산되면서 연구자료가 나오니까 일본 군대들이 썼던 용어 중에 위안부를 공식적으로 썼던 거예요. 그래서 위안부를 썼는데 유엔에서 국제운동을 하면서 '성노예'라고 썼어요. 더 강렬한 용어죠. 그래서 우리는 이 국제용어를 쓰고 싶지만 할머니들이 안 하려고 하세요. 왜냐하면 자신들의 인격을 짓밟는 어감이 느껴지니까요. 차라리 그러면 위안부라고 써 달라고 해서 그렇다면 따옴표를 해서 위안부라고 쓰자고 했어요."(정신대할머니와 함께 하는 시민모임 홈페이지 인터뷰자료). 이 논문에서도 이러한 배경 하에 '일본군위안부 피해자' 또는 '일본군위안부 소수자'라는 용어를 사용하되 따옴표는 생략하고자 한다.

지 않은 '소수자'로 전락하는 신세가 되었다는 것이다. 지난 50여 년 간 국내 정치가들이 자발적으로 이들의 희생에 대한 국가적 책임이나 보상 등과 같은 논제를 정책적 주요 이슈로 부상시킨 적이 없었다는 점이 이를 증명한다. 오히려 이들 일본군위안부 피해자의 인권적 지위 향상에 대한 논의는 이들의 처지에 대한 동정과 각성을 촉구하는 기독교여성단체 및 정신대할머니대책모임 등과 같은 시민단체, 여성운동가, 일부 불교 승려와 신도 등에 의해 유지되었다. 그러나 이러한 국내 운동은 국제사회의 강자인 일본정부가 일본군위안부 존치에 대한 역사적 사실을 부인함으로써 교착상태에 빠지게 되었다. 일본정부가 일본군위안부에 대한 역사적 시인과 사과, 책임과 배상을 하지 않는 한 이들 소수자에 대한 차별은 종결될 수 없기 때문이다. 다행히 최근 일본정부와 한국정부에 경종을 울리는 외부로부터의 강력한 신호가 발생하였다. 그것은 워싱턴에 자리 잡고 있는 해외 정신대대책운동가들의 활동을 통해 얻어낸 2007년 7월 미국하원 만장일치의 일본군 성노예 규탄 결의안이었다.

이는 1990년대 후반부터 정신대피해자의 인권침해를 해외에 알리고 유엔과 미국정치권의 여론을 불러일으키는 일이 전략적으로 매우 중요하다는 인식을 갖게 된 국내외 정신대 규탄 운동가들의 꾸준한 노력에 의해 얻어진 산물이다.[3] 주지하다시피, 한국사회의 소수자 — 예컨대, 여성, 장애인, 외국인노동자 등 — 차별 문제에 대한 정책이 대부분의 경우 국제사회의 여론, 국제협약 등에 의해 추동되었다는 점을 볼 때, 미국하원의 위안부결의안 통과는 — 강제성은 없으나 상징성은 존재하는 — 일본과 한국 양 정부로 하여금 보다 적극적인 정책을 수립할 수 있는 계기를 제공하였다고 할 수 있다.

3. 특히 서옥자 워싱턴 바이블 칼리지 교수는 2001년부터 워싱턴 정신대대책위원회 위원장을 맡아 이번 '성노예(위안부)결의안'을 만장일치로 의회를 통과하는 데 결정적인 역할을 해왔다고 한다. "만감이 교차했어요. 부르튼 발을 소금물에 담가 가며 미국인들 지지 서명 받으러 다닌 일이며, 의원들 찾아가 읍소하던 기억이 떠올라서요. 뭣보다 나눔의 집 할머니들이 기뻐하실 일을 생각하니 눈물이 줄줄 나왔습니다."라는 그녀의 말에서 일본군위안부 피해자의 인권회복을 위한 해외시민운동가의 노력이 얼마나 절실했던가를 알 수 있다(조선일보, 2007.8.13에서 인용).

2) 소수자 이론적 관점에서 본 일본군위안부의 특성

일본군위안부가 왜 사회적 소수자이며 어떤 유형의 소수자인가를 이론적 관점에서 밝힐 수는 있을까? 이 질문은 기존의 소수자 이론의 적용은 물론 소수자 연구의 심화 확대에도 큰 도움이 될 수 있다는 점에서 학술적 가치가 인정되는 질문이다. 또한 일본 정부가 아직도 정신대여성을 '자발적 성 봉사자'로 규정하면서 이들에 대한 인권침해 사실을 인정하거나 책임지려는 자세를 보이지 않는데 대한, 이론적 대응을 위해서도 반드시 필요한 질문이다. 그렇다면 일본군위안부 피해자의 소수자 특성을 잘 설명할 수 있는 보다 적실성 있고 구체적인 기준은 없는가. 이런 질문에 잘 부응할 수 있는 소수자 판별 관점은 드워킨의 성과를 통해 얻을 수 있다.[4] 드워킨의 논의는 '누구를 어떤 기준에서 소수자라고 할 수 있는가'를 주제로 하기 때문에, 연구 대상이 되는 특정집단의 소수자성을 밝히는 데 도움을 준다.[5] 이러한 이유로 이 글에서는 소수자에 대한 여러 학자의 개념들 중 일본군위안부 피해자의 소수자로서의 정체성을 파악함에 있어 앤소니 드워킨과 로자린 드워킨의 정의를 기준으로 설명해 보고자 한다.

앤소니 드워킨과 로자린 드워킨(1999)은 소수자를 구분하는 조건으로서 식별가능성, 권력의 열세, 차별적 대우, 소수자집단성원으로서의 집단의식 등 네 가지 기준을 제시하고 있다. 첫째, 식별가능성이란 신체적·문화적 특징에 의해 다른 집단과 구별되는 뚜렷한 차이를 갖는다는 것을 의미한다. 둘째, 권력의 열세란 경제적·사회적·정치적 권력 등에 있어서 실질적인 차이가 있거나 혹은 여러 가지 자원을 동원할 수 있는 능력에서 차이가 나는 것을 의미한다. 셋째, 차별적 대우의 존재라는 것은 한 개인이 단지 그 집단의 구성원이라는 이유만

4. 앞서 논의한 다글라스, 지라르, 유명기, 윤수종의 소수자논의가 주로 소수자의 생성과정에 관한 인식적 논의였다면, 드워킨의 논의는 사회적 관찰을 통한 소수자 특성 조건을 발견하는 식별적 논의라고 할 수 있겠다.

5. 드워킨의 소수자 조건의 기준을 사용하여 소수자정책 연구를 한 최근의 연구로는 정재진·전영평(2007), 서혁준·전영평(2007), 전영평·한승주(2006), 김영대·전영평(2007), 전영평(2007)이 있다.

표 6-2 일본군위안부 피해자의 생활유지방법

구분	장사	노점 행상	식당 술집	파출부	공장	사채	매매춘	농어업	종교인	종교 시설	결혼	가족 의존
빈도	44	48	43	59	15	1	7	27	3	6	4	30
%	22.9	24.5	22.4	30.7	7.8	0.5	3.6	14.1	1.6	3.1	2.1	15.6

자료: 일본군위안부 증언·통계자료집(2001), p.127.

으로 사회적 차별을 받게 된다는 것이다. 넷째, 소수자집단성원 간의 집단의식이 존재하는가의 여부가 중요하다는 것이다. 집단의식은 처음에는 단지 몇 사람의 공유된 생각에서 시작되지만 차별적 관행의 반복을 통해 전체적인 연대의식으로 확대된다(윤인진, 2004: 404).

일본군위안부의 소수자로서의 식별가능성은 경험적 측면, 신체적·정신적 측면, 그리고 법제도적 측면에서 파악해 볼 수 있다. 우선, 경험적 측면에서 일본군위안부 피해자는 일제강점기에 일본정부에 의한 계획적인 강제징집을 통해 전쟁터로 끌려가 그곳에서 일본군의 성노예로서의 삶을 공유한 여성들을 의미한다. 일본군위안부 피해자는 과거의 동질적인 삶의 경험을 가지고 있는 고령의 여성 집단이라는 측면에서 타 집단들과 구별되고 있으며, 이들이 이러한 과거 경험을 원인으로 하는 신체적·정신적 상처를 가지고 있다는 측면에서도 차별성을 가지고 있다. 구체적으로 일본군위안부 피해자 대부분은 과거 공통된 경험으로 인해 야기된 각종 질병의 후유증을 앓고 있고, 정신적으로도 타인에 대한 극심한 불신과 거부감을 보이고 있다. 법률적 측면에서 보면, 1993년 이후 정부에서는 일본군위안부 피해자 등록에 근거하여 법적용대상자 여부를 판단하여 결정하고 있다. 2006년까지 총 254명이 등록신청을 하였고 이 중 20명이 결정기각 및 철회되어 총 234명이 일본군위안부 피해자로서 정부의 각종 지원 법률의 적용을 받고 있다.

권력적 열세 측면에서 살펴보면, 일본군위안부 피해자는 과거 식민치하에서는 일본정부에 대해 권력의 절대적 열세상태에 있었을 뿐만 아니라, 해방 후 상당수가 수치심과 경제적인 이유로 국내에 들어오지 못했고, 들어온 피해자들도 가족과 사회, 정부로부터의 냉대로 인해 권력적으로 매우 취약한 상태에 있었다. 이들은 현재에도 경제적·사회적으로 열악한 상태에 있는데, 2001년 한국정신대대책협의회에서 실시한 설문 결과가 이를 입증하고 있다. 이 조사에서 해방 후 이들이 고국으로 귀환한 후 갖게 된 직업군을 살펴보면, 가장 많은 30.7%가 파출부, 다음으로 노점행상 24.5%, 장사 22.9%, 식당 및 술집 22.4% 순으로 나타나고 있다.

또한, 일본군위안부 피해자 문제는 해방 후 거의 모든 피해자들이 공개적으로 거론하지도 못한 채 50여 년 간 주변사람들에게 조차 숨겨 온 문제였으며, 1965년 한일협정체결에 있어서도 전혀 다루어지지 못한 사안이었다. 1991년 고 김학순 피해자의 최초 증언을 필두로 이후 겨우 사회적으로 공식화되어 제도권으로 들어왔지만, 이후에도 일본에 대한 그리고 정부에 대한 이들의 정체성 확립을 위한 투쟁은 매우 힘겹게 진행되었다. 일본군위안부 피해자가 겪어 온 사회적 차별은 우리나라가 전통적인 유교주의국가였다는 측면에서 더욱 심각하였다. 출가외인이라는 인식이 강하고 유교적 권위주의가 뿌리내린 남성 우월주의 사회현실 속에서 귀국 후 이들은 사회로부터 냉대를 받았고(사카모토 치즈코, 2004), 자신의 정체성을 공개하지 못한 채 과거를 숨기면서 살아오고 있었다. 실제로 이들 중 법적 결혼을 안 한 경우가 34.4%로 현재 70~80대 다른 여성들과 비교했을 때[6] 지극히 높은 미혼율을 보이고 있음을 알 수 있고, 이는 과거 위안부 경험과 비정상적인 미혼율 수치 간에 관련성이 있었음을 시사하는 것이다.

소수자로서 일본군위안부가 갖는 집단의식의 형성은 1990년 한국정신대대책협의회의 발족과 1991년 고 김학순 피해자의 최초 증언에서 비롯되었다. 이후 1992년부터 시작된 일본대사관 앞에서의 수요시위는 지금까지도 지속되고 있으며, 일본군위안부 피해자들은 고령에도 불구하고 빠짐없이 시위현장을 지

6. 통계청 국가통계포탈의 2005년 총 조사 인구상의 자료를 토대로 산출된 70대 이상 여성의 평균 혼인율은 99.7%이다(http://www.kosis.kr/).

키고 있다. 2008년 현재 800회가 넘고 있는 수요시위는 일본군위안부 피해자들로 하여금 소수자로서의 집단의식을 강화하고 관련 시민단체들을 규합하며, 당면한 이슈에 대한 공론의 장을 마련해 오고 있다. 또한, 이들 피해자들은 정부정책, 특히 외교통상부의 대일외교정책과 관련하여 보다 적극적인 '외교적 보호권'을 행사해 줄 것을 요청해 왔다. 구체적으로 2006년 3월에는 〈일본군위안부문제해결을 위한 대일외교정책이 무엇인가?〉라는 공개질의서를 외교통상부에 제출하였고, 같은 해 6월에는 외교통상부앞에서 피해당사자들이 돌아가면서 1인 시위를 벌였고, 2006년 11월에는 '일본군위안부피해자 헌법소원청구재판 공개심리 요청서'를 헌법재판소에 제출하는 등 다양한 활동을 보이고 있다. 한편, 국제NGO 활동에 있어서도 2007년 미의회에 출석하는 등 세계각국의회, 국제기구 등에 출석하여 증언하는 활동을 지속적으로 벌이고 있다.

3) 다중 소수자로서 일본군위안부

앞에서 살펴본 바와 같이, 일본군위안부 피해자의 소수자성은 드워킨의 기준에 따라 명확히 드러나고 있다. 그렇다면 이러한 기준을 충족시키는 일본군위안부 피해자는 어떤 범주에 속하는 소수자라고 할 수 있을까. 소수자의 유형을 신체적 소수자, 권력적 소수자, 경제적 소수자, 문화적 소수자로 구분하는 방식에 따르면(전영평, 2007), 일본군위안부 피해자는 무엇보다도 문화적 소수자의 범주에 가장 근접한다. 문화적 소수자는 주류사회가 지켜 가려는 문화적 가치 혹은 윤리와 일치하지 않는다는 이유로 인하여 각종 차별을 받는 피해자에 해당한다. 이성적으로 따지면, 일본에 의해 강제로 징발되어 성노예로 착취당한 후 조국에 돌아 온 피해자에 대하여, 국가와 주류사회는 이들에게 잃어버린 명예를 되돌려 주고 인권적 차원에서 각종 보상을 해 주었어야 했다. 그러나 한국의 주류 사회는 이들을 '성적 순정성'이라는 유교적 가부장적 가치를 손상시킨 '난잡한 여성'이라는 오명(stigma)으로 낙인찍었으며, 한국정부는 일본과의 수교 및 경제원조, 외교적 마찰 등을 우려하여 일본군위안부 피해자에 대한 정책적 차원의 대책 마련을 소홀히 하였다. 게다가 한국사회에서의 여성차별문화는 최근까지도 그 위력을 발휘하였기 때문에 일본군위안부 여성의 인권적 지위는 개선될 여지가 거의 없었다. 이로 인하여 일본군위안부 피해자들은 해방 이후 수십 년 동안 지속적으로 권력적 열세 및 경제적 열세에 빠질 수밖에 없었으며, 이러한 차별과 무관심은 이들을 또다시 권력적 소수자, 경제적 소수자의 지위로 고착시키는 데 결정적으로 기여하였다.

3. 소수자정책 분석틀로서의 정책옹호연합모형

정책과정에 대한 이론적 설명모형은 합리적 제도선택모형, 정책의 창 모형, 균형-파격모형, 정책옹호연합모형 등에 이르기까지 다양하게 존재하고 있는데(Sabatier, 1999), 이중 어떤 모형이 가장 설명력 있는 정책변동모형이라고 단정하기는 쉽지 않다. 이는 어떤 정책변동모형이 설명력을 발휘하기 위해서는 그 모형의 전제와 구성요건에 맞는 정책문제가 채택되어야 하기 때문이다. 본 논문은 일본군위안부 정책문제를 다룸에 있어 정책옹호연합모형을 기본분석틀로 적용하고자 한다. 이는 일본군위안부 피해자 소수자정책의 경우 첫째, 일본군위안부 소수자를 놓고 갈등하는 옹호집단을 둘러싼 정책하위체제가 존재하며, 둘째, 이들 간의 관계에 영향을 미치는 역동적 사건들이 존재해 왔고, 셋째, 외부사건들과 기타 변수들 간의 작용에 의한 정책변동이 10년 이상의 기간 동안 발생해 왔다는 측면에서 사바티에와 젠킨스-스미스가 제시한 정책옹호연합모형의 요건과 적절히 부합한다는 판단에 근거한다.

정책옹호연합모형은 사바티에와 젠킨스-스미스에 의해 본격적으로 제시된 정책변동 설명모형으로서 정책옹호연합을 분석단위로 상정하고 이러한 연합의 형성과 활동에 제약을 가하거나 전략적 기회를 제공하는 역동적 변수와 안정적 변수를 상정하고 있다(장지호, 2004: 177). 옹호연합모형은 기본가정으로 10년

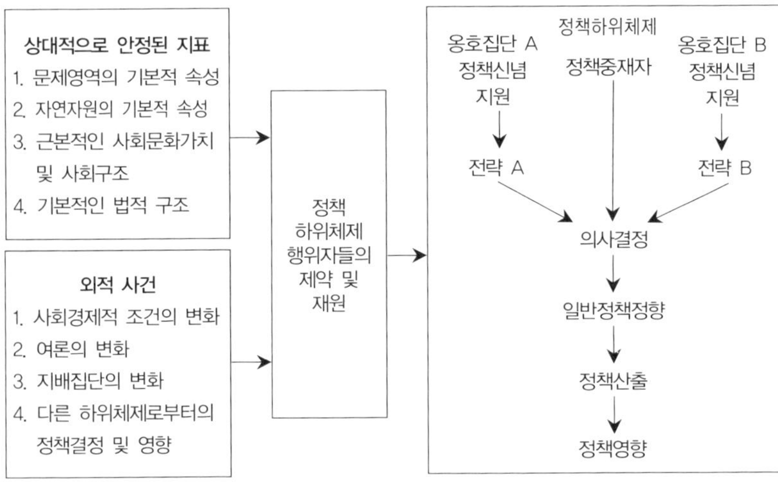

자료 : Sabatier & Jenkins-Smith(1999: 128).

그림 6-1 정책옹호연합모형의 구조

이상 장기간에 걸친 정책하위체제의 변화가 파악되어져야 하고 정책하위체계들은 다양한 차원의 정부에서 활동하는 행위자들이 포함되며, 정책하위시스템의 개념은 철의 삼각(iron triangles)의 개념으로부터 확장될 것 등을 전제로 제시하고 있다(Sabatier & Jenkins-Smith, 1999: 118-119).

옹호연합모형에서는 우선 정책하위체계에 영향을 주는 안정적 지표(stable parameters)와 역동적 외적사건(dynamic events)을 포함하는 외생변수가 존재하며, 이 외생변수들은 정책하위체계 행위자들에게 제약을 가하거나 기회를 제공하는 재원으로서 작용하게 된다. 안정적 지표에는 문제영역의 기본속성, 자연자원의 기본속성, 근본적인 사회문화가치 및 사회구조, 기본적인 법적 구조가 포함된다. 역동적 외적사건에는 사회경제적 조건의 변화, 여론의 변화, 지배집단의 변화, 다른 하위체제로부터의 정책결정 및 영향이 포함된다. 정책하위체계에는 대립되는 옹호연합들이 존재하는데 이들 옹호연합들은 정책믿음, 재원 등의 측면에서 갈등을 일으키게 된다. 정책중재자는 옹호집단간 갈등을 조정하는 역할을 하는바 이 과정에서 일반정책의 정향이 결정되며 정책이 산출된다(Sabatier, 1988; 134-137; 장지호, 2004: 177; 정재진·전영평, 2006: 213).

Ⅲ. 일본군위안부 소수자에 대한 정책 사례분석

1. 일본군위안부 소수자정책에 대한 정책옹호연합모형의 적용

일본군위안부 소수자정책을 정책옹호연합모형에 근거하여 상대적으로 안정적인 지표, 역동적 외적 사건, 옹호연합의 구성과 각 옹호연합의 신념체계를 분석해 보면 다음과 같다.

1) 상대적으로 안정적인 지표

일본군위안부 피해자에 대한 정책변동의 안정적 지표로는 문제영역의 기본적 속성 측면에서 '과거식민지 지배역사'와 '한일 간 밀접한 경제의존'을, 근본적인 사회문화가치 및 사회구조 측면에서 '가부장적 유교주의'를 기본적 법적 구조 측면에서 일제하일본군위안부 피해자에 대한 "생활안정지원및기념사업등에관한법률"과 "일제강점하강제동원피해진상규명등에관한법률"을 제시할 수 있다. 먼저, 문제영역의 기본적 속성으로 '과거 식민지 지배역사'를 돌아보면, 일본은 1931년 만주사변과 1937년 중일전쟁을 거쳐 1941년 진주만을 공격함으로써 제2차 세계대전을 일으켰고, 그 과정에서 전쟁의 효율적 수행을 위해 위안부 제도를 정부차원에서 기획하게 되었다. 구체적으로 중일전쟁 이후 난징점령시기에 대대적으로 민간인을 학살하고 여성들을 강간한 사건이 일어나 국제적인 비난이 일게 되자 일본정부는 그 해결책을 도모하게 되었고, 그 주요방안이 군위안소 제도의 설치 및 확대였다. 과거 일본군 군의관 아소

테츠오의 증언에 따르면 위안소에 있는 대부분의 여성들은 조선인들이었다고 한다.[7] 이는 식민지 당시 일제가 일본군위안부를 가장 손쉽게 동원하는 수단으로 그 당시 일본의 식민지였던 한국을 이용했음을 드러내는 증거이다. 문제영역의 기본적 속성 중 또 다른 지표는 '한국과 일본 간 밀접한 경제의존'이다. 이는 한일 양국 정부로 하여금 일본군위안부 피해자문제를 회피하는 데 있어 묵시적 동의를 초래하도록 하였다. 구체적으로 1965년 한일협정 당시 한국정부는 일본군위안부 소수자들에 관한 문제를 거론조차 하지 않았으며, 이후에도 한일 간의 경제관계, 특히 대일의존도가 높았던 측면을 이유로 한국정부는 지속적으로 이 사안에 대해 미온적 자세로 일관해 왔다(윤향숙, 1997).

둘째, 사회문화가치 및 사회구조로는 '한국사회의 가부장적 유교주의'를 들 수 있다. 한국사회를 지배하고 있는 가부장적 유교주의는 일본군위안부 피해자에 대한 문화적 편견을 공고히 하는 역할을 하였다. 제2차 세계대전이 끝나자 그들은 위안소를 떠날 수 있었지만 피해자의 상당수가 위안소 경험에 대한 수치심으로 귀국선을 타지 못하고 해외에 남아 있었다. 고국에 돌아온 피해자들도 여성의 순결을 중요시하는 가부장적 사회가 주는 사회적 고통으로 어려움을 겪게 되었다. 정상적인 결혼과 가정생활을 누리지 못하는 경우가 많았고, 심지어 가족으로부터 배척을 당하는 사례들도 발생하게 되었다(사카모토 치즈코, 2004).

마지막으로 기본적 법적구조로서 1993년 제정된 "일제하일본군위안부피해자에대한 생활안정지원및기념사업등에관한법률"과 2004년 제정된 "일제강점하 강제동원피해진상규명등에관한특별법"을 들 수 있다. 이 법들은 정책하위체제 내 옹호연합 간의 상호작용에 따른 정책 산물인 동시에 향후 일본군위안부 피해자들에 대한 정부정책의 근거가 되는 안정적 지표로 작용하였다.

---

7. http://hermuseum.flashinside.net/client/korean/sub01/sub01_02.asp

즉, "일제하일본군위안부피해자에대한생활안정지원및기념사업등에관한법률"을 근거로 매년 여성부에서는 피해자에 대한 생활지원을 비롯한 각종 지원을 확대해가고 있고, 2007년부터는 이들에 대한 간병인 제도를 새롭게 도입하였다. "일제강점하강제동원피해진상규명등에관한특별법"은 향후 일본군위안부 피해자들을 비롯한 각종 강제동원 등의 피해자들의 진상규명 및 보상 더 나아가 명예회복을 위한 정부적 차원의 활동을 도모하는 법적 근거를 마련하였다.

2) 외적 사건

일본군위안부 소수자정책에 영향을 미친 외적 사건으로는 ① 정대협 출범, ② 고 '김학순 씨' 최초증언, ③ 관련공문서 발견, ④ 아시아평화우호기금, ⑤ 노무현 정권 출범, ⑥ 미하원의 일본군위안부 피해자 결의안 통과를 들 수 있다. 먼저, 해방 후 거의 50년 동안 일본군위안부 피해자들은 사회적으로 — 특히 정부로부터 — 외면당하는 상황에 처했기 때문에 자신의 과거를 숨기고 사회적·경제적으로 어려운 생활을 할 수밖에 없었다. 이런 와중에서도 고 '김학순 씨'가 최초로 자신이 위안부였음을 대중 앞에 밝히는 사건이 일어나게 되었고, 1990년 11월 일본군위안부 소수자들을 돕는 NGO로서 한국정신대대책협의회가 발족하였다. 또한, 1992년 일본에서 일본군위안부와 관련된 공문서들이 발견됨에 따라 그동안 이들을 지속적으로 부인해 왔던 일본정부가 처음으로 관련 사안들을 부분적으로 시인하게 되었다.

한편, 일본정부는 1994년 일본군위안부 피해자들에 대한 정부차원 보상이 아닌 민간 차원의 보상을 제공하는 '아시아평화우호기금'을 마련하려는 계획을 발표하였다. 그러나 이러한 의도는 일본 내에서도 별다른 호응을 얻지 못하였고, 우리나라와 관련 피해국들로부터 심한 반발과 정부 차원의 보상에 대한 강력한 요구를 받게 되었다. 특히, 1997년 중 우리나라 일본군위안부 소수자들에 대해 일본이 기습적으로 '아시아평화우호기금'을 통한 보상금지급을 시도한 것이 드러남에 따라 이에 대한 시민단체들의 반발이 더욱 강해졌고, 이에 우리 정부는 1993년 이미 제정된 "일제하일본군위안부피해자에대한생활안정지원및기념사업등에관한법률"에 근거하여 지급되어 오던 기존의 지원금을 대폭 확대하여 지급하게 되었다.

특히, 2003년 출범한 참여정부는 기존의 정부에 비해 사회적 소수자들에 대해 우호적인 정책을 추진하고 있던바, 그 일환으로 기존의 정부에서는 시도되지 못했던 인권적 차원에서 일본군위안부 소수자들을 비롯한 일제강점하의 피해자들에 대한 진상규명에 착수하게 되었다. 이는 일본군위안부 소수자들과 관련된 매우 의미 있는 정책 전환이라 하겠다. 최근에는 일본군위안부 소수자정책을 둘러싼 국제연대의 결과로 2007년 6월 26일 미국하원 외교위원회에서 일본군위안부 피해자 문제해결을 위한 결의안이 통과되고 2007년 7월 30일 미국하원 본회의에서 투표 없이 만장일치로 통과되었다. 미국하원 결의안 통과는 일본계 미국인인 마이클 혼다의원이 2007년 1월 31일 상정했고, 2월 15일 세 명의 피해자들이 참석한 청문회를 거쳐 이루어졌다. 그리고 그 과정에는 미국 지역의 한인시민단체(워싱턴 정신대대책위원회, 뉴욕한인유권자센터 등)들을 중심으로 한 미국인 10만 명 지지서명을 받아낸 10여 차례의 로비데이 캠페인과 민간인 성금으로 실은 워싱턴포스트 광고 등의 '풀뿌리 로비'가 결정적인 영향을 제공했다. 그동안 시민단체들을 중심으로 한 국내외 연대운동은 유엔인권위원회와 ILO기준적용위원회 전문가위원회 등 국제기구들의 권고와 2000년 일본군위안부전범국제법정의 전쟁범죄판결을 얻어내는 성과를 거두었다. 미국하원 본회의결의안 통과는 일본군위안부 피해자 문제해결을 위한 국제연대가 그 틀을 잡고 새로운 계기를 마련하는 것임을 의미한다(나눔의 집 성명서, 2007). 이후 2007년 12월까지 계속된 캐나다, 네덜란드 그리고 유럽연합의회의 결의안 통과는 미국에서 이루어진 공감대가 국제적으로 확산되고 있음을 확인할 수 있는 증거가 되고 있다.

3) 일본군위안부 소수자정책을 둘러싼 옹호연합 구성과 신념체계

일본군위안부 소수자와 관련된 정책하위체계를 구성하는 주요 세력으로는 일본군위안부 피해자 당사자들을 비롯한 시민단체 및 참여정부의 여성가족부로 구성된 일본군위안부 소수자 옹호집단과 일본의 우익단체 및 정부를 중심으로 구성된 일본군위안부 소수자 반대옹호집단을 생각해 볼 수 있다.

(1) 일본군위안부 소수자 옹호연합

일본군위안부 옹호연합에는 한국정신대대책협의회를 비롯한 국내시민단체들과 국제적 연대를 이루고 있는 해외시민단체들이 포함된다. 이 중 가장 주도적인 역할을 수행해 온 것은 국내시민단체들이며, 한국정신대대책협의회와 나눔의 집, 그리고 정신대할머니와 함께하는 시민모임 등을 들 수 있다. 일찍이 일본군위안부 문제에 대해 처음 공식적으로 문제를 제기한 단체는 한국교회여성연합회로서 1980년대 중반부터 원폭피해자들에 대한 보상과 일본인의 기생관광문제에 대한 반대운동을 펼치고 있었다. 이러한 운동의 연장선상에서 일본군위안부 문제에 대한 관심을 갖게 되었고 한국교회여성연합회 산하에 '정신대연구위원회'를 설치하여 적극적인 활동을 펴나가기 시작했다. 이후 일본군위안부에 대해 여성단체들이 관심을 표명하면서 여성운동조직들 간의 연대활동이 모색되었다.

1990년 당시 노태우대통령의 방일을 계기로 하여 한국교회여성연합회, 한국여성단체연합, 여대생대표자협의회는 일본정부에 정신대문제에 대한 진상규명 및 사죄를 요구하는 성명서를 발표하고, 방일 중 외무장관이 강제연행자 명단작성에 협력을 요청하도록 하는 등 다양한 활동을 벌였다. 그러나 한국교회여성연합회 산하의 연구회만으로 일본군위안부문제에 대응한다는 것에 많은 한계를 느끼게 되었고, 다른 단체들과의 보다 폭넓은 연대활동이 요청됨에 따라 일본군위안부문제만을 중심적으로 다루는 조직의 필요성이 제기되었다. 이에 한국교회여성연합회, 정신대연구회, 한국여성단체연합회 등 37개 단체

표 6-3 국내 시민단체 간 옹호연합 관계분석

구분	정대협 회원유무	시민단체	운동목적의 공유	활동참여도	자원제공도
강한 옹호연합관계	회원단체	한국교회여성연합회 등 20개 단체	○	○	○
중도적 연합관계	비회원단체	유족회	○	○	△
		나눔의 집	○	○	△
		민변	○	△	△
		대한변협	○	▽	▽
단순협업관계		민주노총, 한국노총	○	▽	▽
		경실련	○	▽	▽
		전교조	○	▽	▽

주: ○ 매우 적극적, △ 중도적, ▽ 정도가 매우 낮음.
자료: 이민아(1998). p.32. 표에 2008년 한국정신대대책협의회 홈페이지 자료내용 등을 참고하여 조정함.

가 모여 1990년 11월 '한국정신대대책협의회'를 발족하게 되었다. 일본군위안부 소수자관련 정책변동에서 주도집단으로서 한국정신대대책협의회를 둘러싼 시민단체들 간의 연합 정도는 다양한 양상을 보이고 있다. 시민단체들 간의 연합정도에 대해 연구한 이민아(1998)에 따르면, 일본군위안부 피해자 관련 시민단체 간의 연합 정도는 운동 목적을 공유하는지 여부, 활동참여도, 자원제공도, 갈등의 유무 등을 기준으로 강한 옹호연합관계, 중도적 연합관계, 단순협업관계로 구분되어질 수 있다고 한다. 〈한국정신대대책협의회〉를 중심으로 가장 높은 옹호연합관계를 보이고 있는 단체들로서는 〈감리교여교역자회〉, 〈감리교여선교회전국연합회〉, 〈기독여민회〉, 〈기장여교역자회전국연합회〉, 〈새세상을여는천주교여성공동체〉, 〈여성교회〉, 〈예장전국여교역자연합회〉, 〈이화민주동우회〉, 〈정신대연구소〉, 〈한국여성민우회〉 등 20여개 회원단체들이 있다. 〈한국정신대대책협의회〉는 이들 회원단체들로 이루어진 협의체로서 회원단체들이 활동의 중심이 되며, 각종 의결권을 행사하고 일본군위안부문제에 대한 〈한국정신대대책협의회〉의 입장과 동일한 입장을 취하고 있다. 회원단체들보다는 연합정도가 강하지는 않지만 일정 수준의 연합관계를 보이고 있는 단체들로서는 일본군위안부 피해자 유족회, 나눔의 집, 민변, 대한변협 등이 있다. 이들은 일본군위안부 피해자관련 활동들의 목적을 공유하고 있고, 활동에 활발히 참여하고 있으며, 어느 정도의 금전적 기여를 하고 있다. 그러나 경우에 따라서 다소의 갈등을 보이기도 한다. 일례로 유족회와의 관계에 있어서는 〈한국정신대대책협의회〉는 1997년 유족회의 보상청구재판활동에 참여하지 않음으로써 유족회와 갈등을 겪기도 하였다. 그밖에 가장 낮은 연합정도를 보이고 있는 단순협업관계로서는 운동의 목적은 공유하나 활동참여도나 자원제공도에 있어서 그리 높지 않은 단체들로서 경실련, 전교조 등이 거론되고 있다(이민아, 1998: 29-32).

한국정신대대책협의회(약칭 정대협)는 1991년 한국 최초로 피해자 김학순 할머니의 기자회견을 시작으로 피해자 증언을 확보하였으며, 매주 수요일 일본 대사관 앞에서 '수요시위'를 비롯한 다양한 활동을 펼쳐오고 있다. 정대협의 활동 외에도 일본군위안부 문제에 관심을 가지고 있는 많은 연구자들이 진상조사를 시작했고, 정대협은 피해자 신고전화를 설치하고 피해자들의 증언을 통해 군위안부제도의 실상을 조사했다. 이러한 진상조사활동은 곧 일본군위안부 문제를 국민들에게 알리는 활동과 연결되었고, 1992년 1월 8일부터 일본대사관 앞에서 '수요시위'를 시작하게 되었다. 수요시위는 일본정부에 군위안부문제에 대해 항의하는 장인 동시에 국내에서 군위안부 문제를 알리는 역할을 하고 있다. 이 수요시위는 현재까지 계속되고 있으며, 정대협의 주요활동 중 하나로 자리 잡았다. 생존자 복지사업은 일본군위안부 피해자의 신고를 접수하여 현황을 파악한 후 생존자들에 대한 기금마련 등의 활동을 통해 생존자들의 생활을 지원해 주는 형식으로 이루어졌다. 생존자 복지사업은 여러 사회운동단체들의 연대로 이루어졌는데, 1992년 12월 1일 '정신대할머니 생활기금모금 국민운동본부'가 발족하였고, 불교인권위원회에서는 일본군위안부 피해자 생존자들이 기거할 수 있는 생활공간을 마련하였다. 이 생활공간이 '나눔의 집'으로 일본군위안부 피해자 할머니들에 대한 복지사업과 관련된 활동의 중심을 이루고 있고 정대협과 많은 연대활동을 벌여오기도 하였다.

일본군위안부 피해자와 관련한 시민활동은 국내뿐만 아니라 일본, 필리핀을 비롯한 아시아권, 더 나아가 유엔과 국제 NGO와의 연대로 확대되고 있다. 일본에서는 교회여성연합회에서 일본군위안부 문제를 제기한 시기부터 여러 운동단체들이 이 문제에 대해 관심을 갖기 시작했다. 1973년 발족한 일본의 '매매춘문제에대해도전하는회(賣買春問題どどりぐす會)'는 아시아 여성에 대한 성폭력문제에 대해 도전하였고, 필리핀에서는 릴라 필리피나(Lila-Philipina)를 중심으로 활동이 이루어졌다. 이 단체는 일본군위안부와 강간당한 후 살아남은 사람들, 그리고 필리핀의 일본군위안부들의 인권과 정의 및 배상요구를 지지하는 사람들의 조직으로서 군위안부들의 운동을 지지하는 필리핀에 있는 여러 조직들의 네트워크를 조정하는 단체이다. 이밖에도 타이완, 인도네시아 등의 아시아 피해국들 간의 연대활동이 필요하다는 입장에서 '아시아 연대회의'가 마련되어 1992년 서울에서 1차 회의가 있은 후 도쿄, 마닐라 등에서 회의를 개최하고 있다. 유엔과 국제 NGO의 연대도 지속되어 1992년 한국정신대대책협의회가 군위안부 문제를 유엔에 상정한 이후 1994년 1월에 열린 인권위원회에서 여성에 대한 폭력 특별보고자제도가 설치되고 1996년 2월 라디카 구마라스와미에 의해 '군사적 성적 노예제'에 관한 보고서와 그 부속문서로 위안부문제가 제출되었다. 정대협은 인권위원회가 공식적으로 이 문서를 인정할 것을 요구하여 4월 19일 인권위원회에 의해 공인받게 되었고, 이후에도 정대협은 세계교회협의회(WCC, World Council of Churches)의 대표자격으로 인권위원회에 참석하여 다양한 활동을 하고 있다(이민아, 1998: 20-21). 2005년에는 국제사면위원회(AI: Amnesty International)가 전후 60주년을 맞아 추방해야 할 여성폭력문제로 일본군위안부문제를 선정하여 조사하고 그 보고서를 발표함으로써 일본에 대해 국제적인 사죄 및 피해보상 요구를 더욱 강화하게 되었고, 2007년에는 워싱턴 정신대대책위원회를 비롯한 미주지역

시민단체들의 활발한 활동의 결과로 미 하원의원의 만장일치 결의안 채택이 이루어졌다. 이어 이루어진 네덜란드, 캐나다 및 유럽의회의 만장일치 결의안 채택에 있어서도 시민단체들의 활동이 결정적인 역할을 하였다.

(2) 일본군위안부 소수자 반대옹호집단

일본군위안부 소수자에 대한 대표적 반대옹호집단은 일본 정부와 우익단체들을 들 수 있다. 현재까지 이들의 기본적인 입장은 일본군위안부 소수자들에 대한 법적 책임을 부인하는 것으로 일관해 왔다. 일본군위안부 피해자들에 대한 일본정부의 공식견해로서 가장 대표적인 것은 1992년과 1993년 내각관방장관이 발표한 담화이다. 1992년 담화에서는 그간 일본정부의 부인에도 불구하고 일본 내에서 관련 공문서가 발견됨에 따라 위안부 문제에 관한 정부의 조사결과를 발표하는 기자회견에서 발표된 것으로 이 발언에서 관방장관은 위안소의 설치, 위안부모집을 담당하는 자의 단속, 위안시설의 축조와 증강, 위안소의 경영과 감독, 위안소와 위안부의 위생관리, 위안소 관계자에 대한 신분증명서 등의 발급 등에 있어 일본정부가 관여했음을 최초로 인정했다. 1993년 담화는 일본군위안부 피해자에 대한 2차 결과보고서를 발표하면서 아울러 내각관방장관 담화를 발표한 것으로 여기서는 ① 광범위한 지역에서 위안소와 위안부들이 존재했던 것, ② 위안소의 설치, 관리, 이송에 있어서 일본군의 관여한 것, ③ 위안부 모집은 '군의 요청을 받은 업자'가 실시했다는 것, ④ 모집에 있어서 거짓과 강압에 의해 본인들의 의사에 상관없이 모집되었던 사례가 많다는 것, ⑤ 모집에서 관헌이 직접 가담했다는 것, ⑥ 위안소에서의 생활이 강제적 상황이었다는 것, ⑦ 조선반도 출신 위안부의 모집, 이송, 관리 등도 대체로 본인들의 의사에 반했다는 것을 인정했다. 그러나 이 두 번의 담화 모두 관헌 등이 직접 가담했음을 밝히면서도 정부의 관여라는 직접적 표현을 쓰지는 않고 있다.

일본정부는 정부적 차원의 법적 책임을 회피하는 수단으로 1994년 '아시아

평화국민기금' 조성계획을 발표하였으나 이는 정부차원의 보상을 회피한 채 '국민의 선의(善意)'를 통해 인권회복을 요구하는 피해자들의 목소리를 잠재우려는 수단으로 인식되어 한국·타이완·필리핀 등 3개국 지역의 피해자들로부터는 맹렬한 반대에 부딪치게 되었다. 이후 2001년에는 일본의 대표적 우익단체인 '새로운 교과서를 만드는 모임'의 교과서가 검정을 통과, 교과서에서 위안부에 관한 기술을 삭제하는 사건이 발생하였고, 2002년에는 "전시성적강제피해자문제해결촉진에관한법률안"을 제출한 의원들이 일본군위안부에 대한 대정부 질의를 지속적으로 시도하였다. 그러나 이러한 질의들에 대해 정부의 답변기조는 크게 바뀌지 않은 것으로 평가되고 있다.

(3) 중재자 (혹은 기회자) 집단

한국정부는 정책중재자로서 일본정부와 우리나라 시민단체사이를 오가는 기회주의적 태도를 보여왔다고 할 수 있다. 한국정부는 일본군위안부 소수자 문제 해결에 있어서 확실한 신념에 근거하여 움직이거나 중재하기보다는 시기와 정치상황 및 경제적 이해관계에 따라 흔들리거나 시민단체들의 지속적인 대정부요구에 의해 마지못해 끌려가는 모습을 보였다. 복지적 측면에서, 정부는 이들에 대한 생활지원금지급을 위한 법안인 "일제하일본군위안부피해자에대한생활안정지원및기념사업등에 관한법률"이 1993년 제정됨에 따라 이를 근거로 현금보상을 비롯한 다양한 보상사업을 수행하고 있다. 그러나 인권적 측면에 있어서의 정부는 — 참여정부 이전의 모든 정권이 — 어떠한 공식적 지원책도 마련하지 못했던 것이 사실이다. 2004년 "일제강점하강제동원피해진상규명등에관한특별법" 제정이 되고서야 이 법을 근거로 일제강점하강제동원피해진상규명위원회를 구성하였고, 다른 피해자 진상조사의 일환으로 일본군위안부 피해자 진상조사 등의 사업을 실시하였는데 이 또한 아직까지 가시적 성과를 내지 못하고 있는 실정이다. 이러한 정책은 일본군위안부 피해자들에 대한 정부의 이원적 태도를 반영하는 것이다. 즉, 공식적으로는 일본과의 외교적 측면을 고려하여 일본정부의 국가책임 인정이나 보상 문제로 인해 국가 간 분쟁이 일어나는 것을 원하지 않는다는 입상을 견지하면서, 다른 한편으로는 일본군위안부 문제는 인권문제이므로 유엔 등 국제무대에서 지지를 얻어 내기 위해 시민단체 활동 등을 지속적으로 벌여 나갈 수 있도록 한다는 것이었다. 이러한 정부입장은 피해자들과 관련시민단체들로부터 상당한 비판에 직면하고 있다. 즉, 국민을 보호할 의무가 있는 정부로서 일본정부에 보다 적극적으로 보상을 요구할 것과 교과서 문제, 신사참배문제 등에 있어 보다 강력하게 대응할 것이 요구되고 있다.

(4) 신념체계 분석

일본군위안부 소수자를 둘러싼 옹호연합과 반대옹호연합 간의 신념체계는 피해자에 대한 인권회복과 지원에 대한 공식적 태도를 둘러싸고 첨예하게 대립하고 있다. 정대협을 중심으로 한 국내외 시민단체들이 형성되고 있는 일본군위안부정책옹호연합은 피해자에게 가장 중요한 것이 인권과 명예의 회복임을 강조하고 '인권주의'를 규범적 핵심신념으로 삼고, 이와 더불어 현재 생존해 있는 피해자들에 대한 복지지원을 동시에 추구하고 있다. 이들 옹호 연합은 1991년 이후 이루어진 진상조사를 시작으로 이들의 인권문제를 이슈화하여 일본정부의 공식적 사과와 보상을 요구하는 동시에 국제적인 공감대형성을 위해 다각적인 운동을 벌여왔다. 또한, 일본군위안부 소수자들이 처해 있는 사회적·경제적으로 어려운 상황을 대외적으로 알려왔고, 자체적으로 다양한 복지사업을 마련하는 한편, 정부에 대해서도 이들의 복지와 명예회복을 위한 정책마련을 주장해 왔다.

이와 반대로 일본정부와 '새로운 교과서를 만드는 모임'과 같은 일본 내 우익단체들로 구성되는 일본군위안부 피해자 반대옹호연합은 피해자들에 대한 법적 책임을 부인하고 때론 합리화하는 '국수주의'적 신념을 고수하고 있다. 1992년과 1993년 내각관방장관이 발표한 모든 담화에서 '관헌 등'이 가담했

표 6-4 정책옹호연합의 신념체계

구분	일본군위안부 소수자 옹호연합	일본군위안부 소수자 반대옹호연합
규범적 핵심신념	· 인권주의	· 국수주의
정책핵심	· 일본정부의 공식사과와 보상요구 · 정부차원의 인권회복 구체화 · 민간과 정부차원의 복지지원	· 정부차원의 법적 책임 부인 · 민간차원의 복지지원
도구적 전략	· '일제하일본군위안부피해자에대한생활안정지원및기념사업등에관한법률' 제정 및 정부차원의 복지지원 추진 · '일제강점하강제동원피해진상규명등에관한 특별법' 제정 및 정부차원의 진상조사추진 · 인권회복운동을 위한 국제연대, 수요시위	· 내각관방장관담화(1992, 1993년)를 비롯한 공식적 차원의 법적 책임 언급회피 · 민간차원의 '아시아평화국민기금' 추진 · 일본교과서에서 위안부 등에 대한 기술 삭제

음을 밝히면서도 '정부'의 관여라는 직접적인 표현을 회피하였고, 이후에도 정부적 차원의 공식적 책임을 회피하는 대신 민간차원의 '아시아평화국민기금'과 같은 수단들을 강구해 왔다. 또한, 2001년에는 대표적인 민간우익단체 중 하나인 '새로운 교과서를 만드는 모임'을 중심으로 일본 교과서에서 위안부를 비롯한 식민지에 대한 강제동원 피해 등 자신들의 과거 잘못에 대한 기술 삭제 및 역사왜곡을 시도함으로써 국제적인 비난의 대상이 되기도 하였다. 이러한 측면에서 반대옹호연합의 정책 핵심은 정부차원의 법적 책임 부인이며 — 민간차원에서도 우익단체들을 중심으로 볼 때 — 지속적인 책임 회피임을 확인할 수 있다. 이로 인하여 일본은 정부정책에 있어서도 정부차원의 공식적 사과나 답변을 회피하고, 다만 복지적 보상차원에서 민간단체를 중심으로 한 선의의 보상을 강구하는 모습을 보여 주었다.

2. 정책학습, 소수자로서의 정체성 표출 그리고 정책변동

1) 정책학습 : 수요시위

정책옹호연합모형에 있어서 정책학습은[8] 장기적이고 점증적인 변화를 일으키는 역할로 중요한 의미를 갖는다(Munro, 1993: 124).[9] 특히, 일본군위안부 소수자 사례에 있어서 정책학습의 장의 역할은 두드러지고 있다. '수요시위'는 사회학습의 장으로서 일본군위안부 소수자에 대한 아이디어를 공유하고 확산하며 결과적으로 일본군위안부 소수자정책에 있어 패러다임의 이동을 가져온 결정적 역할을 하였다. 수요시위는 1992년 1월 미야자와 전 일본총리의 방한을 계기로 시작되어 간헐적으로 진행되던 시위였으나 이후 정기시위로 자리잡게 되었다. 현재까지 수요시위는 매주 수요일 일본대사관 앞에서 실시되고 있으며 일본군위안부문제해결에 대한 활동을 알리고, 이념과 성별, 세대를 초월한 연대의 장이자 살아 있는 역사교육의 장으로 자리 잡고 있다.[10]

정책학습의 장으로서 수요시위는 세 가지 측면에서 의미를 가지고 있다. 무엇보다도 일본군위안부문제해결을 위한 홍보 및 관련 활동을 알림으로써 정보를 공유하는 기회를 제공해 왔다. 1992년 1월 8일 첫 수요시위에서부터 일본정부가 조선인 여성들을 종군위안부로서 강제 연행한 사실을 인정할 것, 그에 대해 공식적으로 사죄할 것, 만행의 전모를 스스로 밝힐 것, 희생자들을 위

8. 정책학습은 정책변동의 한 요인으로서 지식(knowledge)을 통한 정책의 변화를 설명한다(Bennett & Howlett, 1992: 276). 일반적으로 갈등이 내재된 정책상황에 있어서 정책 메커니즘의 본질이나 정책변동행위 또는 정책변동과정에 대한 지식의 역할은 분명히 드러나 있지 않지만(Castles, 1990) 다수의 연구에서 정책학습의 역할을 다루어오고 있다. 벤네트와 하울네트(Bennett & Howlett, 1992)는 기존의 다양한 유형의 정책학습연구를 바탕으로 하여 학습의 유형을 정부학습(government learning), 학습도출(lesson drawing), 사회학습(social learning)으로 구분하여 설명하고 특히, 이중 사회학습은 정책 커뮤니티가 주축이 되어 아이디어를 배우고 패러다임의 이동(paradign shift)를 이끌어낸다고 설명하고 있다.

9. 서혁준·전영평(2006). p.294에서 재인용함.

10. http://www.womenandwar.net/menu_02.php

한 추모비를 세울 것, 생존자와 유족들에게 배상할 것, 이러한 잘못들을 되풀이 하지 않기 위해 역사교육 속에서 이 사실을 가르칠 것 등 여섯 가지 핵심이슈이자 요구사항을 제시하고, 이를 통해 참석자들과 시민들에게 일본군위안부 피해자에 대한 인식 확산을 도모하고자 하였다. 초기 수요시위는 한국정신대문제대책협의회가 주관하고 36개 회원단체 회원들이 참가하는 형식으로 진행되었으며, 매회 일본군위안부 피해자들, 관련 시민단체 구성원, 그리고 관심있는 국내외의 방문객들을 중심으로 참석하여 매회 당시의 주요이슈들을 소개하고 관련 활동들을 보고하는 교육의 장으로 활용되었다.

둘째, 수요시위는 일본군위안부 피해자와 관련 단체 간의 연대를 강화하는 장으로 의미를 가지고 있다. 구체적으로 1992년 12월 23일에는 50차 수요시위로 정신대 만행·진상규명을 촉구하는 범시민대회로 개최되어 회원단체 및 고등학생, 반일연대회의 등 250명에 가까운 사람들이 참가한 가운데 열렸고, 1994년 12월 22일 100차 수요시위이후부터는 그동안 정대협 회원단체들만 주관해 오던 수요시위가 여러 단체로 확산되어 시위주관을 돌아가면서 개최하게 되었다. 이후 수요시위는 다양한 시민단체 및 연극단체, 종교단체, 정치단체 및 민간기업 등 수많은 단체들이 주관하는 연대의 모습을 보이고 있다. 구체적으로 2004년 12월 8일 수요시위는 반미여성회가 주관하였고, 2005년 9월 14일은 한살림서울생협이, 2006년 5월 9일에는 안양사랑청년회, 2007년 4월 17일에는 한국민속극연구소에서 주관하였다. 특히, 2007년 8월 8일에는 세계공동행동 선포식으로 관련 시민단체들이 대거참여하여 연대를 강화하는 모습을 보였다.

마지막으로 수요시위는 일본군위안부 소수자정책에 있어 패러다임의 이동을 야기하거나 촉진하는 역할을 수행하였다. 맨 처음 시민운동 태동기에 수요시위는 시작되어 일본군위안부 소수자들의 인권적 측면과 복지적 측면을 동시에 주장하는 모습을 보여 왔다. 특히 복지적 측면에서의 이들의 주장은 1992년 관련 공문서 발견에 따른 일본정부의 일본군위안부관련 사항 최초인정을 계기로 초래된 일본 내 민간차원의 '아시아평화우호기금'마련 운동에 대항하여 국내 모금운동을 주도하는 역할을 하였고, 한국성부차원에서 관련 법령인 "일제하일본군위안부피해자에대한생활안정지원및기념사업등에관한법률"제정 및 일본군위안부 피해자들에 대한 정부차원의 재정지원을 이끌어내는 데 영향을 주었다. 그 후 지속적으로 인권적 측면의 해결을 요구하는 수요시위가 계속되었고, 결과적으로 정대협을 중심으로 한 관련 국내외 시민단체들의 국제적 연대는 미국, 캐나다, 유럽의 의회뿐만 아니라 유엔, ILO 등과 같은 국제기구에서 관련 사안에 대한 관심을 끌어내는 역할을 수행해 오고 있다.

2) 소수자로서의 정체성 표출

일본군위안부 정책이슈는 초기에는 기독교여성단체를 중심으로 한 시민단체들에 의해 태동되었으나 국내외적으로 시민운동이 확산되고 일정한 성과를 거두며 결과적으로 정부의 정책변동을 이끌어내는 데 있어서는 일본군위안부 피해자 당사자들의 강력한 의지와 행동이 있었고 이는 소수자로서 이들이 가지는 집단정체성의 발로였다고 평가될 수 있다.

이들의 소수자로서의 집단정체성이 표출된 가장 두드러진 활동으로 국내외에서 다각적으로 이루어진 증언활동을 들 수 있다. 일찍이 1990년 정신대대책협의회가 출범됨과 함께 1991년 이루어진 김학순 할머니 등 3명의 피해자들의 최초증언은 일본군위안부 피해자들에 대한 사회적 각성을 불러일으켰고, 이후 일본군위안부 이슈가 국제적으로 연대가 이루어지고 국제기구 및 미국을 비롯한 여러 국가의 의회결의안채택이 결정되는 과정에서는 빠짐없이 일본군위안부 피해자들의 증언이 있었음을 확인할 수 있다. 둘째, 이들의 집단정체성 표출은 수요시위참여로 확인될 수 있다. 1992년 시작된 수요시위는 이후 때로 열악한 건강상태와 기후여건, 그리고 각종 국내외사건에도 불구하고 빠짐없이 지속적으로 국내외적으로 개최되어 온 것으로 유명하다. 여기서 일본군위안부 피해자들은 노령에도 불구하고 거의 모든 시위에 동참하는 모습을 보여 왔다. 셋째, 이들의 집단정체성 표출은 진정서 제출이나 헌법소원 등의 행정적·법적 활동을 통해 나타났다. 2006년 6월에는 41주년 한일협정체결일을 맞아 한일협정 체결에 있어 정부가 외교적 보호권을 행사하지 않음으로써 피해자들의 인권이 침해되었음에 대한 진정서를 국가인권위원회에 제출하는 한편, 같은 해 7월에는 일본군위안부 피해자들의 행복추구권 및 인간의 존엄과 가치 등의 권리구제를 요청하는 헌법소원을 제기하였다.

이와 같이 일본군위안부 피해자들이 국내외적으로 펼쳐 온 활동은 소수자라는 집단구성원으로서 강한 집단의식을 표출해 온 증거로 평가할 수 있다. 그리고 이러한 활동은 결과적으로 국내외에서 일본군위안부 피해자들에 대한 인식을 제고시키고, 정부정책의 변동에 영향을 미치는 한편, 해외에서 각국 의회의 결의안채택이라는 성과를 가져오게 하였다.

3) 정책변동

일본군위안부 소수자와 관련한 정부의 정책변동은 크게 1993년과 2004년을 기점으로 파악해 볼 수 있다. 1990년대 이전의 정부정책은 거의 부재상태로 오히려 일본군위안부 피해자들은 자신의 신분을 드러내지 못하는 시기였다. 1991년도에 시작된 시민운동과 피해자들의 활동으로 1993년도에 마침내 "일제하일본군위안부피해자에대한생활안정지원및기념사업등에관한법률"이 제정되었고 이 법을 근거로 정부의 각종 복지지원정책이 이루어졌다. 일본군위안부 피해자들을 국내외적으로 파악하고 등록을 받는 사업이 1993년 처음으로 실시되었는데, 등록신청이 실시된 1993년 가장 많은 153명이 등록하였고 1994년에는 대폭 줄어들어 15명, 1995년에는 5명, 2000년에는 6명, 2004년에는 3명 등 매년 소수의 인원들이 등록을 하였다.

이들에 대한 복지적 차원의 정부지원은 기본적으로 일시금과 월지원금으로 지급되고 있는 현금급여, 각종 의료보호, 장례 및 임대주택우선지원 등이 있다. 현금급여의 경우, 1993년에는 일시금 500만 원 지원에 월 15만 원을 지원

표 6-5 연도별 등록현황

연도	93	94	95	96	97	98	99	00	01	02	03	04	05	06	합계
등록신청수	153	15	5	6	6	5	4	6	6	1	5	3	8	11	234

자료 : 「2006 여성정책연차보고서」. p.130. 및 www.hermuseum.go.kr 자료 취합정리

표 6-6 연도별 지원금 추이

구분	93	94	95	96	97	98-01
월지원금	150	150	200	250	500	500
일 시 금	5,000	5,000	5,000	5,000	5,000	5,000
구분	02	03	04	05	06	07
월지원금	500	535	640	700	740	780
일 시 금	43,000	43,000	43,000	43,000	43,000	43,000

자료 : 「2006 여성정책연차보고서」. p.130. 및 www.hermuseum.go.kr 자료 취합정리

하는 미미한 수준에서 출발하였다. 이것이 매년 증가하여 2001년에는 일시금 4,300만 원과 월지원금 50만 원, 2007년에는 일시금 4,300만 원에 월 78만 원 지원으로 증가하였다. 이들에 대한 월 지원금액은정부의 기초생활지원 수급자에게 지원하는 생계급여에 비교했을 때 상대적으로 높은 금액이다.[11]

일본군위안부 피해자들의 복지지원에 대한 정책은 상대적으로 수월하게 이루어진 반면 이들에 대한 인권적 차원의 정책은 상대적으로 매우 더디고 어렵게 이루어졌다. 실제로 2007년 '일제강점하강제동원피해진상규명등에관한특별법'이 제정되기까지 인권적 차원에서는 이렇다 할 정책의 진전을 찾아볼 수 없으며, 동법의 제정으로 〈일제강점하강제동원피해진상규명위원회〉가 발족

11. 이는 "일제하일본군위안부피해자에대한생활안정지원및기념사업등에관한법률" 적용에 따른 특례사항에 근거한 것으로 소득조사 및 소득평가액 산정 후 급여를 결정하도록 하고, 생활안정지원금 및 그 이자소득은 소득으로 산정하지 않도록 하고 있는 것에 따른 것이다. 또한, 재산은 소득으로 환산하지 않고 있으며, 부양의무자가 있는 경우 월지원금을 조정하도록 한 기준을 적용하지 않고 있고, 피해자와 주거 및 생계를 같이하는 가구원은 별도가구로 처리하도록 하고 있다.

표 6-7 정책학습, 소수자로서의 정체성과 정책변동

<table>
<tr><th>연도</th><th>주요사건
(옹호연합 간 상호작용)</th><th>정책학습(수요시위)</th><th>소수자정체성 표출</th><th>정책변동</th></tr>
<tr><td>1990</td><td>(노태우대통령 방일)</td><td rowspan="3">· (한국교회여성연합회 중심으로 활동시작 : 대일본 진상규명 및 사죄요구)</td><td></td><td rowspan="4">〈1기〉
정부정책부재기
· 시민운동태동</td></tr>
<tr><td>1990</td><td>· 정대협 출범 (옹호)</td><td></td></tr>
<tr><td>1991</td><td></td><td>· 고 김학순 할머니 등 피해자 3인 최초증언</td></tr>
<tr><td>1992</td><td>(일본 관련공문서 발견)</td><td>· 수요시위 시작
· 생활기금모금국민운동본부 발족</td><td>· 수요시위참석 및 증언</td></tr>
<tr><td>1993</td><td>· 위안부에 관한 일본 정부 조사발표(반대옹호)</td><td></td><td>· 일본군위안부 피해자 등록</td><td rowspan="4">〈2기〉
복지정책 마련기
· '일제하일본군위안부 피해자에대한생활안정지원 및기념사업등에관한법률' 제정(1993)
· 피해자등록(1993)
· 각종보상지원(1993)</td></tr>
<tr><td>1994</td><td>· 아시아평화우호기금 마련(반대옹호)</td><td>· 민간기금위로금 반대시위</td><td></td></tr>
<tr><td>1997</td><td>· 일본'국민기금', 비밀리에 한국 피해자 7명에게 지급(반대옹호)</td><td>· '위안부문제' ILO전문가위원회보고서에 수록, 일본정부에 배상, 책임자처벌 요구</td><td></td></tr>
<tr><td>1998</td><td></td><td></td><td>· 유엔인권소위 증언</td></tr>
<tr><td>2000</td><td>(국제여성법정기소 유죄판결)</td><td>· 국제법정성공기원 전국릴레이 수요시위
· 여성국제법정보고회</td><td>· 국제여성법정에서 증언</td><td rowspan="5">〈3기〉
인권정책마련기
· "일제강점하강제동원피해진상규명등에관한 특별법" 제정(2004)
· 일제강점하강제동원피해진상규명위원회 발족 (2004)
· 일본군위안부 피해자 사이버역사관 구축(2005)
· 피해자 간병인 지원사업 시작(2006)
· 〈일본군 위안부피해자 e-역사관〉 확대개편(2007)</td></tr>
<tr><td>2004</td><td></td><td>· 유엔인권소위원회 일본군위안부문제 제출</td><td></td></tr>
<tr><td>2005</td><td>· 국제사면위원회 주요여성폭력문제로 일본군위안부문제선정, 보고서발표(옹호)</td><td>· 7월 유엔갈등분쟁예방 국제회의 참석
· 미국증언집회 개최</td><td>· 국제사면위원회 회의증언
· 7월 유엔갈등분쟁예방 국제회의 참석과 연계한 미국증언집회 참석증언</td></tr>
<tr><td>2006</td><td>· 위안부피해자 관련 결의안 미하원 상정: 레인 에반스, 크리스토퍼 스미스(공화, 뉴저지) 공동제출(옹호) (H. Res. 759), 58명 지지서명
· 미 하원 국제관계위원회 H.Res.759 만장일치통과</td><td>· 3월 700차 수요시위 8개국 16개 도시 동시연대집회 개최</td><td>· 국가인권위원회진정서 제출
· 헌법소원심판 청구</td></tr>
<tr><td>2007</td><td>· 위안부피해자 관련 결의안 미하원 상정: 마이클혼다 (민주, 캘리포니아) 의원 등 7명(민주당 5명,공화당2명) 공동제출(H. Res. 121)(옹호)
· 미하원위안부결의안통과
· 네덜란드, 캐나다, 유럽연합의회 위안부 결의안 통과</td><td>· 세계공동행동선포식
· 미하원결의안통과보고
· 유럽의회 결의안채택보고</td><td>· 미의회 청문회 증언
· 유럽연합의회 증언</td></tr>
</table>

되고 피해진상규명을 위한 조사가 이루어지기 시작하였다. 그러나 이 위원회의 활동도 아직까지 가시적 성과를 내지 못하고 있는 실정이다. 결과적으로 일본군위안부 피해자에 대한 정부의 정책은 아직까지도 복지적 차원에 치중되어 있으며, 인권적인 차원에서는 미국과 유럽을 비롯한 다른 나라 의회에서의 결의안 채택 등의 성과가 있는 것과는 대비되는 모습을 보이고 있다.

Ⅳ. 맺음말

이상의 분석을 통하여 일본군위안부 소수자정책은 정책하위체제로서 일본군위안부 소수자와 시민단체들로 구성되는 일본군위안부옹호연합과 일본정부 및 일본우익시민단체로 구성되는 일본군위안부반대옹호연합, 그 사이에서 조정자(또는 기회주의자)로 존재했던 한국정부, 그리고 외부에서 정책환경으로 영향을 미치는 안정적 지표와 외적 사건들 간에 이루어지는 역동적 상호작용의 산물임을 확인하였다. 특히, 일본군위안부 소수자들은 초기 자신들의 신분을 숨기는 소극적 자세에서 벗어나 1990년 이후 각종 시민단체 활동에 적극 참여함으로써 소수자집단성원으로서의 집단의식을 강하게 형성하여 왔고, 그 집단의식의 다각적인 표출행위는 결과적으로 정책의 변동을 가져오는 근본원인 중의 하나가 되었다. 그 과정에서 시민단체들의 활동과 정책학습의 장으로서 수요시위가 결정적인 역할을 수행해 왔음은 소수자정책에 있어 시민단체들의 역할과 정책학습의 장의 중요성을 일깨우는 점이라 하겠다.

그간의 일본군위안부 소수자정책의 변동을 정책옹호연합모형 분석틀을 사용하여 구체적으로 표현하면 〈그림 6-2〉와 같다.

이 연구에서는 일본군위안부 피해자들이 보여주는 소수자적 정체성을 앤소

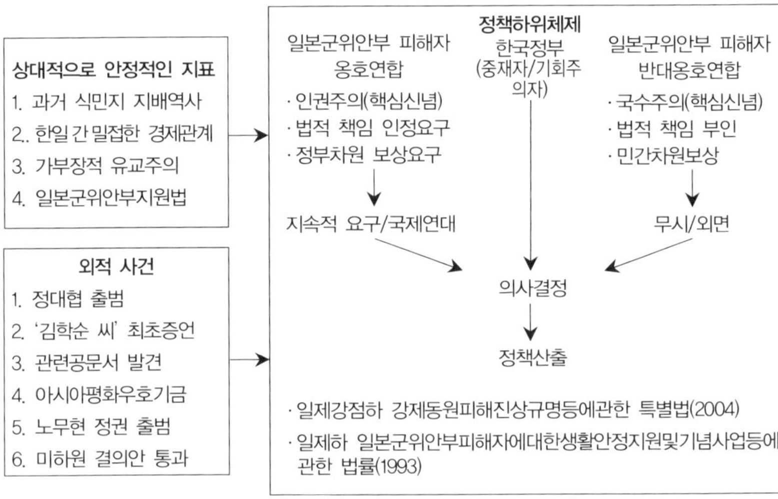

그림 6-2 옹호연합모형을 사용한 일본군위안부 소수자 관련 정책변동분석

니 드워킨과 로자린 드워킨의 정의를 중심으로 살펴보고, 관련 정책변동을 사바티에와 젠킨스-스미스가 제시한 옹호연합모형을 분석틀로 사용하여 시민단체와 정부 및 기타 국내외 주체들을 중심으로 정책활동을 분석하고자 하였다. 일본군위안부 피해자들은 식별가능성, 권력의 열세, 그간에 받아온 차별대우 그리고 강한 집단정체성 측면에서 소수자로서 특성을 보이고 있으며, 일본군위안부 피해자들을 둘러싼 옹호연합과 반대옹호연합, 그리고 외부환경인 상대적으로 안정적 지표와 외적 사건 간의 역동적 상호작용을 통해 일본군위안부 소수자정책은 수립되고 또 변동되었음을 확인할 수 있었다. 특히, 그 과정에서 소수자로서 정체성을 인식하게 하고 이들을 위해 지속적인 정책학습과 대외적 홍보 그리고 옹호연합 간 연대강화를 가능하게 했던 수요시위는 향후 소수자정책 연구에 있어 중요한 소재로서의 의미를 가진다.

지난 20여 년에 걸쳐 사회적·국제적으로 주목받아 온 이슈임에도 불구하고 일본군위안부 소수자문제에 대한 정책연구가 매우 부족한 현실 속에서 이 연구는 그 초기 연구로서 의미 있는 출발을 하였다는 의의를 갖는다. 향후 보다 폭넓고 깊이 있는 현장연구를 통하여 일본군위안부 소수자관련 정책분야의 각 주체 간의 역동적 상호작용과 그 결과 창출된 정책의 수립 및 집행, 변동분석 특히, 수요시위를 중심으로 한 정책학습에 대한 추가적인 연구가 이루어짐으로써 정부의 적실성 있는 정책 수립과 집행에 도움이 되기를 기대해 본다.

제7장 소수자로서 탈북자와 정책

Ⅰ. 탈북자 문제, 어떻게 접근할 것인가

최근 심화된 북한의 경제적 몰락은 지난 10여 년 간 국내 거주 탈북자 숫자를 급격히 증가시키고 있다. 국내 입국 탈북자는[1] 헌법상으로는 내국인이지만, 실제로는 북한으로부터 탈출한 난민으로서의 특성을 가지고 있기 때문에, 남한에서 이들의 지위는 애매모호하다. 특히 남한과 북한이 군사적으로 대치하는 상황에 있고 탈북자의 이주 동기와 정치적 성향에 대한 의구심도 가시지 않은 관계로 인하여, 탈북자들은 남한사회에서 경계인적 지위를 가지게 된다. 실제로 국내 입국 탈북자가 1만 명을 넘어서면서 탈북자는 남한사회에서 두드러진 소수자집단의 하나가 되었다. 탈북자 숫자는 2002년 처음으로 연간

1. 탈북자는 국내에 거주하는 자는 물론이고 중국, 베트남 등의 제3국에 체류하는 자도 포함하는데, 본 연구는 탈북자를 한국사회의 소수자로 인식하고, 탈북자의 인권문제를 정책적 차원에서 접근하는 데 초점을 두기 때문에 국내거주 탈북자를 연구대상으로 한정한다.

1,000명을 넘어선 이후, 2006년에는 2,019명, 2007년 상반기에는 전년 대비 44% 증가하였다. 양적인 증가세만큼이나 이들을 지칭하는 명칭도 탈북자를 비롯해 탈북동포, 북한이탈주민, 남한이주북한동포, 북한탈출주민, 귀순북한동포, 귀순자, 월남자, 망명자, 새터민 등으로 매우 다양한데, 이들에 대한 명칭 혼란은 이들의 남한사회적응에 많은 어려움이 있었음을 짐작케 한다.

탈북자가 남한사회에 잘 적응하기 위해서는 남한 주민의 사회적 지지가 매우 중요한 데(이은혜·한성열, 2006) 탈북자에 대한 우리 사회의 인식과 처우는 매우 열악한 실정이다. 탈북자가 남한사회에 잘 적응하기 위해서는 남한사회에 만연한 불합리한 차별 장벽이 제거 될 필요가 있다. 탈북자는 대한민국 국민으로서 누려야 할 기본적 권리를 가지고 있음에도 불구하고, 여러 측면에서 사회적으로 배제되고 차별받는 소수자의 위치에 놓이게 된다. 소수자는 단지 수적인 열세에 의해서가 아닌, 권력의 열세에 의해 그리고 주류사회의 가치척도에서 벗어난다는 이유로 편견과 차별의 대상이 된다는 점에서 국내 입국 탈북자는 소수자로서의 특성을 충분히 갖추고 있다. 게다가 탈북자 문제는 일반적인 소수자문제를 넘어서 분단과 통일이라는 역사적이고 정치적인 문제를 내포하고 있기 때문에 더욱 복잡하다. 탈북자문제는 한국전쟁과 분단이라는 역사적 특수성에 의해 발생하는 역사적 문제이면서 분단체제가 가지는 구조적인 문제이며, 나아가 사회적 배제와 차별로 인한 인권침해가 발생하는 소수자문제라는 특성을 가지고 있다.

이런 상황에 맞서 탈북자들은 1990년대 후반 이후부터 사회적 차별을 극복하기 위해 단체를 결성하여 탈북자운동을 전개해 왔다. 특히 최근에 탈북자운동이 조직화, 정치세력화되는 양상을 보이는 바, 이에 대한 각별한 관심이 요구되고 있다. 하지만 이제까지의 한국정부의 접근방식은 외교정책적이고 행정관리적인 차원에 치중하는 실정이며, 학계에서도 탈북자의 사회정착과 지원 및 관리방안을 모색하는 행정·정책적 연구가 주류를 이루고 있다. 특히 소수자 관점에서 국내 탈북자의 차별과 인권, 나아가 소수자운동으로서의 탈북자운동에 관한 학문적 논의는 매우 미흡한 실정이다. 이 연구에서는 탈북자 문제를 소수자문제로 파악하고, 소수자운동으로서 탈북사운동의 특징과 정책 개입전략을 분석하며, 그간의 진행 과정에서 나타난 문제점과 특징을 규명하고자 한다.

Ⅱ. 탈북자 문제와 관련 연구

1. 탈북자 문제와 실태

국내 탈북자 문제는 최근에 들어 탈북자의 양적 증가 문제와 더불어 질적 변화 문제로 진화하는 양상을 보이고 있다. 과거 냉전체제 하에서 휴전선을 넘어온 탈북자는 주로 군인출신의 소수에 불과했고, 1990년대 초에도 10명 내외로 엘리트계층이 주류를 이루었으나, 김일성 사망과 북한의 경제난으로 1994년에는 그 숫자가 50명을 넘어서게 되었다. 이후 북한의 식량난이 악화되면서 탈북현상이 국경인근주민에서 전 지역주민으로 확대되는 가운데 다양한 유형의 탈북자가 — 가족, 여성, 노인, 청소년 등 — 국내로 유입되었다.

1990년대 말부터 인권NGO들이 북한인권 문제를 국제적으로 이슈화하고 탈북자의 입국지원활동을 활발히 전개하면서 1999년에는 탈북자수가 1,000명을 넘어서며 급증하기 시작한다. 과거에는 국내 입국경로가 중국이라는 특정지역에 한정되고 입국방법도 제한되었으나, 몽골이나 동남아 등으로 입국경로가 다변화되면서 입국이 용이해진 것도 그 원인이다(이인제, 2002). 그 결과 2000년부터는 전년 대비 2배 정도 증가한 규모로 국내입국 탈북자의 수가 늘었다. 하지만 2002년부터 본격화된 기획탈북으로 한꺼번에 많은 인원이 한국으로 입국하면서 탈북자문제가 남북관계와 중국과의 외교관계에 중요한

표 7-1 탈북자 연도별 입국 현황

구분	-'89	-'93	-'98	-'01	'02	'03	'04	'05	'06	'07	'08.6	합계
남(명)	564	32	235	564	513	468	625	422	509	570	390	4,892
여(명)	43	2	71	479	625	813	1,269	961	1,509	1,974	1,355	9,101
합계(명)	607	34	306	1,043	1,138	1,281	1,894	1,383	2,018	2,544	1,745	13,993

출처: 통일부 인도협력국 블로그.

변수로 떠오르게 된다. 기획탈북은 오히려 재외 탈북자를 도와주는 NGO의 활동을 제한하는 요인으로 작용했고, 그로 인해 2003년부터 국내입국 탈북자의 수는 소폭의 증가세를 보이는 양상으로 변화되었다. 1989년 이후부터 2007년 3월까지의 탈북자 입국현황을 연도별로 살펴보면 〈표 7-1〉과 같다.

최근 국내 탈북자가 1만 명을 넘어서면서 탈북자 정착의 문제가 중요한 사회문제가 되고 있는데 이는 상당수 탈북자의 생활기반이 취약하며 문화적 차이나 환경변화에 대한 적응 실패로 사회부적응의 문제가 발생하고 있기 때문이다(이인제, 2002). 북한이탈주민후원회가 실시한 탈북자실태조사에 의하면, 탈북자 중에서 정규직은 25.1%에 불과하고, 취업자의 보수는 평균 98만원으로 일반 근로자 평균임금의 절반 수준으로 매우 낮은 양상을 보였고, 이들 중 대다수가 남한사람들의 편견과 차별로 직장생활에 상당한 어려움을 겪고 있는 것으로 나타났다. 또한 탈북자의 78.4%가 영구임대주택에 살고 있어 정부의 주택지원에 크게 의존하는 것으로 조사되었다(북한이탈주민후원회 홈페이지). 또 다른 실태조사에서는 조사대상자의 거의 절반가량이 경제관련 문제로 어려움을 겪고 있을 뿐 아니라, 취업한 탈북자 중에서 절반가량이 단순노무 및 농·어업에 종사하는 것으로 나타났다(연합뉴스, 2007.11.4.).

2. 소수자로서 탈북자

소수자의 특성을 보다 구체적으로 명시하고 있는 앤소니 드워킨과 로자린 드워킨(1999)은 소수자의 조건으로 ① 식별가능성, ② 권력의 열세, ③ 차별적 대우의 존재, ④ 소수자로서의 집단의식을 제시하고 있다. 이런 조건을 탈북자의 경우에 적용하면, ① 언어와 문화적 특징에서 남한사람들과 구별되고, ② 정치적·사회적·경제적 권력으로부터 소외되며, ③ 남한사람들의 사회적 편견과 차별로 사회경제적 적응에 어려움을 겪고, ④ 출신지역에 의해 한국사회에서 차별받는다는 집단의식을 공유한다는 점에서 전형적인 소수자에 해당한다고 하겠다(윤인진, 2004: 404-405).[2]

소수자로서 탈북자는 출신지역에 의해 다른 집단과 구별되지만, 외국인노동자, 화교, 해외교포 등의 다른 소수자와는 또 다른 특성을 보이고 있다.[3] 한

---

2. 앤소니 드워킨과 로자린 드워킨(1999)의 조건에 견주어 소수자로서의 특징을 논의하는 연구에는 외국인노동자에 관한 전영평·한승주(2006)의 연구와 납북자에 관한 김영대·전영평(2007)의 연구 등이 있다,

3. 현대사회에서 소수자의 범주는 성, 인종, 민족, 국적, 계급, 장애, 사상, 혼인이나 질병 등으로 확대되고 있으며, 우리나라만 하더라도 동성애자, 이주노동자, 조선족, 화교, 장애인, 미혼모, 에이즈환자, 노숙자, 전과자, 탈북자, 장기수 등으로 광범위하고 다양한 유형의 소수자가 등장하고 있어 다양한 소수자의 특성을 일반화하기는 힘들다. 윤인진(2004)은 소수자란 사회의 제반영역에서 성, 연령, 인종 및 민족, 종교, 사상, 경제력, 성적 취향, 지역 또는 그 외의 이유로 지배적이라고 일컬어지는 기준 및 가치와 상이한 입장에 있어서 차별과 편견의 대상이 되는 사람이라고 규정하는 반면에 롱레스(Longres, 1982: 8)는 집단의 크기나 인종, 종교, 민족, 문화적 차이 등은 소수자와 다수자를 구분하는 결정적 요인이 아니라고 주장하면서 소수자와 다수자는 자신의 이익을 향상시키기 위해 경쟁하는 이익집단으로 개념화되어야 한다고 주장한다. 즉 소수자와 다수자는 일반적인 이익집단 간 지배와 복종의 특수형태라는 것이다. 최근에는 '소수자'라는 용어를 새롭게 재정립할 필요가 있다고 주장하는 학자도 나타나고 있다. 퍼넬(Purnell, 2004)은 최근 영미권 국가들이 소수자 감소에 초점을 두고 다문화사회에 새로운 관심을 기울이고 있는 상황에서 소수자라는 용어는 부적절하다고 주장한다. 특히 미국정부의 소수자의 용어정의에는 다수자로부터 인종, 종교, 혹은 민족적 배경의 집단 차이뿐만 아니라 독특한 대안적 라이프스타일을 가진 사람들과 같이 매우 논쟁적인 하위집단들까지 포함하고 있으므로, 향후 '소수자(minority)'라는 용어는 관심을 받을 필요가 있는 모든 집단을 가리키는 '취약(vulnerable)집단'이라는

국에서 외국인노동자, 화교, 해외교포 등은 국적과 민족적 정체성에서 구별되지만, 탈북자들은 북한사람인 동시에 한국인이고 또 남한사람과 같은 한민족이라는 점에서 한국 국적을 취득한 조선족과 비슷한 지위를 가진다. 하지만 조선족과 달리 탈북자는 북한체제를 거부하고 자유를 찾아 탈출한 사람들로서의 독특한 정체성을 가진다. 그럼에도 남한사회에 적응함에 있어서 탈북자는 북한인도 한국인도 아닌 무국적의 이주민이며,[4] 자유를 선택한 공산주의자에 불과한 존재로 전락하면서 정체성의 혼란을 겪고 있다. 소수자로서 탈북자는 디아스포라적 정체성을 가진다고 할 수 있다.

게다가 탈북자는 일반적인 소수자와 달리 남북관계의 특수성에 연유하는 특수한 지위를 갖는다(윤인진, 2004: 405). 한국전쟁과 분단 및 냉전은 탈북자에 대한 인식의 기저를 형성했고, 이것은 다시 체제의 정치논리에 의해 재창출되었다. 과거 정부가 반공이데올로기를 통해 북한체제를 비판해 왔고, 그로 인해 북한에 대한 사회적 인식이 매우 부정적이었으나, 냉전구도 붕괴 이후 정부의 태도가 긍정적인 방향으로 바뀌면서 사회인식도 개선되었다. 하지만 남한사회의 급격한 자본주의 진행과 함께 형성된 물신주의 풍조와 빈곤에 대한 태도는 북한인에 대한 무시로 이어지면서 탈북자에 대한 편견과 차별을 심화시키는 요인이 되었다(이우영, 2005). 즉 탈북자에 대한 사회적 인식은 분단과 한국전쟁의 역사위에 정치체제의 반공이데올로기가 더해지면서 반북주의의 형태로 나타났고, 그 위에 자본주의적 가치척도가 적용되면서 탈북자의 소수자화를 가속화하였다.

용어로 대체되어야 한다고 지적한다(Purnell, 2004: 429).

4. 한 연구조사에 의하면, 실제로 탈북자들은 자신들을 남한 사람도, 북한 사람도 아닌, 조선 사람이라고 생각한다는 대답이 가장 많았다(전우택, 1997).

3. 탈북자 단체와 탈북자운동

대부분의 탈북자단체는 국내탈북자의 수가 급격히 증가하기 시작한 1990년대 중반이후에 생겨났다. 1980년 11월에 최초의 탈북자단체인 숭의동지회[5]를 시작으로 2007년 현재 통일부에 등록된 법인은 모두 14개이고, 이중 탈북자로 구성된 법인은 6개로서 단체명은 탈북자동지회, 평화·통일탈북인연합회, 디펙터스 비젼, NK인포메이션센타, 통일을준비하는탈북자협회, 숭의동지회 등이며, 민간법인은 8개로 단체명은 북한이탈주민후원회, 다리공동체, 남북문화통합교육원, 좋은씨앗, 두리하나, 무지개재단, 여명, 사랑담는사람들 등이 있고, 이외에도 친목형태의 임의단체, 타 기관에 등록된 법인단체 등도 존재한다(통일부 내부자료, 2007).[6] 이중에서 왕성한 활동을 전개하고 있는 탈북자동지회, 통일을준비하는탈북자협의회, 북한민주화운동본부, 자유북한방송의 조직목표와 주요활동을 통해 집단화된 소수자로서의 탈북자운동의 특징을 살펴본다.[7]

먼저, 1999년 창립한 '탈북자동지회'는 탈북자인권개선을 목표로 한다. 그래서 북한의 민주화를 위해 노력하는 것은 물론이고, 탈북자들이 대한민국 정착에서 가장 어려워하는 취업문제를 상담하고 해결하는 데 주력한다. 이 단체는 스스로를 공산주의 독재통치를 반대하여 북한을 탈출한 민주주의자들의 동지적 집단으로 규정한다는 점에서 이데올로기적으로 반공주의를 지향한다. 또한 햇볕정책, 북핵문제, 재외탈북자 강제송환, 국내탈북자지원축소, 탈북명단 유출 등의 정치적 문제에도 개입해 왔다.

둘째, '통일을준비하는탈북자협회'는 통일부 정착지원금이 삭감되면서 탈북

---

5. 1980년 11월에 조직된 국내 최초의 탈북자단체이면서 최대규모인 숭의동지회는 탈북자가 하나원 교육을 마치면 자동으로 가입해야만 하는 강제성을 가졌다.
6. 2007년 10월 8일 통일부에 민원신청을 통해 얻은 자료를 기초로 작성한 것임.
7. 탈북자단체들의 설립취지, 목표, 주요활동 등에 관한 내용은 해당 단체의 홈페이지를 참조하여 작성하였음.

자권익을 위해 조직되었다. 이 단체는 국내탈북자들의 성공적인 남한 정착문제를 해결하는 데 역점을 두고, 탈북자 자활공동체를 설립, 운영하면서 다양한 봉사활동도 수행하고 있다. 특징은 백두식품이라는 자활공동체를 설립해 탈북자의 자활, 자립을 돕고 있다는 점이다. 단체의 설립 동기나 목적, 역점사업을 보면, 상대적으로 이념성이 강하지 않고 국내거주탈북자의 자립에 목적을 두는 비정치적 활동에 주력한다.

셋째, 2003년 6월 창립된 '북한민주화운동본부'는 북한 정치범 수용소 출신의 탈북자들이 선두에 서서, 정치범 수용소의 실체를 알리고, 북한의 인권과 민주화를 위해 활동하는 단체이다. 대표활동으로 북한에 '풍선삐라'보내기가 있고, 정형근의원 계란세례, 탈북자여권발급제한반대 기자회견, 탈북자강제송환중단요구집회, 노동단련대 내부공개 항의와 북한인권개선촉구결의안 등의 활동을 했다. 이 단체는 이념적으로 반공주의를 지향하면서 북한인권문제의 이슈화에 목표를 두고 비제도적이고 행동지향적인 전략을 통해 정치적 문제에 개입한다.

넷째, 2004년 4월에 개국한 인터넷 라디오방송국 '자유북한방송'은 북한주민에게 자유와 민주주의이념을 전파하고, 북한 독재정권이 민주주의와 개혁·개방으로 나가도록 유도하며, 독재정권에 추종하는 사람들을 비판·경고하고, 제3국 탈북자에게 희망과 용기를 주는데 목표를 둔다. 이 방송은 김정일 정권에 반대하는 방송이라 선포하는 등 이념적 색채가 강할 뿐 아니라 김정일 정권에 대한 비판과 햇볕정책비판 등 강한 정치성을 표출하고 있다.[8]

이상과 같이 탈북자단체들은 북한의 인권과 민주화를 우선과제로 인식하고 있으며 대내외적으로 탈북자 지원활동에 주력한다는 점에서 탈북자운동을 주

8. 이외에도 북한민주화운동본부와 함께 "풍선삐라"사업을 이끌면서 북한의 지하교회 지원을 추진하고 있는 '기독탈북인연합회', 북한군 특수부대출신 탈북자들이 결성한 '자유북한군연합', 서울과 평양의 소식을 있는 그대로 전하는 '서평방송', 북한에서 살고 있는 여성들의 인권보호와 모성보호, 탈북여성과 아동들의 인권보호 및 지위향상을 위해 설립한 '탈북여성인권연대' 등이 있다.

도하는 인권집단으로서의 특징을 보여주고 있다. 탈북자운동은 집회, 시위, 농성, 성명서발표, 언론플레이 등의 직집적이고 비제도적인 행동수단을 통해 북한의 인권문제와 남한사회에서의 차별금지를 위한 사회적 확산을 시도하기도 한다. 여타의 소수자운동과 비교할 때, 보통의 소수자운동이 탈이데올로기적인 시대적 분위기를 반영하는 데 비해 탈북자운동은 정치적 이념성이 매우 강하고, 남한사회의 지배적인 가치에 동조하는 가운데 우파적 보수성을 강하게 표출한다. 특히 자기의 정체성을 혼란시키고 기본권에 대한 법적·행정적 구속에 대하여 집단적 차원에서 강력한 불만과 저항을 표출하는 모습을 보인다. 개별 소수자로서 탈북자는 남한사회에서 남한인도 북한인도 되지 못하는 자기 정체성의 혼란을 겪는 데 반해, 탈북자운동단체는 북한체제를 거부하고 자유를 찾아 필사의 탈출을 한 사람의 집합으로서 집단의식을 공유하고, 반공이데올로기와 자유민주주의로 규정되는 뚜렷한 이념성과 정치성을 보이고 있는 것이다.

4. 탈북자운동의 정책개입에 관한 분석기준

소수자운동은 일반적으로 소수자의 집합적 의식으로서 정체성을 창출하고, 사회적 차별 방지와 시민권 확보를 위해 저항하며, 조직화와 이슈화를 통해 확산하는 경향을 보인다. 전영평(2007)은 소수자운동의 핵심적 성격으로 정체성, 저항성, 확산성을 제시하는데,[9] 이것은 사회변화를 시도하는 소수집단의 전략과도 일치한다. 머그니(Mugny, 1982)는 소수자집단의 전략으로 첫째, 수적으로 다수이지만 권력이 없는 대중과 권력을 대표하는 집단을 차별화하는 영향대상의

9. 이와 유사한 시각에서 소수자운동의 특성을 지적하는 학자로서, 윤수종(2006)의 경우 소수자운동의 특성으로 정체성, 연대성, 제도개선운동적 성격을 강조하고, 장미경(2005)은 소수자운동을 소수자라는 정체성을 인정받기 위한 정치와 시민적 권리를 보장받기 위한 정치라는 두 가지 하위정치로 구분한다(장미경, 2005: 164-169).

명확화, 둘째, 소수자의 정체성의 명확화와 집단신념의 표출, 셋째, 권력과의 적대감 유지로서, 이른바 권력 투쟁을 제시하고, 크리스츄와 볼파토(Chryssochoou & Volpato, 2004)는 사회변화를 시도하는 소수자집단의 전략으로 ① 정체성의 창출, ② 다른 사람들이 이러한 정체성을 채택하도록 영향주기, ③ 사회변화를 위한 갈등 유지를 제시한다. 즉 소수자운동은 스스로의 정체성을 정립하고, 이러한 정체성을 사회적으로 확산시키며, 사회적 갈등을 유발하는 전략을 사용해 사회변화를 유도한다는 것이다.

그런데 소수자운동은 단순히 다수에 의해 규정되는 지배적 가치에 대항하고 다수의 편견과 차별을 극복하기 위한 저항운동을 넘어서서 공식적·제도적 차원에서 이를 실현하기 위한 정책개입이다. 일반적으로 정책개입이라는 용어는 민간부문에 대한 정부개입 혹은 사회에 대한 국가개입으로 이해하기도 하지만, 여기서 '정책개입'은 일반적으로 정책행위자가 정책과정에 참여하는 것을 의미하는 '정책참여'와 유사한 의미를 가진다. 본 연구에서 '정책개입'이란 공통된 이익을 가진 이해집단이 자신에게 불리하거나 혹은 유리한 영향을 미치기 위해 정책과정에 관여하거나 참여하는 것을 의미한다. 이러한 상황에서 정책개입전략은 자신의 요구와 이익을 정책에 투입하기 위한 여러 가지 수단을 의미한다.

본 연구에서는 사회적 차별에 저항하기 위한 탈북자운동의 정책개입전략을 정체성, 저항성, 확산성이라는 세 가지 기준을 중심으로 분석하고 그 성과를 평가하고자 한다. 첫째, 정체성이란 소수자집단 스스로 혹은 타자에 의해 가지게 되는 소수자 의식을 의미하므로 자발적인 정체성 확보와 타자에 의한 정체성 확보로 분류될 수 있다(전영평, 2007: 118).[10] 소수자운동은 자기 정체성을 스스로 인식하는 데서 비롯되지만, 정체성은 타인과의 관계 속에서 형성

10. 이것은 정체성이 타인의 인정에 의존하지만 동시에 인간이 자신에 대해 지니게 되는 자기 자신의 고유성에 대한 독자적 의식이라는 인식에 근거를 두고 있다(정미라, 2005: 219).

되므로 타인에 의해 규정되는 정체성도 중요하다. 소수자운동은 정체성 확보 전략으로 동화전략과 차이전략을 구사하는데, 동화전략은 소수자들이 자신의 정체성을 인정받기 위해 지배적 다수자와 동화하는 방식인 반면 차이전략은 자신의 차이를 강조하면서 지배집단의 보편적 가치에 도전하는 것을 의미한다(장미경, 2005: 165-166).

둘째, 소수자운동은 사회 및 행정의 차별에 대한 저항일 뿐 아니라 시민권 및 사회권의 확대를 위한 투쟁의 성격을 지닌다(전영평, 2007). 일반적으로 국가의 소수자 권리보장이 소수자운동을 통해 이루어졌다는 점에서 시민권이란 국가로부터 부여받는 것이 아니라 아래로부터의 투쟁을 통해 획득되는 것이다(장미경, 2005: 171). 따라서 부당한 차별에 의한 권리침해를 막고, 사회적 권리를 확보하기 위한 소수자운동의 정책개입전략은 강한 투쟁정신과 저항성을 가진다. 구체적으로 저항성의 정책개입전략은 제도적 행동전략(정책위원회·간담회 참여, 공청회·청문회 참여, 입법청원, 사법고발 및 소송, 진정서 등)과 비제도적 행동전략(시위 및 집회, 농성, 캠페인, 서명운동, 성명서 발표, 전단지 배포, 대책조직 등)을 통해 나타난다(이원일·장임숙, 2006; 전영평, 2003; 이승종, 1997). 주로 운동조직에 의한 저항적 정책개입은 비제도적인 행동전략에 의존한다.

셋째, 소수자운동은 조직화와 이슈화를 통하여 급속히 확산되는 특성을 가지는데(전영평, 2007: 118), 일반적으로 운동의 조직화와 이슈화는 개별적으로 이루어지기보다 동시적으로 진행된다. 조직화에 의한 확산은 내부적 조직화와 외부적 조직화를 통해 이루어지며, 이슈화에 의한 확산은 소수자의 인권 및 이념의 이슈화를 통해 이루어진다. 그런데 일반적인 소수자운동은 인도주의적 가치와 관점을 강조하고 집단이념으로서 평등의 이념을 지향하면서 역사적·사회적 차원의 이념문제에 있어서는 탈이데올로기적 성향을 보이는 반면, 탈북자 운동은 강한 정치 이데올로기적 특성을 보인다는 점에 주목할 필요가 있다. 이것은 탈북자문제를 인권적 차원(인도주의적 접근)과 이념적 차

표 7-2 정책개입전략의 분석기준

기준	내용	유형	수단
정체성	· 자발적인 정체성 확보 · 타자에 의한 정체성 확보	· 동화전략 · 차별화전략	결집
저항성	· 사회 및 행정의 차별에 대한 저항 · 시민권 및 사회권 확보를 위한 저항	· 제도적 행동 전략 · 비제도적 행동 전략	참여
확산성	· 조직화에 의한 확산 · 이슈화에 의한 확산	· 내부적·외부적 조직화 · 인권 및 이념의 이슈화	동원

원(이데올로기적 접근)으로 구분하여 이슈화에 의한 확산성의 정책개입전략을 파악할 필요가 있음을 시사한다.

소수자운동의 정책개입전략은 소수자로서 집합적 정체성을 가진 저항의 주체가 차별과 인권문제를 조직화와 이슈화를 통해 공론화하여 불합리한 제도 및 정책을 개선하고자 하는 전략적 행위를 의미한다. 여기서 집합적 정체성을 창출하고 확보하는 과정은 소수자의식의 결집과정이고, 집단정체성을 근거로 한 차별저항과 권리투쟁은 참여의 과정이며,[11] 조직화와 이슈화를 통해 인권과 이념을 확산하는 과정은 사회적 지지를 동원하는 과정으로서, 정체성 확보, 저항성 표출, 대중적 이슈 확산의 단계로 진화하는 모습을 보이는 것이 일반적이다. 이상의 논의를 간략히 정리하면 〈표 7-2〉와 같다.

소수자 중에는 다양한 차원의 정책개입전략을 동원하며 적극적으로 저항하는 조직화된 집단이 있는가 하면, 자신들의 불리한 신분적, 신체적 지위로 인해 소극적으로 행동하는 집단도 있다. 소수자 간의 이러한 차이로 인해 정부의 대응방식은 차별적인 경향을 보이게 되는데, 강력한 저항성과 이슈의 사회적 확산을 시도하는 소수자운동에 대해서는 인권, 고용, 복지,교육 등 거의 모든 분야에서의 제도적 대책이 마련되지만, 그렇지 못한 집단에게는 관리적 시각 혹은 반응적 시각에서 대응하게 된다(전영평, 2008: 15). 따라서 소수자운동의 정

11. 저항성의 정책개입전략은 소수자들이 시민권을 인정받기 위한 투쟁을 의미하고, 이것은 정체성의 인정뿐 아니라 정체성을 넘어서는 과정을 포함한다(장미경, 2005: 163).

책개입전략의 수준에 따라 정부의 대응양식은 크게 ① 인권적 대응양식과 ② 관리적 대응양식으로 분류할 수 있는데, 여기서 인권적 대응양식은 소수자문제를 '신체적·정신적·권력적·경제적·문화적 차별의 관점'에서 파악하고, 소수자에 대한 차별행위를 시정하는 데 목표를 두면서 보편적 인권 원칙을 수용하는 반면, 관리주의 관점은 '소수자문제를 기본적으로 여타 사회문제와 동등한 수준에서 보면서, 그 문제로 인한 사회적 위험과 갈등을 해결하는 수준에서 자원을 투입하여 해결하는 관점'을 의미한다(전영평, 2008: 15-17). 일반적으로 소수자운동의 성격, 즉 적극적이고 조직화된 요구인지 혹은 소극적이고 개별적인 요구인지에 따라 정부의 대응양식이 상이할 수 있지만, 다른 한편으로 정부의 성격에 따라 혹은 정치 환경의 변화에 따라서도 대응양식이 달라질 수 있다. 그리고 같은 정부기관이라 할지라도 일반 행정부서는 인권주의적 관점에서 소수자문제에 대응하기보다 관리주의적 관점을 채택할 가능성이 높은 반면 인권관련기관은 인권주의 접근방식을 지향하게 된다.

Ⅲ. 탈북자운동의 정책개입전략과 정부의 대응양식

1. 탈북자운동의 차별저항과 정책개입 : 전략과 성과

1) '정체성' 확보를 위한 정책개입전략

소수자운동은 자기 존재의 가치를 인정하고, 이를 인정받으려는 자기 표명의 활동이므로 정체성 확보 여부는 소수자운동의 가장 핵심적인 특성이라 할 수 있다. 정체성 기준은 자발적인 정체성 확보와 타자에 의한 정체성 확보로 분류되고(전영평, 2007: 118), 정체성 확보의 전략으로는 동화전략과 차이전략을 구사한다. 탈북자들은 한편으로 남한사회에 조기 적응하여 남한인이 되

고자 노력하지만 다른 한편으로 북한고유의 문화를 유지하고 탈북자로서의 정체성을 세우려고 노력한다.[12]

정체성 확보를 위한 정책 개입의 대표적인 예는 바로 자신들을 지칭하는 용어문제와 관련된다. 2005년 정부는 탈북자란 용어가 주는 부작용을 해소하기 위해 여론조사과정을 거쳐 탈북자 대신에 '새터민'을 공식용어로 선정했다. 그러나 탈북자단체들은 새터민이라는 용어사용에 반발하고 나섰다. 탈북자단체는 자유를 위해 북한 독재체제를 탈출한 자신들의 정체성을 무시하고, 단순히 먹고 살기 위해 이주한 화전민을 연상하게 하는 새터민이라는 용어는 부적절하다고 주장했다. 게다가 새터민이란 용어에는 중국 등 제3국에 머물고 있는 탈북자들에 대한 의미가 포함되어 있지 않아 문제가 있다는 것이다(데일리 NK, 2007.7.5.). 탈북자단체들의 반대로 정부는 공식용어로서의 사용을 포기하고 정부 내 공식용어로서만 사용하고 있다. 그런데 2007년 4월 북한민주화운동본부가 새터민이 아닌 탈북자로의 용어변경 요구를 만장일치로 결의하고, 통일부에 탈북자를 지칭하는 '새터민' 용어사용 중단을 공식 요청했다.[13]

사실상 용어사용의 문제는 이전부터 지속적으로 제기되어 왔다. 2001년 12월 기독탈북자회 등 5개의 탈북자단체가 창립한 탈북인연합회는 탈북자 호칭 변경을 위한 청원서를 국회에 제출했다. 단체는 탈북자라는 용어를 스스로 자유를 찾아 이주해 온 사람들이란 '자유이주민'으로 변경해 줄 것을 요구하면서

---

12. 전우택(1997)의 연구에 의하면, 1980년대 이전에 입국한 탈북자들은 보통의 남한주민으로 완전히 동화된 것으로 나타난 반면, 1994년 이후에 입국한 탈북자들은 많은 경우 남북축구경기에서 남·북 모두를 응원한다는 반응을 보였고, 결혼 상대자도 남·북한 어느 쪽도 상관없다고 응답하고 있어 전형적인 이중정체성(dual identity)을 나타냈다.

13. 북한민주화운동본부는 통일부가 남북한 협력시대를 맞아 정치적 색채가 강한 '탈북자' 용어를 바꾸려는 의도에서 용어변경을 추진했다고 주장했다. 실제 탈북자 용어 선정과정에서 통일부가 '자유북한인', '탈북자' 등의 정치적 색채가 있는 용어는 아예 설문조사에서 배제한데다, 전자공청회에서도 '자유민(29.4%), 이주민(16.0%), 새터민(14.1%)' 순으로 선호도가 나타났는데도 불구하고 '새터민' 용어를 선정한 것은 정치색이 없기 때문이라는 것이다(데일리 NK, 2007.7.5.).

자유이주민의 의미를 다음과 같이 이해할 것을 요청하였다.[14]

첫째, 자유이주민은 우선 북한사람이며, 북한이라는 사회주의 체제하에서 출생하고 성장했음을 이해해야 한다. 그들은 남한의 자유민주주의를 선택한 사람들이지만 철저한 공산주의자로 교육받고 자라났기 때문에 남한 적응과정에서 이런 특성을 무시하고, 전적으로 남한의 사회, 문화 등을 일방적으로 강요해서는 안 되며, 그들이 가지고 있는 사고방식 가운데 민족의 전통과 인륜에 적합한 부분이 있음을 인정하는 태도가 필요하다. 둘째, 그들도 남한 주민과 똑같은 인간으로서 다양한 개성을 가지고 있지만 남한 주민들은 모든 자유이주민을 획일적으로 인식한다. 셋째, 자유이주민이 가지고 있는 '이중성'을 이해해야 한다는 것이다.[15] 이러한 주장을 통해서 알 수 있는 사실은, 탈북자가 인식하는 자기 정체성과 남한사회가 인식하는 탈북자의 정체성 인식 사이에 상당한 괴리가 있으며, 이는 향후 탈북자에 대한 각종 정책의 향방에도 영향을 줄 수 있다는 것이다. 실제로 소수자의 정체성이 누구에 의해 어떻게 결정되느냐 하는 문제는 그들의 인권은 물론 생존권과 관련하여 결정적으로 중요한 단초가 된다는 점에서 탈북자 스스로의 정체성 확보 노력은 — 여타 소수자들의 경우 자기 정체성을 스스로 확보할 수 있을 만큼의 소속감과 여력이 없다는 점에서 — 높이 평가할 만한 것이다.

한편 남한사회가 탈북자에 대해 갖고 있는 지배적인 가치관에 의해 탈북자의 정체성이 규정되기도 한다. 즉 탈북자의 타자에 의한 정체성은 주로 북한에 대한 인식과 궤를 같이 한다. 남한사람들은 대체로 북한을 동족상잔의 전쟁을 일으킨 공산주의자이며 경제적으로 낙후된 후진국인 동시에 반인권국가

14. 자유이주민에 관한 정의 설명은 2002년 2월 27일 개최된 "북한이탈주민 호칭 어떻게 할 것인가"에 관한 공청회의 자료집(탈북인연합회, 2002)에서 참조한 것이다.

15. 이주민이 가지는 정체성은 이전의 자신들의 국가나 고향에서 가지고 있던 정체성과는 다른 새로운 형태의 정체성으로서 탈북자의 정체성은 한국사회의 정체성을 강요받거나 강제할 수 없는 한편 북한사회의 정체성을 그대로 유지할 수 없는 이중정체성을 가진다(박홍순, 2007: 128).

로 인식하는 경향이 있는 데, 이러한 인식은 남한 사람으로 하여금 북한의 이미지를 탈북자에게 대입시켜 때로는 적대적 대상으로 때로는 열등하고 불쌍한 시혜의 대상으로 탈북자를 인식하도록 한다(이새롭, 2002: 30-35). 이러한 인식은 탈북자로 하여금 소수자(혹은 피해자)로서의 정체성을 가지도록 하는 외부적 압박이 되며, 그 결과 탈북자운동은 차이와 적대를 심화시키는 정체성 확보 운동으로 표출되기도 한다.

이와 같이 탈북자 운동은 스스로의 정체성 창출 노력과 더불어, 타자에 의한 획일적 인식에 저항하는 가운데 자신에게 유리한 정체성을 확보하려는 정책개입활동으로 발전해 왔다. 탈북자들은 정체성 확보운동을 통해 남한정부 및 사회가 탈북자의 다름과 차이를 확실히 인정하도록 노력하였으며, 이를 위하여 그들은 ① 남한사회에 대한 사회적 적응성을 높이는 노력(동화전략)과 더불어 ② 탈북자에 대한 남한사회의 일방적 인식에 대항하여 자기들이 부여한 정체성의 중요성을 알리는 노력(차별화전략)을 병행하였다.

2) 저항성을 토대로 한 정책개입전략

소수자운동은 사회적 차별에 대한 저항과 시민권 및 기본권의 확대를 위한 투쟁의 성격을 보이는 경향이 있다. 이러한 저항성을 토대로 한 정책개입전략은 제도적 행동전략과 비제도적 행동전략으로 구분할 수 있다. 소수자로서 탈북자는 개인의 인격과는 상관없이 열등함과 잠재적 위험성을 내재한 사람으로 인식되면서 차별과 배제의 대상이 된다(유명기, 2004: 15). 따라서 탈북자에 대한 사회적 차별은 정치·경제·사회·문화·노동 등의 다양한 분야에서 발생하게 된다.

2000년대 접어들면서 한국에 입국한 탈북자들이 다시 한국을 떠나는 탈남현상이 발생했는데, 그 중요한 원인으로 남한사회의 차별과 멸시를 지적했다. 탈북관련단체의 설문조사 결과에 의하면 탈북자의 40% 이상이 취업조차 못했고, 취업 탈북자들도 인사차별과 문화적 이질성 등을 이유로 절반이 넘는 사람이 평균 세 번 이상 직장을 옮기는 것으로 나타났다(국민일보, 2002.8.21.). 그런데 문제는 탈북자에 대한 차별이 좀처럼 개선되지 않고 있다는 점이다. 2007년 10월 18일 국가인권위원회 광주사무소의 제주, 호남권 탈북자 대상 설문조사결과에 따르면 응답자의 59%가 차별을 받고 있으며, 차별받는 부분으로 '직업과 직장을 구할 때'가 52%로 가장 많았고, 34%가 임금차별, 30%가 승진차별이며, 차별을 받을 때 대처방법으로 '그냥 묵묵히 참는다'가 가장 많았고, 그 뒤를 이어 '직접항의', '친구나 가족에게 하소연', '교회 등에 가서 기도'의 순으로 나타났으며, 지난해 6월에 있었던 '새터민 지원인력 양성을 위한 사회복지사 인식조사'에서도 탈북자를 위해 가장 필요한 서비스로 경제적 자립지원과 함께 편견과 차별의 철폐를 들었고, 탈북자들에 대한 연상단어로 가난이나 이주민, 난민, 이질감, 이방인, 고생 등과 같은 부정적인 단어들이 제시되었다(데일리NK, 2007.10.19.). 즉 남한사람들은 탈북자에 대해 자신들과 동등하고 동질적으로 인식하지 않고, 다만 식량난의 피해자에 대한 동정심과 호기심, 의심과 불신 등 매우 복합적인 감정을 갖고 있다는 것이다(데일리NK, 2007.10.19.). 따라서 탈북자들이 남한사회에 적응하는 데 필요한 최소한의 기간 동안은 국가가 탈북자의 생활을 보장해 주어야 한다는 것이 탈북자단체들의 주장이다.

탈북자운동의 저항적 정책개입은 탈북자정책에 관한 대정부활동에 집중된다. 2004년 정부가 탈북자 정착지원금 축소와 기획탈북 규제 등을 골자로 한 '탈북자수용정책개선안'을 내놓자, 탈북자단체들은 정부의 새 탈북자 정착지원 제도에 반발, 생존권 보장을 요구하며 '대정부투쟁'에 나섰다. 탈북자 유입이 본격화된 1990년대 후반 이후 탈북자들의 대정부 집단행동은 처음 있는 일로서, '탈북자생존권사수비상대책위원회'를 발족하고, 통일부와 보건복지부에 요구사항[16]이 담긴 성명서를 전달한 뒤 요구가 받아들여지지 않을 경우 집단

---

16. 탈북자단체들은 해외체류 탈북자 보호조치, 탈북자 인권개선을 위한 종합대책 마련, 탈북자 수용정책 개선안 전면 재검토 등을 정부에 요구했고, 또 중국 내 탈북자들에

농성에 돌입키로 했다. 이렇게 반발이 거세지자, 정부는 반대세력들을 대상으로 정책취지를 충분히 설명하는 설득작업을 통해 반발을 무마하고자 하였다. 그러나 탈북자단체들이 더욱 거세게 반발하자, 정부와 탈북자단체 간에 갈등의 골이 깊어지게 되었다. 이들의 반대운동은 2005년에도 지속되었다. 2005년 3월 초부터 '탈북자 동지들에게 보내는 편지' 2000여 통을 제작해 전국 탈북자들에게 발송하고, 100여 명에 달하는 탈북자들이 대정부 투쟁 농성에 직접 동참키로 하는 등 본격적으로 저항운동을 벌였다(국민일보, 2005.4.20.). 특히 2005년 국내입국 탈북자의 수가 줄어들면서 탈북자단체들은 북한의 눈치를 보는 정부의 소극적인 태도로 인해 탈북자들이 방치되고 있다고 비판하면서 부정적인 태도를 견지해 갔다. 그리하여 통일부는 국내정착 탈북자에게 지급되는 정착지원금을 제3자가 압류하거나 제3자에게 양도할 수 없도록 하고, 현재 2년인 새터민의 취업보호기간도 신축적으로 운용, 고용안정을 유도하기로 했으며, 취업보호기간 중에 새터민을 고용하는 업체에 대해 최대 임금의 50%까지 고용지원금이 지급하기로 했다. 이것은 시민권 및 사회권의 확대를 위한 저항인 동시에 차별에 대한 저항에 해당하는 사례이며, 이 경우 대책위원회, 성명서, 서한 발송, 농성 및 캠페인 등의 비제도적 행동전략에 주로 의존하였다.

두 번째, 탈북자 단체의 저항적 정책투쟁의 사례는 탈북자에게 부여되는 주민등록번호문제에 관한 운동에서 찾을 수 있다. 이러한 저항적 정책개입은 차별에 대한 저항을 넘어서 남한사람과 동등한 권리를 주장하는 것이다. 탈북자들은 대한민국에 정착하는 과정에서 하나원 출신임을 식별할 수 있는 주민등록번호를 부여받아 왔다. 탈북자들이 호적을 취득하는 과정에서 주민번호 뒷자리에 북한이탈주민정착지원사무소의 소재지를 의미하는 세 자리 숫자가 들

대한 인권보호 조치, 중국정부의 탈북자 강제송환 저지, 강제송환된 탈북자들에 대한 북한당국의 탄압중지 촉구, 탈북자들의 한국행 지원을 위한 종합대책 마련 등을 제기하며 통일부 장관 면담을 요청했다(오마이뉴스. 2005.1.4.).

어감으로써 주민번호로 인한 신분 노출로 취업 시 불이익을 당하고, 중국 여행을 위한 비자발급과 중국행 승선표 구입 등에서 거부당하는 피해까지 발생했다(MBN, 2007.4.4.).

2007년 천진에 어린 딸과 함께 부부 동반으로 겨울 휴가를 갔던 새터민이 선상비자를 거부당하고 배의 선실에 갇혀 있다가 한국을 되돌아 온 사건과 관련해 탈북자동지회 홈페이지에 게재된 글은 탈북자의 주변적 지위와 차별적 대우에 대한 인식과 수용태도를 보여주고 있다.

> 어떻게 이런 일이 일어났는데도 정부에서는 아무런 대책도 세우지 않고 있는지 알 수 없다. 만약 새터민이 아닌 다른 한국인이 이런 일을 당했다고 해도 정부는 가만있었을 것인지 묻고 싶다. 자국민이 특별한 이유 없이 불이익을 당하고 하루 종일 어린 딸과 함께 선실에 갇혀 있었던 일이 정부적 차원에서 문제시 하지 않는지 궁금하다. 새터민들을 대한민국 국민으로 인정하지 않아 그런지 정부 관계자들에게 묻고 싶다 … (중략) … 이런 절실한 문제를 해결하는데 단체들과 새터민 모두가 앞장서야 한다고 생각한다(탈북자동지회 홈페이지 자유방, 2007.2.13.).

탈북자단체에 접수된 주민등록번호 피해사례의 내용은 주로 해외 비자 거부, 신변 위협, 인권침해, 취업 피해, 도용, 금융피해 등이며, 피해를 겪는 대상과 범위가 점차 커지자, 탈북자단체들은 시급한 대책을 마련해 줄 것을 정부에 요구하며 피해사례접수 및 서명운동 등의 비제도적 행동전략을 취했다. 탈북자단체들의 문제제기가 계속되자, 정부는 거주지에서 직접 주민번호를 받을 수 있도록 했으나, 그 이전에 교육을 마친 탈북자 9,000여 명의 주민번호 변경은 입법사항이라는 점에서 대책을 마련하지 못했다.[17] 이에 2008년 1월 21일 국회 통일외교통상위원회 소속의 한나라당 진영의원 등 12명의 의원이

17. 정부 방침이 바뀐 작년 6월 이전에 하나원 정착교육을 마치고 주민번호를 일률적으로 부여받은 탈북자들은 남성의 경우 '1(성별코드)25(지역코드)', 여성의 경우 '225'로 시작되는 주민번호 뒷자리를 고치지 못한 채 그대로 갖고 있어야 했다(연합뉴스, 2008.1.24.).

탈북자들의 주민등록번호 변경이 가능하도록 주민등록법 제7조 4항을 고치는 개정안을 발의했다(연합뉴스, 2008.1.24.).[18]

그리고 탈북자들은 중국이 단수여권 소지자에게 호적등본 제출을 요구하는 등 비자발급을 제한하는 상황에서 정부가 단수여권을 발급하는 것은 차별행위라며 여권발급규제폐지를 지속적으로 요구해 오다, 국가인권위원회에 진정서를 제출하고, 손해배상청구소송을 제기하기 위해 서명을 받는 등의 제도적·비제도적 행동전략을 모두 활용하자, 정부는 6개월 이상 국내거주 탈북자에게 여권발급기준을 완화하고 복수여권을 확대하기로 했다.

사회 및 행정에 의한 차별에 저항하고자 조직된 단체도 있다. '자유를찾아온북한인협회'는 한국으로 입국한 탈북자에 대한 관계당국의 가혹행위를 고발하고 한국 내 탈북자들의 인권문제를 해결하기 위해 창립되었다. 이 단체는 1999년 1월 15일 기자회견을 통해 귀순조사과정에서 가혹행위를 폭로하면서 국내탈북자의 인권문제를 공식적으로 제기했다. 그리고 탈북자를 위한 취업보장제 도입과 남한 근로자들과의 봉급균형, 실직 탈북자에 대한 창업교육과 은행대출보장, 귀순자정착금 인상방침을 94-98년 탈북자에게 소급적용, 해외취업 여건조성과 자유로운 해외여행 보장 등과 함께 대성공사에서 행해지는 탈북자들에 대한 비인간적인 처우도 개선해 줄 것을 요구했다(한국일보, 1999.2.7.). 이후 탈북자들에 대한 인권유린행위 중지 및 재발방지 촉구, 정보가치가 아닌 인격으로 탈북자들을 대하며 외국여행을 비롯해 남한 주민들과 동등한 시민권리 보장, 공정한 경쟁을 할 수 없는 귀순자의 기초적인 생계의 정책적 보장 등의 요구사항들을 쟁취하였다(NKchosun 홈페이지).

---

18. 정치권이 문제해결을 위해 나선 배경에는 단순히 피해가 탈북자에게만 국한되지 않는다. 하나원이 위치한 경기도 안성 일부 지역의 주민들도 탈북자들과 같은 주민번호 뒷자리를 갖고 있어 중국 입국심사나 비자 발급, 연장 신청 때 출생지를 확인할 수 있는 호적등본 제출을 요구받는 등 피해가 속출하고 있었고, 이에 대해 정부대책을 요구하는 목소리가 컸다. 하나원 인근 주민들이 중국 정부로부터 입국거부조치를 받아 온 문제를 개선하는 것도 법안 발의의 중요한 목적에 포함되었다.

이상과 같이 탈북자운동의 저항성 정책개입은 사회적 편견과 차별에 대해 집단적 불만을 행동으로 표출하거나, 시민권과 사회권의 확대를 위한 투쟁으로서, 정책개선과 제도변화를 유도하고 있다. 구체적으로 저항성 정책개입은 시위 및 집회, 농성, 캠페인, 서명운동, 성명서 등의 비제도적 행동전략에 주로 의존하는 경향이지만, 차별로 인한 권리침해가 명확한 경우 사법고발 및 소송과 진정서 제출 등의 제도적 행동전략을 활용하기도 한다. 최근에 한국정부는 보편적 가치와 인권의 실현이라는 점에서 탈북자운동의 차별저항과 권리확보를 위한 저항적 정책개입에 대해 수용적인 자세를 보이고 있지만, 사실상 정책적 변화과정은 매우 더디고 점진적으로 이루어지고 있으며, 이러한 정책변화보다 사회인식의 변화는 더욱 서서히 진행되는 양상을 보인다.

3) 확산성을 통한 정책개입전략

탈북자운동은 다양한 연결망을 통한 다양한 단체들의 참여로 이루어지고, 이들 간의 다양한 연대활동에 의해 탈북자의 인권 및 이념의 문제가 이슈화된다.[19] 여기서 조직화는 내부적 조직화와 외부적 조직화에 의해, 이슈화는 인권 및 이념의 이슈화에 의해 이루어지는데, 조직화와 이슈화는 동시에 진행되는 특성을 보인다.

운동의 조직화는 운동주체가 탈북자단체인지 아닌지에 따라 외부적 조직화와 내부적 조직화로 나눌 수 있는데, 외부적 조직화는 탈북자단체와 관련단체 간의 연대를 의미하는 반면 내부적 조직화는 탈북자 단체 간 연대를 의미한다. 외부적 조직화는 개별적으로 활동하는 시민사회단체, 종교단체, 직능단체 등이 탈북자의 지원과 권익보호, 북한사회민주화, 제3국 탈북자지원 등의 문제에 조직적으로 대응하기 위해 연대를 구축하는 것이다. 탈북자 관련단체로

19. 소수자운동은 신사회운동의 포괄적 범주로서 구성원의 집단적 이익을 달성하려 하기보다는 집합적 정체성과 유대감을 확산하고자 하는데 근본적인 목적을 둠으로, 이념의 확산을 추구하는 과정을 이해하기 위해서는 조직간 연대구조를 파악할 필요가 있다(권태환·이재열, 2001: 188).

서 시민사회단체는 해외탈북자구호, 사회적응교육, 청소년보호, 정착지원 및 상담활동에 역점을 두는데, 그루터기, 남북나눔운동본부, 북한민주화네트워크, 북한인권개선운동본부, 북한인권정보센터, 탈북자인권과 구명을 위한 시민연대, 두레마을, 이북도민회중앙연합회, 민족건국회 등이 포함된다. 그리고 종교단체는 선교 및 결연, 해외탈북자구호, 정착지원 및 교육 등의 활동에 주력하는데, 좋은벗들, 기독교윤리실천운동본부, 두리하나선교회, 조국평화통일불교협의회, 탈북난민보호운동본부, 천주교민족화해위원회 등이 있다.[20]

나아가 외부적 조직화는 정치적 성향의 우익단체들과의 연대구축으로 나타나기도 한다. 2007년 7월 19일 정형근 한나라당 의원에 대한 달걀세례 사건은 한나라당 신대북정책의 문제점을 부각시키는 계기가 되었는데(주간조선, 2007.8.6.),[21] 당시 달걀세례는 탈북자단체인 북한민주화운동본부의 주도하에 우익단체들의 참여로 이루어졌다. 이러한 연대구조는 사실상 전통 우익단체와 뉴라이트 계열 단체들의 연대모임인 범보수 대연합기구의 발족으로 이어졌다. 연합기구에는 뉴라이트 계열 100여 개 단체들과 재향군인회, 국가비상대책협의회 등 전통우익단체들과 함께 탈북자와 납북자단체가 참여하고 있다. 이들은 한나라당 관변단체로 전락하는 것을 방지하고, 한나라당과는 개별사안에 대해 전략적으로 연대하며 동등한 입장에서 정책개발 등의 활동을 펼칠 것이라 밝혔다(연합뉴스, 2007.7.6.).

그리고 탈북자운동에 대한 공식적 지원체계인 북한이탈주민후원회는 민간지원단체의 구심점 역할과 정부와 민간의 가교역할을 수행하며, 별도로 '북한

20. 최근에는 무연고 청소년 탈북자의 입국이 증가하면서 이들과의 공동생활과 교육을 담당하는 꽃지모, 늘푸른학교, 늘푸른청소년상담원, 돈보스꼬훈련원, 마자렐로센터 등의 단체와 시설도 증가하고 있다(강권찬, 2005: 54-55).

21. 이날 정형근 의원은 '한반도평화비전'을 발표했는데, 골자는 대북지원과 정상회담의 전제조건이던 '핵폐기'를 더 이상 고집하지 않고 엄격한 상호주의에서 유연한 상호주의로 후퇴하는 내용을 담고 있었기 때문에 한나라당의 전통 지지세력인 헌정회, 재향군인회, 성우회 등 우익단체들과 함께 탈북자단체들이 정책철회를 주장하며 규탄시위를 벌였다(주간조선, 2007.8.6.).

이탈주민지원민간단체협의회'를 설립하여 민간단체간 정보교류와 연대지원망을 구축하고 있나. 1999년 11월에 발족한 협의회에는 모두 46개의 단체가 참여하는데, '한기총', '선한사람들', '이주난민선교회', '태화기독교사회복지관' 등 기독교 단체들과 '좋은 벗들', '조국평화통일불교협의회'등의 불교단체, '천주교 서울대교구 민족화해운동본부' 등 천주교 단체, 그리고 일반 시민사회단체들로 구성되었으나, 실제로 일부 단체들만 적극적으로 활동하였을 뿐, 발족목적인 통일된 표준프로그램 개발과 정보공유, 사업의 연대성 추구 등은 제대로 이루어지지 않았다(오마이뉴스, 2003.1.24.).

반면 내부적인 조직화는 탈북자단체들의 연합조직을 통해 파악할 수 있다. 가장 대표적인 연대조직은 2007년 4월에 창립한 '북한민주화위원회'이다.[22] 이 위원회는 2007년 8월 시민단체와 변호사단체 등 23개 인권단체와 함께 공동기자회견을 열고 북한인권문제를 남북정상회담 의제에 포함시킬 것을 촉구하였고, 10월에는 중국공안이 베이징 소재 한국국제학교에 들어가려던 탈북자들을 강제 연행한 것에 대해 비난성명을 발표했으며, 2007대선에도 참여하는 등 다양한 문제에 개입해 왔다. 그리고 한반도 비핵화와 남북 경제협력 활성화, 북한방송신문 전면 수용 등으로 요약되는 한나라당의 새 대북정책인 '한반도평화비전'에 대해 강한 거부감을 표명하면서 핵무기와 화학무기 폐기 등 북한의 군사적 위협제거, 북한의 집단지도체제화 및 중국식 개혁·개방추진, 정치범 수용소 완전 해체, 집단농장의 개인농장화 등의 대북 대응수단을 주문했다(연합뉴스, 2007.7.5.). 이어서 2008년 3월 18일 자유북한방송, 자유북한인협회, 겨레선교회 등 26개의 탈북인권단체가 연대해서 '탈북인단체총연합'을 출범시켰다. 총연합은 북한의 자유화와 남한 탈북자들의 권익옹호를 위해 노

---

22. 북한민주화위원회는 겨레선교회, 광야횃불선교회, 기독북한인연합, 달래음악단, 북한민주화운동본부, 백두한라회, 서평방송(SPTV), 숭의동지회, 요덕스토리, 자유북한방송, 자유북한군인연합, 탈북민사역자연합회, 통일문필가협회, 통일을 준비하는 탈북자협회, 탈북여성인권연대, 탈북의료인협회, 탈북자동지회, 평양민속예술단, 평화통일탈북인연합회, NK인포메이션센터 등 20여 개 탈북자단체가 연합한 연합회이다.

력할 것이라고 밝혔다.

한편 이슈별로 조직화과정을 살펴보면, 대표적인 사례로 2003년 중국탈북자 강제북송반대, 2004년 북한 용천구호활동, 2005년 유엔북한인권결의안 촉구, 2007년 정착지원 법률개정, 탈북자의 여권발급 및 주민등록피해문제 등이 있다.[23] 이 중에서도 중국 등의 재외탈북자 강제송환을 둘러싸고 조직간 연대구축이 가장 활발하였다. 러시아 북한벌목공의 탈출사건에서부터 장길수군 일가족의 입국사건, 스페인대사관 진입 탈북자, 탈북자 460명의 대량입국사태 등의 재외탈북자의 처우 및 인권문제에 대해 탈북자단체를 포함하는 연대조직은 정부의 적극적인 대응을 촉구했다. 길수가족구명운동과 같이 연대구조의 탈북자운동은 대정부압박을 위한 여론형성, 이른바 '영향의 정치'를 통해 공공영역의 관심을 활성화하고 대중을 동원하는 모습을 보였다.

또하나 주목할 쟁점은 북한인권결의안을 둘러싼 정치적 갈등문제에 관한 것이다. 2003년 이후 유엔 차원의 북한인권결의안이 4회에 걸쳐 논의되었는데, 이 과정에서 정부의 불참 1회와 기권 3회를 둘러싸고 찬반양론의 정치 갈등이 발생했다. 북한민주화네트워크와 북한민주화운동본부 등의 탈북자단체들은 집회를 갖고 정부의 기권을 강력히 비판하고 북한인권에 대한 정부의 지지를 촉구했다(노컷뉴스, 2005.11.24.). 당시 탈북자단체들은 한나라당, 우익단체, 시민사회단체, 종교단체 등과 연대를 구축해 운동을 전개했다. 이외에도 연대형태의 탈북자운동은 친북사이트 차단해제 논란, 2006년 북한 핵실험 강행, 햇볕정책 전면 재검토와 대북지원 중단 및 대폭 축소 등에 관해 개입해 왔으며, 2006년 9월 전시 작전통제권 환수추진 반대 움직임에 대해 북한민주화운동본부, 자유북한방송, 자유북한군인연합 등 11개 탈북자단체로 구성된 '자유북한군인연합'은 서울 국방부 청사 앞에서 '101인 성명'을 발표하고 성명서를 전달하는 등 정책개입을 강화해 나갔다(매일경제, 2006.9.19.).

23. 연대활동은 주로 탈북자단체와 국내외 인권단체, 시민사회단체, 종교단체, 우익단체 등에 의해 추진되었다.

이상과 같이 이슈확산을 위한 탈북단체의 정책개입은 조직화와 이슈파이팅을 통해 이루어졌다. 운동의 조직화는 수평적인 네트워크형태의 연대를 보이는데, 내부적으로는 탈북자단체 간의 조직화로 나타났고, 외부적으로는 시민단체나 종교단체 등의 민간단체는 물론이고 우익단체 및 정당과의 연대구축으로 나타났다. 이러한 운동의 조직화는 다시 이슈에 따라 인권적(인도주의적) 이슈와 이념적(이데올로기적) 이슈로 구분할 수 있는데, 재외탈북자문제에 적극적이고 대북지원에 비판적이며 대북강경노선을 지지하는 단체들에 의해 형성되는 연대구조는 주로 이데올로기적인 접근방식을 취하는 반면, 재외탈북자문제를 남북관계와 연계시키면서 한반도문제에 한국의 주체성을 강조하고 북한과의 상호공존을 강조하는 단체들에 의해 형성되는 연대구조는 인도주의적 접근방식을 취함으로써 이슈에 따라 운동의 조직화가 양분된 형태를 보인다. 그러나 국내 탈북자의 인권문제에 관해서는 정치적 성향의 외부단체들의 참여가 저조한 가운데, 탈북자 관련단체들 간에 단일의 연대구조를 형성하고 있는 것이 특징적이다.[24] 덧붙여 운동의 이슈화는 하나의 문제를 쟁점화하고 그것에 대해 많은 사람들의 공감을 얻어내면서 모두의 결정을 유도해가는 이슈파이팅 전략에 의존하는 경향이다. 결국 탈북자운동에 있어서 확산성의 정책개입전략은 소기의 목적을 달성하는 데 매우 효과적인 수단으로 작용했다.

---

24. 예컨대, 정착지원 법률개정, 탈북자의 여권발급 및 주민등록 피해문제와 같은 국내 탈북자의 이해와 관련된 사안에 대해서는 대부분의 탈북자단체들이 단합된 목소리를 내며 연대구축에 적극적이었다. 최근에 중국에서 10년 이상 체류했다는 이유로 '비보호대상'으로 결정되어 정착지원을 받지 못하는 탈북여성 3명이 통일부 앞에서 장기 단식농성에 돌입하자, 20여 개의 단체들이 '비보호 탈북자 단식농성 지지 및 통일부 규탄 기자회견'을 열고 "탈북자정착지원 개정악법을 폐지하고 비보호 탈북자들에 대한 정부의 조속한 구제"를 촉구하였다(조선일보, 2008; 뉴시스, 2008).

2. 탈북자운동의 한계와 특징

탈북자운동은 반북·인권단체와 친목단체들에 의한 활동으로 대별할 수 있는데, 반북·인권단체들이 북한민주화와 재외탈북자의 인권문제에 역점을 두는 반면, 친목단체들은 국내 정착 탈북자들의 정착 및 지원 사업을 우선시하므로 운동단체 간에 목표와 활동내용이 상이한 양상을 보인다. 따라서 대북문제나 남북관계와 같은 외부적인 문제에 대해서는 정치성이 강한 반북·인권단체들의 개입이 주를 이루는 반면에 친목단체들의 활동은 저조하기 때문에 일각에서는 내부적인 분열과 양분화가 바로 탈북자운동의 한계라는 주장을 제기하기도 한다. 하지만 국내 정착 탈북자의 이해를 둘러싸고 대부분의 탈북자단체들은 한 목소리를 내는 경우가 많다. 이러한 현상에 대해 일부에서는 탈북자운동의 지나친 이익추구 현상을 경계하기도 한다. 자기이익과 관련해서는 단체의 성격을 불문하고 대부분의 단체가 집단행동에 적극 참여할 뿐 아니라 자연스럽게 연대를 형성하기 때문이다. 즉 현재 이들의 단합된 목소리는 탈북자들만의 이해와 관련된 이슈에 한정되기 때문에 탈북자운동이 이익추구적인 운동이라는 인상을 심어주며, 이것이 탈북자단체들의 대대적인 집단행동을 이기적인 주장과 행동이라는 인식을 형성시키기도 한다.

그러나 탈북자운동이 자기이익에 대해서만 단합된 모습을 보이는 것은 아니다. 길수가족구명운동과 같이 재외탈북자의 송환문제에 대해서도 대부분의 단체들이 단합된 목소리로 연대형태의 집단행동을 전개해 나갔다. 어떤 사회운동도 같은 요구와 주장을 가진 조직만으로 구성될 수 없으며, 특히 소수자운동은 다양성을 지향하고 표출하기 위한 운동이라는 점을 감안한다면, 소수자운동이야말로 내부적인 분열이 일상화되어 나타날 수 있는 운동이다. 더구나 운동의 내부적 분열을 단순히 부정적인 측면에서만 이해하는 것은 무리가 있다. 왜냐하면 이러한 내부적 분열양상은 친목단체들의 이기적 행동에 비롯되기보다는 반북·인권단체들의 지나친 정치지향성과 정치세력화에 기인하는 측면이 크기 때문이다. 이런 점에서 다른 소수자운동과 달리 탈북자운동의 이념적·정치적 특성[25]이 인권운동으로서의 갖는 한계에 주목할 필요가 있다. 한국사회의 소수집단으로서 겪게 되는 사회적 차별과 인권침해에 저항하기 위해서는 인권적 접근이 필요한데, 탈북자운동은 남북관계와 대북정책 등과 같은 정치성이 강한 이슈에 집중하는데다, 다른 소수자집단과 달리 정부로부터 상당한 지원과 특혜를 받는 수혜집단이라는 인식이 혼합되어 있어 인권운동으로서의 이미지를 창출하는 데 일정한 한계를 가지게 된다.

3. 정부의 대응양식: 인권주의방식과 관리주의방식의 혼재

탈북자문제에 대한 정부의 대응양식은 인권주의적 대응과 관리주의적 대응으로 나눌 수 있는데, 인권주의적 대응은 인권위원회의 권고와 제도 정비 요구를 통해서 이루어지며, 관리주의적 대책은 일반 행정부서의 사업집행형식으로 이루어지고 있다. 탈북자의 경우에도 예외는 아니어서 국가인권위원회와 관련 행정 부처가 각자 나름대로의 방식으로 탈북자에 대한 대책을 두 가지 차원에서 마련하였다.

먼저, 인권주의적 차원은 주로 국가인권위원회를 중심으로 한 차별방지 대책을 통해 파악된다. 탈북자의 국내 입국이 증가하면서 국가인권위원회는 이들에 대한 관심과 지원이 필요하다는 인식하에, 소수자 인권정책의 차원에서 탈북자 문제에 대응하기 시작했다. 먼저 국가인권위원회는 관련 법령, 제도, 정책을 검토하고, 탈북자 당사자와 관련공무원에 대한 인권교육을 강화하며, 업무를 담당하는 관계 기관과 주기적으로 정책협의회를 개최하였다. 국가인

25. 집단화된 소수자로서 탈북자운동은 북한체제를 거부하고 자유를 찾아 필사의 탈출을 한 사람들이라는 집단의식을 공유하고, 반공이데올로기와 자유민주주의로 규정되는 뚜렷한 이념성과 정치성을 가지고 있다.

권위원회는 법과 제도를 정비하여 탈북자의 인권을 보호하고 차별을 예방하고자, 탈북자 관련 업무를 담당하는 공무원에게 인권교육을 실시하여 업무수행과정에서 인권침해와 차별을 해소하고, 탈북자에게 직업훈련 및 취업알선을 강화하고 고용업체에 대한 인센티브를 제공하는 등의 고용 활성화를 위한 방안을 마련하였다. 그리고 탈북자의 개별적인 특성을 고려하여 청소년에 대해서는 원활한 정착을 위한 교육지원대책과 함께 취약계층(무연고청소년, 장애인, 모자세대, 노인 세대 등)에 해당하는 탈북자에 대해서는 취업, 의료, 교육 등의 보호대책을 마련한 바 있다. 보다 구체적으로, 2006년에는 탈북자의 인권상황에 대한 실태와 침해 사례를 파악한 바 있으며, 입국 탈북자에 대한 조사·교육·사회적응 등 일련의 과정에서 발생할 수 있는 인권침해 가능성을 예방하고, 필요할 경우 관련기관에 대한 직권조사 및 정책권고 등의 보다 강력한 대응책을 마련하였다. 특히 2007년에는 탈북자의 인권증진방안을 위한 사업을 인권위 10대 중점과제로 선정하여 탈북자의 정착과정에서의 직업교육, 직업선택, 사회 적응, 직업 분포 등에 대한 실태조사를 실시하고, 탈북자가 당면하고 있는 여러 문제점을 파악하여 해결방안을 모색하였다. 이처럼 국가인권위원회의 대응방식은 탈북자의 사회적 차별을 방지하고 인권 및 사회권의 확대를 지향하는 방향으로 전개되고 있다는 점에서 인권주의적 대응방식에 해당한다.

둘째, 관리주의적 차원의 대응은 관련 행정부서를 중심으로 한 재배분적 사업을 통해 확인될 수 있다. 행정부서의 관리주의적 대응방식에 대해서는 탈북자의 집단적 요구와 주장에 대해 관련부처가 어떻게 대책과 사업을 제시하고 집행하였는가를 통해 파악해야 한다. 정부는 북한이탈주민의 자립·자활 의욕과 노력을 고취하고 조기에 안정적으로 정착할 수 있는 제도적인 장치를 마련하는데 집중하고 있다. 주로 정착금과 장려금 등의 재정적인 지원과 함께 정착을 위한 기초생활에 필수적인 주거지원 및 주택알선, 직업훈련, 취업보호제, 취업보호담당관 등의 취업지원서비스, 국민기초생활보장법에 따른 생계급여와 의료

보호, 초기 정착생활을 도와주는 민간도우미제 등의 정책을 통해 대응하고 있다. 탈북자정책의 주무부서로서 통일부는 최근에 탈북자를 위한 『새 삶을 위한 생활안내』 발간, 의료지원 확대, 일자리 창출 사업 및 맞춤형 직업훈련·취업 연계프로그램 운영, 기업대상 새터민 인력활용방안 홍보 등을 통해 탈북자의 사회적응을 돕고 있다. 주거지원의 경우 건설교통부, 생계지원 및 의료 보호의 경우 보건복지부, 취업지원의 경우 노동부, 탈북청소년의 사전학교 교육 적응을 위한 계획 등의 탈북청소년 교육의 경우 교육부가 지원하는 등 여러 부처에서 탈북자의 조기정착과 사회적응을 위해 연계하여 서비스를 지원하고 있다.

탈북자의 요구에 대한 관련 행정부서의 반응은 탈북자의 사회동화와 사회통합에 목적을 두는 전형적인 관리적 대응방식으로 나타나고 있다. 최근 정부의 대응양식이 인권주의적인 양식으로 전환된 측면이 없지는 않지만, 전반적으로 볼 때 정부의 대책은 탈북자의 동화와 통합을 유도하기 위한 포섭 정책에 치우치고 있음을 알 수 있다(원숙연, 2008: 42). 이러한 관리적 대응방식은 국가중심적인 관점에서 탈북자 문제를 인식하는 공급자 위주의 정책이라는 한계를 보여준다. 하지만 소수자문제 해결과정이 재분배정책적 요소가 다분하며, 각종 지원사업의 수행이 정책집행 분야와 관련되어 있다는 점에서 볼 때 관리주의 관점의 효용도 존중될 필요가 있다(전영평, 2008; Ripley and Franklin, 1986).

Ⅳ. 정책적 함의

분단이라는 특수한 환경 속에서 탈북자들은 남한사회의 편견에 의해 억압되고 타자화된다는 지적이 있다. 한국사회에서 탈북자는 소수자 위치에 놓여 있지만, 이제까지 우리 정부는 인권정책적인 측면에서 탈북자를 소수자로 인식하는 데 소홀히 하였다. 그동안 탈북자들은 소수자적 정체성을 정립하고 자신들에 대한 차별에 저항하기 위해 단체를 조직하고, 단체를 통해 자신들의 동등한 인권을 주장해 왔다. 그런데 최근에는 사회적인 관심과 정책개선을 강력히 요구하며 조직화·이슈화하는 움직임을 보이고 있다. 이에 본 연구는 탈북자 문제를 소수자문제로 파악하고 소수자운동으로서 탈북자운동의 특징과 차별에 저항하는 탈북자운동의 정책 개입 과정과 전략적 특성을 분석하고자 하였다.

이 연구는 차별에 저항하는 탈북자운동의 정책개입 양상을 정체성, 저항성, 확산성 차원에서 검토하였다. 이상에서 분석한 내용을 기초로 탈북자운동의 정책적 함의 및 시사점을 제시하면 다음과 같다. 먼저 정체성의 창출을 통해 집단적 결속을 추구하는 탈북자운동은 사회적 적응성을 높이는 동화전략과 아울러, 정책획득차원에서는 차이를 강조하는 차별화 전략에 치중하였다. 소수자적 정체성을 확보하기 위한 이런 식의 정책개입은 탈북자의 그 다름과 차이를 부분적으로 인정하도록 하는 데 기여하였다. 다문화사회를 맞이하는 시점에서 정부는 탈북자에게 사회통합과 적응만을 강조하는 동화정책이 아닌 이들의 문화적 다양성을 창출할 수 있도록 다문화정책에 보다 역점을 두어야 할 것이다. 물론 다문화정책이 오히려 집단 간 이질성을 강화시킬 수 있고, 특히 한국과 같이 혈통주의를 강조하는 사회에서는 소수자집단을 더욱 고립, 배제시키는 결과를 가져올 수도 있다. 하지만 이제까지 정부의 정책이 통합과 적응에 치중해 왔다는 점에서 보다 균형적인 정책처방이 요구되고, 이러한 견지에서 소수자정책은 다문화정책과 함께 어우러져 진행되어야 할 것이다. 특히 통일을 내다볼 때, 탈북자에 대한 다문화정책은 탈북자들이 자신의 문화를 유지하고 보존할 수 있도록 지원해 주는 일방적인 지원정책을 넘어 한국사회가 탈북자를 통해 북한 문화를 이해할 수 있도록 탈북자와 한국사회 모두를 대상으로 하는 정책이어야 할 것이다.

둘째, 차별 저항을 통한 정책개입은 시위 및 집회, 농성, 캠페인, 서명운동, 성명서 등의 비제도적 행동전략에 주로 의존하는 성향을 보이고 있었지만, 차별로 인한 권리침해가 명확한 경우에는 고발, 소송, 진정서 제출 등 제도적 수단을 활용하는 전략을 사용하였다. 저항 표출을 통한 정책 개입은 일정 부분 제도변화라는 성과를 얻게 되었으나, 정책의 변화과정은 매우 더디고 점진적으로 진행되고 있었다. 소수자운동이 주류사회와 지배 권력에 대한 저항에서 비롯되었다는 점에서 비제도적인 행동전략에 의존하지만, 소수자문제는 개인의 인권에 관한 문제인 만큼, 제도적인 수단을 통해서 해결되어질 수 있는 문제이다. 따라서 소수자의 근본적인 문제인 인권보호의 문제는 반드시 제도권에서 해결할 수 있도록 제도적인 장치가 마련되어야 할 뿐만 아니라 정부는 이들의 제도적 참여를 보장해 줄 수 있는 정책적인 노력에 보다 관심을 기울여야 할 것이다.

셋째, 이슈 확산을 위한 정책개입은 조직화와 이슈파이팅을 통해 이루어지는데, 운동의 조직화는 내부적 조직화와 외부적 조직화로 나눌 수 있으며, 이슈의 쟁점화는 이념적 이슈화(이데올로기적 접근)와 인권적 이슈화(인도주의적 접근)로 구분할 수 있다. 국내 탈북자의 인권문제에 관해서는 정치적 성향의 외부단체들의 참여가 저조한 가운데, 탈북자단체들이 단일 연대구조를 형성하여 쟁점화하고 있었다. 일반적인 사회운동단체와 달리, 소수자운동단체들 간에는 연대형성이 미진하다. 소수자운동은 이념 및 가치의 다양성으로 인해 하나의 단합된 목소리를 내기 어려운 것이 사실이지만, 운동의 성과를 높이기 위해서는 운동단체의 연대구축이 필요하다. 따라서 탈북자운동의 성과를 높이고, 정책적인 영향력을 행사하기 위해서는 탈북자단체 간에, 나아가 다른 소수자단체와의 연대강화에 보다 주력해야 할 것이다.

여태까지의 논의를 종합하여 탈북자 운동의 성과를 간략히 평가하면, 첫째, 탈북자들은 자신들이 남한사회의 사회적 소수자로서 차별에 노출되어 있음을 초기에 인식하고(약자는 뭉쳐야 산다는 인식), 자신의 정체성 확보를 위한 노력 — 단체결성 등 — 을 단기간 내에 성공적으로 수행하였다는 것을 알 수 있다. 둘째, 일단 집단적 정체성을 확보한 이후에, 탈북자들은 남한 정부에 의한 불합리한 차별에 대하여 제도적·비제도적 방식의 저항 활동을 통하여 자신의 권익을 확보하는 데 성공하였다는 것을 알 수 있다. 셋째, 탈북자 운동은 북한의 인권문제와 탈북자 차별, 탈북자 처우의 불합리성에 대하여 효과적인 이슈파이팅을 전개하여 상당한 성과를 거두기도 하였다.

한편, 탈북자운동에 대한 남한 정부의 대응방식은 인권주의적 방식과 관리주의적 방식으로 나타나고 있는데, 인권주의적 대응은 국가인권위원회가 전담하고 있으며, 관련 행정부서는 탈북자의 사회통합과 동화를 위한 관리적 업무를 수행하는 모습을 보이고 있었다. 탈북자운동에 대한 인권주의적 대응과 관리주의적 대응은 혼재되어 나타나고 있으나, 이러한 혼합적 정책대응은 대부분의 소수자정책에 있어서 나타나는 일반적인 현상이다. 유의할 점은 정부의 관리주의적인 대응방식은 효율성을 강조하는 공급자 위주의 정책적 오류를 낳을 수 있다는 것이다. 이러한 문제를 보완하기 위해서 남한 정부는 탈북자들과의 접촉과 대화의 기회를 더욱 늘여나가는 한편, 현재까지의 탈북자운동의 전개과정과 성격에 대한 구체적인 이해를 증진시키는 노력을 기울일 필요가 있다.

제8장 소수자로서 결혼이주여성과 정책

Ⅰ. 결혼이주여성 문제, 어떤 시각에서 접근할 것인가

결혼이주여성의 국내 정착과정에서 비롯된 다문화사회 담론이 시작된 이후 최근 몇 년 사이 결혼이주여성[1] 지원에 관한 정부 사업이 폭증하고 있다. 특히 여성부와 보건복지가족부 등 관련부서들은 경쟁이라도 하듯이 결혼이주여성 지원 사업에 적극적인 정책적 관심을 보이고 있다. 이러한 일련의 관심은 결혼이주여성 및 이들 자녀의 국내 부적응 사례가 언론에 소개되고 그 심각성이 확산되면서 이에 대한 해결책임이 정부로 전가된 것에 기인하는 바 크다.[2]

1. 한국남자와 결혼한 외국인 여성에 대한 정부의 공식적인 표현은 '여성결혼이민자'이며 '결혼이민여성', '국제결혼여성'이라는 표현도 있으나 이 글에서는 '결혼이주여성'으로 사용한다. 자료 인용 시 저자의 의도를 해치는 등의 큰 문제가 없는 한 결혼이주여성으로 표현하였다.

2. 결혼이주여성에 관한 뉴스보도는 문제의 원인이나 양상이 아니라 해결책을 부각시키고 있으며 그 해결책으로는 정부기관이나 지방자치단체가 주도하는 정책적 지원이 지배적이다. 언론은 결혼이주여성들이 겪는 어려움의 해결을 거의 대부분 정부의 몫으로 제시하고 있다(양정혜, 2007: 60-67).

그 결과 중앙정부 각 부처에서부터 지방자치단체에 이르기까지 각종 사업 및 프로그램을 통하여 결혼이주여성 및 그 가족에 대한 지원을 확산하고 있다. 하지만 이러한 지원의 확대는 과잉기대를 불러올 수 있으며 더구나 시혜적인 차원의 복지대책은 오히려 부작용을 낳을 소지가 많다. 보다 근본적인 문제는 결혼이주여성 지원에 대한 정부대책이 졸속적으로 마련되고 있을 뿐만 아니라 결혼이주여성 문제를 보는 관점이 제대로 정립되지 못하고 있어 합리적 정책 경쟁이 이루어지기 힘들다는 것이다.

현재 시행되고 있는 결혼이주여성을 위한 정책의 기조는 2006년 4월 사회통합과 열린 다문화사회 실현에 주안점을 두고 마련된 '여성결혼이민자가족의 사회통합지원대책'에 근거한다. 사회통합지원이라고 하지만 한국어교육을 비롯한 한국사회에의 적응과 관련된 사업이 주를 이루고 있는데, 문제는 사회통합과 다문화사회의 실현에 있어서 '결혼이주여성 및 그 가족'의 사회적응을 위한 지원만으로는 이들이 가진 사회적 차별을 극복하는 데 한계가 있으며 진정한 사회통합을 이루어내기 힘들다는 것이다. 혈통주의와 단일민족주의에 사로잡힌 대다수의 한국 사람들에게 있어(전영평·한승주, 2006) 결혼이주여성 및 그 자녀는 대다수의 한국인과 다른 소수자이다. 결혼이주여성에 대한 인권보호차원의 대책 없이 한국사회 구성원으로 동화시키려는 다양한 시도는 결국 이들을 외래 유입 소수자로 고착시키는 결과를 낳게 될 것이다.

결혼이주여성정책이 '다문화가정' 패러다임에 입각한 복지차원의 가족지원 위주의 사업으로 진행될 것인가, 아니면 결혼이주여성의 인권보호 및 차별방지정책으로 진화할 것인가에 대하여 고찰하는 것은 이들 소수자의 권익보호뿐만 아니라, 진정한 사회통합을 위해서 매우 큰 학술적·실천적 의의를 갖게 될 것이다.[3] 결혼이주여성은 처음으로 한국사회가 주목하는 외래유입 소수자

3. 이런 점에서 소수자정책이란 사회적으로 특정집단에 대한 정당성 없는 차별이 확산되어 사회문제가 되었을 때, 그들의 인권이 보장될 수 있도록 정책방향을 전환하는 데 의의를 두는 것이다(전영평·한승주, 2006: 182).

인 동시에 다문화사회의 담론을 추동한 특별한 의미를 갖는 존재이며, 다문화가족의 구성원이면서 동시에 다문화사회의 정당한 일원이라는 지위를 갖기 때문이다.

이 논문에서는 결혼이주여성정책이 가족유지적 인구관리정책으로 정립되어가는 과정을 면밀히 검토함과 동시에, 이러한 관리주의적 정책 관점을 수정할 수 있는 '인권정책으로서 결혼이주여성정책'의 정체성 확립이 필요하다는 점을 지적하고자 한다. 이를 위해 결혼이주여성의 소수자적 특성을 검토하고 ― 즉 소수자 관점을 도입하고 ― 이들 해외유입 소수자에 대한 정부차원의 정책이 과연 어떠한 정책적 정체성을 가지고 있는가를 파악하고자 한다.

결혼이주여성정책의 정체성을 보다 체계적으로 파악하기 위해 이 연구는 정책결정과정과 정책집행과정을 통해 나타나는 정책개입양태, 제도의 변화 등에 특별히 주목하면서 결혼이주여성정책의 정책결정과정과 정책집행과정에서 나타나는 정책정체성이 '인권지향인가, 관리지향인가'를 중심으로 파악하고자 한다. 또한 결혼이주여성정책이 한국의 다문화시대에 대한 사회적·학술적 담론을 추동시킨 파생적 효과에 대해서도 논의하고자 하였다.

Ⅱ. 소수자로서 결혼이주여성의 등장

1. 국제결혼 양상의 변화 및 결혼이주여성의 증가

한국사회에서의 국제결혼은 한국전쟁 이후 미군과 결혼한 한국인 여성들로 시작되어 이후 선진국 남성들과 결혼하는 방식으로 이행되는 특징을 보여주고 있다. 이러한 국제결혼에 변화가 시작된 것은 1980년대 말 농촌지역의 한국인 남성들이 외국인 여성을 아내로 맞아들이는 국제결혼이 시작되면서 부터이다.

표 8-1 국제결혼 건수와 비율 (단위: 건, %)

구분	1990년	1995년	2000년	2005년	2007년
총 결혼건수	399,312	398,494	334,030	316,375	345,600
국제6결혼 건수	4,710	13,494	12,319	43,121	38,491
국제결혼 비율	1.2	3.4	3.7	13.6	11.1

자료: 통계청

한국인 남성과 외국인 여성의 결혼은 농어촌 청년들의 심각한 결혼문제를 해결하는 방편으로 '농촌총각 결혼시키기' 사업으로 시작되어 2000년 이후 급격하게 늘어났다.

1990년 12월 조선족 동포와의 결혼을 시작으로 한·중 수교 이후 지방자치단체가 여러 경로를 통해 조선족 동포와의 결혼을 주선하였으며 특정종교도 국제결혼을 권장, 1992년부터 2005년까지 10차례의 합동결혼식을 통해 4,924명의 필리핀 여성이 한국인과 결혼하였다(한건수·설동훈, 2007: 109).

그동안 이루어진 국제결혼 건수는 〈표 8-1〉과 같다. 국제결혼 건수는 1990년 4,710건으로 전체 결혼 건수의 1.2%를 차지하고 있으나 2000년에는 1만 2,319건으로 3배 정도 늘어났으며 2005년에는 4만 3,121건으로 전체 결혼 건수의 13.6%에 이른다. 15년 사이 국제결혼 건수는 9배 이상 늘어났으며 국제결혼에 있어서 소위 2기로 불리는 농촌이나 도시지역의 저소득층 한국인 남성과 외국인 여성 간의 결혼은 선진국 남성과 우리나라 여성 사이에 이루어졌던 전형적인 국제결혼과는 다른 성격을 가지고 있다. 이전에 주로 이루어졌던 한국인 여성과 외국인 남성 간의 결혼은 그 배우자들이 한국사회에 정착하기보다는 여성들이 남성들의 국가로 이주하는 경우가 많았으나 최근에 급증한 한국 남성과 외국인 여성과의 국제결혼은 국내에 정착하는 결혼이주여성 규모의 증가를 가져왔다. 실제 외국인 여성과의 혼인은 1990년 619건이었으나 2000년 7,304건으로 늘어났으며 2005년에는 3만 1,180건으로 대폭 증가하였다.[4]

표 8-2 결혼이주여성의 국적별 분포 (단위: 명, %)

출신국	인원수(비율)	출신국	인원수
한국계 중국인	31,066 (31.9)	태국	1,779 (1.8)
중국	23,976 (24.7)	몽골	2,060 (2.1)
베트남	21,513 (22.1)	미국	532 (0.5)
일본	5,297 (5.4)	캄보디아	1,914 (2.0)
필리핀	4,881 (5.0)	기타	4,218 (4.3)

주: 구소련, 동유럽, 아시아 저개발국, 아프리카 등 포함
자료: 법무부(2007.12.)

국제결혼이 급증하게 된 이유 중의 하나는 국제결혼의 성사에 따른 이득을추구하는 상업적 중개업자가 증가하였기 때문이다. 1998년 결혼중개업이 허가제에서 등록제로 바뀌게 되면서 당시 77여 개이던 중개업소가 2005년 2,000개 이상으로 급증하였다. 결혼중개업자들이 관심을 가지고 결혼을 성사시키는 나라의 여성들이 우리나라에 대거 결혼이주여성으로 들어오게 된다고 해도 과언이 아닐 정도로 상업화된 중개업자가 국제결혼의 성혼에 있어서 주도권을 잡고 있다(김현미·김민정·김정선, 2008: 122). 이러한 결혼성사과정은 결혼이주여성들이 결혼생활과정에서 겪는 문제와 직접적으로 연관되는데 잘못된 정보는 가족 간의 갈등뿐만 아니라 가정파탄으로 이어지게 된다.

법무부에 따르면 2007년 12월 현재 우리나라에 체류 중인 결혼이주여성은 9만 7,236명으로[5] 이들의 출신국적은 〈표 8-2〉와 같다.

재중동포인 한국계 중국인이 3만 1,066명으로 가장 많으며 전체 결혼이주여성의 31.9%를 차지하며 그 다음이 중국과 베트남으로 각각 2만 3,976명, 2만 1,513명으로 24.7%와 22.1%를 차지한다.

4. 한편, 외국인 남성과의 국제결혼은 1990년 4,091건에서 1995년 3,129건으로 줄어들었다가 2004년 9,853건으로 늘어났으며 1995년 이후 이주배우자의 성비에 있어 외국인 여성 수가 외국인 남성 수를 능가하였다.
5. 전체 결혼이주자는 11만 362명으로 결혼이주남성은 1만 3,126명에 이른다.

2. 소수자로서 결혼이주여성의 특성

소수자로서 결혼이주여성의 특성을 보다 적실하게 설명하기 위해서는 두 가지 전제가 필요하다. 소수자 관점은 무엇이며, 소수자의 요건은 무엇인가 하는 점이 그것이다.

소수자의 개념에 대한 학자들의 논의는 매우 다양하여, '소수자'라는 용어는 엄밀하게 정의되지 못한 채 학술적으로 광범위하게 사용되고 있는 실정이다(전영평, 2007, 2008). 그렇지만 대체로 소수자(minority)란 수적으로 적은 사람들이 아니라 힘의 관계에서 약자인 사람들이라고 정의되고 있다. 이렇게 볼 때 소수자란 수적으로 열세에 있는 집단이라기보다는 더 적은 사회적 보상을 받는 집단, 힘의 관계에서 약자인 사람을 말하는데 여기서 소수자의 특성은 무엇보다 차별적 대우에 있다. 그러므로 소수자관점이란 이들에 대한 인권보호와 차별방지의 관점을 말하며, 이 관점을 현실적으로 실현하기 위해서는 헌법적 보호, 법률적 보호는 물론이거니와 차별을 시정하기 위한 충실한 정책집행이 필요하다.

그렇다면, 결혼이주여성으로 불리는 이들은 어떠한 근거에서 차별적 대우를 받고 있는 '소수자'로 파악될 수 있는가. 논의를 위하여 먼저 소수자는 어떤 상황에 있는 사람들을 의미하는지를 검토할 필요가 있다. 소수자에 대한 여러 개념적 논의들이 있지만, 소수자 조건에 관한 대표적인 학술적 논의는 앤서니 드워킨과 로자린 드워킨(1999)에서 찾을 수 있다. 이들은 소수자를 정의하는 조건으로서 식별가능성, 권력의 열세, 차별적 대우, 그리고 소수자집단 성원으로서의 집단의식을 제시하고 있다.

여기에서는 이러한 소수자의 개념적 조건에서 집단의식을 제외한 세 가지 조건을 중심으로 한국사회에서 결혼이주여성이 경험하는 경제 및 사회문화적 측면을 검토하고자 한다.[6]

1) 식별가능성

식별가능성이란 어떤 신체적·문화적 특성에 의해 다른 집단과 구별되는 뚜렷한 차이를 갖는다는 것이다. 다양한 주체들이 만났을 때, 신체적 차이나 문화적 특징 등 가시화된 차이는 사회적 낙인찍기로 연결되어 상대적으로 비정상적 범주로 분류되는 소수집단이 형성된다. 이 점에서 결혼이주여성들에게 나타나는 신체적·문화적인 이질성은 구별과 분리의 가장 근원적 요소가 될 수 있다. 실제로 조선족 등 일부를 제외하면 대부분의 결혼이주여성은 이미 외모에서 뚜렷하게 구분되고, 다른 언어와 다른 식생활 및 생활방식을 가지고 있다. 이러한 차이는 기존 한국사회의 구성원들에게 이질감을 갖게 하고 '이방인'으로 취급하는 것을 당연시 여기게 한다. 무엇보다 혈연을 강조하는 단일민족국가에서는 동일 민족으로서 동질성 확보를 가장 중요한 문제로 간주하기 때문이다. 이러한 측면에서 우리 사회내부의 이민족은 이질적 집단으로 규정되고 적대와 소외관계를 형성하게 되며, 결과적으로 이들에 대한 차별과 억압을 조장하게 되는 것이다(조성원, 2002: 108). 한국사회에서 결혼이주여성들은 바로 이러한 신체적 차이로 인하여 사회의 많은 분야에서 차별 대우와 인권 침해를 받기 쉬운 소수자가 된다.

6. 소수자집단은 구성원 자격에 관한 특수한 규칙과 문화적 행위에 관한 지침을 가진 집단으로 규정되지만, 사회적 약자인 소수자들 중에는 집단으로서 특수한 규칙이나 문화적 지침을 가진 경우보다 에이즈 환자나 미혼모와 같이 열악한 지위 또는 수치심 등으로 인해 개별적으로 분산되어 있는 경우가 많다. 소수자집단성원 간의 집단의식은 처음에는 단지 몇 사람의 공유된 생각에서 시작되지만 차별적 관행의 반복을 통해 전체적인 연대의식으로 확대된다. 국제결혼이주여성 수의 급증과 적응의 어려움 등은 이들을 지원하는 시민단체들의 옹호노력으로 확대되고 있으나, 결혼이주여성 집단 내부의 이질성과 차이로 인해 아직까지 응집력 가진 소수집단으로서 사회운동차원에서 조직화되지는 못하고 있다. 그렇다고 이러한 조건의 결핍으로 결혼이주여성을 사회적 약자로서 소수자가 아니라고 규정하기는 어렵다고 판단된다. 이런 맥락에서 전영평(2007)은 소수자정책 대상은 조직화된 소수자와 조직화되지 않은 소수자 모두를 포괄할 필요가 있다고 주장한다.

2) 권력의 열세

권력의 열세는 경제적·사회적·정치적 권력 등에 있어서 실질적인 차이가 있거나 혹은 여러 가지 자원을 동원할 수 있는 능력에서 차이가 나는 것을 의미한다. 결혼이주여성들은 내국인에 비해 경제적·사회적·정치적 측면 모든 면에서 열등한 위치에 놓여 있다.

설동훈(2005)에 의하면 결혼이주여성 가구는 최저생계비를 기준으로 했을 때 절대다수인 52.9%가 최저생계비 이하의 가구소득을 가지고 있고, 최저생계비의 절반에도 미치지 못하는 가구소득을 가지고 있는 가구의 규모가 44.2%에 이르고 있다. 여성가족부가 이주 여성 1,000명에 대해 실시한 실태조사에서도(설동훈·이혜경·조성남, 2006: 192) 이들의 월평균 가구소득은 185만 원으로 생산직 가구 평균소득인 273만 원의 68%에 지나지 않는다는 것을 알 수 있다. 국적을 떠나 한국사회에서 삶을 영위하고 있는 결혼이주여성의 절대 다수가 기본적인 최저생활조차 유지할 수 없다는 점에서 경제적인 열등한 위치, 즉 권력의 열세에 놓여 있음을 알 수 있다. 더욱 심각한 것은 18세 미만인 아동이 있는 여성 결혼이민자 가구의 경우 절대빈곤율은 절반을 넘는 57.5%에 이르고 있다는 점이다. 이처럼 결혼이주여성들의 절반 이상이 생활보호조치 대상이 되는 이유는 이들이 한국의 저소득층 남성과 결혼했기 때문이다.

한편, 결혼이주여성들은 언어를 통한 의사소통이 원활하지 않으므로 의사표현을 제대로 할 수 없어 자신의 욕구실현을 제대로 할 수 없다는 점도 권력의 열세로 작용한다. 이는 문화적 차이를 좁혀 나가거나 일상적인 가족생활을 순조롭게 이끌어 나가는데 걸림돌이 되며 한국사회적응이 우선시 되어지는 현실 속에서 쉽게 가족들로부터, 지역사회로부터 외면당하게 된다.

결혼이주여성들은 한국처럼 전업주부가 아니라 일을 하는 여성으로서의 위치에 있었기 때문에 일에 대한 욕구가 강하다(정선애, 2007: 6). 보건복지부 실태조사에 따르면(2005년) 결혼이주여성의 경제활동참여율은 60% 수준으로, 이들이 경제활동을 하는 이유로는 생계유지가 51%에 이르며, 자녀교육비 충당이 17%에 이른다. 결혼이주여성은 3/4 정도가 본국에서 취업경험이 있으며 미취업 여성의 경우 82%가 기회가 된다면 취업할 의향이 있다고 밝히고 있다. 이처럼 취업의향이 강하고 생활비나 교육비를 제대로 지출하기 힘든 상황이지만 본국에서의 취업경험이 인정되지 않으며 자녀양육, 언어장벽 등으로 취업에 어려움을 겪고 있다.

3) 차별적 대우의 존재

차별적 대우란 한 개인이 단지 그 집단의 성원이라는 이유만으로 사회적 차별을 받게 되는 것을 의미한다. '낮은 사회적 지위를 가진 한국남성과 결혼한 저개발국가 출신의 외국인여성'에 대한 사회의 편견은 그들을 보다 열등한 집단으로 바라보게 하고 권위주의적으로 대하게 만든다. 이러한 권위주의적 인식은 한국사회에 이입된 그들의 문화적 배경 즉, 언어와 생활양식, 역할 기대와 관계형성 방식, 가치관 등의 구체적 차이는 무시한 채 일방적으로 한국사회로 동화되기를 요구한다(강휘원, 2006: 19-20). 그 과정에서 결혼이주여성은 개인의 속성과 관계없이 다양한 생활영역에서 사회문화적 차별과 편견의 대상으로 전락한다.

한국보다 경제적으로 낙후된 국가 출신의 여성들은 국가 간 위계적 인식에 따른 낮은 사회적 지위가 부여된다. 그리고 이들 국가의 여성과 결혼하는 한국남성들은 국내여성과 결혼할 수 없는 결함이 있다는 사회적 낙인이 있고, 이들과 결혼한 이주여성들은 당연히 사회적으로 열등한 존재로 인식되는 것이다. 결과적으로 결혼이주여성들은 한국사회의 구성원으로서 정당성을 인정받지 못하고 소외되는데 실제 다수의 결혼이주여성들은 기본적인 시민권도 보장받지 못하고 온정주의적 시혜의 대상이 되는 열등한 위치에 처해 있다.

이상에서 살펴보았듯이 결혼이주여성들은 한국사회의 새로운 소수자로서 사회적 차별과 배제의 대상이 되는 전형적 특성을 가지고 있다. 결혼이주여성이 한국사회의 적응과정에서 경험하는 갈등과 딜레마는 문화적 차이에서 야기되는 단순한 갈등의 차원이 아니라 사회적 차별의 문제이다. 특히 이들은 문화적 이질감으로 인하여 문화적 동질성을 갖는 사회적 다수에 의해 차별적 대우와 인권 침해를 받는 전형적인 문화적 소수자이다. 문화적 소수자는 사회적으로 낙인찍히는 상황에 처하기 때문에 여타의 소수자보다 더 열악한 상황에 처하게 되는 경우가 많으며, 경제적 혹은 권력적 상황이 나아진다 하더라도 그들에 대한 사회적 차별과 편견이 개선되기 어렵다는 문제를 가지고 있다(전영평, 2007).

더구나 결혼이주여성은 다중적인 소수자로서의 취약성을 가지고 있다는 점도 고려되어야 한다. 앞서 검토한 바와 같이 외관적으로 구분되는 신체적 특성과 언어와 문화가 다른 외국인이라는 점, 위계적 국가 인식 차원에서 한국보다 지위가 낮은 약소국의 출신이라는 점, 한국사회의 낮은 사회적 지위에 있는 남성들의 혼인문제를 해결하기 위한 수단이었다는 점, 한국사회의 전형적 소수자인 여성이라는 점, 그리고 집단내적 이질성으로 인해 집단의식의 형성이 어렵다는 점 등에서 여타의 소수자와는 다른 복합적 어려움에 처해 있다고 할 수 있다.[7] 그러므로 결혼이주여성에 대한 정부의 정책은 이러한 소수자적 관점에서 접근할 필요가 있는 것이다. 한국의 결혼이주여성의 상당수는 한국에서 인종별, 성별, 경제적, 그리고 언어소통의 한계성 등으로 인해 한국사회 내에서 다중의 인권침해를 받을 가능성이 무척 높은 사회적 약자이기 때문이다.

한국사회는 이미 다양한 인종과 민족이 공존하고 있지만 더불어 사는 공동

7. 이러한 차원에서 강휘원(2006: 20)은 한국사회의 국제결혼이주여성들이 안고 있는 문제를 다음과 같이 정리하고 있다. ① 문화적 인식차이: 젠더(gender) 구조와 가족구성, 음식문화, 가족 내 역할기대 등, ② 언어 장벽: 한국계 조선족이나 고려인의 억양과 사투리, 외국인의 존댓말 사용 등에 따른 문화수행의 어려움 등과 재문화화의 어려움 초래, ③ 주변의 차별과 편견: 경제적 이유로 인한 결혼임은 멸시, 피부색 등 외양에 의한 차별과 편견 등, ④ 자녀교육문제: 정체성의 혼란, 혼혈아에 대한 편견, 다문화사회 적응을 위한 교육 부재 등, ⑤ 배우자에 대한 신뢰상실: 사기결혼, 정확한 정보의 부족으로 인한 결혼 후 유일한 의지대상인 배우자에 대한 신뢰상실 등

체 의식은 낮다. 한국인들은 외국인에 대하여 관용적이지만 이는 경험을 통해 사회적으로 정착된 가치관이기보다는 사회적 약자에 대한 '선의의 표현'이라고 볼 수 있다(황정미, 2007: 29). 그러므로 결혼이주여성과의 갈등이 표면화될 경우 급변할 수 있는 가능성을 배제할 수 없다. 실제 결혼이주여성들은 일터나 생활공간에서 자주 접촉하거나 갈등을 겪기보다는 일상적인 접촉은 거의 이루어지지 않고 있으며 이들은 아직 소수이다. 더구나 이들은 아직까지는 소수자로서의 집단의식이나 집단적 대표성이 거의 없으므로 현실 속에서 이들과의 갈등경험은 거의 존재하지 않으며 다만 내재된 가치관에 의한 의사표명만 이루어지고 있다. 결혼이주여성은 '남'이 아니라 '다른 우리'로 받아들여짐으로써 이들과의 갈등이 표면화되지는 않았다. 이는 결혼이주여성 개인에 대한 인권적 관점보다는 가족적 관점이 강하게 자리 잡은 결과이기도 하다.

Ⅲ. 결혼이주여성정책의 정체성 고찰

사회문제 해결의 주체로서 정부는 소수자문제를 해결함에 있어서 인권적 관점보다는 관리적 관점을 가지기 쉽다. 실제로 정부는 소수자문제가 정치적 이슈로 부상할 경우 이에 대한 종합대책을 만드는 정도의 관리적 대응을 하게 된다. 이에 반해 인권주의적 관점이란 소수자에 대한 정신적·신체적·권력적·경제적·문화적 차별의 관점을 토대로 한다(전영평, 2008: 506-507). 이러한 기준으로 볼 때 결혼이주여성정책은 차별방지 등 개인의 인권을 보호하기보다는 가족지원을 중심으로 하는 관리주의적 관점에서 시행되어 왔다고 할 수 있다.

이 글에서는 결혼이주여성정책의 정체성을 고찰하기 위하여 정책의 형성과정과 집행과정으로 나누어 살펴보고자 한다. 이처럼 정책의 형성과정과 집행과정으로 나누어 살펴보는 이유는 먼저 사회문제에 대한 대책 마련기인 정책 형성기에 언론의 압박에 의한 시간적 제약성, 정치적 의도 등에 의하여 참여자 간의 타협의 산물로 형성될 가능성이 크기 때문이다. 둘째, 집행단계에 주목하는 이유는 정책이 형성되었다 하더라도 시간이 지나고, 관료제의 재해석으로 인하여 집행과정에서 그 성격이 변화될 가능성이 있기 때문이다.

일반적으로 소수자정책은 소수자운동의 결과 정책 아젠다를 형성하게 되는 경우가 많으나 결혼이주여성정책은 이주관련 단체의 요구에 정부가 신속하게 대응해 급속하게 이루어졌다.[8] 결혼이주여성의 급격한 증가와 함께 관련 시민단체의 요구, 언론의 보도 등으로 이루어진 일련의 과정에서 어떤 시점에서는 정부의 대응이 너무 빨라 시민단체가 우려의 목소리를 내기도 하였다.[9]

1. 정책 형성과정에서의 정체성 변화: 인권보호 관점에서 가족지원 관점으로

결혼이주여성정책은 1990년대 후반 일부 지방자치단체[10]를 중심으로 이들에 대한 실태조사가 이루어지면서 시작되었다. 이후 2003년 참여정부의 등장과 함께 국가인권위원회가 적극적인 활동을 함으로써 소수자, 특히 여성소수자문제에 대한 정치적 관심이 제고되었다. 더불어 이주노동자를 상담해 온 시

8. 소수자로서 결혼이주여성정책의 정치적 상황은 윌슨(1989)의 정치상황모형을 적용할 때 비용의 분산과 편익의 집중이라는 '고객정치상황'이다. 정치권에서는 이런 식의 고객정치 — 결혼이주여성을 고객으로 하는 정치 — 는 정치적 선의를 표현할 수 있는 좋은 기회가 되며, 시행부처의 경우에도 자기 영역확장 및 예산확보에도 도움이 되기 때문에 적극적인 행정을 펼치게 된다. 그 결과 부서 간 사업의 중복 및 영역의 확장이라는 문제가 나타나게 된다.

9. 한국이주여성인권센터 2007 정기심포지엄 자료집. p. 1.

10. 1997년 충청남도를 필두로 2001년 강원도, 2004년 전라북도 여성발전연구원 등에서 실태조사를 실시하였다.

민단체들의 이주여성에 대한 폭력과 인권침해 문제제기는 정책적 대응을 가속화하였는데 2004년 10월 이주여성인권센터는 '이주의 여성화와 한국 국제결혼의 현황과 과제'라는 주제 하에 정책심포지엄을 실시, 이를 통해 가정폭력을 비롯한 결혼이주여성의 인권문제를 부각시켰다.

2005년 8월 정부는 체류불안으로 인한 남편과 시댁의 부당한 억압을 예방하기 위해 안정적 체류지원, 생활정보제공, 한국어와 한국문화 이해교육, 가족관계 증진 및 가정폭력 피해자 지원, 기초생활보장, 취업을 위한 교육·훈련 일자리 연계지원 등을 핵심으로 하는 정책을 입안하였으며 '출입국관리법시행령'을 개정하여 영주권 취득기준과 취업자격을 완화하였다. 같은 해 11월 정부는 생활안정대책을 논의, 시·군·구별 결혼이민자지원센터를 구축하는 등 결혼이민자 가족의 사회적응과 자녀양육을 지원하는 생활안정대책을 발표하였다. 12월 대통령 직속 빈부격차·차별시정위원회는 결혼이민자의 언어교육 등을 지원할 시군구 단위의 '결혼이민자지원센터'를 점차적으로 확대한다는 내용을 발표하였는데 초기 지원센터를 구상할 당시 '결혼이민자지원센터'였으나 정책형성과정에서 '결혼이민자가족지원센터'로 명칭이 바뀌었다.

2006년 4월 대통령 주재로 국무총리와 여성가족부, 보건복지부, 법무부 등 관계부처 장관과 빈부격차·차별시정위원회 위원 등이 참석한 가운데 사회통합과 열린 다문화사회 실현에 주안점을 두고 '여성결혼이민자가족의 사회통합지원대책' 및 '혼혈인 및 이주자의 사회통합기본방향'을 확정하였다. 이 정책은 빈부격차·차별시정위원회에서 결혼이주여성들을 위한 종합지원대책으로 마련하였으나 결혼이주여성가족, 혼혈인 사회통합을 위한 지원대책으로 그 성격이 바뀌었다. 이는 대통령자문회의인 '저출산과 고령화시대를 위한 미래위원회'의 시각이 담겨 있는데(한국염, 2007; 김희정 2007: 67), 당시 사회적으로 문제가 되었던 저출산과 고령화시대에 대비하는 대책 및 사회불안방지의 일환으로 결혼이주여성가족에 대한 지원정책을 서둘러 실시하게 되었던 것이다. 여성결혼이민자에 대한 정책은 여성문제로 지적되었음에도 가족문제

표 8-3 결혼이주여성정책의 전개과정

	주요 내용	특징
1단계 04년-05년	04년 가정폭력 이주여성을 위한 쉼터 개설 05년 이주여성실태조사 출입국관리법 개정 결혼이민자 지원센터 구축 생활안정대책 발표	인신매매성 국제결혼과 가정폭력, 안정적인 체류 등 인권문제 해소에 중점
2단계	06년 여성결혼이민자가족의 사회통합지원대책 이민정책은 법무부, 결혼이주여성정책은 가족정책의 일환으로 여성가족부에서 주관	저출산고령화사회에 대한 문제의식은 가족지원정책 대상으로 편입

차원에서 접근, 가족업무로 다루어짐으로써 소수자로서의 외국인, 여성차별문제보다는 가족의 유지라는 차원에서 다루어지게 되었다.

여성결혼이민자가족에 대한 사회통합지원대책은 '여성결혼이민자의 사회통합과 열린 다문화사회 실현'을 정책비전으로 제시하며 '차별과 복지 사각지대의 해소'를 목표로 7개의 정책과제[11]가 제시되었다. 이에 따라 여성가족부는 한국어교재 발간, 결혼이민자가족지원센터를 통한 한국어 교육 및 찾아가는 서비스, 아동양육 지원사업 등을 실시하였으며 보건복지부는 모부자복지법과 국민기초생활법을 개정하고 긴급복지 지원사업과 무료진료사업 등을 통하여 여성결혼이민자에 대한 생계, 의료지원정책을 마련하였다. 문화관광부는 문화예술교육, 정보통신부는 컴퓨터교실 등을, 교육인적자원부는 학교생활적응을 위

11. 7대 정책과제는 다음과 같다. ① 탈법적인 국제결혼 방지 및 국제결혼 당사자 보호: 국제결혼 중개업체 관리를 위한 법률제정 및 결혼사증 발급심사 강화, ② 가정폭력 피해자에 대한 안정적인 체류지원 강화: 전용 핫라인 설치 등, ③ 한국사회 조기적응 및 정착 지원시스템 구축, ④ 결혼이민자가족 아동의 학교생활 적응지원: 다문화교육시스템 구축 및 교육과정에 다문화 교육요소 반영, ⑤ 결혼이민자가족의 안정적인 생활환경 조성: 건강검진서비스 시범실시 및 방문보건사업 적용 등, ⑥ 여성결혼이민자에 대한 사회적 인식개선, ⑦ 결혼이민자 정책추진체계 구축-결혼이민자가족지원센터 운영 및 범정부차원의 총괄 추진체계마련

한 자녀교육 지원사업을 시행하여 왔다.

이상에서 살펴볼 때 결혼이주여성을 위한 정책은 2004년과 2005년 출입국관리법의 개정과 생활안정대책의 발표, 2006년 결혼이민자가족의 사회통합지원대책의 단계로 진행되었는바, 단기간에 결혼이주여성정책이 피해자, 결혼이주여성의 인권보호 및 차별방지 관점에서 적응대상자, 결혼이주여성가족의 통합지원 관점으로 바뀌었음을 알 수 있다.

2단계를 거치면서 결혼이주여성관련 사업이 다양해지고 발전되었으나 결혼이주여성 개인보다 가족단위의 지원대책이 마련됨으로써 사업의 내용이 가족의 유지를 중심으로 이루어지고 있다는 것을 알 수 있다. 이는 결혼이주여성을 사회적으로 문제가 되고 있는 도시빈민이나 농촌 남성들의 결혼문제와 한국의 저출산 문제해결의 주체로 인식하고 이들 가족의 사회통합지원을 정책목표로 인식하게 되었다는 것을 의미한다. 이 과정에서 개별 결혼이주여성이 겪는 여성문제는 가족문제로 다뤄지게 되었는데 이는 국민에게 호소하기 쉽다는 전략적인 장점과(이혜경, 2007: 235) 당시 여성부가 여성가족부로 확대개편되는 과정에서 영유아보육 및 가족업무를 이관 받은 점, 그리고 관련 위원회 간의 목표차이 등에 기인한다.

이후 정부는 결혼이주여성(여성결혼이민자) 지원정책을 가족정책 차원에서 결혼이민자가족지원센터[12]를 중심으로 사업을 펼치고 있는데 문제는 가부장적 관점에서 센터를 운영할 경우 가족의 유지와 결혼이주여성 개인의 인권이 양립할 수 없는 때에는 가족의 유지가 우선적으로 요구될 수 있다는 점이다. 더구나 결혼관계에 있거나 자녀가 있는 결혼이주여성은 차별적으로 우대하게 되는데 이는 상대적으로 자녀가 없거나 결혼관계를 지속하지 않는 결혼이주여성에 대한 차별로 이어질 수 있다. 예를 들어 국적취득 전 이혼한 결혼이주여성은 남편의 귀책사유가 아닐 경우 출생한 자녀 양육시 체류가 허용되지만

12. 2006년 설치되기 시작한 여성결혼이민자지원센터는 2008년 현재 80여 개가 있으나 센터의 역량에 따라 사업방향과 역할의 편차가 심하다(한국염, 2007).

자녀가 없으면 바로 출신국으로 되돌아가야 한다. 또한 한국국적의 미성년 자녀를 양육하는 결혼이주여성은 기초생활보장수급권에 포함되지만 자녀를 부양하지 않는 여성들은 수급권 대상에서 제외되는 정책 등이 그것이다. 결혼이주여성에 대한 지원대책이 가족지원과 함께하는 것은 여성정책의 확대라는 점에서 의미 있는 일이기도 하지만 여성 개인의 존엄성이나 인권보다 가족의 유지가 우선이 되어서는 곤란하다.

2. 정책집행 과정에서의 정체성: 가족지원 관점의 고착과 확장

정책의 정체성은 정책결정과정에서 뿐만 아니라 정책의 집행과정을 통해서도 변화한다. 시간의 흐름에 따라 볼 때, 어떤 정책의 결정(법, 또는 정책의 입안)은 다음 단계의 정책집행이 어떻게 전개되는가에 따라 그 내용과 정체성이 달라질 수 있다. 정책집행의 이러한 속성을 마존과 윌다브스키(Majone & Wildavsky, 1979)는 진화로서의 정책집행(implementation as evolution)이라고 규정하였다. 그들은 정책결정과 정책집행은 완전히 분리된 과정이 아니라 서로 상호작용하면서 지속적인 변화과정을 경험하게 된다고 하였는 바, 이런 식의 정책진화는 정책의 원래 내용과 근본적인 정향, 혹은 정책의 정체성을 변화시키기도 한다.[13] 이런 관점에서 볼 때, 한국의 결혼이주여성정책은 정책진화과정에 따른 정책정체성 변화를 경험하고 있는 대표적인 사례라 할 수 있다. 즉 결혼이주여성정책은 지난 몇 년간 정책의 근본적 지향이 무엇인지(인권인지, 가족유지인지, 아니면 2개의 혼합인지)알 수 없을 정도로 정체

13. 실제 정책의 내용은 정책결정과정에서 확정되기보다는 집행과정에서 확정되는 경우가 많다(정정길 외, 2005: 617). 정책결정과정에서 전문지식의 부족, 정보의 부족 등으로 애매모호하고 추상적인 정책을 결정하는 경우가 많으므로 집행과정에서 수정·보완되고 새로운 정책의 결정이 이루어지기도 하며 정책의 방향이 다른 쪽으로 왜곡되기도 한다.

성의 혼란을 겪고 있는 대표적인 정책으로서, 특히 정책집행과정에서 대통령, 전담기관, 이해지집단 등의 개입 강도에 따라 정책의 기조가 바뀌거나, 주요 담당 부서가 바뀌는 혼란을 겪어 왔다.

먼저, 결혼이주여성 정책은 그 특성상 재배분정책(redistributive policy)의 특성을 가지고 있다는 점에 주목할 필요가 있다.[14] 리플리와 프랜클린(Ripley & Flanklin, 1986)에 따르면 이런 류의 재배분정책의 경우, 정책의 집행은 여타의 정책유형 — 배분정책, 경쟁적규제정책, 보호적규제정책 — 보다 훨씬 갈등적이며 복잡한 과정을 거치게 되며, 사업에 대한 평가도 용이하지 않으며, 정책의 성공 여부를 논의하기 어렵다는 특성을 가진다. 그들은 재배분정책이 대체로 ① 대통령의 결단으로 출발하는 경향이 있으며, ② 일단 입법화되면 — 다양한 이해자집단의 출현으로 인해 — 나눠먹기식 분배정책화하는 경향이 있고, ③ 다수의 부처가 경쟁적으로 사업을 팽창시키며, ④ 사업에 대한 엄정한 평가를 요구하는 집단이 없다는 특성을 가지고 있다고 한다. 재분배정책의 집행과정에서 일반적으로 나타나는 이러한 특성은 한국의 결혼이주배우자 정책에서도 거의 그대로 나타나는 특징을 보이고 있다. 이 연구에서는 위에서 제시한 특성에 비추어 재배분정책으로서 결혼이주배우자정책이 정책집행과정에서 그러한 특징을 보이고 있다는 점을 밝히는 한편, 결혼이주여성정책의 집행과정에서의 나타나는 정체성 변화 현상을 지적하고자 한다.

1) 대통령의 개입에 따른 정책 변화

결혼이주여성정책은 대통령의 지시에 의해 법무부가 주도하는 이민정책에

14. 결혼이주여성 정책을 리플리와 프랜클린의 네 가지 정책유형 분류 — 배분정책, 경쟁적 규제정책, 보호적 규제정책, 재배분정책 — 에 따라 구분하면, 전형적인 재분배 정책에 해당한다. 재배분정책은 '사회적으로 기득권을 향유하는 계층의 권리 혹은 이익을 사회적 약자 — 인종적, 성별적, 경제적 약자 — 에게 재분배하는 특징'을 가지는데, 결혼이주여성 정책의 경우 결혼이주여성 소수자에 대한 국가의 각별한 인권적 배려와 복지적 배려는 주류사회의 기득권과 경제적 이득을 재배분하는 특성을 갖게 된다.

서 여성가족부 주도의 가족정책으로 이동하며 여성부를 비롯한 보건복지가족부, 문화체육관광부, 교육과학기술부 등 다양한 정부 부처가 경쟁적으로 사업을 팽창시키고 이에 따라 다양한 이해집단이 출현하는 특징을 보이고 있다. 이중에서도 대통령의 정책개입은 가장 영향력 있는 변수가 된다. 노무현정권의 경우 결혼이주여성정책의 집행과정에서 대통령은 정책내용과 성격에 가장 큰 영향력을 발휘한 요인이었다.

결혼이주여성정책이 형성되는 초기에는 이주여성에 대한 차별철폐에서 출발하여[15] 인신매매성 국제결혼과 이후의 가정폭력, 안정적인 체류 등의 인권문제를 해소하는 데 중점을 두었다. 하지만 저출산·고령화 사회에 대한 문제의식이 본격화되고 가족의 위기와 미래사회 노동력의 위기가 강조되면서부터 인구정책과 가족정책의 대상으로서 중요한 위상을 차지하게 되어 결혼이주여성 개인의 인권보다는 결혼이주여성가족의 적응에 정책의 초점이 맞추어지게 되었다.

실제 결혼이주여성과 관련된 정책은 이민정책의 일부로 다루어져 왔으나 2005년 4월 노무현 대통령이 보건복지 업무보고에서 '이민정책을 신중히 검토하여 저출산 고령화에 대한 근본대책을 세우라'고 지시한 이후 결혼이주여성을 대상으로 하는 정책이 법무부 주도의 이민정책에서 여성가족부가 주도적인 역할을 하는 가족정책으로 이동하게 되었다. 그리하여 2006년 4월 관련 부처와 위원회 위원 등이 참석한 가운데 '여성결혼이민자 가족의 사회통합 지원대책'을 확정함으로써 여성결혼이민자를 위한 종합지원대책은 여성결혼이민자가족의 사회통합을 위한 지원대책으로 그 성격이 바뀌게 되었다.

15. 참여정부는 12대 국정과제로 '국민통합과 양성평등'을 제시하였으며 5대 차별철폐영역으로 성, 학벌, 장애인, 비정규직, 외국인 근로자 등을 제시한 바 있다. 결혼이주여성은 외국인이며 여성이라는 이중의 차별을 경험하고 있다.

2) 다양한 부처 개입에 따른 경쟁적 사업 팽창

여성가족부는 건강가정지원센터 산하의 80여 개에 달하는 결혼이민자가족지원센터를 주축으로 지원 사업을 진행하고 있으며 교육과학기술부는 결혼이주여성과 그 가족의 한국어회화 및 학습지원 등을, 문화체육관광부는 한국어교육과 문화체험 등의 지원사업을 실시하고 있다.

전국의 광역 및 기초자치단체와 여성회관, 종합사회복지관, 농업기술센터 등 총 822개 기관을 대상으로 한 조사에 의하면(한국여성정책연구원, 2006: 207) 2005년에는 86개 기관(10.5%)이 결혼이주여성 관련사업을 진행하였으나 2006년에는 242개 기관(29.4%)에서 사업을 시행하여 전년도의 3배에 해당하는 기관에서 결혼이주여성정책을 실시하였음을 알 수 있다. 2006년 사회통합지원방안이 발표됨으로써 관련 사업이 폭주하였으며 전라도와 경상도의 경우는 전체 기관의 40% 이상이 결혼이주여성 관련사업을 시행해 왔다.

이처럼 결혼이주여성에 대한 정부의 지원이 짧은 기간 내에 폭증하고, 새로운 사업 주체들도 추가 합류하여 담론의 장은 커지는 데 비해 사업의 주체가 불분명하여 부처 간 우위경쟁 및 사업의 중복이 일어나자 2006년 국무조정실에서는 부처 간 경쟁과 중복사업, 지방과 중앙정부의 역할구분 등 정책조절 기능의 개선이 필요하다는 의견을 제시하기도 하였다.

정부 각 부처의 정책은 관련 법률의 통과로 인해 실제적인 집행력을 가지게 되는데 2007년 4월 '재한외국인처우기본법'이 통과됨으로써 법무부의 사업영역이 커지고 있으며 2007년 12월 "결혼중개업의 관리에 관한 법률"과 "다문화가정지원법"이 통과됨으로써 결혼이주여성정책과 관련한 보건복지가족부의 사업영역이 확장되었다고 볼 수 있다.

하지만 지방자치단체마다 경쟁적으로 이루어지고 있는 여성결혼이민자를 대상으로 하는 시혜나 기초적인 복지제공 수준의 지원사업은 이들의 과잉기대를 불러일으키는(양애경 외, 2007: 78) 폐해를 가져오고 있을 뿐만 아니라 결혼이주여성 및 그 가족에 대한 최근의 지원은 일반 빈곤가족이나 소외층에 대한 정책과의 형평성의 측면에서 역차별이라는 정서가 대두되고 있기도 하다(김민정, 2007; 김이선·황정미·이진영, 2007). 실제로 결혼이주여성을 대상으로 하는 프로그램이 늘어남에 따라 이주여성노동자나 소외계층을 대상으로 하는 교육 및 체험 프로그램을 운영하던 단체가 결혼이주여성을 대상으로 하는 프로그램을 도입, 교육대상을 축소하거나 변경하는 경우가 많기 때문이다.

3) 새로운 이해집단의 출현과 가족지원 프로그램의 확장

정부와 지방자치단체가 정책을 만들고 예산을 배정함으로써 서비스체계는 빠르게 확산되었지만 이들에 대한 서비스는 이주여성을 지원하는 민간단체에서 먼저 시작되었다. 그러다보니 정부는 정책을 집행하는 과정에 결혼이주여성들에 대한 복지서비스를 실시하기 위하여 여성단체를 비롯한 민간단체의 활동을 지원하거나 동원하지 않을 수 없다. 이 과정에서 결혼이주여성 및 그 가족을 대상으로 하는 지원사업이 단기간에 양적으로 엄청나게 확산되다 보니 너도나도 지원을 받고자 결혼이주여성 관련 사업에 뛰어들게 되었다. 민간단체 중에는 정부가 관심을 갖지 않던 시기에 헌신적으로 사업을 선도해 온 민간단체도 있지만, 민간부문이나 중앙과 지방정부의 지원이 시작되면서 우후죽순으로 만들어진 곳도 많다. 그러다보니 사업의 질을 담보할 수 없거나, 사업의 방향이 달라지기도 한다.

한 예로 건강가정지원법에 근거해 2005년 설립된 건강가정지원센터가 2006년 결혼이민자가족지원센터의 운영위탁약정을 체결하는 등 결혼이민자 관련 사업을 진행하자 한국염(2006: 6-7)은 "이는 결혼이민자지원센터를 건강가족지원센터의 틀에 편입시키고자 하는 의도로 보인다. 건강가족지원센터는 보건복지부에서 만든 건강가족기본법에 의해 추진되는 기구로 대학의 가정대학과 연계해서 설치되어 센터장의 의식에 따라 전형적인 가족센터로서의 기능을 하고 있으며 이 센터들이 이주여성관련 사업을 한 적도 없다. 이들로 하여금 결혼이민자를 위한 사업을 하도록 하는 것은 일거리를 주기 위함이 아니냐는 의혹의 시선도 있다. 오로지 이주여성들을 위한 일만 해 오고 있는 단체들이 있음에도 불구하고 이 단체들을 배세시키고 건강가족지원센터로 하여금 이 일을 수행하게 하는 것이 과연 옳은가?"라고 반문하기도 하였다.

지방자치단체는 자체 사업을 진행하기도 하지만 지역 내의 민간단체에 사업을 위탁하고 관리 감독을 맡기도 하는데 이런 역학관계 하에 같은 지역에서 같은 정책 및 사업을 진행하다보니 '고객'을 일방적으로 빼어 가거나 '영업을 방해'하는 불편한 관계에 놓이기도 한다. 한경구·한건수(2007)는 시민단체 활동가들은 정부가 예산을 무기로 시민단체의 기존 활동을 자신들의 직접사업으로 가져가면서 시민단체가 오랫동안 형성해 온 이주민과의 신뢰관계나 지역에서 이주민과 함께 만들어 나가는 '지역공동체'를 와해시킨다는 문제점을 지적하고 있다. 그러다보니 일부 시민단체들은 차라리 정부의 지원을 받지 않고 독자적으로 자신들의 사업을 진행하겠다는 의견을 제시하기도 하며[16] 제발 정부가 조용하게 자신들의 사업을 집행했으면 좋겠다는 의견을 제시하기도 한다. 한편, 2006년 이후 정부의 지원이 폭증하고 우후죽순처럼 생겨난 많은 단체들이 우호적인 관점에서 수혜적인 지원서비스를 실시함에 따라 결혼이주여성들의 의존성은 심화되고 있다.

3. 정책의 파생효과: 한국사회 내 다문화[17]담론의 추동

결혼이주여성 정책의 정체성 파악 논의와 더불어 주목할 만한 사안은 정책의 부수효과로 인하여 한국사회에서 다문화담론이 추동되었다는 것이다. 한국에서 다문화주의 담론이 일어나게 된 중요한 계기는 외국인 중 10% 정도에 지나지 않는 결혼이주여성들을 위한 정책이 만들어지면서 부터이다. 정부는

16. 가톨릭 계열 지원단체인 대전의 〈모이세〉는 이런 문제의식에서 여성가족부가 주관한 초기의 결혼이주자 지원 사업에 참여하지 않았다고 한다.

2006년 4월 결혼이민자 종합대책을 발표하면서 중앙정부 차원에서 다문화주의 정책에 대한 관심을 본격적으로 표방하기 시작하였다. 중앙정부가 추진한 다양한 정책은 지방자치단체의 자체 사업과 병행해서 다양한 사업과 프로그램을 양산해 내고 있는데 이러한 일련의 과정은 '국가가 주도하는 다문화주의'로 인식될 정도로 상당한 추진력을 보여주고 있다.

정부나 시민사회 모두 결혼이주여성의 문제를 한국사회의 본질적인 문제로 인식하게 된 배경에는 부계혈통중심의 혈연적 민족주의 이데올로기가 작동하고 있는데 결혼이주여성을 연구한 대부분의 학자들은 이러한 해석에 동의하고 있다(김혜순, 2006). 결혼이주여성이 정책적 관심의 대상이 됨으로써 순혈주의, 단일민족주의 등과 같은 이념을 재고하는 사회적 분위기가 형성되었는데 이는 이주노동자와 달리 결혼이주여성은 가부장적 기반 하에 가족의 재생산을 담당하는 존재라는 점에서 사회가 보듬어야 될 대상으로 쉽게 받아들여졌기 때문이다. 더구나 결혼이주에 대한 시각의 근저에는 국익을 위해, 장가못가는 농촌총각을 위해 국제결혼이 불가피하다는 사고가 깔려 있기에[18] 불법적이고 반인권적인 결혼이주 현상에 대한 근본적인 문제제기는 미루어져 왔다. 물론 이러한 사고의 저변에는 저출산·고령화 담론이 자리하고 있다.[19]

---

17. 이때 다문화란 전영평(2008)에 의하면 협의의 정의에 해당되는데 외국인노동자가 아닌 결혼이주여성의 한국 유입과 그들의 정착을 기정사실화하는 과정에서 생겨난 시사적 용어이다. 이는 다문화를 '결혼이주 여성과 그 가족의 형성' 정도로 가장 협의로 이해하는 것이지만 한국사회에서 보편적인 의미로 통용되고 있다는 점에서 그 의미가 크다. 지난 9월부터 시행되고 있는 '다문화가족지원법'도 다문화가족을 결혼이민자가족으로 규정하고 있다. 참고로 다문화에 대한 중범위적 이해는 결혼이주여성뿐만 아니라 외국인노동자, 화교 등 외부에서 유입된 소수자들의 정체성과 문화적 다양성을 한국에서 정식으로 인정하는 것을, 광의의 정의는 다문화를 한 국가사회에 존재하는 다양한 소수자 세력이 표출하는 다양한 문화적 특성으로 이해하는 것이다.

18. 결혼이민자의 출신국 정부 역시 공식적으로는 규제방침을 밝히면서도 여성결혼이민자의 송출이 중요한 외화획득 수단이므로 우리와 마찬가지로 국익 차원에서 장려하고 있다. 그러나 한국 중개업체들의 무리한 알선과정은 이러한 동남아 정부들의 암묵적인 동조마저 어렵게 할 정도로 심각해 최근에는 베트남이나 중국에서 관련 입법과 규제가 강화되고 있는 실정이다.

이러한 일련의 과정, 즉 한국사회에서 결혼이주여성의 증가 및 결혼이주여성가족에 대한 적극적인 정책적 지원과정은 다문화담론을 추동하였는데, 결혼이주여성들은 임시로 일을 하다가 본국으로 돌아갈 이주노동자와 달리 우리나라에 정착해 자녀를 낳아 키우며 한국의 가족제도를 유지시켜 주는 고마운 존재이기에 정부는 이들의 적응문제에 관심을 갖지 않을 수 없었던 것이다. 그리하여 2005년 이후 결혼이주여성의 가족, 특히 그 자녀의 부적응문제가 사회적으로 중요한 이슈로 제기되면서 다문화라는 용어가 광범위하게 사용되었다. 이런 점에서 한국사회의 다문화논의에 있어 '다문화'란 '다양한 문화'라는 의미가 아니라 '다양한 민족'이라는 의미가 강하다.

중앙정부와 지방정부는 결혼이주 여성과 그 가족의 사회통합 방안을 내놓고 정부는 한국사회의 저출산과 고령화 문제의 해법으로 국제결혼을 후원하고 결혼이주여성과 그 자녀의 사회통합 문제를 해결하기 위하여 '다문화가족'이라는 용어를 사용하기 시작하였다.[20] 이 과정에서 민간단체들이 정부의 위탁사업을 경쟁적으로 진행하고,[21] 언론이 온정적인 보도를 하면서 다문화주의는 '당연한 것'이 되었다.

---

19. 한국염 한국이주여성인권센터 대표는 2006년 4월 26일 발표된 여성 결혼이민자 지원대책에 대하여 '저출산과고령화시대를위한미래위원회'에서 출발했다는 점을 지적하면서 "한국의 저출산으로 인한 인구감소를 막기 위해 아시아 여성들을 데리고 와서 저출산 문제를 해결하겠다는 것과 이들의 문제를 방치할 경우 미래에 닥칠 사회불안을 미연에 방지하기 위해 이런 정책을 세운다는 발상 자체가 매우 불온하다"고 비판하기도 하였다. 출처: 프레시안 2006년 6월 13일자 "여성 결혼이민자 정책, 인권보호가 먼저다."

20. 다문화가족이란 말은 2003년 문화운동단체인 '하이패밀'이 '혼혈아'라는 말이 인권을 침해한다는 진정서를 국가인권위원회에 제출, '다문화가족 2세'로 사용할 것을 제안한 이후 2006년 이후 정부에서도 적극적으로 사용하였다.

21. 다문화주의가 한국사회에서 소위 '붐'이 되면서 시민단체들이 위탁사업을 수령하려고 너도 나도 나서게 되자 시민단체 내에서 자성의 목소리가 나오게 되었다(윤인진, 2007: 267). 시민단체들이 돈이 되고 쉬운 사업만 하려고 하며 결혼이주여성의 문제를 다루기 위해서는 성인지적 관점과 다문화적 관점이 필요한 데 여전히 가부장적이고 한국문화 중심적인 사고를 가진 사람들이 사업을 한다는 내용이 그것이다.

다문화관련 시민단체들을 대상으로 실시한 전화조사 결과(윤인진, 2007: 270)를 보면 다수의 단체들이 상담과 한국어 교육을 주요 사업으로 진행하고 있으며 서로의 언어와 문화를 함께 배우고 공생의 방법을 모색하는 진정한 의미의 다문화주의사업은 미흡한 것으로 밝혀졌다. 실제 사회통합 지원대책은 다인종, 다문화사회에 대비하기 위한 범정부적 종합대책으로 다문화교육, 교과서에 반영한다든지, 열린 다문화사회의 실현 등 구상은 있으나 다문화가 무엇인지, 다문화사회의 모습이 어떤 것인지에 대한 내용은 없다. 소수문화의 특수성을 배제한 다수문화의 보편성에 기초한 다문화주의는 문화적 차이를 차별화하는 근거가 될 수 있고 그 결과 결혼이주여성들의 보편적 인권을 보호하기 힘들다.

이러한 이유로 인하여, 현재 정부가 추진하고 있는 '다문화정책'의 내용은 다양한 민족에 대한 지원사업에 지나지 않는다는 비판을 받기도 한다. 현재의 다문화정책은 다문화로 포장된 '한국민 만들기'에 집중되어 있으며 정책들의 목표가 주로 한국사회의 저출산, 고령화문제에 대한 대안으로써 결혼이주여성들을 지원하는 것이고 인종, 문화 간의 충돌을 해결하기 위해 한국사회에 통합 흡수하려는 정책이 주류를 이루고 있기 때문이다.

Ⅳ. 소결: 인권정책인가, 가정유지정책인가

2000년 이후 결혼이주여성의 급격한 증가는 단일민족주의에 집착한 한국사회에 적잖은 변화를 가져왔다. 처음 경험하는 문제로, 미처 준비되지 못한 상태로 맞이한 결혼이주여성문제는 다른 외국인들과는 달리 '다른 우리'로 받아들이려는 과정을 거쳐 왔다. 결혼이주여성은 외국인, 소수자로서의 이미지와 함께 가족 구성원을 생산하는 어머니로서의 이중적인 이미지로 존재한다. 그러나 한국정부가 결혼이주여성을 정책의 대상자로 받아들이는 과정에서 외국인여성으로서 우리 사회에서 당하는 인권적 차별에 관심을 가지는 소수자적 관점보다는 이주노동자, 결혼이주남성과는 달리 우리 사회의 재생산을 담당하는 주체라는 부계혈통중심의 혈연적 관점이 크게 작용하였다. 그 결과 결혼이주여성 개인의 인권보호나 차별금지보다 가족구성원, 모성으로서의 지원과 수용에 더 많은 정책적 관심을 부여하였다. 이는 결혼이주여성정책의 성과이기도 하지만 동시에 본질적인 한계로 볼 수 있다.

사회문제해결의 주체로서 정부는 소수자에 대한 인권적 관점보다는 관리적 관점을 가지기 쉬운데 이러한 관점에서 결혼이주여성정책은 가족정책으로 범주화되고 다양한 부처가 앞 다투어 지원사업을 벌이게 되었다.

결혼이주여성들은 경제적인 목적만 아니라 새로운 삶을 개척하려는 의지로, 즉 결혼을 해서 가정을 이루고자 하는 소망도 있지만 자신의 더 나은 삶을 향해서 이주를 결심했음에 주목해야 한다. 빈곤에서의 탈피, 여유로운 생활, 일과 출신국 가족에 대한 경제적인 도움 등 보다 나은 삶을 위해 결혼이주를 택하지만 이들과 결혼하는 한국 남성들의 기대는 함께 미래를 설계하는 동등한 반려자라기보다는 성적 파트너로서 아이를 낳아 잘 키워주고, 집안사림을 하며 시부모를 잘 모시는 가부장적 성역할에 치우친다. 이러한 현실은 결혼이주여성과 그 가족의 불화를 가져오게 되는데 여기서 보다 근본적인 문제는 정부가 결혼이주여성의 인권보다는 결혼이주여성가족의 유지를 위한 관점에서 정책을 결정하고 집행한다는 점이다.

앞에서 살펴보았듯이 현재 결혼이주여성 문제에 대한 정부의 정책관점은 '결혼이주배우자 및 그 가족'에 대한 차별시정 관점이 아니라, 결혼이주여성을 포함한 그 가족을 '다문화가정'으로 명명하며 이들의 사회적응에 초점을 맞추고 있다. 결혼이주여성의 정착, 특히 개별 가족의 틀 안에서 생활하는 이들의 적응에 초점이 맞춰짐으로써 여러 이유로 가족 밖으로 밀려날 수밖에 없는 여성들의 문제는 비가시화된다. 결혼이주여성은 결혼이라는 매개를 통해 이주하게 되었으므로 결혼 전·후의 상황에 대한 정책적 고려도 필요하다.

Ⅴ. 종합 논의와 결론

결혼이주여성에 대한 관심은 지방자치단체에서 먼저 형성되었는데 1990년대 말부터 전남과 전북, 강원과 충북 등에서 도내 결혼이주여성(외국인 주부)의 현황을 파악하고 정책을 모색하기 위한 기초조사가 진행되었다. 중앙정부 차원에서는 2005년부터 결혼이주여성, 결혼중개업체에 대한 실태조사 및 결혼이주여성의 언어 및 문화적응에 대한 연구가 이루어졌다. 이러한 연구는 앞에서도 밝혔듯이 정책적 수요에 의한 것이 대부분이다.

현재 정부는 결혼이주여성 및 자녀를 포함한 가족 문제를 방치하였을 경우 향후 사회통합에 심각한 장애요인으로 대두될 것이라는 전망(빈부격차·차별시정위원회, 2006) 속에서 결혼이주여성 및 그 가족의 문제에 대응하고 있다.

현재까지 진행되어 온 결혼이주여성정책의 정체성을 정책형성과 집행과정에서의 발견점을 중심으로 살펴보면 다음과 같은 특징을 가지고 있다.

첫째, 결혼이주여성정책은 정책형성과정에서 결혼이주여성 개인의 인권보호 관점에서 가족유지 관점으로 정체성이 변화하였다.

결혼이주여성정책은 출입국관리법의 개정과 더불어 결혼이민자지원센터 구축 및 생활안정 대책에서 결혼이민자가족의 사회통합지원대책의 단계로 진행되었다. 이 과정에서 다양한 정책이 마련되었으나 결혼이주여성 개인의 인권보호나 차별을 방지하기 위한 정책보다는 이들이 속한 가족에 대한 지원정책이 주를 이루었다. 결국 결혼이주여성정책은 피해자, 결혼이주여성의 차별방지 및 인권보호 관점에서 적응대상자, 결혼이주여성가족의 통합지원 관점으로 바뀌었음을 알 수 있다.

이처럼 정책에 대한 관점이 바뀜에 따라 정책 목표도 모호해졌다. 결혼이주여성에 대한 정책은 이주여성에 대한 차별철폐에서 출발, 인신매매성 국제결혼과 이후의 가정폭력, 안정적인 체류 등의 인권문제를 해소하는 데 중점을 두고 마련되었으나 저출산·고령화 사회에 대한 문제의식이 본격화되고 가족의 위기와 미래사회 노동력의 위기가 강조되면서 인구정책과 가족정책으로서의 위상을 가지게 되었다. 더불어 결혼이주여성 개인의 인권이나 차별방지보다 가족의 유지자로서의 역할이 중요하게 인식되면서 사회통합의 대상으로 부상되었다. 사회통합이 결혼이주여성정책의 주요한 목표가 되는 것은 이들이 한국사회의 가족 위기와 돌봄노동의 부재를 해결하기 위해 가장 쉽게 동원할 수 있는 대상으로 포착되었기 때문이다. 그리하여 결혼이주여성 정책은 다문화와 사회통합을 표방하면서 개별주체로서의 결혼이주여성이 아니라 가족 내의 결혼이주여성을 그 대상으로 하게 되었다.

이러한 정책목표의 모호함은 정책영역에 있어서 이민정책과 가족정책 간의 갈등을 초래하였다. 여성결혼이민자에 대한 정책은 여성문제로 지적되었음에도 가족문제 차원에서 접근, 가족업무로 다루어짐으로써 소수자로서 이민자의 인권과 여성차별문제보다는 가족의 유지라는 차원에서 다루어지게 되었다. 그리하여 우리나라 이민정책이 '노동시장정책'이나 '외국인력 활용정책'에 머물렀다면 결혼이주여성의 증가 및 이들에 대한 인식의 제고로 이민정책의 대상으로서 결혼이주여성이 아니라 가족정책의 대상으로서 결혼이주여성 가족의 '사회통합정책'을 모색하는 계기가 되었다.

둘째, 정책의 집행과정에서 재분배정책의 특징을 보이는데 대표적으로 대통령의 개입에 따른 정책의 변화, 다양한 부처의 경쟁적 사업팽창, 그리고 새로운 이해집단의 출현을 들 수 있다. 이민정책의 일부로 다루어져 오던 결혼이주여성정책은 참여정부 초기 이주여성의 차별철폐에서 출발하였으나 2005

년 4월 "이민정책을 신중히 검토하여 저출산에 대한 대책을 세우라"는 대통령의 지시 이후 가속화되기 시작하여, 2006년 4월 '여성결혼이민자가족의 사회통합지원대책'으로 확정되었다.

다양한 부처의 경쟁적 사업팽창 및 다양한 이해집단의 등장으로 불합리한 정책경쟁이 이루어지기도 한다. 2006년 이후 정부의 지원이 폭증하고, 새로운 사업 주체들도 추가 합류하여 담론의 장은 커지는 데 비해 사업의 주체가 불분명하기에 부처마다 비슷한 사업을 내놓으며 불합리한 예산배정이 이루어지고 있다. 이는 정부와 관련 민간단체와의 관계, 민간단체 간의 경쟁 등에 있어서의 새로운 갈등양상을 보여준다. 우후죽순처럼 생겨난 많은 단체들이 앞다투어 예산을 유치하고자 하며 우호적인 관점에서의 시혜적 서비스는 결혼이주여성들의 의존성을 심화시킨다는 문제점도 있다.

셋째, 결혼이주여성정책의 전개는 한국사회 내 다문화담론의 견인차가 되었다. 결혼이주여성들은 임시로 일을 하다가 본국으로 돌아갈 이주노동자와 달리 우리나라에 정착해 자녀를 낳아 키우며 한국의 가족제도를 유지시켜 주는 존재이기에 정부는 이들의 적응문제에 관심을 갖지 않을 수 없다. 그리하여 2005년 이후 이들에 대한 처우가 사회적으로 중요한 이슈로 제기되면서 다문화라는 용어가 광범위하게 사용되었다.

하지만 다문화주의에 의한 사회통합은 결혼이주여성에게 우리의 말과 문화를 일방적으로 주입하는 '동화주의'에 가까우며 진정한 다문화주의는 아니라는 비판도 존재한다. 다문화주의를 여러 유형의 이질적인 주변문화들 간의 공존을 통해서 국가통합을 이루고자 하는 입장으로 볼 때 현재 문화적 상호작용을 위한 정책은 거의 찾아볼 수 없기 때문이다. 그러므로 한국인을 대상으로 하는 다문화교육 및 대국민 홍보에서 종교와 풍습뿐 아니라 출신국가의 상황 및 이들 국가와 우리의 연관성 등에 대한 교육으로 확대되어야 할 것이다. 소수자에 대한 편견이나 차별의식을 분석한 연구(박수미·정기선, 2006)는 평등, 사회정의, 정직 등 '보편주의 가치'를 중요시하는 사람들은 외국인에 대한 편견이 적은 것으로 나타났다. 그러므로 보편주의 가치에 대한 교육을 통한 인식의 변화를 진지하게 고려해야 할 것이나.

결혼이주여성들은 결혼을 통해 이주한 여성들로 한국사회에 존재의 뿌리를 두려고 결심한 소수자들이기에 이들에 대한 인권침해와 차별적 대우에 대한 세심한 정책적 배려가 중요하다. 결혼이주여성의 대부분이 동남아, 중국 지역의 가난한 여성이며, 현재 생활환경도 문화적 경제적으로 매우 취약하며, 언어소통도 거의 불가능하고, 이들이 바라는 경제소득도 현실적으로 성취되기 어렵기 때문에, 결혼이주여성들을 방치할 경우 장기적으로 한국사회의 그늘에 버려진 '소수자 중의 소수자'로 전락할 가능성이 크다. 그러므로 '결혼이주여성 및 그 가족'에 대한 지원 및 사회적응정책이 단기적 관점에서는 매우 필요한 과제임에는 틀림이 없지만, 그것으로 해결될 수 없는 문화적 한계가 엄연히 존재하고 있다는 점을 주지해야 한다. 근본적으로는 이들이 사회적으로 차별받지 않도록 하는 제도적 기제 혹은 정책이 마련되어야 할 뿐만 아니라, 이들에 대한 적극적 인권 정책이 요청된다.

제9장 소수자로서 양심적 병역거부자와 정책

Ⅰ. 양심적 병역거부, 어떻게 접근할 것인가

개인의 신념에 따른 — 혹은 양심에 따른 — 병역거부자에 대한 대체복무 허용문제가 우리 사회에 뜨거운 논쟁을 불러일으키고 있다[1] 특히, 집총거부로 인한 군교도소 수감자는 1996년 361명에서 매년 증가하여 2001년에는 804명에 이르며(강인철, 2005) 그 결과 최근까지 양심적 병역거부로 처벌받은 자는 1만여 명을 상회하는 것으로 나타났다.[2] 양심적 병역거부를 둘러싼 논란은 단

---

1. 양심적 병역거부자라는 용어에서 '양심적'이라는 표현에 대한 찬반의견이 팽팽하게 존재하고 있다. 이에 따라 이들을 '신념적·종교적' 병역거부자로 부르는 경우도 자주 나타나고 있다. 그런데 양심적 병역거부자라는 용어는 백과사전에서도 그대로 사용하는 용어라는 점에서 가장 보편적으로 사용될 수 있는 용어라는 점을 인식할 필요가 있다. 두산백과사전에서는 양심적 병역거부(良心的兵役拒否, conscientious objector)라는 용어를 정식으로 쓰고 있다. 이 연구에서는 언어의 사회성 측면을 존중하여 이미 기존의 대다수 사람들이 인식하고 있는 개념상의 혼란을 피하기 위해 '양심적 병역거부'라는 용어를 사용하는 한편, 이런 류의 병역거부자를 지칭하는 '신념적·종교적'병영거부자라는 용어도 상황에 맞추어 병용하고자 한다.

순히 병역의무와 개인의 기본권과의 관계에 관한 쟁점만이 아니라 '국가가 개인의 자유를 어느 정도로 제한할 수 있는가?'라는 중요한 정치철학적 쟁점을 내포하고 있고(조일수, 2002), 행정학 분야에서도 민주주의적 가치실현과 사회적 형평성이라는 측면에서 중요한 관심사가 아닐 수 없다. 건국 이래 어떤 이유로든 병역의무를 거부할 경우 병역법에 의해 상당히 엄중한 수준의 처벌을 받아왔다. 신념에 따른 병역거부자에 대한 처벌중심정책을 비판하는 목소리가 지속적으로 제기되기 시작한 것은 2001년 봄, 일부 진보적 언론에 의해 사회적 의제(social agenda)로 부각되면서부터이다.[3] 이후 2001년 5월 용인에 소재한 군사법원에서 변호사들이 종교적 병역거부자 18명의 집총거부에 대한 정당성을 제기하였으며 다음해 1월 서울지방법원 박시환 부장판사는 처벌규정만 두고 있는 당시 병역법을 위헌이라며 헌법재판소에 위헌제청신청을 하기도 하였다.

이 과정에서 2001년 12월 불교신자인 오태양 씨가 불교의 불살생교리에 근거하여 종교적 병역거부를 선언하며, '여호와의 증인' 신자들의 전유물처럼 인식된 병역거부문제를 사회적으로 부각시켰다. 그 뒤를 이어 2002년 7월 유호근 씨는 종교적 신념이 아니라 '평화주의자'라는 개인의 정치적 신념에 근거하여 병역거부를 선언하였으며, 2002년 9월 입영예정자를 포함해 아직 영장을 받지 않은 대학생 등 17명이 12일 집단적으로 병역거부를 선언하면서 대체복무제도 도입을 촉구하였다. 이들은 병역거부서를 병무청에 전달하고, 국가인권위원회에 진정서를 내고 대체복무제 도입을 위해 국회 앞 1인 시위와 입법청원을 위한 10만인 서명운동을 벌였다. 이후 법원이 2004년 5월 21일 그동안의 관례를 깨고 종교적 이유로 병역을 거부한 3명에 대해 처음으로 무죄를

2. 양심적 병역거부자수형자가족모임에서 조사한 역대 양심적 병역거부자는 1950년부터 2006년까지 1만 2,324명으로 이들에게 선고된 형량은 모두 2만 5,483년에 이른다(한겨레신문, 2007.10.9)

3. 신앙의 자유와 병역(한겨레신문, 2001.2.20), 양심적 병역거부와 법(한겨레신문, 2001.2.23), 양심에 따른 병역거부, 대체복무를(동아일보, 2001.3.14.) 등이 대표적이다.

선고하는 사건이 발생하였고,[4] 급기야 2005년 12월 26일 국가인권위원회는 신념에 따른 병역거부를 인정하고 이들에게 대체복무를 시행할 것을 요구하는 권고안을 발표하기에 이르렀다. 이러한 국가인권위원회의 권고안 발표는 실질적으로 국가정책변동을 초래하게 만드는 중요한 근거가 될 수 있는데, 국방부는 2006년부터 대체복무제도의 도입을 검토하는 과정에 착수하였다. 2007년 국방부는 2009년부터 대체복무제를 시행할 계획이 있다고 하였으나, 2008년 12월에 또다시 입장을 바꾸어 '종교적 병역거부자'에 대한 대체복무제 실시를 보류할 뜻을 밝혔다.

이 연구에서는 지난 50년 동안 일관되게 유지되어 온 병역거부자에 대한 처벌 및 대체복무제도 정책이 어떻게 변화 상황에 직면하게 되었으며 향후 어떤 정책 변화를 예고하는가에 관하여 살펴보고자 한다. 특히 우리나라는 정부수립 이후 반공을 국시로 하는 가장 대표적인 냉전국가였으며, 국가안보를 해칠 가능성이 조금이라도 있다고 간주되는 주장이나 정책들은 상당 부분 배제되어 왔기 때문에, 최근의 정책변화는 이를 연구하는 사람들에게는 매우 흥미로운 연구 주제가 된다.

Ⅱ. 소수자로서 '양심적' 병역거부자

1. 한국사회와 양심적 병역거부

한국사회에서는 '양심적 병역거부, 신념에 따른 병역거부, 종교적 병역거

4. 2004년 5월 20일, 서울남부지법 이정렬 판사는 여호와의 증인 신자로서 병역 소집을 거부한 혐의(병역법 위반)로 기소된 오태양 씨에 대해 "병역법상 입영 또는 소집을 거부하는 행위가 오직 양심상의 결정에 따른 것으로서 양심의 자유라는 헌법적 보호대상이 충분한 경우에는 정당한 사유에 해당한다"라며 무죄를 선고했다.

부'라는 용어의 차이를 구분하지 않고 사용하는 경향이 일반적이다. 특히 '양심적 병역거부'라는 용어는 언론 등에서 회자되는 일반 용어가 되었기 때문에 — 마치 새터민이 공식 용어이나 탈북자를 더욱 일반적으로 사용하는 현상과 유사하게 — 특별히 이를 구분하여 사용하는 것이 무의미할 정도이다. 그러나 문제가 되고 있는 병역거부의제는 그 내용상으로는 '신념적 병역거부'에 더 가깝게 해석해야 할 것으로 보인다. 양심적이라는 말이 주는 뉘앙스는 그 자체로서 '매우 선량한 행태'라는 편견을 줄 수 있기 때문이다.[5] '양심적 병역거부(conscientious objection to military service)'는 종교적 또는 도덕적 원리에 근거하여 군대에서 싸울 것을 거부하는 것을 의미하기도 하며(조일수, 2002),[6] '징집대상자로서 종교적 혹은 양심적 동기로부터 나오는 깊은 신념에 따라 군복무 혹은 다른 직·간접적인 전쟁 및 무력행위에 참여하는 것을 거부하는 것'으로 이해되기도 한다(오영은, 2005). 한편 백과사전에서는 양심적 병역거부를 '병역·집총(執銃)을 자신의 양심에 반하는 절대 악이라 확신하여 거부하는 행위'로 정의하면서 양심적 병역거부의 경향과 특징까지 잘 정리해 놓고 있다.[7]

5. 헌법상 보호되는 '양심'이란 '어떤 일의 옳고 그름을 판단함에 있어서 그렇게 행동하지 않고는 자신의 인격적 존재가치가 파멸되고 말 것이라는 강력하고 진지한 마음의 소리로서 절박하고 구체적인 양심'을 의미한다(헌재결 1997.3.27, 96헌가11; 2001.8.30, 99헌바; 2002.4.25, 98헌마425; 2004.8.26, 2002헌가1).

6. 조일수(2001)는 양심적 병역거부자라는 명칭에 있어 '양심'이라는 표현은 '자기의 행위에 대하여 옳고 그름, 선과 악의 판단을 내리는 도덕적 의식'으로 규정하고 '양심적 병역거부'는 종교적 신념과 더 나아가 정치적 신념까지 포괄하는 것이기 때문에 적절하지 않다고 말하면서 '개인적 신념에 따른 병역 거부'라는 용어를 사용할 것을 주장한다.

7. 두산백과사전은 양심적 병역거부의 특징에 대하여 "오늘날 일반화되어 가는 추세에 있는 양심적 병역거부권은 각국의 특수한 여건이나 상황에 따라 그 구체적인 내용에 차이가 있으나, 기본적으로는 다음과 같은 경향을 보여주고 있다. ① 양심적 병역거부의 근거가 종교적인 이유 이외에로 확대되어 가고 있고, ② 양심적 병역거부자들이 과연 진실로 양심에 따라 병역이나 집총을 거부하는 것인가의 여부를 심사하는 심사기관을 설치하고 있으며, ③ 양심적 병역거부권을 인정하는 거의 모든 국가에서 대체역무(代替役務)를 과하고 있다는 점이다. 양심적 병역거부에 관하여 한국의 판례는 '그

한국사회에서 양심적 병역거부의 역사는 일제시대에 여호와의 증인들이 일본천황의 신격화를 반대하였던 시대로 거슬러 올라간다(성용욱, 2005). 당시 조선·타이완·일본 등에서 여호와의 증인 신도들은 전쟁에 반대하며 집총을 거부하는 활동을 보이자 일제는 38명을 체포하였다. 해방 이후 양심에 따른 병역거부 또는 집총거부에 대한 처벌을 시작한 것은 1950년대 후반으로 대부분 종교적인 신념에 의한 것이었고 병역기피와 항명죄로 약 1년 정도 투옥되었던 것으로 전해진다. 그러나 5.16군사정부가 집권한 이후 점차 형량이 증가하여 5-6년씩 징역에 처해지고 형을 마치고 다시 훈련소로 보내지고 재차 집총을 거할 경우 재투옥되는 방식으로 처벌되었다(정춘국, 2001). 근래에는 약 1년 6월의 징역형이 부과되면서 전과자로 기록되었으며, 이런 식의 처벌 중심 정책은 거의 변함없이 이어져 왔다.

그러나 2001년에 접어들면서 양심적 병역거부 문제가 사회적 관심사로 등장하였는데 그 배경에는 언론의 역할이 가장 컸다. 『한겨레 21』은 최초로 한국사회의 양심적 병역거부자 현황을 기사로 소개하였고 조선일보 등이 가세하면서 각별한 사회적 쟁점으로 부상하게 되었다. 주요 언론의 보도에 힘입어 당시 집권당 내에 개혁적 성향의 의원들이 병역법 개정안을 예고하던 중 불교신자인 오태양 씨가 여호와의 증인들과 달리 개인의 양심을 이유로 병역을 거부한다고 기자회견을 하면서 공론화가 촉진되었다. 이러한 가운데 2002년에 이르러 민주화를 위한 변호사회(이하 민변)가 중심이 된 29개 시민단체가 대책기구를 결성하고 KNCC와 천주교, 한신대 교수 등이 공청회, 토론회 등을 지속적으로 개최하였다. 한편, 2002년 12월 대통령 선거를 앞두고 민주당의 대선후보들이 대체복무제 도입을 공약으로 내걸었고 진보적 학자들이 다양한 출판활동을 통해 대체복무제의 필요성과 논리를 확산하기에 이르렀다. 이러

리스도인의 양심상의 결정으로 군복무를 거부하는 행위는 병역법의 규정에 따른 처벌을 받아야 하며, 양심상의 결정은 헌법에서 보장하는 양심의 자유에 속하는 것이 아니다'라고 한 바 있다(1969.7.22. 대법원판례 69도 934)"라고 서술하고 있다.

한 분위기 속에서 일부 대학생들이 집단적으로 병역거부를 선언하고 거리 캠페인을 벌이는 등 병역거부 문제를 사회적 쟁점으로 부각시키기도 하였다. 이러한 움직임은 2003년에 들어서도 줄어들지 않았고 이 과정에서 사법부가 예전과 다른 판결을 내리면서 상당한 파장을 일으켰다. 그동안 병역거부자들에 대해서 보통 2년 6월에서 3년 정도의 징역형에 처했던 관례를 깨고 형량을 1년 6개월로 대폭 낮추는 판결이 내려졌고 2004년에는 구속영장을 기각하거나, 심지어 이들에 대해 무죄를 선고하는 일이 발생하였다. 그리고 같은 해 7월 헌법재판소는 현재의 병역법이 합헌이지만 대체복무제도입 필요성이 있다는 의견을 발표하기에 이르렀다. 이러한 흐름은 2005년에 들어서면서도 동성애자 및 현직 교사들까지 참여하는 형태로 증가하였다. 결국, 2005년 12월 26일에 국가인권위원회는 양심적 병역거부 인정 및 대체복무제도의 도입을 권고하는 입장을 발표하였고 국방부는 대체복무제도 도입을 위한 연구일정을 발표하였다. 그러나 2008년 12월 국방부는 종교적 병역거부에 대한 보류 입장으로 다시 선회하고 있다.

2. 소수자로서 '신념적 병역거부자'

우리 사회에 존재하는 '신념에 따른 병역거부자'는 소수자로서의 특징을 지닌다. 일반적으로 소수자라 함은 사회의 제반 영역에서 성, 연령, 인종 및 민족, 종교, 사상, 경제력, 성적 취향, 지역 또는 그 외의 이유로 지배적이라 일컬어지는 기준 및 가치와 상이한 입장에서 차별과 편견의 대상이 되는 사람들로 정의된다(윤인진, 2004, 전영평, 2007). 신념적 병역거부자들은 소수자로 분류될 수 있는가? 이들은 앤소니 드워킨과 로자린 드워킨(1999)이 제시하고 있는 소수자의 네 가지 기준을 충족시키고 있다. 그들은 소수자 기준을 식별 가능성, 권력의 열세, 차별적 대우의 존재, 소수자로서 집단의식으로 구분하고 있다.

먼저, 식별가능성(identifiability)은 소수자집단과 주류집단이 명백히 구분 가능한가에 주목한다. 이런 특성의 관점에서 보면 신념적 병역거부자는 그동안 약 1만여 명 정도가 병역법에 의해 처벌받아 왔고 현재까지 해마다 수 백 명의 처벌대상자가 발생한다는 점에서 주류사회와 구분되는 소외된 집단으로서 차별성을 보이고 있다. 둘째, 권력의 열세란 경제력, 사회적 지위, 정치적 지위 등에서 실질적인 차이가 있는가에 주목하는 기준이다. 양심적 병역거부자는 사회 주류세력에 비하여 정치적 차원에서의 권력이 특별히 빈약한 것이 특징이다. 만일 이들에게 권력이 있었더라면 신념적 병역거부 문제는 더 이상 사회문제로 남아 있지 않았을 것이다. 셋째, 차별적 대우의 존재이다. 병역거부자에 대한 강한 처벌은 다른 범죄나 선진국의 인권수준에 비해 가혹한 측면을 보이고 있다. 대부분의 선진국들이 신념에 따른 병역거부를 인정하고 있으며, 대체복무제도를 도입하여 현역 병사와 균형을 맞추려고 노력한다. 그러나 우리나라에서는 대부분 징역형에 처해지고 이후 전과자로 기록되어 각종 국가고시나 공무원 임용에 제약을 받는 등 실질적인 불이익을 주고 있다. 징집거부에 따른 전과가 있다는 이유로 입사취소 통보를 받거나 입사시험에서 면접에 통과하지 못하는 사례가 많은데 '수형자가족모임'에서 2006년 초 양심적 병역거부자 1만여 명을 상대로 설문조사한 결과 30-40%가 취업 때 불이익을 당했다고 답하고 있다(한겨레신문, 2007.12.18). 넷째, 소수자집단성원으로서의 집단의식이다. 이것은 그동안 병역기피자들이 특정 종교집단이나 개인적인 저항으로부터 근래에는 조직화된 단체를 만들어 활동하고 있다는 데서 발견할 수 있다. 병역거부연대회의가 대표적인 집단이다. 이들은 집단적으로 자신들의 상황을 공유하고 이를 해결하기 위하여 노력하고 있기 때문에 소수자로서의 정체성을 가지고 있다고 할 수 있다.

3. 소수자 인권문제로서 병역거부

최근까지도 신념에 따른 병역거부자에 대한 처벌문제는 우리나라의 분단으로 인한 특수성 등으로 어느 정도 불가피한 것으로 받아들여져 왔다. 더구나 이들이 수적으로 소수이며, 이들을 옹호하는 세력들이 없었기 때문에 이들 '소수자'의 주장에 귀를 기울이는 사람이 거의 없었다. 이들을 국방의 의무를 회피하는 '무임승차자 혹은 기회주의자'로 인식하는 것은 남북분단이라는 특수한 상황이 초래한 우리 사회 다수자 시각을 반영한다. 사실 여타 선진국은 물론 타이완에서도 이미 신념적 병역거부에 대한 대체복무제를 실시하는 상황에서 더 이상 신념적 병역거부자에 대한 낙인찍기, 차별관행을 계속되는 것은 안팎의 여건변화로 인해 어려울 것으로 파악된다.[8]

이 문제에 대한 사회적 해결은 신념적 병역거부자에 대한 차별을 주류세력에 의한 소수자 차별 사안으로 이끌어 갈 때 가능하게 된다. 그동안 소수이지만 신념적 병역거부자와 그들을 옹호하는 소수의 집단, 그리고 소수 언론의 힘을 통해 2007년 말 병역거부에 대한 대체복무허용 방침이 발표되었다. 그러나 대체복무제 시행 시점이 2009년이며, 2008년 새 정부가 들어섰기 때문에 향후 어떤 정책변화가 있을 것인가 지켜볼 필요가 있다.

병역거부자가 '왜 소수자에 해당하는가'에 대해서는 사안을 보는 사람들의 가치관과 경험에 따라 견해가 다르게 나타날 수 있음을 인정한다. 그러나 그들이 병역을 거부하는 이유와 소신을 엄정하게 이성적으로 검증하지 않고 범법자 범주로 표준화하는 현재의 관행이 계속될 경우, 주류사회가 그들의 인권은 물론 사회적 적응과정에 엄청난 차별을 초래하게 된다는 점에서 그들을 소수자, 사회적 약자, 약소자 등의 관점에서 파악할 필요가 있다. 아울러 이들

8. 중국과 대치하고 있는 타이완의 경우, 과거 양심적 병역거부자에 대하여 12-13년 형을 선고한 적도 있으나 2000년부터 대체복무제를 도입하고 있으며, 그리스의 경우에도 1997년 대체복무제를 도입하였다(한겨레신문, 2007.10.9.).

소수자가 사회적 낙인찍기의 희생자가 되지 않도록 하기 위해서는 이들에 대한 인권 차원의 적극적 대책을 마련할 필요성이 대두되고 있다.

Ⅲ. 정책변동 설명 도구로서 옹호연합모형

1. 정책옹호연합모형의 도입

이 연구는 양심적 병역거부자를 소수자 시각에서 보면서, 이들의 병역거부 운동과 정책변동과의 관련성을 검토하는 것을 주요 내용으로 하고 있기 때문에, 정책변동에 관한 이론적 고찰이 요망된다.[9] 정책변동에 관한 기존연구 중에서 이 연구와 관련하여 주목할 만한 이론은 킹던(1984)에 의해 제시된 정책흐름(policy stream)모형과 사바티에(1993) 등에 의해 제시된 옹호연합모형이다. 정책흐름모형은 문제상황의 지표나 사건이나 위기, 환류 등으로 이루어지는 정책문제의 흐름과 행정부의 교체, 의회 내 의석 변화, 여론, 이익집단의 압력 등으로 이루어지는 정치의 흐름과 정책공동체의 활동을 중심으로 하는 정책대안의 흐름이 상호 독립적으로 진행되다가 이들 흐름이 결합하는 때에 정책의 창이 열리고 정책 의제설정이 이루어진다는 주장이고(김선희, 2007), 옹호연합모형은 정책에 관련된 이해당사자들의 옹호연합구성에 따라 정책에 관한 신념과 자원의 공유가 달라짐으로써 나름대로의 전략을 구사하는 과정에서 정책 산출이 달라진다는 주장을 핵심으로 한다.

정책흐름모형의 경우 정책활동가의 역할을 강조하기 때문에 여러 이해집단

9. 정책변동(policy change)이란 특정한 분야에서 어떤 정책이 이미 성립되어 있는 상황에서 시간의 흐름에 따라 기존 정책이 변화하는 것을 의미한다. 정책변동의 유형은 정책혁신, 정책승계, 정책유지, 정책종결 등으로 구분할 수 있다(Hogwood & Peters, 1983).

들이 펼치는 다양한 활동들과 조건이나 상황적 변수의 영향력에 대해서는 설명이 부족하며, 구체적으로 문제의 흐름이 이해집단들에게 미치는 영향을 제대로 설명하지 못한다는 단점을 가지고 있다. 또한 기존의 정책과정이론이 행정부와 입법부, 이익집단의 영향을 주목하지만 과학적인 자료를 제시하는 연구자와 저널리스트들의 영향력을 과소평가하거나 이들이 정치적으로 무관심한 존재로 간주되는 문제점이 있다(장지호, 2004a, 2004b). 정책흐름모형이 갖는 이러한 한계를 극복하면서, 양심적 병역거부자의 운동성과 옹호연합, 반대연합, 정책중개자, 정책신념, 정책학습 등에 체계적 고찰을 하기 위해서는 정책옹호연합모형이 훨씬 적합하다는 판단에서 연구자는 정책옹호연합모형을 이론적 분석틀로 채택하였다.

2. 정책옹호연합모형의 구조

정책옹호연합이란 규범적인 가치와 인과관계에 관한 신념을 공유하면서 일정수준 이상의 상호 연동된 행위에 참가하는 조직이나 개인이 정책에 영향을 주려는 연대모임을 말한다(Sabatier & Jenkins-Smith , 1993). 1980년대 중반에 사바티에와 젠킨스-스미스는 공공정책에서의 과학적 정보가 중대한 역할을 한다는 것을 발견하였다. 이들은 상호 비평을 통해 각자의 연구를 통합적으로 발전시켰고 1993년에 정책옹호연합 모델을 발표하기 이르렀다. 정책옹호연합모형은 특정 정책을 둘러싼 연합의 형성과 이들의 활동에 기회를 부여하거나 제약을 가하는 결정적인 영향이 존재한다는 것을 인정한다. 이러한 영향요인에는 크게 두 가지가 있다. 첫째는 안정적인 외적 지표로서 변화의 속도가 느리고 보다 근본적인 특성을 지닌다. 여기에는 문제의 속성, 천연자원의 분포, 사회문화, 헌정구조 등이 해당된다. 두 번째는 역동적인 외적 사건으로서 정치권력의 변동, 경제적 조건의 변화, 여론의 변화 등이다. 이런 변수

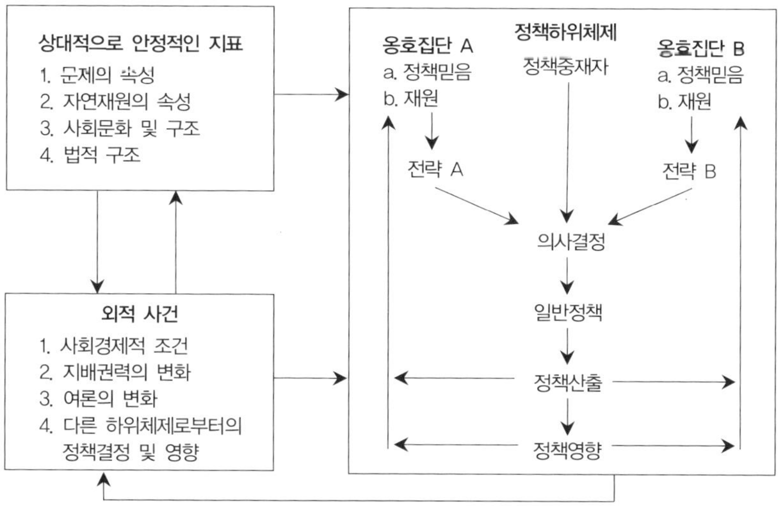

자료: Sabatier & Jenkins-Smith(1999)를 재구성함.

그림 9-1 옹호연합모형

들은 비교적 단기간에 정책하위체제에 영향을 준다(장지호, 2004).

안정적인 외적 지표와 역동적인 외적 사건은 정책하위체제에 영향을 미친다. 정책하위체제는 기본적인 신념을 공유하는 2개 이상의 옹호연합과 이들을 중재하는 정책중개자로 구성된다. 〈그림 9-1〉에서 보는 바와 같이 대부분 정책옹호연합은 찬성연합과 반대연합 2개 정도로 분류되어 자신들의 신념을 자신들이 소유하고 있는 각종 자원을 이용하여 정책에 반영되도록 노력한다. 물론 이 과정에서 정책중개자를 상정하고 있지만 때로는 정책중개자의 존재가 모호한 경우가 있다. 각각의 옹호연합은 '신념체계(belief system)' 혹은 '믿음체계'를 갖고 있는데 이 신념체계는 각각의 옹호연합이 차별적으로 공유하는 믿음, 가치, 세계관 등을 말하는 것으로 이해된다. 이 신념체계는 심층핵심신념(deep core belief), 정책핵심신념(policy core belief), 신념체계의 이차적 측면(secondary aspects)으로 위계적인 구조를 지닌다. 심층핵심은 각 연합의 최상위층의 근본적인 시각으로 자유, 민주, 평등, 발전, 인간의 존엄성과 같은 가장 근본적인 가치들이다. 이런 규범적 핵심은 타협이나 양도가 불가능하고 종교의 개종과 같이 변하기 어렵다. 정책핵심은 각각의 옹호연합이 갖고 있는 정책 영역 전반에 관한 규범적이고 인과적 인식을 말한다. 여기에는 '경제발전이 우선인가, 환경보호가 우선인가'와 같은 가치우선순위에 대한 믿음과 문제의 심각성에 대한 일반적 지각 또는 인과관계, 정책하위체계 내에서 자신들의 핵심가치를 실현하기 위한 전략적 믿음 등이 포함된다. 이러한 정책핵심은 옹호연합을 유지시키는 근본적 접착제와 같은 역할을 한다. 마지막으로 이차적 측면은 문제의 심각성에 대한 판단, 특정 문제의 상대적 중요성에 대한 판단, 규제나 예산 배정 및 특정제도의 설계 등에 관한 선호를 말한다.

Ⅳ. 옹호연합모형에 따른 병역거부갈등 분석

1. 외부요인 비교

1) 상대적으로 안정적인 지표

옹호연합모형에서 안정적인 외부지표(relatively stable parameters)는 문제영역의 기본적 속성, 천연자원의 기본적 분포, 근본적인 사회문화 가치 및 사회구조, 헌정구조를 포함한다. 이 연구의 주제인 양심적 병역거부 문제와 관련하여 안정적인 외부지표에 속하는 것으로 인권의식의 확산이라는 사회문화적 가치의 변화와 기본적 헌정구조의 변화가 눈에 띈다. 구체적으로 살펴보면 다음과 같다.

첫째, 인권의식의 확산이다. 한국사회에서 본격적으로 인권운동이 시작된 1970년대 초반에는 KNCC, 천구교정의구현사제단 등과 같이 일부 종교단체들과 소수 엘리트가 큰 몫을 하였으나 1990년대 들어 민간정부가 등장하면서 자생적으로 등장한 인권단체들이 인권의식의 시평을 넓혔다(국민일보, 2002. 12.9.).[10] 거대담론의 영역으로 규정됐던 인권개념은 권위주의 정권 시절에는 정치권력의 부당한 폭력으로부터 '신체와 사상의 자유'를 보호하는 소극적 개념에 국한되었으나, 1990년대에는 연령, 역(逆)성차별문제, 장애인, 탈북자, 외국인노동자 등 사회적 소수자들에 대한 관심이 증가와 더불어 비약적으로 확대되었다. 이러한 인권의식의 확대는 병역정책의 변동을 이해하는 데 매우 중요한 배경변수가 되었다고 볼 수 있다.[11]

둘째, 헌법구조의 변동이다. 우리 사회는 과거 권위주의적인 헌법체제하에 놓여 있었으나 국민의 저항에 따른 민주주의 발전으로 최근에는 민주적 헌법체계를 수정하게 되었다. 권위주의 시대 헌법체제하에 자행되던 국민의 기본권 침해 관행이 등이 점차 해소되고 사회전반적인 권리의식이 확장되면서 사회적 약자의 권리행사에도 큰 변화가 생기게 되었다. 이러한 환경변화는 양심적 병역거부자들과 이들을 지지하는 시민단체들에게 기존의 처벌위주 정책이 헌법상에 제시되어 있는 국민의 권리를 침해한다는 논리적 근거를 작용하게 되었다.

2) 외적 사건

양심적 병역거부사건을 둘러싼 논쟁에 영향을 주는 외적 사건으로는 사회경제적 조건의 변화와 지배집단의 변화, 여론의 변화를 제시할 수 있다.

첫째, 남한의 경제력 향상을 꼽을 수 있다. 지난 30여 년 간 남한은 꾸준히

10. 국민일보에 따르면 2001년 11월 국가인권위원회가 출범한 이후 1년 동안 접수된 진정건수는 2,971건이며 검, 경찰 등 국가 권력기관에 대한 진정이 32%에 이를 정도로 인권의식이 높아진 것으로 보도하였다.

11. 1993년 서준식 씨 등 6명의 인권활동가가 중심이 되어 시작된 인권운동사랑방의 경우 기존의 제도권에서 다루지 않는 인권소식을 묶어 '인권하루소식'을 정기적으로 발간하는 등의 사례가 대표적인 인권의식의 확산으로 보는 관점이 있다(한겨레신문, 2003.3.3.).

경제성장을 해 온 데 비해 북한은 뚜렷한 성장을 못하거나 마이너스 성장을 하였고 현재는 남한 경제력의 약 1/30 수준에 머무르고 있다. 이러한 경제적 조건의 변화가 국방력의 증가로 이어졌다는 것은 자연스러운 일이다. 이러한 경제적 조건의 변화 이전까지는 어떠한 이유로든 징집을 거부하거나 집총을 거부하는 것은 일종의 이적행위 정도로 취급되었다. 그러나 북한의 경제력이 심각한 수준으로 저하되면서 북한의 남침 가능성에 대한 회의주의가 번지게 되고, 이에 따라 북한의 남침을 이유로 무조건 군대에 가야 한다는 논리가 약화되는 계기가 마련되었다.

둘째, 정권교체로 인한 지배집단의 성격변화는 또 하나의 역동적인 외적 사건으로서 의미를 가진다. 1997년 김대중 후보는 대선공약 중에 하나로 인권을 강조하였으며 집권한 이후 국가인권위원회를 창립하고 실질적으로 인권상황 개선을 위해 노력하는 모습을 보였다. 이후 노무현 정부는 더욱 과감하게 소수자 인권정책을 추진하였다. 김대중 정부와 노무현 정부의 인권친화정책은 사회각계층의 소수자에게 '자신의 목소리'를 낼 수 있는 계기를 제공하였는데, 양심적 병역거부자의 경우에도 '병역거부금지'의 금기를 깨는 과감한 도전을 시도하였다. 실제로 이러한 도전은 상당한 성과를 거두게 되었고 국방부로 하여금 대체 복무제안을 검토하여 보고하도록 하였다. 이는 정치적 지배집단의 변화가 양심적 병역거부자와 같은 소수자에 대한 정책 변화에 큰 영향을 미치게 된다는 것을 보여주는 좋은 사례이다.

셋째, 여론의 다변화이다. 보수적 가치를 고수하는 신문사들에 비해 1988년 한겨레신문과 같은 언론이 탄생한 것은 중요한 외적 사건 중의 하나다. 그 이후 인터넷의 발달로 오마이뉴스, 서프라이즈, 데일리 신문 등 인터넷신문이 차례로 등장하면서 사회여론 형성의 다양화는 더욱 확대되었다. 이러한 매체의 등장은 양심적 병역거부문제에 관한 우리 사회 여론의 변화에 크게 기여하였다. 2001년 2월 초 가장 먼저 양심적 병역거부 논쟁을 촉발시켰던 곳은 『한겨레 21』이고 그 이후 한겨레신문의 후속 보도가 잇따르는 가운데, 3월 말부터 4월 초에 걸쳐 공중파 방송사들까지 이 문제를 심층적으로 다루었다. 이후, 보수언론 색채를 지닌 것으로 알려진 조선일보사가 발행하는 『월간조선』 5월호에 여호와의 증인에 대한 대체복무제를 옹호하는 미국 메릴랜드대 교수의 글이 게재되었으며, 2002년 5월에 나온 계간지인 『황해문화』, 『당대비평』, 『사회비평』, 부정기 간행물인 『아웃사이더』 등도 이 문제의 공론화 과정에 가세함으로써 사회적 의제로 부상하는 데 일조하였다.

2. 참여자 요인 비교

1) 참여자의 다양성

여타 소수자문제의 경우와 마찬가지로 양심적 병역거부문제의 경우에도, 옹호집단과 반대옹호집단 간의 갈등과 대립현상이 발견된다. 특히, 지지옹호연합과 반대옹호연합을 구성하고 있는 참여자의 다양성 측면에서 두 옹호연합은 상당한 차이를 보여준다. 지지옹호연합의 신념에 따르는 정치인, 학자, 종교인, 일반시민 등이 반대옹호연합에 비해 매우 다양하다는 특성을 보이고 있다.

우선, 옹호연합 측의 활동을 보면, 민주당의 천정배 의원이 2001년 『한겨레21』을 통해 양심적 병역거부권의 입안을 추진할 계획임을 처음으로 밝혔다. 그해 6월에는 양심적 병역거부자들을 공익요원으로 활용하는 '병역법 개정안'을 준비해 온 민주당 장영달 의원이 국회 발의를 앞두고 공청회를 예고하는 등의 활동을 보였다. 그 후에도 장영달 의원이 2001년 8월, 타이완의 대체복무제 추진과정을 조사했고, 같은 해 9월에는 민주당 정대철 의원이 국회 〈국방위원회〉에서 군교도소에 수감 중인 집총거부자 문제를 거론한 바 있다. 이후 열린우리당이 창당되면서 정부여당의 임종인 의원이 주로 이 문제를 제기하였다.[12] 여기에 총선을 통해 국회진입에 성공한 민주노동당의 노회찬 의원이 정책을 조정하는 역할을 적극적으로 수행하였다. 옹호연합 측의 입장을 두둔하는 정치인들의 적극적인 의견표명은 2007년 이후에도 이어지고 있다. 민주당의 원혜영 의원, 민주노동당의 이정희 의원 등이 그 예이다. 반면에 정치인 중에서 적극적으로 반대옹호연합의 신념을 지지하는 사람은 거의 발견되지 않았다. 지지옹호연합 측의 정치인 참여자들은 반대옹호연합에 비해 수적으로도 많고 적극적이며 소속정당의 측면에서도 다양하게 분포되어 있음을 확인할 수 있다.

둘째, 학자들의 경우에도 반대옹호연합보다 지지옹호연합 측이 더 다양하고 적극적이었다. 지지옹호연합에 적극적으로 참여하는 학자는 한신대학교 강인철 교수, 국민대학교의 이재승 교수, 성공회대학교 한홍구 교수, 한동대학교 김두식 교수, 서울대학교 조국 교수를 비롯한 공익인권법 센터 소속 교수, 한남대학 윤영철 교수 등이다. 이들은 다양한 연구발표와 도서출판 등을 통해 지지옹호연합 측의 논리를 제공하는 데 중요한 역할을 해 왔다. 반대옹호연합의 논리를 제공하는 대표적인 학자는 국방대학교 김병렬 교수, 중앙대학교 제성호 교수, 재향군인회 정창인 박사 등이다. 이들의 논거는 현재 안보여건에서 양심적 병역거부를 인정해 주면 ① 병역의 형평성을 저해하고, ② 국가에서 부여하는 다른 의무에 대한 거부 명분을 제공하게 되기 때문에 곤란하다는 논리제공은 하였지만 지지옹호연합의 학자들처럼 적극적으로 출판을 하거나 적극적인 세미나 등을 개최하는 것이 아니라 초대에 응하는 수준이거나 언론기고 등이 대부분이었다. 이러한 측면에서 지지옹호연합에 참여하는 학자들은 수적으로나 내용면에서도 반대옹호연합의 학자들에 비해 많고 적극적인 참여자들이었다.

---

12. 임종인 의원을 비롯한 일부 정치인들은 대체복무제도입에 적극적으로 활동하였다. 예컨대, 임종인 의원이 2004년 9월 대표 발의한 법안에는 김덕규·김성곤·김영춘·김재홍·김현미·김형주·문병호·심재덕·유선호·유시민·이광철·이상락·이원영·장경수·장향숙·정봉주(이상 열린우리당), 김홍일·손봉숙·이정일(이상 민주당), 배일도하(한나라당), 신국환(무소속) 이상 22명의 의원이 서명한 것으로 보도되었다.

2) 참여자 연대기구

2개의 옹호연합세력 간에는 연대기구의 존재여부와 적극성에서 차이를 보이고 있다. 지지옹호연합의 경우, 양심적 병역거부사건이 언론에 의해 보도되던 2001년 봄, 즉각적으로 민주사회를 위한 변호사모임(이하 민변)이 10여 명의 소속 변호사들로 변호인단을 꾸려 그들을 변론에 나서기 시작하였다. 그리고 같은 해 5월 말에는 9개 시민·인권단체들과 진보정당이 '양심·종교의 자유와 군 대체복무를 위한 토론회'를 열어 문제의 공론화에 나서기 시작했다. 그 직후 이 단체들이 중심이 되어 '대체복무제를지지하는모임'이 형성되었고 양심적 병역거부자를 인정하고 대체복무제도를 도입할 필요성에 대해 논리를 개발하는 역할을 해 왔다. 결국 이러한 움직임이 성장하여 2002년 2월 초에는 〈민주화를위한변호사모임〉 등 29개의 시민·사회단체들로 구성된 '양심에 따른병역거부권실현과대체복무 개선을 위한 연대회의'(이하 연대회의)가 발족되었다. 이에 비해 반대옹호연합은 자유시민연대가 대표적이지만 자유시민연대의 경우 이름과 달리 단일기구이다. 따라서 공공의 안녕과 질서라는 신념체계를 공유하는 다양한 조직들이 연합형태는 거의 없었다는 점에서 지지옹호연합에 비해 영향력이 낮았다고 판단된다.

3) 참여자 전략

참여자의 전략 측면에서 지지옹호연합 측의 전략이 상대적으로 다양하고 이목을 집중시킬 만하였다. 지지옹호연합의 연대회의가 설립된 이후 주요 사건이 발생할 때마다 기자회견을 통한 입장표명이 지속되어 왔다. 뿐만 아니라 병역거부자를 지원하기 위한 모금 활동, 병역거부자 가석방 촉구 활동, 교사·언론인·종교인·현역 군인 등 사회 각계 인사 1,552명이 서명한 '1천인 선언'을 발표 등이 그 사례에 해당한다. 아울러 2002년에는 〈유엔인권위원회〉에 한국의 양심적 병역거부 문제를 논의하도록 해 달라는 제안문을 제출하는 등 쟁점을 국제적 장으로도 확산시키는 전략을 구사한다. 또한 민간단체 참가단을 제네바에서 열리는 제58차 〈유엔인권위원회〉에 파견한 바 있다. 이중에서 가장 눈에 띄는 부분은 각종 세미나 등을 개최하여 논리를 확산하고 지식인들의 심정적 동의를 얻는 노력을 게을리 하지 않았다는 것이다.

이에 비해 반대옹호연합의 대응전략은 신문기고, 토론참여, 성명서발표가 대부분이었다. 일례로 병역거부운동이 사회적으로 파장을 일으키던 2001년 12월 자유시민연대는 '병역거부자의 인권이 4,000만의 인권보다 중요한가'라는 성명서를 발표하고 양심적 병역거부 운동의 부당성을 지적한바 있다. 국방의 의무 등과 같은 공동체를 유지 발전시키기 위해 구성원 모두에게 부과된 의무를 거부해도 좋다면 어떻게 공동체를 유지할 수 있느냐는 논리를 담고 있다. 또 다른 사례는 2004년 5월 재향군인회회장이 한 신문의 기고를 통해 종교적 이유로 병역소집을 거부한 여호와의 증인 신도 3명에게 무죄가 선고된 것을 규탄하는 활동을 하였다. 이 글에서 그는 양심적 병역거부는 친구들이 총을 들고 전선을 지키는 동안 자기는 후방에서 편안을 도모하자는 비양심일 뿐이라면서 '양심적 병역거부'라는 용어도 '종교를 빙자한 병역기피'로 바꾸어야 한다고 주장하였다. 이러한 사례에서 보듯 지지옹호연합이 연대조직을 구성하고 다양한 전략을 펼치는데 비해 반대옹호연합은 저명도 있는 인물을 중심으로 개인적으로 언론에 기고하거나 사건이 발생할 경우 개별 단체의 이름으로 성명서를 발표하는 활동에 멈추고 있다는 점에서 개인의 인권과 자유를 중시하는 신념체계로의 병역정책이 변동할 수 있는 힘으로 작용하고 있는 것으로 보인다.

4) 참여자의 분포

참여자가 공사영역에 거쳐 폭넓게 분포할수록 옹호연합의 세력은 강하다고 볼 수 있을 것이다. 이런 점에서 지지옹호연합은 '전쟁 없는 세상', '평화인권연대' 등과 같은 자발적이고 단체의 목적이 전문화되어 있는 단체들의 참여 외에도 〈국가인권위원회〉가 옹호연합과 공유된 신념체계를 지닌 국가조직으로 분류되기 때문에 정책변동에 유리한 힘을 얻게 된 것으로 보인다. 그밖에 종교단체들의 분포 측면에서도 옹호연합 측은 천주교, 기독교, 불교 등의 종교단체로부터의 지지세력이 넓게 분포되어 있고 노동계나 한국사회에서의 저명한 시민단체들도 두루 포함되어 있다는 점에서 반대옹호연합에 비해 유리하였다. 이에 비해 반대옹호연합 측은 보수적인 일부 시민단체에 국한되어 있고 종교단체의 다양성도 한국기독교총연합회 정도로 한정된다. 2005년 12월 국가인권위원회가 개선을 권고한 이후부터는 양심적 병역거부사건을 둘러싸고 국방부의 입장발표는 사라졌다. 따라서 참여자의 분포 측면에서도 지지옹호연합에 유리하였다고 평가할 수 있다.

3. 분석결과의 요약

지금까지 논의한 갈등분석의 복잡한 내용을 보다 간결하게 요약하여 표와 그림으로 제시하면 다음 〈표 9-1〉과 같다.

〈표 9-1〉에서 보듯이, 핵심신념에 관하여는 2개의 갈등집단이 추구하는 바가 매우 다르다는 것을 알 수 있다. 이것은 국가가 어느 정도로 개인의 자유를 구속할 수 있는가라는 정치철학적 문제이기도 하다. 현재까지도 이런 논란은 계속되는 문제인 만큼 두 집단의 핵심가치는 양보하거나 타협하기 어렵게 되어 있다. 두 집단은 정책핵심 측면에서도 비교가 된다. 지지옹호연합이 주장하는 국제적 형평성은 타이완이나 독일과 같이 우리와 유사한 분단상황에 있던 나라들조차 대체복무제도 도입을 통해 개인의 신념을 보호하고 있다는 것을 강조하는 입장이다. 반면, 반대옹호연합에서는 우리 사회 내에서 병역의무를 수행하는 사람과 그렇지 않은 사람 간의 형평성 문제를 강조하고 있다. 개인의 신념 때문에 군대에 가지 않는 사람은 형평성에 어긋나는 일종의 무임승차자(free rider)로 간주된다.

표 9-1 병역정책 변동을 둘러싼 옹호집단 간 세력 비교

구분		지지옹호연합	반대옹호연합
신념	핵심신념 (deep core)	개인의 자유와 인권	집단의 안녕과 질서
	정책핵심 (policy core)	병역법 개정	병역법 현행 유지
	2차적 신념	국제적 형평성, 인권의 보편성	사회내 형평성, 의무의 균질성
외부조건	안정적 지표	유리	불리
	외적 사건	유리	불리
참여자	참여자의 다양성	높음	낮음
	참여자 연대기구(전략)	있음(다양)	없음(획일)
	참여자의 분포	넓음	협소

그러나 옹호연합모형은 신념 자체의 차이가 구체적으로 어떤 정책변동을 초래한다는 것을 예측하지 않는다. 신념을 중심으로 적어도 2개 이상의 집단이 형성되어 상호 전략을 구사하고 대응해 가면서 자신들의 정책신념에 가깝도록 시도한다는 점을 강조하면서, 조건의 변화와, 참여자들의 활동 수준에 따

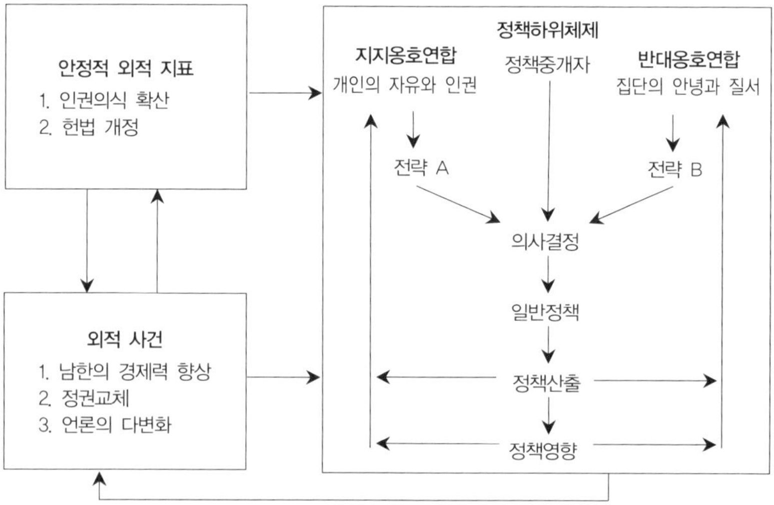

그림 9-2 양심적 병역거부사건의 정책옹호연합모형

라 정책이 변화할 것을 예고하는 정도이다. 이제까지의 정책갈등 논의를 옹호연합모형을 통해 정리하면 다음 〈그림 9-2〉와 같다.

Ⅴ. 종합과 결론

2001년 초반부터 논란을 일으키며 사회적 쟁점으로 등장한 이른바 양심적 병역거부자 문제는 상당히 짧은 기간 동안에 한국사회에 뜨거운 정책 담론을 추동한 전형적인 정책 이슈로서 주목할 만한 연구 가치를 갖는다. 이 문제에 대하여 국방부가 대체복무제를 전면적으로 도입하지 않고 있기 때문에 아직까지 분명한 정책변동을 관측하기는 어렵다. 그러나 병역거부자에 대한 기존의 형벌 중심 정책에 향후 어떠한 내용이든 변화가 요청된다는 점에서 이와 관련한 정책 변화에 주목하는 연구가 필요하다. 이 연구는 양심적 병역거부자를 단순히 군입대 거부자, 혹은 범법자로 취급하는 현재의 병역제도와 사회적 편견에도 상당한 문제가 있다는 점을 밝히면서, 양심적 병역거부자의 소수자성과 그들을 둘러싼 찬반 옹호집단의 신념, 갈등, 그리고 정책 중재자로서 정부의 역할 등에 대하여 논의하는 데 주력하였다.

이 연구에서는 정책옹호연합을 적용하여 양심적 병역거부자를 둘러싼 정책갈등과정을 설명하여, 첫째 1987년 6.29선언 이후 헌법구조의 변동, 사회문화적 가치로서 국가주의의 약화와 인권의식 향상 등이 이 문제의 변화에 영향을 주는 상대적 안정적 변수로서 작용하였음을 확인하였다. 둘째, 1970년대 이후 남북한 경제력의 현격한 차이, 1997년의 정권교체, 1990년대 이후 다양한 언론의 출현 등 역동적 외부변수의 영향력도 지지옹호연합의 자원으로 작용하고 있었다. 이러한 외적 변수들의 변화에 힘입어 2001년 초, 일부 언론들이 이 정책문제를 조명하기 시작하였고 기존의 주된 병역거부 세력이었던 여호와의 증인 신도뿐 아니라 불교, 천주교 신자, 현직교사와 동성애자도 병역거부 흐름에 가세하게 되었다. 이런 흐름의 중심에는 수많은 시민단체들이 '개인의 자유와 인권'이라는 신념체계를 중심으로 지지옹호연합(연대회의)을 만들고 토론회, 공청회, 기자회견, 거리캠페인, 국제인권위 제소, 외국사례를 제시하는 전략을 구사하였다. 뿐만 아니라 진보적 학자, 진보적 정치인들은 중요한 논리적 근거와 정책대안을 실질적으로 제시하면서 정책변동의 가능성을 한층 더 증가시키는 힘으로 작용하였다.

반면, 국가의 안녕과 의무를 중시하는 신념을 중심으로 국방부를 비롯한 검찰, 경찰, 보수적 학자, 보수적 시민단체 등은 양심적 병역거부 반대옹호연합의 입장에 서서 나름대로의 반대 논리를 제시하였다. 그러나 한국사회의 민주주의의 확대, 인권의식의 향상, 민주적 헌법개정, 정권의 교체 등 외부변수의 변화가 반대옹호연합의 활동에 제약으로 작용하였기 때문에 이들은 지지옹호연합에 비해 상대적으로 열세의 위치에 놓이게 되었다.

주목할 것은 최근 양심적 병역거부를 둘러싼 정책갈등과 같이 정책의 핵심신념에 따른 갈등을 빚는 — 기존의 이익을 둘러싼 갈등과는 달리 — 사례가 우리 사회의 다양한 정책 분야에서 나타나고 있다는 것이다. 예컨대, 동성애자 정책, 국가보안법 개폐논쟁, 성매매금지정책, 간통제폐지갈등, 외국인 차별 갈등에서부터 고교평준화 정책, 사학법 개정논쟁, 대북정책 등에 이르기까지의 다양한 정책갈등문제가 나타나고 있다. 향후 이런 정책이슈들은 양심적 병역거부 문제와 유사하게 소수자(옹호)집단의 핵심신념과 연결된 정책갈등으로 연결되어 다문화사회로 이동하는 한국의 소수자 인권, 복지 문제의 구체적 실현과 연결되어 보다 중요한 문제로 부상할 것으로 보인다(전영평, 2008).

이상의 연구를 바탕으로 이 연구가 기여하는 행정학적 함의를 정리하면, 첫째, 행정학의 정체성을 강화하는 측면에서 소수자정책 연구의 중요성을 일깨우는 계기가 될 수 있을 것이다. 행정학은 본질적으로 사회적 형평성을 중요시하는 학문이어야 함을 주장하는 일군의 학자들이 있는 데 이들은 신행정학의 입장에서, 행정학이 능률성, 합리성, 효과성, 생산성과 같은 개념에 천착하는 데서 탈피하여, 사회적 형평, 평등, 책임, 반응성, 적극적 고용 등과 같은 사회적 가치를 추구할 것을 요청하였다(Marini, 1971; Frederickson, 1980). 특히, 1971년 존 롤스(John Rawls)의 정의론(A Theory of Justice)은 소수자정책과 관련하여 행정학 분야에 중요한 시사점을 부여하고 있다고 판단된다. 존 롤스가 제기한 민주주의와 사회적 형평성 등의 주제는 행정학이 추구해야 할 중요한 가치로서, 적어도 최소한의 시민의 역할과 권리 등이 행정학 내에서 연구되는 것이 여타의 학문과 차별성을 부여하는 의미를 지닌다는 점에서 중요성을 가진다. 이러한 논의의 연장선에서 보면 우리 사회의 소수자는 소외자로서 다루어져서는 안 되며, 저마다의 고유한 인권을 가진 시민으로 다루어져야 한다. 시민권이 국가를 비롯한 전체주의에 의해서든, 권력을 가진 다수에 의해서든 보호받지 못하는 문제에 대해 주목하고 정책적 대안에 관심을 가지는 것은 향후 행정학의 정체성을 위해서도 바람직한 일이라고 판단된다.

둘째, 정책변동을 설명함에 있어서 옹호연합모형이 갖는 설명력이 일정수준 이상임을 주장하게 되었다. 옹호연합모형은 외부변수의 영향력을 다루고 있고 갈등의 행위자들이 핵심신념을 중심으로 연합체를 구성하기 때문에 정책하위체제 내에 존재하는 다양한 공적·사적 영역의 행위자들의 역할을 중시한다. 또한 대부분의 정책변동이론이나 모형이 학자들이나 저널리스트들을 가치중립적인 존재로 간주하는 데 비해 옹호연합모형은 이들이 적극적인 논리개발자로 등장한다는 차이점을 보여주고 있다. 이러한 특징들은 기존의 경제학적 접근이 아니라 행정학적 연구에서 정부정책을 둘러싼 관련당사자들의 행태를 이해하는데 어느 정도 기여할 것으로 보인다.

한편 이 연구의 한계는 다음과 같다. 첫째, 정책중개자의 역할과 상호학습을 통한 새로운 전략을 구사하는 등의 과정을 심도 있게 설명하지 못하였다.

김순양(2006)은 의보통합정책과 관련하여 옹호연합의 형성과정과 정책중개자의 역할이 작동하는지를 연구하였다. 그의 연구의 결과 의보통합과정에서도 중립적인 정책중개자의 역할을 발견하기 어려웠는데, 사바티에 등이 정책옹호연합모형을 개발할 때 다원주의를 전제하였음을 지적하면서 이러한 전제가 환경에 따라 달라질 수 있음을 지적하였다. 물론 의약분업의 경우와 같이 시민단체가 정책중개자로 나서는 경우가 전혀 없는 것은 아니지만(전진석, 2003), 이 연구에서도 정책중개자는 찾을 수 없었다. 정당도, 사법부도 2개의 옹호연합에 따라 나뉘는 현상이 명확해 보였다. 따라서 옹호연합모형을 기계적으로 적용하여 해석하기보다 한국의 환경이나 정책대상에 따라 차별적인 접근이 필요하다는 점을 인식하게 되었다.

둘째, 양심적 병역거부자들에 대해 무죄석방과 위헌법률신청 등의 활동을 해 왔던 사법부 내의 일부 판사들에 대해 이들을 대체복무제 지지옹호연합의 참여자로 분류해야 된다는 데 대해 명확한 입장표명이 없었다. 즉, 법원 판사들의 판결을 자신들의 신념에 따른 것으로 보고 이들이 정책옹호연합의 중요한 행위자라고 지적하는 것이 가능하다. 그러나 이 글에서는 사법부의 판사들이 공청회, 토론회 등과 같은 연합기구에서 펼치는 전략에 따라 움직이는 것이 아니라 극히 개인적인 성향에 따른 것이라는 점에서 이들을 옹호연합에 포함시키지 않았다. 그러나 향후 논란의 소지가 있음을 인정한다.

제10장 소수자로서 납북자 가족과 정책

Ⅰ. 납북자문제, 어떻게 볼 것인가

2000년 6월 15일에 이루어진 역사적인 남북정상회담은 그동안 경색 국면을 벗어나지 못했던 남북 간의 대치 상황을 완화시키고, 평화 통일을 앞당길 수 있는 역사적인 계기를 제공할 것이라는 기대를 불러일으켰다. 당시 '국민의 정부'는 이러한 결과를 대북정책의 기조였던 이른바 '햇볕정책'이 가져다 준 가시적인 성과로 평가했으며, 이후 부산아시안게임에 대규모 북한응원단이 파견되는 등 일련의 긍정적인 화해 국면이 조성되어 왔음은 주지의 사실이다. 나아가 남북 간의 실질적인 경제협력이 활발하게 추진되었으며 이산가족 간의 생사확인과 역사적 상봉이 이루어지기도 했다.

그러나 그 이면에는 냉전으로 인해 고통을 받아오면서도 국가와 국민의 관심으로부터 소외되었던 수많은 피해자들이 존재하고 있으며, 그 중에는 정부에 의해 〈특수이산가족〉으로 명명되면서 개별적인 정책 대상으로 인정받지 못했던 납북자와 납북자 가족들도 포함되어 있다. 이 문제는 평화 통일의 전제조건인 남북 간의 진정한 민족적 화해를 달성하기 위한 차원에서도 반드시 선결되어야 하며 보다 근본적인 의미에서는 인권의 문제, 그리고 국민국가의 본래적 의무로서의 자국민에 대한 보호 문제와도 깊이 결부되어 있다는 점에서 중요한 의제로 다루어져야 한다. 이는 또한 최근 10년 사이 우리 사회에서 두드러진 현상으로 자리 잡고 있는 소수자운동과 관련해서도 중요한 정책적 의미를 가진 문제라고 하겠다. 왜냐하면 이미 2000년 2월부터 〈납북자 가족 협의회〉가 구성되어 그들의 인권과 기본적인 생활보장에 대한 문제를 꾸준히 제기해왔으며 나아가 일본의 유사단체와 인권 관련 국제기구들과의 연대까지도 추진하고 있는 실정이기 때문이다. 그 결과 2004년 4월 26일에 〈국가인권위원회〉에서 납북자 가족 관련 특별법 제정에 대한 권고 결정이 있었으며 이후 부처 간 책임소재 문제, 납북자의 범위 및 지원 방안방식 등을 둘러싼 논쟁을 거쳐 2007년 4월에 관련 법안인 "군사정전에관한협정체결이후납북피해자의보상및지원에관한법률"이 국회 본회의를 통과하였다.

이러한 맥락을 바탕으로 이 글에서는 납북자 및 납북자 가족 문제에 대해 다음과 같은 연구 질문을 제기하고 이에 대한 답변을 탐색하고자 한다. 첫째, 납북자 및 납북자 가족의 개념과 범위, 특성, 그리고 그 유형을 어떻게 설정할 수 있는지에 대해 살펴볼 것이다. 예를 들어 납북자를 6·25전쟁납북자와 전후(戰後) 납북자로 구분할 경우 법률 및 그에 따른 정책 대상 집단이 전혀 다르게 설정될 수 있다. 또한 북한은 납북자와 월북자란 개념을 엄격하게 구분하면서 납북자의 존재를 인정하지 않고 있다는 점을 감안할 때 향후 대북협상 전략의 마련과 구체적인 정책수단의 개발을 위해서도 개념 설정의 문제는 반드시 짚어야 할 과제라고 생각된다. 둘째, 소수자운동과 관련하여 납북자 및 납북자 가족은 다른 소수자집단과 어떠한 공통점을 가지고 있으며, 반대로 어떠한 차별성을 가지는가에 대해서도 검토할 것이다. 셋째, 납북자 및 납북자 가족의 실태에 대한 파악이 필요할 것이다. 이는 적실성 있는 정책수단의 개발을 위해서도 필요할 뿐만 아니라 이후 성공적인 정책집행을 위해서도 반드시 필요한 작업이라고 생각된다. 넷째, 앞서 언급한 바와 같이 납북자 및 납북자 가족 문제는 그 해결을 위한 구체적인 정책수단을 포함하고 있는 관련 법률안이 제정되어 있다는 측면에서 소위 '정부의제(governmental agenda)'로 채택된 상태라고 하겠다. 그렇다면 이 문제가 정책의제로 설정되는 과정에 영향을 미친 외부 환경적 요인은 무엇이고 그 과정에 참여한 주요 행위자들(actors)은 누구인지, 그리고 그들의 논리와 전략은 무엇인지에 대해 검토해 보고자 한다.

1. 선행연구 검토 및 연구를 위한 분석틀 제시

1) 납북자 관련 선행연구

납북자 및 납북자 가족 문제에 대한 본격적인 학술 연구는 매우 미진한 상태이다. 먼저 납북자의 현황과 실태에 대한 연구로는 윤여상(2000)의 연구가 대표적이다. 윤여상은 연도별 납북자 현황을 비롯하여 관련 통계자료를 잘 정리하고 있으며 납북자의 북한 내 생활실태를 전반적인 생활환경과 체제순응시의 환경, 체제불응시의 환경으로 나누어 고찰하고 있다.

한편 대다수의 연구들은 납북자 문제의 포괄적인 해결방안에 중점을 두고 있는데 대표적인 연구로는 신율(2000; 2002; 2004), 윤여상(2002), 제성호(2001), 이원웅(2003) 등의 연구가 있다. 신율은 납북자 문제의 해결방안으로 정부차원에서의 문제해결보다는 민간채널의 동원이 효과적이라고 보고 있으며 동시에 정부는 민간단체의 활동을 효과적으로 연결시키기 위해 노력해야 한다고 주장한다. 윤여상은 이 문제에 대한 지속적인 관심과 북한에 대한 송환요구가 필요하며 납북자 가족, 정부, 국제기구, 시민단체 등의 상호협력이 필요하다는 점을 강조하고 있다. 또한 다양한 압력수단을 통한 국제적 압력의 필요성, 남북회담에서의 의제 채택, 그리고 납북자 가족의 생활안정을 위한 국가적 지원의 필요성을 강조하고 있다. 제성호(2001)는 납북자 문제를 이산의 결과에 주목하여 '광의의 이산가족문제'로 접근할 필요가 있음을 강조하면서 자국민보호 차원에서의 정부의 책임 있는 자세를 강조하고 있으며 이를 위해 남북협상에서의 본격적인 문제 거론과 실사구시적인 해결 노력, 점진적·단계적인 해결책의 강구를 강조하고 있다. 이원웅(2003:납북자 가족 협의회 게시판 게재) 역시 납북자 문제에 대한 우리 행정부의 대응방법을 직접 협상과 다자간 협상으로 분류한 후 정부의 적극적인 해결의지가 필요하다고 강조한다.

또한 납북자 중 특히 '6·25전쟁 납북자'를 중심으로 문제점 및 해결방안을 탐색한 연구들로는 이두아(2005), 신율(2001), 김명호(2004), 윤여상(2004a, 2004b) 등의 연구가 있으며 기타의 논의들로는 정부 차원의 납북자 송환 및 생사확인 노력을 중심으로 납북자 관련 대북협상의 경과와 성과를 간략하게 서술하고 있는 윤미량(2004)의 연구, 납북자의 송환과 관련한 법적 문제를 고찰하고 있는 유병화(1995), 전승만(2000)의 연구, 인권사안으로서의 납북자 문제를 다루면서 북한 정권의 변화 사례와 납북자 문제에 대한 한국 정부의 대응방안 등을 다룬 이금순(2004)의 연구 등이 있다.

이처럼 납북자 및 납북자 가족에 대한 학술적 연구는 상당히 부족하며 대다수의 연구가 납북자 및 납북자 가족의 현황과 실태에 대한 파악, 그리고 이를 토대로 한 규범적인 전략 제시에 치중한 시론적 연구에 머물고 있어 납북자 및 납북자 가족 문제가 어떻게 정책의제로 설정되었으며 그 과정에서 다양한 행위자들이 어떠한 논리와 전략을 통해 영향력을 행사했는가의 문제, 왜 이 문제가 정책의제로 제기되었는가의 문제, 그것이 왜 법률제정 단계에서 납북자 가족 단체의 요구를 제대로 반영하지 못하게 되었는가의 문제 등에 대해 체계적인 분석을 결여하고 있다. 이러한 문제들에 대해 체계적인 분석 결과들이 축적되어야만 효과적인 정책 수단을 마련할 수 있으며 나아가 정책집행의 성공가능성을 제고할 수 있을 것이다. 따라서 본 논문에서는 동 문제의 의제화 과정에 대한 입체적인 분석에 중점을 두고 정책행위자 및 그들의 논리와 전략, 그리고 의제화 과정에 영향을 미친 환경적 요인들을 보다 체계적이고 역동적인 관점에서 살펴보고자 하는 것이다.

2) 분석틀의 구성

(1) 정책옹호연합모형의 수정 적용에 대한 검토

본 연구에서는 납북자 및 납북자 가족 문제가 정책의제로 설정되는 과정을 보다 역동적으로 분석하고 특히 그 과정에서 다양한 정책옹호집단들이 어떠한 논리와 전략을 통하여 정책에 영향을 미쳤는가를 분석하기 위해 옹호연합모형을 적절하게 가공하여 적용하고자 한다.

사바티에와 젠킨스-스미스(1999)가 제안한 정책옹호연합모형은 특정 정책을 옹호하고자 정치적으로 중요한 활동을 하는 정책옹호연합을 분석단위로 상정한다(김동만, 2004: 236). 그들이 규정하는 정책옹호동맹체란 '규범적 가치·인과관계에 대한 신념을 공유하고, 상당한 수준의 조정된 행위에 참여하는' 조직(개인)이 정부와 비정부라는 존재적 근거에 상관없이 이루어지는 연대이다. 이렇게 구성된 동맹체는 정부조직의 역할 및 예산, 정책 관련 개인의 지위, 대중여론, 정책대상 집단의 행태, 정책 관련 행위자들의 문제 인식 내용 등을 변화시켜 자신이 지향하는 정책을 실현하고자 한다(남상민, 2005: 32).

먼저 옹호연합모형의 주요 구성요소로는 정책하위체제(policy subsystem)에 영향을 주는 외부 환경적 변수를 들 수 있다. 이들 외생변수들은 다시 비교적 안정적인 변수(relatively stable parameters)와 역동적인 변수(dynamic events)로 구분되며 정책하위체제 행위자들에게 기회를 제공할 수도 있고 행동에 제약을 줄 수도 있다. 이를 구체적으로 살펴보면 첫째, 비교적 안정적이고 변화에 민감하지 못한 변수라고 할 수 있는 문제 또는 그 사회의 선과 악의 구별에 대한 기본적인 가치 기준이나 자원, 능력과 기회의 배분, 기본적인 사회·문화적인 가치 또는 사회구조, 그리고 기본적인 헌정질서나 규칙 등이 정책의 하위체제를 촉진하기도 하고 제약하기도 한다. 둘째, 역동적인 변수들 역시 정책하위체제에 영향을 미치는데 이러한 조건들에는 사회경제적 조건의 변화, 여론의 변화, 지배집단의 변화, 그리고 다른 하위체제로부터의 정책결정 등이 포함되며 이러한 변수들은 단기간에 큰 영향을 미치게 된다(임소영, 2004: 4-5).

한편 옹호연합모형에서는 '정책하위체제(policy subsystem)'라는 개념을 도입하여, 그 정책에 관심을 가지고 있는 정책행위자들의 상호작용에 초점을 두고 있다. 이것은 종래의 전통적인 정책체제에 대한 견해, 즉 정책결정을 행정기관, 〈의회위원회〉, 이익집단의 상호작용으로 보는 견해에서 더 나아가 정책의 발생, 분할, 평가에 있어 중요한 역할을 하는 언론인, 연구자, 정책분석가는 물론이고 정책형성과 집행에 있어 능동적인 지위에 있는 정부 내 다양한 수준에서의 담당자까지 포함한다. 즉 정책하위체제로서 정책매개자와 분석가, 참여자 또는 결정자들이 연합을 형성하여 상호작용한 결과 산출되는 것이 정책이라는 것이다.

또한 옹호연합모형에서는 정책옹호동맹체의 형성요소로서 신념체계(belief systems)의 중요성을 강조한다. 즉 각각의 정책옹호연합들은 공통의 신념체계에 기초하면서 동시에 이들이 가지고 있는 자원과 정책신념에 기초하여 자신들의 목표를 달성하기 위해 다양한 전략을 사용한다.

그렇다면 소수자로서의 납북자 및 납북자 가족 정책을 이해하는 데 있어 옹호연합모형의 적용이 적합한가의 문제를 검토해야 할 것이다. 먼저 전영평·한승주(2006: 169)는 옹호연합모형을 적용하여 외국인노동자 문제를 분석하면서 신념에 따른 갈등이 나타나는 소수자문제에 있어 옹호연합모형이 상정하고 있는 정책신념의 개념을 확장하여 적용하는 것이 가능하다고 지적한 바 있다. 소수자로서의 납북자 및 납북자 가족 문제 역시 관련 행위자들의 정책신념 차이에서 발생하는 논리 및 전략의 차이를 확인할 수 있는 사안이므로 옹호연합모형을 통해 적절한 설명이 가능하다고 할 것이다. 또한 서혁준·전영평(2006)은 옹호연합모형이 채택하고 있는 정책하위체제 개념은 정책과 관련된 다양한 행위자들의 역동적인 상호작용을 분석하는 데 적합하며 동시에 상황적 변수의 영향 역시 간과하지 않는 포괄적인 측면이 있음을 지적하면서 소수지로서의 비정규직 근로자에 대해 연구한 바 있다. 납북자 및 납북자 가족 문제 역시 정책의제화 과정에 다양한 행위자들이 관여하고 있으며 특히 한반도의 안보 상황, 북한 인권 문제에 대한 국제 사회의 관심 등 상황적 변수에 대한 고려가 필요하다는 점에서 옹호연합모형은 적절한 분석적 시각을 제공해 준다. 그리고 정재진·전영평(2006) 역시 동성애 소수자와 관련된 정책옹호연합의 형성과정을 분석하면서 옹호연합모형을 적용하고 있다. 이러한 연구 사례들에 비추어 소수자로서의 납북자 및 납북자 문제를 연구함에 있어 옹호연합모형은 적절한 분석틀을 제공한다고 하겠다.

한편 사바티에의 옹호연합모형은 매우 포괄적인 정책과정 분석모형이므로 동 모형을 적용하여 정책결정 내지는 변동의 과정을 분석하는 데는 다양한 방식을 취할 수 있다. 특정 사례를 선정하여 외부변수-정책 하위체제-정책산출 및 정책영향으로 이어지는 모형의 구성요소 모두를 적용해 볼 수도 있겠으며, 정책하위체제 내의 일정한 구성요소만을 발췌하여 분석해 볼 수도 있다. 또한 옹호연합의 개념만을 분리하여 제도연구나 정책네트워크(policy network) 등의 개념과 결합하여 사용할 수도 있다(김순양, 2006: 44). 이러한 맥락에서 본 연구는 납북자 및 납북자 가족 정책에 관여하고 있는 정책하위체제의 성격 및 역할을 보다 세밀하게 분석하기 위해 옹호연합모형에서 상정하고 있는 정책옹호연합에 약간의 변형을 가하여 주도집단(leading group), 기회자집단(swing group), 반대집단(veto group), 지원집단(support group)으로 세분화하여 살펴보고자 한다. 이는 주로 세계환경정치(global environment politics) 분야에서 이용되고 있는 것으로 포터와 브라운(1991)은 세계환경정치의 주요 행위자로서의 국가를 규범체제 주도 국가, 규범체제 지원 국가, 거부권 보유 국가, 태도 유보 국가로 세분하고 있다. 이처럼 옹호연합모형에 약간의 수정을 가함으로써 정책 행위자들의 특성과 역할을 좀 더 구체적으로 분석할 수 있을 것이며, 특히 본 연구에서는 각 집단의 정책신념과 이에 따른 전략에 비중을 두고 있다.

(2) 본 연구의 분석틀

앞에서 제시한 수정된 옹호연합모형을 적용하여 본 연구의 구체적인 분석틀을 제시하면 다음과 같다.

먼저 외생적 변수 중 안정적인 변수들로는 첫째, 문제영역의 기본적인 속성과 관련하여 납북자 문제가 이념적 차원과 현실적 차원의 이중성을 가진다는 점을 지적하고자 한다. 둘째, 기본적인 사회문화적 가치 중 납북자 문제와 관련하여 상정할 수 있는 요인으로는 '반공 이데올로기의 유효성'을 들 수 있을 것이다. 셋째, '법과 현실 간의 괴리' 역시 납북자 문제에 영향을 미치는 안정적 변수로 설정할 수 있을 것이다.

다음으로 역동적 변수와 관련하여 본 연구에서는 다음과 같은 요인들을 분석의 범주에 포함하고자 한다. 첫째, 사회경제적인 조건의 변화와 관련하여 '남북관계의 변화'를 분석 요인으로 설정하고자 한다. 둘째, 여론의 변화와 관련하여 '인권에 대한 국내외적 관심의 증대'를 분석 범주로 설정하고자 한다. 셋째, 다른 하위체제의 정책에 의한 영향과 관련하여 '비전향장기수 북송'과 '북일 정상회담에 의한 일본 피랍자 소환' 문제를 살펴보고자 한다.

다음으로 정책옹호연합 중 주도집단은 납북자 문제의 정책의제화 과정에서 주도적인 역할을 담당한 집단으로 〈납북자 가족 협의회〉, 〈6·25전쟁납북인사가족협의회〉, 〈납북자 가족모임〉 등이 대표적이다. 특히 본 연구에서는 최초의 납북자 관련 단체인 〈납북자 가족 협의회〉를 중심으로 관련 시민단체들의 활동 및 논리, 전략을 분석할 것이다. 스윙 집단은 개념상 옹호연합모형의 '중개자'와 유사한 것으로 본 연구에서는 통일부를 중심으로 한 행정부가 여기에 해당한다. 즉 구체적인 사안과 관련하여 집단 간 중개의 역할을 담당하면서 현실적 접점을 모색한다는 측면에서 주도집단이나 반대집단으로 범주화하기 어려운 집단이라 하겠다. 반대집단은 정책의제화 자체에 반대하는 집단을 의미하는 것으로 본 연구와 관련해서는 '북한 정부'가 이 범주에 포함될 것이다. 마지막으로 지원집단(support group)은 주도집단과의 전략적 연대 혹은

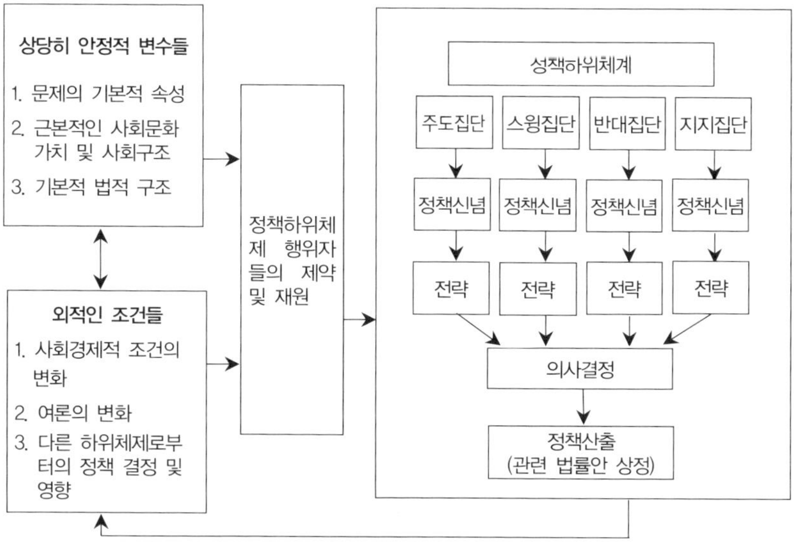

그림 10-1 옹호연합모형을 변형한 연구의 분석틀

다양한 지원책을 통해 동 문제가 정책의제화되는 과정에 영향을 미친 집단을 의미한다. 본 연구와 관련하여 이 범주에는 미국과 일본을 중심으로 한 '국제 인권 단체'와 관련 '국내 시민 단체'가 포함될 수 있을 것이다. 이상의 논의에 기초하여 본 연구의 구체적인 분석틀을 제시하면 〈그림 10-1〉과 같다.

Ⅱ. 납북자와 납북자 가족에 대한 개괄적 고찰

1. 납북자와 납북자 가족의 개념 규정

납북자 및 납북자 가족을 어떻게 정의하느냐에 따라 구체적인 정책대상과 정책수단, 그리고 북한에 대한 송환요구 및 국제법적 대응을 위한 논리 개발에 있어 큰 차이가 나타날 수 있는 만큼 이에 대한 정확한 개념 규정이 필요하다. 먼저 넓은 범위에서 '납북자'는 분단 이후 한국 국민으로서 북한에서 사망했거나 현재까지 북한에 거주하고 있는 사람들을 의미한다. 이들을 지칭하는 용어로는 국군포로, 납북자, 월북자, 억류자 등 다양하게 사용되고 있다. 이들 용어 중 북한 입국 당시의 상황과 원인에 따라 월북자와 납북자로 나누어 사용되고 있다. '월북자'는 자발적 입북자를 의미하는 것이며, '납북자'는 자신의 의지에 반하여 입북한 경우를 의미한다. 자발적 입북자라 하더라도 외국에서 북한의 회유나 유혹, 협박 등에 의해 입북한 후 억류된 경우에는 납북자의 범주에 포함될 수 있을 것이다. 또한 입북 당시의 출신과 상황에 따라 국군포로와 납북자로 구분할 수도 있다. '억류자'는 자신의 의지와는 관계없이 북한에 체류하고 있는 현재의 상태를 강조하는 용어로서 국군포로와 납북자, 그리고 입국 시는 자발적이었으나 그 후 자의에 반하여 억류되고 있는 경우를 포함하여 사용되고 있다(윤여상, 2002: 17).

그런데 이러한 납북자의 개념 규정과 관련하여 정부와 납북자 관련 시민단체 간에는 미묘한 차이를 보이고 있다. 즉 2000년 6·15 공동선언 직후 국가의 공식 문서에서는 지금까지 이산가족으로 고려되지 않았던 납북자, 탈북자, 월북자, 비전향장기수, 미송환 국군포로 등을 '특수이산가족' 혹은 '광의의 이산가족'으로 표기하고 있는데[1] 이에 대해 시민단체들은 이러한 개념 규정은 이산 상태라는 결과에만 주목한 것으로 북한 정부의 강압과 테러 등의 원인에 의해 발생한 납북자의 경우엔 강제억류자의 범주에 포함되어야 한다고 본다.

이를 보다 구체적으로 살펴보기 위해 2004년 11월에 발의된 "6·25전쟁납북자명예회복및지원에관한법률안"의 개념규정을 살펴보면 납북자를 '강제적 억류자'로 정의하고 있음을 알 수 있다. 그러나 동 법률의 경우엔 6·25전쟁 중

1. 정부 당국은 '이산 동기'의 불문 원칙에 입각하여, 납북자와 국군포로를 이산가족의 범주에 편입, 이산가족 정책의 일환으로 추진하겠다는 의사를 공식적으로 2000년 11월 24일에 밝힌 바 있다(신율, 2004:15).

발생한 납북자만을 그 정책대상으로 규정하고 있으며 납북자 가족 역시 6·25전쟁납북자의 배우자 및 직계존비속만으로 한성하고 있어[2] 〈납북자 가족 협의회〉의 강한 반발을 산 바 있다.

한편 2006년 7월 통일부와 행정부가 공동으로 발의하여 2006년 10월 국회로 이송된 군사정전에관한협정체결이후납북피해자등의구제및지원에 관한 법률안'에서는 납북자를 "남한주민으로서 1953년 7월 27일 체결된 군사정전에 관한 협정 체결이후에 본인의 의사에 반하여 북한지역(군사분계선 이북지역)에 들어가 거주하게 된 자"로 규정하고 있는바 이러한 정의에 의할 때 동 법이 상정하고 있는 주요 정책대상은 소위 전후(戰後)납북자로 한정하고 있음을 알 수 있다. 따라서 6·25전쟁 중 납북자와 관련한 법안이 별도로 마련되어야 할 것이다. 이처럼 납북자의 개념을 어떻게 규정하느냐의 문제는 실질적인 문제 해결 방안을 구축하는 차원에서도 매우 중요한 문제이다.

2. 소수자로서의 납북자 및 납북자 가족

납북자 및 납북자 가족 문제의 의제화 과정을 분석함에 있어 최근 행정학계에서도 본격적인 논의의 필요성이 제기된 소수자 혹은 소수자집단에 대한 관한 개념적 고찰은(전영평, 2006) 이 문제의 의제화 과정에서 관찰되는 정책옹호연합 중 특히 주도집단의 정책신념과 전략을 이해하는 데 도움을 준다.

먼저 소수자 개념에 대한 학문적 합의는 쉽게 발견할 수 없으며 학자들마다 조금씩 다르게 정의하고 있다. 더글라스(1966)에 따르면 인간 사회 질서의 근

2. "6·25전쟁납북자 명예회복 및 지원에 관한 법률안" 제2조(정의)를 보면 다음과 같다. 1. 6·25전쟁납북자라 함은 6·25전쟁 중 본인의 의사에 반하여 북한에 의해 강제로 납북되어 억류·거주 또는 사망한 대한민국 국민을 말한다. 2. 6·25전쟁납북자의 가족 또는 유족(이하 납북자 가족 등이라 한다)이라 함은 6·25전쟁납북자의 배우자 및 직계존비속을 말한다.

본에는 순수와 위험으로 대비된 상징체계가 존재하는데 질서가 부여된 순수라는 상징체계와 그 외부에 존재하는 오염된 대상인 위험이라는 상징체계가 있고 이는 정돈되고 절제하는 '우리'와 일탈적이고 파괴적인 '타자'를 표상하며 여기서 '타자'의 개념이 소수자에 해당한다(전영평, 2006: 3;유명기, 2004: 9-10). 윤수종(2005: 16-29)은 소수자운동의 특성으로 정체성에 대한 자기인식, 조직화, 이데올로기로서의 당사자주의, 제도 개선 운동의 전개, 생태투쟁, 연대, 욕망의 분출 및 대안 제시 등을 들고 있다. 특히 앤소니 드워킨과 로자린 드워킨(1999)은 소수자를 정의하는 데 필요한 네 가지 조건을 제시하고 있는데, 첫째, '식별가능성(identifiability)'이다. 식별가능성이란 어떤 신체적, 문화적 특징에 의해 다른 집단과 구별되는 뚜렷한 차이를 갖는다는 것을 의미한다. 둘째, 권력의 열세이다. 여기에서 말하는 권력의 열세란 경제력·사회적 지위, 정치권력 등 다양한 측면에서 실질적인 차이가 있거나 혹은 여러 가지 자원을 동원할 수 있는 능력에서 차이가 난다는 것을 뜻한다. 셋째, 차별적 대우의 존재이다. 소수자에 대한 차별은 한 개인이 단지 그 집단의 성원이라는 이유만으로 사회적 차별의 대상이 되는 상황을 초래한다. 넷째, 소수자집단성원으로서의 집단의식이다. 이와 같은 집단의식은 단지 몇 사람의 공유된 생각에서 시작하게 되지만 차별적 관행의 반복을 통해 전체적인 연대의식으로 확장된다(윤인진, 2004: 402).

이상의 이론적 논의를 바탕으로 납북자 및 납북자 가족이 소수자로서 가지는 특성을 특히 앤소니 드워킨과 로자린 드워킨(1999)의 기준을 중심으로 살펴보면 첫째, 납북자 및 납북자 가족은 그 개념상 북한의 납치 및 강압과 같은 강제적인 수단에 의해 억류되어 있는 당사자이거나 그 가족이라는 점에서 다수의 사람들과 구별되는 특징을 가지고 있으므로 식별가능성의 조건을 충족한다. 둘째, 납북자 및 납북자 가족의 실태를 살펴보면 이들이 신원조사에 의한 신분상의 피해나 감시, 고문 등을 통해 인권침해를 받아오면서도 오랜 기간 국가의 보호를 받지 못했고 오히려 사실상의 연좌제 적용으로 인해 취업 및 여행 기회의 제한, 심지어 국가의 간첩 조작 사건으로 인한 감시 및 고문으로 인해 아직까지 후유증을 겪고 있는 사례들이 많다는 점에서 권력의 열세 및 차별적 대우의 기준을 충족한다고 하겠다. 셋째, 2000년에 결성된 〈납북자 가족 협의회〉와 〈6·25전쟁납북인사가족협의회〉는 납북자 가족의 소수자로서의 집단의식을 극명하게 보여주는 것이라 하겠다. 즉 그들은 납북자 송환이라는 공동의 목표를 소유하면서 긴밀한 연대를 구축하고 있다는 점에서 마지막 기준 역시 충족하고 있다.

그러나 소수자로서의 납북자 및 납북자 가족은 여타의 소수자와 구별되는 특성을 가지고 있다. 즉 장애인, 성매매여성 등을 비롯한 대부분의 소수자들은 직접 그 당사자들이 운동의 주체이며 정책대상인 반면 납북자는 그렇지 못하다는 점에서 차이를 보인다. 또한 노숙자나 국제결혼 배우자 등과 달리 납북자 가족은 외부 환경적 장애 요인이 완화된 시점에서 주도집단 및 지원집단이 소유한 공동의 정책신념을 바탕으로 조직화 및 연대 등의 전략을 강력하게 추진할 수 있었으며 관련 법안의 발의를 이끌어 내었다.

3. 납북자 및 납북자 가족의 현황과 실태

1) 납북자의 유형과 현황

앞서 살펴본 바와 같이 납북자의 개념에 대한 혼란과 관련 자료를 수집하는 데 있어서의 어려움 때문에 납북자의 전체 규모에 대한 자료는 관계 기관마다 약간씩 차이를 보이고 있다. 통일부가 발표한 자료에 따르면 한국전쟁 중 납북자는 최대 8만 4,532명[3]이고 정전 이후 납북자는 총 3,796명이며 정전 이후 납북자 중 미귀환자는 480명으로 집계되었다(〈표10-1〉 참조).

3. 이는 1953년 대한민국통계연감에 근거한 것이며 각 조사기관에 따라 큰 차이를 보이고 있다.

표 10-1 정전 이후 납북자 현황

구분	어 부	KAL기	군·경	기 타	계
납북자	3,696	50	24	26	3,796
귀환자	3,269	39	–	8	3,316
억류자	427	11	24	18	480

자료: 통일부, 『2008 통일백서』, p. 212.

윤여상(2002: 16-25)은 납북의 시기 및 납북자의 신분을 기준으로 납북자의 유형을 국군포로, 한국 전쟁 시 납북자, 납북어부, 일반 납북자,[4] 외국에서 납치된 납북자, 북송 재일교포 출신, 항공기 승무원과 승객, 기타 유형(현역군인 및 정보요원 일부)으로 구분하고 있다. 특히 납북어부의 경우엔 납북된 위치와 경위에 따라 다시 네 가지로 구분하고 있는데 이를 살펴보면 첫째, 북방한계선을 넘지 않았음에도 불구하고 북한 측에 강제 나포된 경우 둘째, 북방한계선을 넘어 북한 측 수역에서 조업이나 항해 중 나포되었으나 북방한계선을 넘었다는 사실을 본인들이 몰랐거나 불가항력에 의한 경우 셋째, 조업의 편의와 어획량 증대를 위해 고의로 북방한계선을 넘었다가 나포된 경우 넷째, 월북을 기도하는 일부의 선원에 의해 강제로 입북하게 된 경우로 나누고 있다. 그러나 현재 일반적으로 논의되고 있는 '납북자'는 한국전쟁시의 민간인 납북자와 국군포로, 그리고 북송 재일교포 출신을 제외하고 납북 장소와 사유에 관계없이 한국 전쟁 휴전 후 북한에 의해 강제 피랍, 억류되어 있는 한국의 어부, 항공기 승무원, 국내외 일반 납북자 등을 의미하며 본 연구에서 사용하는 납북자의 개념 역시 이에 해당한다.

4. 한국전쟁 이후 국내에서 북한 공작원이나 북한군에 의해 납치된 민간인들이 이 유형에 해당한다.

2) 납북자 및 납북자 가족의 실태

(1) 납북자의 실태

북한에 억류되어 있는 납북자들의 실태에 대해서는 체계적인 조사 자료가 구축되어 있지 않지만 최근 이재근, 진정팔, 김병도 씨 등 전후 납북자들이 탈북하여 귀환하면서 이들의 열악한 처우 및 북한 억류 실태가 증언을 통해 공개되었다. 언론을 통해 보도된 이들의 증언에 기초하여 납북자의 실태를 살펴보면 다음과 같이 정리할 수 있다.

첫째, 북한 내 납북자들은 철저한 감시대상으로 분류되어 있다.[5] 귀환 납북자 오길남 씨는 "우리 가족은 평양 대동강 부근의 깊은 산 속에 있는 동북리 초대소에 감금돼 3개월 동안 세뇌교육을 받으면서 김일성에 대한 충성을 강요당하는 인간로봇으로 전락되어 갔다"고 증언한 바 있다. 납북자들은 조사가 끝나면 '의거자 정치학원'인 907군부대에서 북한체제 적응교육을 받는데 이 과정이 끝나면 대부분 평양 시내 특정 구역에서 집단적으로 생활하면서 일반인들과의 접촉이 제한되는 등 엄격한 통제를 받는다. 북한 당국은 납북자들을 정책적으로 결혼시켜 정착을 유도하지만, 정기적인 재강습을 하는 등 평생 감시를 하는 것으로 알려져 있다(세계일보 인터넷 기사, 2004.11.14.; 윤여상, 2002: 28).

둘째, 북한 내 납북자들 중 체제에 순응하는 경우에는 체제 선전을 위한 도구로 이용되고 있는 것으로 파악된다. 즉 납북자들은 조사와 적응교육기간 중 북한 체제에 순응할 경우 활용가치와 능력에 따라 직업을 부여받게 된다. 군복무 경험이 있는 사람들은 대부분 대남업무 분야에 종사하며 일부는 간첩교육을 받고 남파되거나 대남 방송에 이용되는 것으로 알려졌다(이금순, 2004: 51).

---

5. 아시아 감시위원회, 미네소타 변호사 국제인권위원회의 보고서 부록에 첨부된 '북한주민의 성분분류표'에서도 납북자는 철저한 감시대상으로 분류되어 있음을 알 수 있다(윤여상, 2002: 27).

셋째, 납북자 중 북한 체제에 저항하여 탈출을 시도하다 체포되거나 북한 체제에 비판을 가한 경우, 그리고 체제 순응자라 하더라도 그 이용 가치가 소멸된 경우에는 정치범수용소와 같은 격리시설에 감금되어 심각한 인권침해를 당하고 있는 것으로 파악된다.

(2) 납북자 가족의 실태

납북자 가족 및 귀환 납북자들, 특히 납북어부 가족들의 증언에 따르면 납북어부 가족에 대한 정부의 감시와 제재는 1968년을 기점으로 강화된 것으로 보인다. 즉 1958년에 납북되었다가 귀환한 이양일 씨는 귀환 직후 자진 신고를 했지만 간단한 조사를 받았을 뿐이라고 증언한 데 반해 1967년에 납북된 동생 이성일 씨와 관련해서는 1968년부터 경찰서와 보안대에 불려 다니며 새삼 자신과 동생의 납북에 대해 강압적인 조사를 받았다고 진술했다(연합뉴스 인터넷 기사, 2003.1.3). 이러한 배경에는 1960년대 후반에 집중적으로 발생한 북한의 군사도발과 이에 대한 대응으로 이루어진 남한정부의 반공체제 강화노력이 전제되어 있는 것으로 보인다.

한편 〈국가인권위원회〉가 2003년 12월 19일 〈납북자 관련 인권문제와 해결방안에 관한 공청회〉 및 2004년 4월 9일 〈납북자가족 인권침해 증언청취를 위한 비공개 간담회〉를 통해 납북자 가족의 피해사례를 수집한 결과 그 유형은 대체로 ① 신원조사에 의한 신분상의 피해, ② 감시, ③ 고문으로 나누어지며 신원조사에 의한 피해는 다시 공무원임용 제한, 사관학교 입학제한, 취업제한, 선원수첩 미발급, 군대배치 제한, 출국제한으로 분류되었다(국가인권위원회, 2004: 61). 심지어 전라북도 교육청은 2002년 1월에도 초등학교 임용후보자들에게 6·25전후 가족 및 친인척의 실종 유무 등을 적는 '민간인 신원진술서'를 제출하도록 요구해 연좌제 시비를 불러일으키기도 했다. 이를 종합해 볼 때 납북자 가족들은 오랫동안 국가와 사회로부터 부당한 차별대우를 받는 소수자집단(minority group)의 지위에 놓여 있었음을 확인할 수 있으며 이러한 반복적인 차별적 관행은 이들로 하여금 집단의식을 강화하여 전략적 연대를 구축하는 계기를 제공한 것으로 이해할 수 있다.

Ⅲ. 납북자와 납북자 가족 문제 의제설정에 대한 분석

1. 사례의 개요

본격적인 분석에 앞서 납북자 및 납북자 가족 문제가 어떠한 과정을 통해 구체적인 법안 발의 단계에 이르렀는지를 간단히 살펴보고자 한다. 특히 이 문제의 의제화에 주도적인 역할을 담당한 〈납북자 가족 협의회〉의 활동 내역을 중심으로 살펴보기로 한다.

납북자 및 납북자 가족문제가 본격적으로 제기되기 시작한 것은 2000년 2월 28일 〈납북자 가족 협의회〉가 결성되어 김대중 대통령에게 납북자 구출을 위한 탄원서를 제출한 시점으로 볼 수 있다. 이후 남북정상회담을 앞둔 2000년 4월에는 한일 양국 시민단체가 납북자 송환을 촉구하는 공동 성명을 발표했고, 〈납북자 가족 협의회〉는 6개의 구체적인 요구사항[6]을 담은 성명서를 발표하기도 했다. 그리고 동년 5월 10일에는 남북정상회담에서 납북자 문제를 주요 의제로 채택할 것을 요구하는 집회를 개최하였으며, 5월 26일에는 당시 통일부 장관과의 면담도 이루어졌다. 이후 2000년 6월에 개최된 남북정상

6. 2000년 4월 18일에 〈납북자 가족 협의회〉가 발표한 성명서에는 다음의 요구사항이 포함되어 있다. 첫째, 북한 당국은 북한에 억류되어 있는 납북자들을 즉각 송환하라. 둘째, 한국정부는 남북정상회담에서 납북자 문제를 주요 의제로 삼아라. 셋째, 통일원 장관은 납북자 문제로 가족들과 면담하라. 넷째, 정부는 납북자 문제 해결을 위한 전담 부서를 설치하라. 다섯째, 정부는 납북자 가족들의 피해를 보상하라. 여섯째, 남북정상은 정치의 논리에 얽매이지 말고 납북자와 관련하여 인도주의적 결단을 내릴 것을 요구한다(납북자 가족 협의회 게시판 자료실 www.rehome.or.kr).

회담에서 6·15공동선언문이 작성되고 여기서 김대중 대통령은 비전향 장기수 전원을 북송하겠다고 밝혔다.

그러나 남북정상회담에서 납북자 송환 문제가 구체적으로 거론되지 않은 채 단순히 이산가족상봉 문제와 연계되면서 그 해결이 불명확해지자 〈납북자 가족 협의회〉는 2000년 6월 27일 '납북자 문제해결을 위한 성명서'를 통해 특별법 제정을 포함한 구체적인 요구 사항을 밝히면서 본격적인 활동을 선언했다. 특히 6·15공동선언에 따라 비전향 장기수의 북송이 이루어졌던 9월 2일에는 이 문제가 납북자 문제와 연계되지 못한 점을 강력히 비판하면서 국군포로 송환 추진회 등 관련 단체와 시위를 벌이기도 했다(최우영, 2004: 6).

그리고 2000년 11월 30일에는 6·25전쟁 중 납북자 가족으로 구성된 〈6·25사변 납북자 가족회〉(이후 〈6·25전쟁납북인사가족협의회〉로 변경)가 결성되면서 납북자의 생사확인과 송환을 촉구하는 활동에 들어갔다. 특히 동 단체는 남북정상회담이후 거론되고 있는 납북자는 전후(戰後)납북자에만 국한되어 있음을 지적하면서 6·25전쟁 중 납북자에 대한 정부의 적극적인 관심을 촉구했다(〈6·25전쟁납북인사가족협의회〉 게시판 www.625.in 참조).

2001년 4월 〈납북자 가족 협의회〉는 일본대표단과 함께 스위스 제네바 〈인권위원회〉 및 〈국제인권기구〉를 방문했다. 한·일 납북자 가족대표와 일본 측의 '북한에 납치된 일본인을 구출하기 위한 전국협의회 대표단'은 스위스 제네바 주재 〈유엔인권위원회〉 산하 〈강제 실종에 관한 실무위원회(Working Group of Enforced or Involuntary Disappearance)〉를 방문하여 1971년 1월 16일 납북된 박동순 씨를 비롯해 다섯 가지 사건에 대해 보고서를 제출하였다(최우영, 2004: 7). 2002년 1월 16일에는 〈납북자 가족협의회〉 회원들이 중심이 되어 정부 상대의 손해배상 청구소송을 제기했는데 그 취지는 첫째, 2000년 6월 15일 남북정상회담에서 공동성명서 작성 시 비전향 장기수에 대해서는 언급한 반면 납북자 문제는 언급을 회피했다. 둘째, 2000년 9월 2일 비전향 장기수 63명 전원이 송환된 반면 납북자 문제는 생사확인조차 이루어지지 않았다. 셋째, 그동안 남북 화해와 평화의 무드를 타고 북한으로 쌀과 비료 등을 지원하고도 납북자 문제에 대해서는 진전이 전혀 없는 점 등에 비추어 한국 정부는 헌법에 명시된 국민 보호 의무를 방기한 것이 분명하므로 손해배상을 청구한다는 내용이다.[7] 결과적으로 1심에서 원고 패소 판결을 받고 2005년 5월 고등법원을 상대로 항소했다.

2003년 6월 초에는 납북자 가족단체 및 〈6·25전쟁납북인사가족협의회〉 등과 함께 미국을 방문하여 미국의 〈북한인권위원회〉와 납북자 문제에 대한 지속적인 상호정보교환을 약속했으며 2003년 6월 23일부터 양일간 서울에서 개최된 한일 6·25 공동행사에서는 한일 납북자 가족 및 한일 의원들이 납북자 송환을 촉구하였다. 이 행사를 통해 김정일 국방위원장, 노무현 대통령, 고이즈미 일본 총리, 부시 미국 대통령, 〈유엔인권위원회〉, 국제적십자사에 보내는 성명서를 채택함으로써 한일 납북자단체 연대를 강화했다(최우영, 2004: 7).

2003년 12월에는 국가인권위원회에서 단식 농성을 하면서 납북자 가족 관련 특별법 제정을 촉구하였으며 이러한 노력으로 2004년 4월 26일에는 〈국가인권위원회〉의 납북자 가족 관련 특별법 제정 권고를 이끌어 내었다. 2004년 7월에는 한나라당이 중심이 되어 '피랍, 납북자 특별법 제정'을 추진하기 시작했고 그 결과 전여옥 의원이 2004년 11월 대표 발의한 "6·25전쟁납북자 명예회복 및 지원에 관한 법률안"과 2005년 8월 최병국 의원이 대표 발의한 "귀환납북자의보호및정착지원에관한법률안" 등이 국회에 상정되었다. 그러나 〈국가인권위원회〉의 특별법 제정 권고에도 불구하고 통일부와 행정자치부가 업무 분장을 둘러싼 갈등을 표출하는 등 정부의 적극적인 법안 마련 노력이 보이지 않자 〈납북자 가족 협의회〉는 박근혜 대표를 비롯한 한나라당 의원들과의 면담 및 정책간담회 등을 통한 공동 연대 강화, 일본 및 국내 시민단체와의 지속적인 연대, 노란리본달기 행사를 통한 대국민 홍

7. 서울고등법원 제3민사부 판결문(사건2004나75533손해배상) 참조.

보 등을 지속적으로 전개했다. 그 결과 2006년 2월에 취임한 이종석 전(前) 통일부장관이 취임사를 통해 관련 특별법의 조속한 제정을 약속했고 3월 23일부터 양일간 〈납북자 가족 협의회〉 및 관련 시민단체와 면담을 가졌으며 이후 행정자치부와 통일부의 의견조율 및 정부·여당 당정협의를 거쳐 2007년 4월에 "군사정전에 관한 협정 체결 이후 납북피해자의 보상 및 지원에 관한 법률안"이 제정되었다.

2. 납북자 및 납북자 가족 문제의 의제화에 있어 외생적 변수에 대한 검토

1) 비교적 안정적인 변수

(1) 문제의 기본적 속성

① 이념과 현실 간 괴리

기본적으로 납북자 문제는 이념적 차원과 현실적 차원의 접점에 위치하고 있는 문제로 양 차원의 지속적인 갈등은 납북자 문제의 의제화를 어렵게 만든 장애요인으로 작용하였다. 납북자 단체들은 보편적인 인권의 개념과 헌법상에 명시된 국민의 행복추구권, 국가의 자국민 보호의무 등 이념적 차원에 기초하여 납북자 송환에 대한 정부의 적극적인 정책을 요구했지만 정부는 북한정부와의 현실적 관계를 고려하여 소극적인 태도를 취해 왔다.

이러한 양자 간 입장 차이는 〈납북자 가족 협의회〉가 국가를 대상으로 제기한 손해배상청구소송의 내용과 이에 대한 법원의 판결문 및 정부 측 답변서를 검토해 보면 명확해진다. 먼저 동 사건에 대한 법원의 판결문을 살펴보면 〈납북자 가족 협의회〉가 주장한 바와 같이 국가나 관련 공무원에게는 납북자들을 구출하여 그러한 위험을 배제할 구체적인 작위의무가 존재하며 납북자 문제가 일반 이산가족과는 다른 성질의 문제임을 인정하면서도 대북관계의 특수성 및 남북관계의 현실을 고려할 때 정부가 6·15공동선언문에 이 문제를 명기하지 않은 사실이 직무위반이나 직무유기에 해당하지는 않는다고 판시되어 있다.

이러한 괴리는 정부 측 답변서에서 보다 명확히 드러난다. 즉 정부 역시 이념적 차원에서 납북자 구출에 대한 구체적인 작위의무가 존재하고 있음을 인정하면서도 군사적 대치에 의한 남북 간 긴장 상태의 지속 및 북한 정부에 대한 실효적 권력의 행사가 불가능한 현실, 그리고 국익 및 고도의 정책적 고려하에 '소탐대실의 우를 범하지 않기 위해서' 6·15남북공동선언문에 '납북자'란 표기 대신 '흩어진 가족 친척'이라는 포괄적인 표현을 쓸 수밖에 없었다고 항변한다.[8] 이처럼 납북자 및 납북자 가족문제는 이념적 차원과 현실적 차원이 공존하고 있는 영역의 문제이므로 양자가 만족할 만한 수준에서 합의가 이루어지기는 상당히 어려운 문제이다.

② 국제적 차원의 문제

납북자 및 납북자 가족의 문제는 넓은 범주에서 대북 문제의 영역에 포함될 수 있는데 기본적으로 대북 문제는 미국, 일본을 비롯한 주변 국가의 이해관계와 밀접하게 관련되어 있다. 이러한 외생적 요인은 납북자 및 납북자 가족 문제의 의제화에 있어 장애요인이자 촉진요인으로 작용하였다. 먼저 정부 입장에서는 남북 간 경제교류 및 일반 이산가족문제 등 총체적인 대북 문제의 해결을 위해 북한을 자극하지 않는 것이 좋다는 판단 하에 납북자 문제를 강하게 제기하지 않았다. 이는 납북자 문제의 의제화에 장애요인으로 작용하였으나 동시에 납북자 문제는 미국을 비롯하여 국제 사회에서 큰 관심을 가지고 있는 북한인권문제와 직결됨으로써 민간차원의 국제적 연대의 활성화에 기여하였고 특히 유사한 문제를 안고 있는 일본과의 연대를 촉진하여 의제화 가능성을

8. 관련 (사건 2004나 75533 손해배상(기)) 참조.

높인 것으로 보인다.

(2) 근본적 사회가치로서의 '반공이데올로기'의 유효성

1920년대 우리 사회에 사회주의가 유입되면서 나타나기 시작한 소위 좌·우익 간 이념 대립은 6·25전쟁 및 남북분단, 그리고 냉전체제를 통해 고착화되었으며 특히 5·16을 통해 수립된 군사정권이 오랜 기간 지속되면서 강력한 반공이데올로기를 형성하게 되었다. 납북자 및 그 가족들의 증언에 따르면 1960년대 후반부터 납북자에 대한 감시와 통제가 심해졌으며 귀환납북자 및 그 가족들을 간첩이나 소위 '빨갱이'로 의심하는 사례가 급격히 늘어났다고 한다. 이는 1960년대 후반에 집중적으로 발생하였던 북한의 무력도발(일명 1·21사태, 북한의 미국 정보함 푸에블로호 납치 사건, 통일혁명당 적발사건, 울진·삼척 무장공비 침투 사건, 주문진 무장공비 침투 사건 등)과 이에 대한 대응으로 남한 정부가 취한 일련의 반공 조치들(주민등록제 등)과 관련하여 납북자 및 그 가족에 대한 부정적인 시각을 확대시켰다. 특히 뚜렷한 법적 근거 없이 실시되어 왔던 연좌제와 맞물려 귀환납북자 및 가족들의 인권은 심각하게 제한되어 왔으며 연좌제가 폐지된 이후에도 사실상 교육 및 취업기회의 제한과 같은 공식적인 침해와 사회의 부정적 시선으로 인한 결혼 제한 등의 비공식적인 침해에 의해 납북자 및 납북자 가족은 명백한 소수자집단(minority group)으로 차별받았다.

이러한 반공이데올로기는 1980년대 후반에 불어 닥친 민주화 바람과 이후 문민 정권의 수립으로 상당히 약화된 것은 사실이나 '서해교전'을 비롯하여 간헐적으로 발생한 북한의 대남도발 등을 계기로 한 때 강화되는 양상을 보이기도 했다. 특히 김대중 정부와 노무현 정부에 들어서는 오히려 '색깔논쟁'으로 불리는 이념논쟁이 더 심화된 인상을 주었으며 '국가보안법' 폐지와 관련된 끝없는 논쟁 역시 이러한 이념논쟁의 한 단면을 보여주는 것이라 하겠다. 결국 현재에도 반공이데올로기는 뿌리 깊은 사회적 가치로 존속되면서 납북자 및 납북자 가족에 대해 부정적인 편견을 가지게 함으로써 동 문제의 의제화를 저해하는 요인으로 작용하였다.

(3) 법과 현실 간의 괴리

먼저 헌법 제3조의 조항에 의할 때 북한지역 역시 대한민국의 영토에 속한다. 또한 대법원은 "휴전선 이북지역은 대한민국의 주권이 미치는 지역이다"라는 요지의 판결을 수차례 한 바 있다. 따라서 법해석상 북한은 영토를 부당히 점유하고 있는 반국가단체에 해당하며 납북자는 반국가단체의 의해 강제적으로 피랍된 대한민국 국민으로 정의할 수 있을 것이다. 그런데 헌법 제10조는 '국가는 개인이 가지는 불가침의 기본적 인권을 확인하고 이를 보장할 의무를 진다'고 규정하고 있는바, 이 조항에 의할 경우 납북자의 기본적인 인권에 대한 확인 및 보호는 헌법이 정부에 부여한 기본적인 의무에 해당한다고 하겠다. 그러나 앞서 법원의 판결문 및 정부 답변서에서 살펴본 바와 같이 이러한 법 규정은 남북 간의 특수상황이라는 현실적 차원과 괴리를 일으킴으로써 납북자 문제의 의제화를 어렵게 만드는 요인으로 작용하였다. 이와 관련하여 전승만(2000: 〈납북자 가족 협의회〉 게시판 참조)은 현재의 납북자 문제가 '세계인권선언 제13조 2항'과 '1966년 시민적, 정치적 권리에 관한 국제규약 제12조 2항 및 4항', '유엔헌장 제2조 4항' 등을 심각하게 위반하고 있다고 지적한 바 있다. 이후 관련 법률에서는 납북자 문제의 해결을 위한 국가의 책무를 규정하고 있다는 점에서 상당한 진전을 이룬 것으로 볼 수 있으나("군사정전에 관한 협정 체결 이후 납북피해자의 보상 및 지원에 관한 법률" 제4조 참조) 여전히 실제적인 차원에서 법과 현실 간의 괴리는 불가피할 것으로 보인다.

2) 역동적 변수(dynamic events)

(1) 사회경제적 변화로서의 남북관계의 변화

납북자 및 납북자 가족의 의제화와 관련하여 가장 주목할 만한 사회적 변화로는 2000년을 기점으로 한 남북관계의 변화를 들 수 있다. 이러한 변화는 김대중 정부가 추진한 '햇볕정책'과 이에 따른 대북지원의 결과로 초래된 것이며 그 가시적인 성과는 2000년 6월의 남북정상회담과 이로 인한 6·15남북공동선언문의 채택으로 나타났다. 국민의 정부가 내세운 '햇볕정책'은 '대북 포용정책 또는 화해협력정책(engagement policy)'에 해당하는 것으로 대화와 협력을 통해 북한이 개방과 변화의 길로 나올 수 있는 환경과 여건을 조성하여 평화와 공존의 터전을 마련하자는 의도에서 추진되었다. 그 전반적인 정책효과에 대해서는 논자마다 평가를 달리하겠지만 〈남북자 가족 협의회〉와 〈6·25전쟁납북인사가족협의회〉가 2000년에 발족한 것은 이 정책이 적어도 납북자 문제의 의제화에는 긍정적인 영향을 미친 것으로 평가할 수 있다.

이러한 정책기조를 바탕으로 2000년 3월 9일, 김대중 대통령은 정부차원에서의 남북교류협력을 본격적으로 추진하기 위한 방안을 제시하면서 이른바 '베를린선언'을 통해 남북대화 재개를 제안했다. 그 결과 2000년 6월 13일-15일까지 개최된 남북정상회담에서 통일문제의 자주적 해결, 남북 통일방안의 공통성 인정, 이산가족 등 인도적 문제 해결, 민족경제의 균형 발전 및 제반 분야의 교류 활성화, 남북 당국자 간 회담 개최와 김정일 국방위원장의 서울 방문 합의를 주 내용으로 하는 '6·15남북공동선언문'이 채택되었다. 이후 경의선 철도와 도로 연결사업, 개성공단 개발 등 경제교류가 확대되었고 남북언론 교류합의서 채택, 남북교향악단 서울합동연주회 개최, 남북선수단의 시드니 올림픽 공동입장 등 많은 분야에서 남북 간 교류협력이 활발하게 진행되었으며 특히 정부 차원에서의 남북 간 이산가족 교류가 급격하게 증가하였다.[9]

---

9. 민간 차원을 제외한 남북 당국 간 이산가족 교류 현황을 보면 1985년에 생사확인 65건, 서신교환 0건, 방남 상봉 30건, 방북상봉 35건이 이루어진 후 교류가 단절되었다가 2000년 6·15공동선언을 계기로 2001년 말까지 생사확인 1536건, 서신교환 662건, 방남상봉 301건, 방북상봉 305건 등 활발한 교류가 이루어졌다(통일부 홈페이지 '연도별 이산가족 교류현황' 참조)

그러나 납북자 문제를 직접적으로 거론하지 않고 넓은 범위의 이산가족에 포함시킨 점, 그리고 비전향 장기수 북송문제와 연계하지 못한 점은 납북자 단체들로부터 많은 비판을 받았다. 이는 납북자 문제가 조기에 정부의제로 채택되는 데 있어서는 분명 한계로 작용했지만 역으로 납북자 가족 단체들로 하여금 스스로를 차별적 대우 및 권력적 열세에 놓여 있는 소수자집단(minority group)으로 재차 인식하게 하여, 이후 공동의 신념을 공유한 관련 단체와의 국내·외적 연대의 강화 및 다양한 전략을 모색케 함으로써 지원집단(support group)의 외연을 확대·강화시키는 계기를 제공한 것으로 평가할 수 있다.

(2) 인권에 대한 대내·외적 관심의 증대

1960년 이래 유엔은 '국제인권법의 국내적 실현을 위해 각국에 특별한 인권기구 설치'를 적극적으로 권장해 왔다. 특히 1993년 12월 유엔총회에서 국가인권기구설립에 관한 국제사회의 보편적인 기본준칙으로서 '파리원칙'을 채택한 것을 계기로 국내에서도 국가적인 인권(human rights)기구를 설치해야 한다는 논의가 활발하게 전개되었다. 이미 1993년 6월 비엔나세계인권회의에 참여한 〈한국 민간단체 공동대책위원회〉가 정부에 국가인권기구 설치를 요구했으며, 1998년 9월에 결성한 〈인권법제정 및 국가인권기구설치 민간단체 공동추진위원회〉에서 헌법기관에 준하는 독립성과 자율성을 보장할 수 있는 국가기구의 설치를 요구하였다. 그 결과 2001년 "국가인권위원회법"이 제정·공포됨으로써 동년 11월 25일에 〈국가인권위원회〉가 출범하였다. 〈국가인권위원회〉는 그간 정부가 납북자의 실태조차 파악하지 못했음을 지적하면서 납북자 실태파악, 납북자 가족의 인권침해 진상에 대한 정부차원의 조사, 명예회복 및 지원 등을 골자로 하는 권고안을 국무총리와 국회의장에게 제시했다. 이처럼 국내의 보편적 인권에 대한 관심은 독립기관인 〈국가인권위원회〉의 설립으로 이어졌으며 특히 납북자 문제의 법제화에 결정적인 공헌을 한 것으로 평가할 수 있겠다.

한편 북한 인권 문제에 대한 국제 사회의 관심은 납북자 문제를 인권적 차원에서 접근할 수 있는 토대를 제공했으며 동시에 국제적 연대를 구축할 수 있는 배경을 제공했다는 점에서 동 문제의 의제화에 중요한 영향을 미친 것으로 파악할 수 있다. 특히 1997년 〈유엔인권소위원회〉에서 국제기구 최초로 북한의 인권상황에 대해 공식적인 언급이 이루어졌으며 이후 북한 인권 관련 결의안을 마련하여, 1997년 8월에 통과시켰다. 이후 〈유엔인권소위원회〉는 인권과 관련된 국제적 협약의 준수 및 인권실태에 대한 정기적 보고를 북한에 권고하면서 이에 따른 국제적 지원의 증대를 약속하기도 했다.

미국의 경우 1999년 5월 19일 미국하원 국제관계위원장 벤자민 길먼 의원이 '북한 위협감축안(North Korean Threat Reduction Act)'을 마련했으며(김진아, 2004: 2) 2003년 4월에 개최된 〈유엔인권위원회〉에서 미국 정부는 북한의 인권 상황과 관련하여 고문의 사용과 강제노동, 표현 및 결사의 자유에 대한 억압과 같은 인권침해에 대해서 북한 정부를 비난하는 내용의 결의안을 처음으로 통과시켰다. 이후 2004년 10월에 미국의회를 통과한 '북한인권법안'은 북한의 인권 문제에 대해 미국 의회가 처음으로 문제를 제기한 법안이라는 점에서 세계적인 관심을 끌었다. 이 법안은 북한 주민의 인권 신장, 북한 주민에 대한 인도적 지원, 탈북자 보호 등을 규정하고 있는데 이에 대해 북한은 북한의 제도 전복을 위한 미국의 본격적인 환경 조성용이라고 반박하고 있으며 한국에서도 북한 인권 개선과 민주주의 향상을 가져올 수 있다는 주장과, 반대로 남북관계 진전에 악영향을 미칠 수 있다는 주장이 대립하고 있다(김수암·이금순, 2004: 9-11참조).

이처럼 인권 문제에 대한 대내·외적 관심의 증가는 납북자 문제를 인권 차원에서 접근할 수 있는 가능성을 확대시킴으로써 국내외 인권 옹호단체 및 일부 국회의원들을 강력한 지원집단으로 기능하게 함으로써 동 문제의 의제화에 긍정적인 영향을 미친 것으로 이해할 수 있다. 다만 북한 인권 논의가 자칫 실질적인 차원에서의 남북관계를 경색시킬 수 있다는 점에서 향후 집행과정에서 발생할 수 있는 어려움도 고려해야 하겠다.

(3) 다른 정책하위체제의 정책에 의한 영향

① 비전향 장기수 북송 사건

전후(戰後) 납북자 문제가 사회적 이슈로 부각된 직접적인 계기는 2000년 김대중 정부에 의해 단행된 '비전향장기수 북송'이다. 이는 남한 내 납북자 가족들을 자극하였고 상호주의와 형평성 원칙에서 북측에 우리 측 강제 억류자들에 대한 송환요구를 할 수 있는 근거를 제공하였다(이원웅, 2003). 비전향 장기수 북송은 '6·15남북공동선언'에 따라 이루어진 것으로 1차 송환은 2000년 9월에 실시되었다. 그러나 이후 비전향 장기수 북송이 납북자 및 국군포로 송환과 상호적 차원에서 이루어지지 못했다는 비판이 〈납북자 가족 협의회〉, 〈6·25전쟁납북인사가족협의회〉 등에 의해 강력히 제기된 반면, 한편에서는 민가협 등 25개 인권, 종교 사회 단체로 구성된 〈비전향장기수송환추진위원회〉 등이 양 사안은 무관하다고 주장하면서 조건 없는 2차 송환을 강력히 요구하고 있다. 이와 관련하여 정부는 원칙적으로는 인도주의적 차원의 송환을 표방하면서도 실질적인 차원에서는 2006년 4월 남북장관급회담 등에서 이 문제를 납북자 및 국군포로 송환과 연계시키려는 노력을 보인 바 있다.

② 일본 피랍자 송환 사건

납북자 및 납북자 가족문제의 의제화 초기 단계에서 중요한 계기를 제공한 사건으로 2002년 북일 정상회담을 통하여 이루어진 일본인 피랍자 문제에 대한 북한 측의 공식적인 사과와 송환을 들 수 있다. 북한은 납치를 공식적으로 인정한 13명 가운데 사망자 8명을 제외한 5명의 납치 일본인들을 송환하였다. 이것은 그동안 북한에 의해서 부인되었던 납치·억류자들의 존재가 국제사회에 공식적으로 인정되는 계기를 마련하였으며 더불어 국내 납북자 관련 단체에 큰 자극이 되었다(이원웅, 2003). 또한 1997년 요코다 메구미 씨의 납치문제가 표면화된 이후 일본에서 결성된 가족협의회 및 32개의 '구출회(북한에 납치된 일본인을 구출하는 모임)'와 그 연맹체인 '전국협의회'가 펼친 지속적이고 조직적인 국민대집회 및 서명운동 등은 국내 납북자 가족 단체의 활동 전략 및 양국 단체 간의 연대에도 상당한 영향을 미쳤다. 최근에는 미국을 포함하여 전 세계적인 네트워크를 구축하려는 움직임도 나타나고 있다. 이에 대해서는 뒤에서 자세히 다루기로 한다.

한편 2000년 9월 모리 총리는 '납치문제가 해결되지 않는 한 북·일 수교는 없다'고 명확하게 밝혔고 하시모토, 오부치, 고이즈미 등 역대 총리들도 미국, 중국, 러시아, 유럽 등 주요국 정상과 회담할 때마다 납치문제 해결에 대해 협력을 요청하였으며(최우영, 2004: 8) 현재에도 납치 문제는 일본 정부의 핵심적인 의제로 다루어지고 있다. 이는 국내 납북자 단체들이 우리 정부의 미온적 태도를 비판하는 중요한 비교 준거로 작용함으로써 납북자 및 납북자 가족문제의 정부의제화에도 상당한 영향을 미친 것으로 평가할 수 있다.

3. 납북자 및 납북자 가족문제의 의제화에 있어 정책옹호연합의 정책신념과 전략

1) 주도집단으로서의 납북자 가족단체의 정책신념 및 전략

(1) 정책신념

① 보편적 인권

납북자 및 납북자 가족문제의 의제화 과정에서 주도적인 역할을 담당한 단체로는 〈납북자 가족 협의회〉와 〈6·25전쟁납북인사가족협의회〉가 대표적이다.[10] 두 단체는 각각 2000년 2월과 11월에 설립되었으며 그 구성원은 대부분

10. 또 다른 단체로 〈납북자 가족 모임〉이 있으나 전후(戰後) 납북자 송환을 목표로 하며 활동 내용 역시 〈납북자 가족 협의회〉와 큰 차이가 없다. 따라서 본 연구에서는

납북자의 가족들로 구성되어 있다.

그러나 두 단체 모두 정책신념과 관련하여 '보편석 인권(universal human rights)'을 강조하고 있으며 국가 및 사회에 의한 차별적 대우를 인식하고 이를 개선하기 위한 노력을 경주하고 있는 소수자집단(minority group)이라는 점에서 동질적인 신념체계를 바탕으로 납북자 및 납북자 가족문제의 의제화 과정에서 주도적인 정책옹호연합을 형성하고 있다. 〈납북자 가족 협의회〉의 회장인 최우영 씨는 2004년 1월 〈국가인권위원회〉 배움터에서 개최된 토론에서 지금까지의 활동상황을 보고하면서 동 문제에 대해 인권적 차원의 접근에 주력해 왔다고 밝힌 바 있다(최우영, 2004: 5-10 참조). 즉 북한 인권 문제의 심각성을 알리고 납북자 문제 역시 보편적 인권의 차원에서 해결되어야 한다는 정책신념을 표명한 것이며 이를 바탕으로 국내외 인권옹호단체들과의 전략적 연대를 추진해 왔다. 〈6·25전쟁납북인사 가족협의회〉 역시 '광복 60주년 북한 인권 개선 촉구 대회'를 비롯한 각종 인권 행사에 활발하게 참여해 오면서 납북자 문제를 인권적 차원에서 접근하고 있다.

이처럼 보편적 인권의 관점에서 동 문제에 접근함으로써 지원집단의 외연을 확대하고 이들과의 집단적 연대를 통해 소수자집단이 가지는 권력적 열세 및 활동 범위의 제약을 극복하고 있다는 점에서는 긍정적이지만 최근 납북자 송환을 전제하지 않은 비전향 장기수 송환에 반대 입장을 표명한 것은 보편적 인권의 강조라는 그들의 정책신념과 일견 모순되는 것으로 보인다.

② 자국민 보호

한편 〈납북자 가족 협의회〉와 〈6·25전쟁납북인사 가족협의회〉의 또 다른 정책신념은 국가의 '자국민 보호 의무'이다. 이는 〈납북자 가족 협의회〉가 국가에 제기한 손해배상청구 소송의 내용에도 잘 나타나 있다. 즉 납북자들은

〈납북자 가족 협의회〉를 중심으로 서술한다.

대한민국 국민으로서 헌법상 행복추구권 및 대한민국의 보호를 받을 권리가 있으므로 대한민국 국민이 불법납치, 억류를 당하였을 경우 대한민국 및 고위 공직자들은 모든 합당한 수단과 방법을 동원하여 구출하거나 감금, 억류를 해제할 책임과 헌법상 의무가 있다는 것이다.

납북자 문제와 관련된 이러한 정책신념에 대하여 신율(2000)은 근대국가의 역할에 대한 문제제기로부터 그 이론적 토대를 이끌어내고 있다. 즉 그는 로크와 칸트로 이어지는 국가에 대한 사상적 진보과정을 검토하면서 근대 민족국가의 개념과 역할을 밝히고 있다. 그에 따르면, 중세와 근대를 구분 짓는 가장 중요한 요소는 개인이라는 개념의 등장이며 특히 주목해야 할 점은 개인의 필요에 의해 국가가 탄생되었다는 것으로, 국가가 존재하고 그 밑에 국민이 존재한다는 신민(臣民)적 사고가 극복되었다는 점이라고 한다. 즉 집단이라는 개념에서 탈피해 개인이 국가의 생성에 결정적인 역할을 하는 존재로 등장함으로써, 개인적 차원의 권리를 국가가 보호하고 보장해 주어야 한다는 논리가 성립했다는 것이다. 이러한 관점에서 볼 때 우리 정부가 납북자 문제에 대해서 보여주는 소극적인 태도는 근대국가가 당연히 가져야 할 국가의 역할을 유기하고 있다는 점을 지적하고 있는 것이다.

주도집단으로서의 납북자 단체들 역시 이러한 사상적 배경과 법적 토대에 기초하여 국가의 자국민 보호 의무에 대한 당위성을 그 정책신념으로 삼고 있다. 이러한 점은 〈납북자 가족 협의회〉가 2000년 2월 28일자로 작성한 '김대중 대통령께 보내는 탄원서'(납북자 가족 협의회 홈페이지 참조)를 비롯한 각종 문서에서도 반복적으로 나타나고 있으며 〈6·25전쟁납북인사 가족협의회〉 역시 2006년 1월 국가를 상대로 손해보상을 청구한 소장에서 국가의 자국민 보호 의무를 중요한 논리적 근거로 제시하고 있다(〈6·25전쟁납북인사 가족협의회〉 홈페이지 참조). 특히 양 단체는 일본 정부가 자국민 납치 문제 해결을 북일 수교의 전제조건으로 내세웠음을 강조하면서 자국민 보호에 대한 우리 정부의 소극적 태도를 강하게 비판해 왔다.

(2) 전략

① 조직화 전략

권력 및 자원 동원 능력에 있어 열세에 있는 소수자들이 강력한 정책옹호연합을 구성하여 그들의 정책신념을 정책에 반영하기 위해서는 먼저 자체적인 조직 구성이 필수적이다. 소수자집단에 따라 조직화의 형태는 다양하지만 대체로 운동의 초기에는 소수자들을 보호, 구호한다는 차원에서 시작한 단체와 집합체들이 많았던 반면 현재는 점차 소수자 당사자들이 밑으로부터 구성해 나가는 측면이 부각되고 있다(윤수종, 2005: 21). 납북자 단체의 경우 초기 조직화 단계에서부터 당사자인 납북자 가족들이 중심이 되었으며 이후 전략적 연대를 통해 지원집단(Support Group)의 외연을 확장해감으로써 네트워크 형태의 조직을 구축해 가고 있다.

그러나 본 연구에서 주도집단으로 설정한 〈납북자 가족 협의회〉와 〈6·25 전쟁납북인사 가족협의회〉는 모두 이 전략을 사용했음에도 불구하고 그 과정은 다소 상이하다. 먼저 2000년 2월 28일에 납북자 7가족(17명)으로 모임을 구성한 〈납북자 가족 협의회〉(당시 명칭은 〈납북자 가족 모임〉)는 2000년 10월 총회에서 최성용 대표가 선출되면서 새롭게 조직을 구성한 현재의 〈납북자 가족 모임〉과 별도의 조직으로 운영되고 있다. 현재 약 50여 가족이 참여하고 있으며 유동적이긴 하지만 회장, 고문, 감사를 포함하여 약 7-8명의 운영위원과 자원봉사자들로 구성되어 있다. 본 연구자가 2004년 12월에 최우영 회장과의 면담을 통해 확인한 바에 의하면 왕성한 활동을 위해 조직 구성이 필요하지만 납북자의 존재조차 인식하고 있는 사람들이 별로 없었으며, 이러한 제안에 대해 오히려 정치활동 등 다른 목적이 있는 것이 아니냐는 오해를 받곤 한다면서 조직 구성의 어려움을 토로한 바 있다. 이는 소수자집단에 대한 사회적 무관심 및 편견과 그에 따른 자원 확보의 어려움을 여실히 보여주는 것이라 하겠다. 결국 〈납북자 가족 협의회〉는 조직화 전략의 중요성을 인식했음에도 불구하고 그 주요 구성원이 될 수 있는 전후(戰後) 납북자 가족의 수적 열세 및 재원 확보의 어려움으로 인해 오랫동안 탄탄한 자체조직을 구성하지 못했으며 창립 6주년인 2006년 4월에서야 독립적인 사무실을 가지게 되었다. 그 결과 동 단체는 관련 단체들과의 연대에 더 많은 비중을 두어 온 것으로 보인다.

반면 2000년 11월에 모임을 구성한 〈6·25전쟁납북인사 가족협의회〉는 제1대 회장인 이미일 씨를 중심으로 부회장, 총무, 감사 각 1인과 13명의 운영위원을 갖춘 조직으로 출발하였다. 이후 2001년 9월 6일에는 통일부의 허가를 받아 사단법인의 형태를 갖추게 되었고 2001년 11월부터 3개월 단위로 회지 '뜻'을 발간하고 있으며, 2007년 1월 현재 회장과 13인의 이사, 5인의 운영위원 및 700여 전쟁납북자 가족으로 구성되어 있어 〈납북자 가족 협의회〉보다는 상대적으로 탄탄한 조직을 구축하고 있다.

② 홍보 전략

다양한 소수자집단 중에서도 납북자 및 납북자 가족은 상대적으로 규모가 작고 오랫동안 국가로부터 차별적인 대우를 받아오면서 존재 자체를 알리는데 수동적일 수밖에 없었으므로 그들의 문제를 신속하게 의제화하기 위해서는 언론의제(media agenda)를 통하는 것이 가장 효과적인 전략의 하나였다. 실제로 〈납북자 가족 협의회〉와 〈6·25전쟁납북인사 가족협의회〉는 신문 기고, 기자 회견, 성명서 발표 등 다양한 언론활동을 통한 홍보에 주력해 왔다. 또한 납북자 가족들이 의제화를 위해 취한 또 다른 전략으로는 '서명운동'과 '시위·집회의 개최 및 참여', '토론회 및 세미나 개최' 등 '공중의제(public agenda)'를 통한 쟁점의 확산 이었다. 특히 〈6·25전쟁납북인사 가족협의회〉는 설립과 함께 '100만인 전국서명운동'을 지속적인 사업으로 추진하였고 〈납북자 가족 협의회〉는 타 단체들과의 연대를 위한 기초를 마련하기 위해 '탈북자 난민인정 집회', '북한인권개선 촉구대회' 등의 국내 행사 및 일본 '국민대집회', '북한인권국제대회' 등 해외 행사에도 적극 참여하여 납북자 문제를 홍보해 오고 있다. 특히 2005년 10월부터 시작된 '노란 손수건달기 행사'는 종교단체와 정치계에서까지 높은 관심을 보이면서 전국적 차원으로 확대되었으며 12월에는 캐나다에서도 이 운동이 시작되었다(〈납북자 가족 협의회〉 홈페이지 참조).

이처럼 언론의제 및 공중의제를 통한 납북자 단체의 홍보 전략은 쟁점(issue)을 확산시켜 사회의제화함으로써 정부로 하여금 그들의 문제를 정책의제로 채택하게 하는 강력한 수단이 되었다고 평가할 수 있다. 또한 적극적인 지원집단(support group)의 외연을 확대하고 이들과의 연대를 위한 토대를 구축하는 데 긍정적인 효과를 거두었으며 무엇보다 일반 대중의 관심을 제고했다는 측면에서 정부의제화에 상당한 영향을 미친 것으로 평가할 수 있다.

③ 연대 전략

납북자 관련 단체들의 핵심적인 전략 중 하나가 국내 인권 단체 및 북한 관련 단체와의 연대와 일본을 중심으로 한 국제적 단체와의 연대이다. 이러한 연대 전략은 수적·권력적 열세에 의해 소수자집단(minority group)이 가지는 자원동원능력의 한계를 효과적으로 극복할 수 있는 수단이자 홍보 전략의 효과를 배가시키는 전략이기도 하다. 납북자 가족 단체가 취한 연대 전략은 크게 국내 지원집단(support group)과의 연대와 국제 지원집단과의 연대로 구분해 볼 수 있다.

첫째, 주도집단으로서의 〈납북자 가족 협의회〉와 〈6·25전쟁납북인사 가족 협의회〉는 납북자 및 납북자 가족 관련 집회나 세미나 등을 개최함에 있어 상호연대뿐만 아니라 북한 인권과 관련된 사안들에 대해서도 〈북한민주화네트워크〉, 〈6·25전쟁납북인사가족협의회〉, 〈납북자 가족 모임〉, 〈북한민주화운동본부〉 등 유사한 정책신념을 공유하고 있는 지원집단들과 긴밀한 협조체계를 구축하고 있다.[11] 〈납북자 가족 협의회〉의 경우 오랫동안 사무실이 없어 〈북한민주화네트워크〉 사무실의 전화를 연락수단으로 이용하기도 했었다.

둘째, 국제적 차원의 연대는 특히 납북자 문제를 공유하고 있는 일본과 활발하게 이루어지고 있다. 〈납북자 가족 협의회〉의 경우 1999년 5월 도쿄에서 개최된 '북한에 납치된 일본인들을 구출하기 위한 국민대집회'에 참석하면서부터 일본 단체와의 연대를 구축하기 시작했으며 〈6·25전쟁납북인사 가족협의회〉의 경우엔 이미일 회장이 2001년 10월 13일 일본에서 열린 '일본 납북자 송환 국민대집회' 에 자비를 들여 참여함으로써 연대를 위한 계기를 마련했다. 특히 2003년 6월에는 〈납북자 가족 협의회〉와 〈6·25전쟁납북인사 가족협의회〉의 주최로 '6·25전쟁 53주년 납북인사 송환 한일공동 촉구대회'를 서울에서 개최했는데 이 행사에는 한일납치피해가족 및 관계자, 한일 국회의원, 통일부 관계자, 주한 일본대사까지 참석하여 성황을 이루었다. 이후에도 일본 '국민대집회'에의 지속적인 참여와 공동 세미나 개최 등을 통해 연대를 강화하고 있다.

한편 미국과의 연대 또한 점차 활성화되기 시작했는데 2003년 6월에는 미국 디펜스 포럼 초청 '납북자 송환 및 북한 인권 개선 촉구 국제 대회'에 〈6·25전쟁납북인사 가족협의회〉의 이사장과 명예이사장이 참가했다. 2004년 4월부터 5월에 걸쳐 〈6·25전쟁납북인사 가족협의회〉는 미국 국회도서관에 동 협의회와 월간조선이 공동 발간한 6·25전쟁 납북자명단 책을 기증하고 미국 상원의원 5인에게 한국전쟁납북자 문제를 알리면서 협조를 요청하기도 했다. 또한 〈유엔인권위원회〉 및 북한대표부를 방문하여 납북인사의 인권문제에 대해 협의하기도 했다(〈6·25전쟁납북인사 가족협의회〉 게시판 참조).

이러한 국내외 지원집단과의 연대는 2004년 〈국가인권위원회〉의 특별법 제정 권고에도 불구하고 납북자 및 납북자 가족 문제의 해결에 소극적·유보적 태도를 견지해 온 스윙 집단, 즉 통일부를 중심으로 한 우리 정부에 상당

11. 2006년 5월 4일에는 〈6·25전쟁납북인사 가족협의회〉와 〈납북자 가족 협의회〉를 포함한 11개 단체가 연합하여 '북한인권 문제 해결을 위한 하나된 목소리 대회' 공동성명서를 통해 북한인권법 제정 등을 정부에 촉구했다.

한 영향력을 행사함으로써 2006년 10월 동 문제 해결에 대한 국가의 책무를 명시한 관련 법안을 국회에 제출하게 함으로써 상당한 성과를 이끌어낼 수 있었다.

그러나 이러한 연대 전략이 장기적으로 지속·강화되기 위해서는 각 집단의 정책신념이 구체화되는 과정에서 발생할 수 있는 미묘한 갈등에 대해 원만한 조정이 필요하다. 대표적인 사례로 〈6·25전쟁납북인사 가족협의회〉가 2005년 국회에 제안한 '6·25전쟁납북자지원법안'이 그 정책대상을 6·25전쟁납북자로 한정하여 전후(戰後) 납북자와의 형평성 문제가 국회 전문위원회의 검토과정에서 제기되었을 때 〈6·25전쟁납북인사 가족협의회〉는 양 사안의 차이를 강조하면서 특별법 제정을 역설한 바 있다(〈6·25전쟁납북인사 가족협의회〉〈소식지43호〉: 3 참조). 즉 납북자 관련 법안의 정책대상이 전후(戰後) 납북자이냐 6·25전쟁 중 납북자이냐의 문제, 정책의 우선순위를 어디에 둘 것인가의 문제, 구체적인 지원방법 및 규모에 있어서의 형평성 문제 등은 앞으로도 조정이 필요한 과제이다. 또한 최근 일본의 극우 세력이 납북자 문제를 정치적으로 이용하려한다는 비판이 제기되면서(국민일보, 2006. 12. 18 인터넷 기사 참조) 일본과의 국제적 연대 또한 어려움에 직면하고 있어 조정이 필요한 상태이다.

2) 스윙 집단으로서 정부부처의 정책신념 및 전략

1960-1970년대 당시 연좌제로 인해 납북자 가족에 대한 신원상 제약이 있었던 부분에 대해서는 국가정보원, 경찰청, 행정자치부, 국방부 등 관련 부처에서도 어느 정도 공감하고 있는 것으로 조사되었다(국가인권위원회, 2004: 64). 그러나 납북자 문제와 관련하여 현재 주무부처인 통일부가 대외적으로 천명하는 정책신념은 비교적 분명하다. 즉 '자국민 보호'라는 관점에서 납북자 송환을 위한 노력을 국가의 기본적 책무로 인식하고 있다는 입장이며(통일부 홈페이지 참조) 실제로 2006년에 통일부와 행정자치부가 공동 발의한 법

안에도 이러한 정책신념이 반영되어 있다. 하지만 적어도 〈국가인권위원회〉가 납북자 가족 관련 특별법 제정을 정부에 권고한 시점(2004년 4월)까지는 납북자 가족에 대한 정부차원의 실태조사조차 실시된 적이 없었으며(국가인권위원회, 2004: 64) 또한 2002년 〈납북자 가족 협의회〉가 정부를 대상으로 제기한 손해배상소송에 대한 정부 측 답변서에도 '소탐대실'의 우를 범하지 않기 위한 정책적 고려가 필요하다고 언급한 것으로 보아 지금까지의 정부는 '자국민 보호'보다는 남북관계가 전반적인 '국익'에 미치는 영향에 무게를 두고 소극적으로 이 문제에 접근한 것으로 보인다. 특히 〈국가인권위원회〉의 권고가 있은 지 2년이 되도록 정부는 구체적인 법안 마련을 위한 노력을 보이지 않았고 오히려 행정자치부와 통일부는 업무 관할을 둘러싸고 마찰을 빚는 모습까지 보여 왔다.

물론 과거 정부에서도 납북자 문제에 대해 남북적십자 채널을 통한 직접협상과 〈유엔인권위원회〉 등 국제기구를 통한 문제제기 및 국제적십자위원회(ICRC) 등을 통한 다자간 협상 등을 통해 해결을 시도해 왔다. 그러나 적어도 2000년 이전까지는 그때그때 북 측에 송환을 요구하거나 국제사회의 개입을 촉구하면서 송환이 이루어지지 않을 경우 사안별로 해당 납북자 가족들을 위로·지원하는 데 그쳤다(윤미량, 2004: 36). 그러다가 2000년 남북정상회담 이후에는 남북 장관급 회담 및 적십자 회담 등을 통해 문제 해결을 시도해 왔다. 하지만 여전히 북한으로부터 납북자에 대한 공식적인 인정조차 받지 못하고 있다는 점에서 시민단체 및 야당으로부터 비판을 받아왔으며 이에 대해 통일부는 '납북'여부를 둘러싼 비생산적인 논쟁은 문제해결에 도움이 되지 않으므로 납북자를 이산가족의 범주에 포함시켜 생사확인과 상봉을 시도하는 것이 현실적인 방안이라는 입장을 견지하고 있다(윤미량, 2004: 3-39참조). 또한 납북자 문제는 정부의 해결 의지 및 노력에도 불구하고 북한의 협조 없이는 불가능한 사안이라 시간이 필요하므로 우선 납북자 가족에 대한 지원 차원에서 법안을 만들었다는 것이 통일부의 입장이다(통일부 홈페이지 참조).

관점에 따라 차이는 있겠지만 종합적인 측면에서 볼 때 납북자 및 납북자 가족에 대한 정부부처의 태도는 과거의 소극적·유보적 태도에서 점차 벗어나고 있는 것으로 보이며 특히 정부법안 마련이라는 가시적 성과를 거두게 된 이면에는 주도집단과 지원집단의 의제화를 위한 노력이 상당한 영향을 미친 것으로 평가할 수 있다.

3) 반대집단으로서의 북한 정부의 정책신념과 전략

납북자 및 납북자 가족 문제의 의제화에 있어 북한 정부의 정책신념 및 전략은 중대한 장애요인으로 작용했다. 즉 북한은 납북자 문제가 제기될 때마다 이들이 자국의 영토를 고의로 침입했으므로 국내법에 따라 취급되어야 한다는 입장을 견지해 왔다. 납북자에 대한 북한의 공식 입장은 '단 한 명의 포로도, 납치된 민간인도 없다'는 것으로 이는 1953년 포로송환 교섭 이후 일관된 주장이다. 북한은 1998년 6월 조국평화통일위원회 대변인 성명을 통해 "6·25 전쟁포로들을 정전협정의 요구대로 전원 송환했다"면서 "우리에게 있다면 지난 조선 전쟁 시기 남조선 괴뢰들의 반인민적인 통치에 항거, 공화국 품으로 의거해 온 이전 괴뢰 장병들과 민간인들이 있을 따름"이라고 못 박았다. 또 같은 해 3월 22일 관영 중앙통신은 논평을 통해 "단 한 명의 포로도 없다"면서 "단지 북한으로 망명했거나 불명예스럽게 괴뢰 군대에서 복무하기를 거부한 사람들만이 있으며 그들은 자신이 선택한 직장에서 행복한 삶을 누리고 있다고"고 주장했다(이원웅, 2003).

이러한 태도의 근저에는 납북자의 존재를 인정할 경우 남한과의 체제 경쟁에서 사실상 패배를 자인하는 셈이 되고 동시에 국제 사회로부터 강한 압력을 받아 정권 자체가 붕괴될 위험이 있다는 정책신념이 깔려 있는 것으로 보인다. 이에 따라 북한 정부는 납북자 문제와 관련해서 정보의 비공개를 기본적인 전략으로 삼고 있다. 즉 납북자의 존재 자체를 전혀 인정하지 않고 있으며 오히려 납북자 문제가 제기될 때마다 이를 국내 언론에 공개하여 체제 강화의 수단으로 이용하고 있다. 그 결과 우리 정부는 납북자 문제를 이산가족과 분리하여 독립적으로 제기하기를 원하는 주도집단과 납북자의 존재 자체를 부인하는 반대집단, 즉 북한 정부 사이에서 유보적 자세를 취해 왔던 것이 사실이다. 그러나 북한 정부가 일본인에 대한 납치를 공식적으로 인정하고 사과 및 송환을 단행한 이면에는 납북 일본인 문제가 해결되지 않는 한 북·일 수교 협상이 이루어질 수 없음을 인식했기 때문이며, 이 문제를 조기 해결해 경제 지원을 받고자 하는 것이었음을 고려해 볼 때 우리 정부가 다른 국가들과의 공조를 통해 다양한 지원 혹은 압력을 효과적으로 행사할 수 있다면 북한의 자세 역시 변화될 가능성이 있는 것으로 보인다. 따라서 정부 및 민간차원에서의 국제적 연대 강화를 통해 지원집단의 외연을 넓히고 가용한 자원 및 수단을 축적하려는 노력이 경주되어야 할 것이다.

4) 지원집단으로서의 대내외 인권단체들의 정책신념과 전략

납북자 및 납북자 가족 문제와 관련하여 주도집단을 직·간접으로 지원하는 단체(Support Group)들 중 국내 단체들로는 〈국제사면위원회 한국지부〉, 〈바른사회를위한시민회의〉, 〈북한민주화네트워크〉, 〈북한민주화운동본부〉, 〈탈북난민보호운동본부〉, 〈6·25전쟁납북인사가족협의회〉, 〈한반도포럼〉 등이 대표적이고 국제단체들로는 〈국제적십자위원회(ICRC)〉, 〈유엔인권위원회〉, 〈북조선에의해납치된일본인을구출하기위한전국협의회〉 등이 대표적이며 이 밖에도 많은 인권단체들이 사안에 따라 연대하거나 향후 연대를 모색 중이다. 이들은 대체로 보편적 인권에 대한 존중을 기본적인 정책신념으로 공유하고 있으며 특히 북한 인권문제의 해결을 강조한다는 점에서 유사한 정책신념에 기초하고 있다. 그러나 비전향 장기수 북송과 납북자 및 국군포로의 환송 연계와 같은 구체적인 사안에 대해서는 보편적 인권보다 상호주의 원칙을 더 강조함으로써 〈비전향장기수북송추진위원회〉와 같은 인권·종교단체들과 이견을 드러내기도 했다.

이처럼 납북자 및 납북자 가족 문제에 있어 주도집단과 유사한 정책신념에 기초하고 있는 지원집단이라 할지라도 구체적인 정책이나 법안이 마련되는 과정에서는 사안에 따라 갈등이 나타날 개연성이 있으므로 향후 관련 정책을 수립하는 과정에서 정책대상의 우선순위, 정책의 형평성 등에 대한 체계적인 검토가 선행되어야 할 것으로 보인다.

Ⅳ. 결론

본 연구는 변형된 옹호연합모형과 소수자에 대한 이론적 검토를 바탕으로 소수자(minority)로서의 납북자 및 납북자 가족문제가 의제화되는 과정에 영향을 미친 외적 변수들을 비교적 안정적인 변수와 역동적인 외적변수(dynamic events)로 나누어 살펴보았으며 특히 정책옹호연합을 주도집단, 지원집단, 반대집단, 기회자집단으로 세분화하여 각 집단들의 정책신념 및 전략과 그것이 납북자 및 납북자 가족 문제의 의제화에 미친 영향을 중점적으로 분석해 보았다.

이를 종합적으로 정리해 보면 첫째, 소수자로서의 납북자 및 납북자 가족문제의 의제화에 남북관계의 변화, 보편적 인권 및 북한 인권에 대한 대내외적 관심 제고, 비전향 장기수 북송 및 일본피랍자 송환 등과 같은 외생적 변수가 중요한 영향을 미쳤음을 확인할 수 있었다. 둘째, 주도집단으로서의 납북자 가족 단체들은 문제의 의제화를 위해 소수자집단으로서 그들이 가지고 있었던 권력적 열세 및 자원동원능력의 한계를 극복할 필요성을 인식했으며 이를 위해 조직화, 홍보, 지원집단과의 연대 등 다양한 전략을 구사함으로써 의제화에 중대한 영향을 미쳤음을 알 수 있었다. 셋째, 문제의 의제화 과정에 주도집단, 지원집단, 반대집단, 기회자집단 각각의 정책신념과 이에 기초한 다양한 전략들이 상호 작용하여 영향을 미치는 과정을 관찰할 수 있었다.

이와 같이 본 연구는 소수자로서의 납북자 단체가 다양한 집단들과의 상호 작용을 통해 그들의 정책신념을 구체적으로 의제화하는 메커니즘을 분석한 점, 그리고 중대한 사안이면서도 지금까지 체계적인 학문적 연구가 부족했던 납북자 문제에 대해 학술적 연구를 시도했다는 점에 의의를 가진다 하겠다.

참고문헌

제1장

김영대·전영평(2007). 「소수자로서 납북자 가족의 정책 획득 과정 연구」. 『정부학연구』, 13(1): 117-154.

김형수(2004). 「되풀이되는 차별과 소외의 역사, 그 치밀함의 이중성」, 최협 외, 『한국의 소수자, 실태와 전망』, 파주: 한울.

박원순(2002). 『한국의 시민운동: 프로크루스테스의 침대』. 서울: 당대.

서경석(2000). 「한국 시민운동의 현실과 향후 전망」. 『정부와 NGO』. 한국행정학회 2000년도 기획세미나 발표논문집: 135-147.

서혁준·전영평(2006). 「소수자로서의 비정규직 근로자와 정책변동: 정책옹호연합모형(ACF)과 기회자집단(swing group)의 적용」. 『한국행정학보』, 40(4): 277-302.

유명기(2004). 『소수자, 그 무적의 논리」. 『한국의 소수자, 실태와 전망』, 2004. 한울아카데미, 9-20.

윤수종 외(2005). 『우리시대의 소수자운동』. 이학사.

윤인진(2004). 「탈북자의 사회적응실태와 지원방안」. 『한국의 소수자, 실태와 전망』, 2004. 한울아카데미, 401-422.

전영평(2007). 「소수자의 정체성, 유형, 그리고 소수자 정책 연구 관점」. 『정부학연구』, 13(2): 107-131.

전영평(1995). 「장애인고용촉진을 위한 행정전략의 평가」. 『한국행정학보』,

29(1).

전영평(2000). 「장애인고용정책의 논리와 위상분석」. 『한국행정학보』, 34(3): 281-198.

______(2002). 「여성차별과 여성정책의 문화이론적 해석」. 『한국행정논집』, 13 (4): 1047-1067.

전영평·이곤수(2002). 「항해와 정박효과의 은유를 통한 장애인 고용정책 집행의 해석」. 『한국행정학보』, 36(1).

전영평·한승주(2006). 「소수자로서 외국인노동자: 정책갈등분석」. 『한국행정연구』, 15(2): 157-184.

정재진·전영평(2007). 「동성애소수자의 차별저항과 정책변동」. 『한국행정연구』, 15(4): 207-240.

지라르 르네(1997), 『폭력과 성스러움』. 김진식·박무호 옮김. 민음사.

최협 외(2004). 『한국의 소수자, 실태와 전망』 한울 아카데미.

한경구·한건수(2007). 「다문화사회개념과 한국사회 다문화담론에 대한 성찰: 단일민족국가의 자승자박/환골탈태」. 한국사회학회50주년기념특별분과: 『한국적다문화주의의 이론화』: 20-36.

한국사회학회(2007). 『한국적 다문화주의의 이론화』. 전기사회학대회 자료집.

Bardach, Eugene (1977). *Implementation Game: What Happens After a Bill Becomes a Law*. Cambridge, MA: MIT Press.

Douglas, M. (1966). *Purity and Danger*, Routledge & Kegan Paul.

Dworkin, A. G. & R. J. Dworkin (1999). *The Minority Report: An Introduction to Racial, Ethic, and Gender Relations*. Harcourt Brace College Publishers.

Harmon, M. M. and R. T. Mayer (1986). *Organizational Theory for Public Administration*. Boston: Little Brown.

Hall, Peter A.(1993). "Policy Paradigms, Social Learning and the State: The Case of Economic Policymaking in Britain." *Comparative Politics*. 25(3). 275-296.

Ingram, H, A. L. Schneider, and P. Deleon (2007). "Social Construction and Policy Design," Paul. A. Sabatier (ed.). *Theories of The Policy*

Process, 2nd ed. Westview Press.

Pressman, J. L, & Aaron Wildavsky (1984) *Implementation*, 3rd ed. Berkeley: University of California Press.

Ripley, R. B. and G. A. Franklin (1986). *Policy Implementation and Bureaucracy*, 2nd ed. Chicago: The Dorsey Press.

Sabatier, P. A. & H. C. Jenkins-Smith (1999). "The Advocacy Coalition Framework: An Assessment". In P. A. Sabatier (ed.), *Theories of the Policy Process*, 117-166. Boulder: Westview Press.

Sabatier, P. A. (1987). Knowledge, Policy-Oriented Learning, and Policy Change. *Knowledge, Creation, Diffusion, Utilization*. 8. 649-692.

Langton, S. (1979). *Citizen Participation in America*. Massachusetts: Lexington Books.

Lasswell, H. L. (1951). "The Policy Orientation." In Daniel Lerner and Harold D. Lasswell (eds.), *The Policy Sciences*. Stanford: Stanford University Press: 3-15.

Frederickson, H. G. (1971). *Toward a New Public Administration*. Scranton: Chandler Publishing Co.

Wilson, J. Q.(1989). *Politics of Regulation*. New York: Basic Books.

제2장

고길곤(2007). 「정책네트워크 연구의 유용성과 사회연결망 이론 활용 방법의 고찰」. 『행정논총』, 45(1).

고혜원·이철순(2004). 「외국인 고용허가제 도입과정」. 『한국정책학회보』, 13(5).

국가인권위원회(2005). 「국가인권정책기본계획 수립을 위한 성적 소수자 인권기초현황 조사」.

국가인권위원회(2006). 「2007-2011 국가인권정책기본계획 권고안」.

권해수(1992). 『사회운동과 공공정책의 역동적 관계 연구』. 서울대학교 박사학위논문.

김도훈(2003). 「학습조직과 시스템사고를 중심으로 본 시화호 정책실패의 원인과 교훈」. 『한국정책학회보』, 12(1).
김은경(2004). 『성매매: 새로운 법적 대책의 모색』. 서울: 사람생각.
김정란(2004). 「일본군 '위안부' 운동의 전개와 문제인식에 대한 연구: 정대협의 활동을 중심으로」. 이화여자대학교 박사학위논문.
김형수(2004). 「되풀이되는 차별과 소외의 역사, 그 치밀함의 이중성」. 최협 외, 『한국의 소수자, 실태와 전망』, 파주: 한울.
서울시정개발연구원(2002). 『서울시 중장기 노숙자 정책 연구』. 서울시정개발연구원.
서현진(2002). 「미국의 소수자 권리보호에 관한 연구: 동성애자 권리문제를 중심으로」. 『국제정치논집』, 43(4).
소라미(2005). 『국제결혼 가정의 이주여성에 대한 법률지원 현황 및 과제』. 아름다운 재단.
양현아(2004). 「성적 소수자가 겪는 차별과 법의 처우」. 정인섭 외, 『사회적 차별과 법의 지배』. 서울: 박영사.
유길상(2002). 『외국인근로자의 고용실태와 정책과제』. 한국노동연구원.
유명기(2004). 「소수자 그 무적(無籍)의 논리」. 최협·김성국·정근식·유명기 엮음, 『한국의 소수자, 실태와 전망』. 서울: 한울아카데미.
윤수종 외(2005). 『우리시대의 소수자운동』. 서울: 이학사.
윤인진(2004). 『재외한인의 이주, 적응, 정체성』. 고려대학교출판부.
윤향숙(1997). 「일본군 '위안부' 문제해결운동의 현주소」. 『한국논단』, 179-185.
전영평(1995). 「장애인고용촉진을 위한 행정전략의 평가」. 『한국행정학보』, 29(1).
전영평(2000). 「장애인고용정책의 논리와 위상분석」. 『한국행정논집』, 34(3).
전영평·이곤수(2002). 「항해와 정박효과의 은유를 통한 정애인 고용정책 집행의 해석」. 『한국행정학보』, 36(1).
정문길(1978). 『소외론연구』. 문학과지성사.
지라르 르네(1997), 『폭력과 성스러움』. 김진식·박무호 옮김. 민음사.
최협 외(2004). 『한국의 소수자, 실태와 전망』. 한울 아카데미.
한입섭·양현아(2002). 『성적 소수자의 인권』. 서울대학교 BK21법학연구단 기획. 인간사랑.

DeLeon, Peter (1999). "The Stages Approach to the Policy Process: What Has

It Done? Where Is It Going?" In Paul A. Sabatier (ed.), *Theories of the Policy Process*. Boulder: Westview Press.

Douglas, M. (1966). *Purity and Danger*. Routledge & Kegan Paul.

Dworkin, A. G. & R. J. Dworkin (1999). *The Minority Report: An Introduction to Racial, Ethic, and Gender Relations*. Harcourt Brace College Publishers.

Jenkins-Smith, H.(1985). "The New Look in Wage Policy and Employee Relations." *Conference Report*, No. 865. New York: Conference Board.

Hall, Peter A.(1993). "Policy Paradigms, Social Learning, and the State: The Case of Economic Policymaking in Britain." *Comparative Politics*. April.

Hogwood, Brian W. and B. Guy Peters (1983). *Policy Dynamics*. New York : St. Martin's Press.

Kathleen, Barry (1995). *The Prostitution of Sexuality*. New York: New York University Press.

Kingdon, John (1984). *Agendas, Alternatives, and Public Policies*. Boston: Little Brown and Company.

Leon-Guerrero, A. (2005) *Social Problems: Community, Policy, and Social Action*. Pine Forge Press.

Porter-Smith, Gareth and Janet Welsh Brown (1991). *Global Environmental Politics*. Boulder: Westview.

Rose, Richard (1988). "What is Lesson-Drawing," *Journal of Public Policy*, 11(1): 3-30.

Sabatier, Paul A.(1988). "An Advocacy Coalition Framework of Policy Change and the Role of Policy-Oriented Learning Therein." *Policy Science*, 21: 129-168.

Sabatier, Paul A. and Hank C. Jenkins-Smith (1999). "The Advocacy Coalition Framework: An assessment." In Paul A. Sabatier (eds.), *Theories of the Policy Process*. Boulder: Westview Press.

Wilson, J. Q.(1989). *Politics of Regulation*. New York: Basic Books.

장추련(장애인차별금지법제정추지연대): http://www.ddask.net.

제3장

고준기·서우석(2007). 「비정규직 근로자 차별시정제도 시행에 따른 운영상의 문제점과 개선방안」. 『지역발전연구』, 7(1): 1-23.

구혜란(2005). 「비정규직의 고용안정성과 조직몰입에 대한 국제비교연구」. 『한국사회학』, 39(2): 163-195.

권순식(2004). 「비정규직 고용이 기업성과에 미치는 영향에 관한 실증연구: 교환이론적 관점을 중심으로」. 『경영학연구』, 33(3): 891-931.

김강식(2008). 「비정규직 고용 실태 및 인적자원관리의 과제」. 『경상논총』, 26(3): 183-205.

김동만(2004). 「ACF를 적용한 정책변동 연구: 신두리사구 정책사례」. 『한국공공관리학보』, 18(1): 231-256.

김성국·손기영·김민정(2004). 「비정규직 고용의 증가가 노사관계에 미치는 영향에 관한 사례연구」. 『산업관계연구』, 14(1): 45-62.

김승택(2001). 『근로자 파견제도의 도입효과 평가 및 개선방안』. 한국노동연구원.

김정태(2000). 「비정규근로자 문제에 대한 경영계 의견」. 전국민주노동조합총연맹, 정책자료(토론문).

김영대·전영평(2007). 「소수자로서 납북자 가족의 정책 획득 과정 연구」. 『정부학연구』, 13(1): 117-155.

김유선(2004a). 「비정규직 고용에 대한 여섯 가지 신화」. 『노동사회』, 93: 47-65.

______(2004b). 「비정규직 규모와 실태: 통계청 '경제활동인구조사 부가조사'(2004. 8) 결과」. 『노동사회』, 93: 10-46.

______(2005). 「비정규직 규모와 실태: 통계청 '경제활동인구조사 부가조사'(2005. 8) 결과」. 『노동사회』, 105: 10-49.

______(2006). 「비정규직 규모와 실태: 통계청 '경제활동인구조사 부가조사'(2006. 8) 결과」. 『노동사회』, 115: 11-43.

______(2007). 「비정규직 규모와 실태: 통계청 '경제활동인구조사 부가조사'(2007. 8) 결과」. 『노동사회』, 127: 4-36.

______(2008). 「비정규직 규모와 실태: 통계청 '경제활동인구조사 부가조사'(2008 8) 결과」. 『노동사회』, 137: 132-169.

김주일(2001). 「비정규직 고용의 영향요인에 관한 연구」. 『경영저널』, 2(1): 57-76.

김찬중·윤찬성(2008). 「비정규직의 공정성 지각과 조직신뢰의 관계에 관한 연구」. 『산업경제연구』, 21(2): 759-782.

김형배·박지순(2004). 『근로자개념의 변천과 관련법의 적용』. 한국노동연구원.

김형수(2004). 「되풀이되는 차별과 소외의 역사, 그 치밀함의 이중성」. 최협·김성국·정근식·유명기(엮음), 『한국의 소수자, 실태와 전망』, 64-81. 파주: 한울.

김호원·이종구·이지훈(2008). 「고용형태가 리더십인식과 상사만족에 미치는 영향」. 『산업노동연구』, 14(1): 239-267.

김훈식·송준호(2001). 「비정규직 근로자의 고용실태와 개선과제」. 『사회과학연구』, 8: 21-44.

남재량·김태기(2001). 「비정규직, 가교(BRIDGE)인가 함정(TRAP)인가?」. 『노동경제논집』, 23(2): 81-106.

박봉규·권혁기(2004). 「비정규직 근로자의 직무태도와 조직시민행동에 관한 연구」. 『인적자원관리연구』, 10: 81-101.

박우성·노용진(2000). 「비정규직 근로자의 직무만족과 이직의도 결정요인에 관한 연구」. 한국노동연구원.

박우성·박재용(2005). 「비정규직의 활용과 노동조합의 역할: 실증분석과 시사점」. 『산업관계연구』, 15(2) 23-41.

박재규(2004). 「비정규직 여성노동자의 고용환경 및 생활만족 변화 연구」. 『사회복지정책』, 18: 223-245.

박주영(2008). 「비정규직 차별사건의 쟁점과 과제: 노동위원회의 차별판단기준의 문제점을 중심으로」. 『민주법학』, 37: 203-244.

배화숙(2005). 「정규직과 비정규직 노동자의 기업복지 차이 연구: 한국노동패널(KLIPS) 6차 자료를 중심으로」. 『사회복지정책』, 21: 217-237.

서창적·안성혁(2004). 「종업원의 서비스몰입과 고객지향성이 서비스품질에 미치는 영향: 정규직과 비정규직의 비교를 중심으로」. 『서비스경영학회지』, 5(3): 77-105.

송일호(2005). 「우리나라 정규직과 비정규직 근로자의 생산성 임금격차분석」. 『생산성논집』, 19(3): 47-70.

신동엽·양혁승·이상우·이지만(2003). 「한국 제조업에서 비정규직 고용의 결정요인」. 『산업노동연구』, 9(1): 143-169.

신상인·박재희(2004). 「비정규직 고용이론에 관한 연구」. 『인적자원관리연구』, 8: 209-236.

안주엽·노용진·박우성·박찬임·이주희·허재준(2001). 『비정규근로의 실태와 정책과제(I)』. 한국노동연구원.

안주엽·조준모·남재량(2002). 『비정규근로의 실태와 정책과제(II)』. 한국노동연구원.

양승일(2005). 「옹호연합모형을 활용한 정책변동 분석: 그린벨트정책을 중심으로」. 『한국도시지리학회지』, 8(1): 41-52.

엄의현(2007). 「비정규직 문제의 쟁점과 과제: 비정규직보호법을 중심으로」. 『국가정책연구』, 21(2): 71-106.

오학수(2003). 「일본의 비정규근로의 인사노무관리」. 『임금연구』, 11(2): 40-59.

______(2007). 「일본의 비정규직 동향: 감소 가능성」. 『국제노동브리프』, 5(3): 90-101.

윤수종 외(2005). 『우리시대의 소수자운동』. 서울: 이학사.

윤애림(2008). 「독일의 비정규고용의 실태와 노동법제의 평가」. 『노동법연구』, 25: 309-340.

윤인진(2004). 「탈북자의 사회적응실태와 지원방안」. 최협 외(엮음), 『한국의 소수자, 실태와 전망』, 401-423. 서울: 한울 아카데미.

윤정향(2003). 「비정규직 노동자의 사회적 보호 배제의 원인에 관한 시론적 고찰」. 『사회보장연구』, 19(1): 59-83.

이달휴(2008). 「비정규직 보호법의 문제점과 해결 관점」. 『법과 정책연구』, 8(1): 111-131.

이덕로·김찬중(2008). 「지식기반산업의 고용형태별 직무만족과 직무성과와의 관계에 관한 연구: 한국 정규직과 비정규직 근로자의 비교를 중심으로」. 『한일경상논집』, 32: 119-152.

이명숙·송병국(2005). 「유럽의 비정규직 고용과 노동시장 성과」. 『2005 국제지역학회 춘계학술대회 발표집』, 801-826.

이영면(2003). 『고용관례론』. 경문사.

이주희·이성균(2003). 『비정규직 노사관계』. 한국노동연구소.

이준일(2002). 「소수자(minority)와 평등원칙」. 『헌법학연구』, 8(2): 219-243.

이희성(2004). 「정규직과 비정규직 문제에 관한 공법적 검토」. 『공법학연구』, 5(3): 61-97.

장지연(2001). 「비정규직 노동의 실태와 쟁점: 성별 차이를 중심으로」. 『경제와 사회』, 51: 68-96.

장지호(2003). 「경유승용차 배출가스의 규제완화에 있어서의 정책변동연구: 옹호연합모형의 적용」. 『2003년도 한국행정학회 추계학술대회 발표논문집』, 1-32.

______(2004). 「경유승용차 판매허용의 정책변동 연구: 옹호연합모형(Advocacy Coalition Framework)의 적용」. 『한국행정학보』, 38(1): 175-197.

전영평(2007). 「소수자의 정체성, 유형, 그리고 소수자 정책 연구 관점」. 『정부학연구』, 13(2): 107-132.

______(2008). 「다문화시대 소수자 행정과 정책: 다문화시대의 소수자운동과 소수자 행정: 담론과 과제」. 『한국정책학회 하계학술대회』, 499-520.

전영평·한승주(2006). 「소수자로서 외국인노동자: 정책갈등분석」. 『한국행정연구』, 15(2): 157-184.

전진석(2003). 「의약분업 정책변화에 대한 연구: 정책옹호연합모형을 적용하여」. 『한국정책학회보』, 12(2): 59-87.

정이환(2001). 「비정규직 규모를 어떻게 볼 것인가: 비정규노동의 규모를 둘러싼 논쟁과 관련하여」. 『노동사회』, 7월호: 91-103.

정이환·이병훈(2000). 「경제위기와 고용관계의 변화: 대기업 사례를 중심으로」. 『산업노동연구』, 6(1): 27-58.

정이환·전병유(2004). 「동아시아 고용체제의 특성과 변화: 한국, 일본, 대만의 고용안정성, 임금구조, 노동시장 분절성의 비교」. 『산업노동연구』, 10(2): 215-254.

조경배(2003). 「비정규직 근로자의 노동단체권 보장에 관한 연구」. 『민주법학』, 23: 359-399.

조형제·이성균(1999). 「생산합리화와 노동조합의 대응: H자동차와 H중공업의 비교」. 『산업노동연구』, 5(2): 213-238.

최준호(2003). 「교육기관 고용 실태의 명암: 학교 비정규직 종사자의 실태와 쟁점을 중심으로」. 『호남정치학회보』, 15: 151-173.

한국경영자총협회(2008). 「숫자로 본 경제: 비정규직 노동자 규모 35.9%」. 『월간경영계』, 353: 5.

한준·장지연(2001). 「정규/비정규 전환을 중심으로 본 취업력과 생애과정」. 『노동경제논집』, 24(특집호): 1-23.

허갑수(2004). 「정규직과 비정규직 근로자의 노동조건 개선방안에 관한 연구」. 『인적자원관리연구』, 9: 81-93.

Allan, P. (2002). "The Contingent Workforce: Challenges and New Directions." *American Business Review*, 20(2): 103-110.

Banton, M. (1994). *Discrimination*. Buckinham: Open University Press.

Dworkin, A. G. & R. J. Dworkin (1999). *The Minority Report: An Introduction to Racial, Ethic, and Gender Relations*. Harcourt Brace College Publishers.

Elliott, C. & R. Schlaepfer (2001). "The Advocacy Coalition Framework: Application to the Policy Process for the Development of Forest Certification in Sweden." *Journal of European Public Policy*, 8(4): 642-661.

Fenger, M. & P. J. Klok (2001). "Interdependency, Beliefs, and Coalition Behavior: A Contribution to the Advocacy Coalition Framework." *Policy Science*, 34(2): 157-170.

Freedman, A. (1985). "The New Look in Wage Policy and Employee Relations." *Conference Report*. No. 865. New York: Conference Board.

Friedman, T. L. (2003). 『렉서스와 올리브나무』, 신동욱(옮김). 창해; *The Lexus and the Olive Tree: Understanding Globalization*. Anchor. 2000.

Hall, P. (1993). "Policy Paradigms, Social Learning, and the State: The Case of Economic Policymaking in Britain," *Comparative Politics*, 25(3): 275-296.

Helco, H. (1978). "Issue Networks in the Executive Establishment." In A. King (ed.), *The New American Political System*. Washington:

American Enterprise Institute.

Howlett, M. & M. Ramesh (1995). *Studying Public Policy: Policy Cycles and Policy Subsystems*. Don Mills, Ontario: Oxford University Press.

Jenkins-Smith, H. & P. A. Sabatier (1993). "The Study of Public Policy Processes." In P. Sabatier and H. Jenkins-Smith (eds.), *Policy Change and Learning: An Advocacy Coalition Approach*, 1-11. Boulder: Westview Press.

Jordan, A. G. & J. J. Richardson (1983). "Policy Communities: The British and European Style." *Policy Studies Journal*, 11(4): 603-615.

Kingdon, John (1984). *Agendas, Alternatives, and Public Policies*. Boston: Little Brown and Company.

Kübler, D. (2001). "Understanding Policy Change with the Advocacy Coalition Framework: An Application to Swiss Drug Policy." *Journal of European Public Policy*, 8(4): 623-641.

Leon-Guerrero, A. (2005). *Social Problems: Community, Policy, and Social Action*. California: Pine Forge Press.

Liden, R. C., et al. (2003). "The Dual Commitments of Contingent Workers: An Examination of Contingents' Commitment to the Agency and the Organization." *Journal of Organizational Behavior*, 24(5): 609-625.

Majone, G. (1980). "Policies as Theories." *Omega*, 8(2): 151-162.

Marger, M. N. (2005). *Social Inequality: Patterns and Processes* (3th ed.). New York: McGraw-Hill.

Matusik, S. F. & C. H. L. Hill (1998). "The Utilization of Contingent Work, Knowledge Creation, and Competitive Advantage." *The Academy of Management Review*, 23(4): 680-697.

Munro, J. E. (1993). "California Water Politics: Explaining Policy Change in a Cognitively Polarized Subsystem." In P. A. Sabatier and H. C. Jenkins-Smith (eds.), *Policy Change and Learning: An Advocacy Coalition Approach*, 105-127. Boulder: Westview Press.

Polivka, A. E. & T. Nardon (1989). "On the Definition of Contingent Work."

Monthly Labor Review, 112(Dec.): 9-16.

Polivka, A. E. (1996). "A Profile of Contingent Workers." *Monthly Labor Review*, 119(10): 10-21.

Porter, G. & J. W. Brown (1991). *Global Environmental Politics: Dilemmas in World Politics*. Oxford: Westview Press.

Pressman, J. & A. Wildavsky (1973). *Implementation*. Berkeley: University of California Press.

Sabatier, P. A. & H. Jenkins-Smith (1999). "The Advocacy Coalition Framework: An Assessment." In P. A. Sabatier (ed.), *Theories of the Policy Process*, 117-166. Boulder: Westview Press.

Sabatier, P. A.(1999). *Theories of the Policy Process*. Boulder: Westview Press.

제4장

고유미(2004). 「한국의 이주노동자 지원단체의 국제협력」. 고려대학교 대학원 석사학위논문.

고혜원·이철순(2004). 「외국인 고용허가제 도입과정」. 『한국정책학회보』, 13(5).

나영돈(1996). 「외국인노동자 정책과정에 관한 연구」. 서울대학교 행정대학원 석사학위논문.

노동부(2000). 「외국인 고용 및 관리효율화 방안」. 고용허가제자료 1.

김지현(2005). 「외국인근로자 고용정책변동에 관한연구-정책네트워크를 중심으로」. 고려대학교 대학원 석사학위논문.

박강로(2001). 「외국인노동자정책의 정태성에 관한 연구」. 고려대학교 대학원 석사학위논문.

설동훈(1999). 『외국인노동자와 한국사회』. 서울대학교출판부.

______(2003). 『외국인노동자 실태 및 지원서비스 수요조사』. 한국국제노동재단.

______(2004). 「한국의 외국인운동, 1993-2004년: 이주노동자의 저항의 기록」. 『한국의 소수자, 실태와 전망』. 서울: 한울아카데미.

양혜우(2002). 한국의 이주노동자 정책변화와 이주노동자 인권보호운동. 한국이주노동자인권센터.
유길상(2002). 「외국인근로자의 고용실태와 정책과제」. 한국노동연구원.
유명기(2000). 「한국의 '제3국인', 외국인노동자」. 『우리안의 파시즘』. 서울: 삼인.
윤수종 외(2005). 『우리시대의 소수자운동』. 서울: 이학사.
외국인이주노동자대책협의회(2005). 『고용허가제 실시 이후 정책의 변화와 이주노동자 실태』.
외국인이주운동협의회·이주인권연대(2008). 『2008 고용허가제 실태보고』.
외국인정책위원회(2006). 『외국인정책 기본방향 및 추진체계』. 제1회 외국인정책회의 자료. 외국인정책위원회.
장지호(2004). 「출자총액제한제도의 변동연구: 공정거래위원회와 재정경제부의 상반된 신념체계를 중심으로」. 『한국정책학회보』, 13(3).
전영평(1995). 「장애인고용촉진을 위한 행정전략의 평가」. 『한국행정학보』, 29(1).
______(2000). 「장애인고용정책의 논리위상분석」. 『한국행정논집』, 34(3).
______(2004). 「규제거버넌스와 NGO의 정책참여」. 『한국행정학보』, 38(3).
전영평 외(2002). 「항해와 정박효과의 은유를 통한 정애인 고용정책 집행의 해석」. 『한국행정학보』, 36(1): 59-76.
전진석(2004). 「의약분업 정책변화에 대한 연구: 정책옹호연합모형을 적용하여」. 『한국정책학회보』, 12(2).
조정남(2004). 『외국인노동자정책 국제비교』. 교양사회.
중소기업협동조합중앙회(2000). 『외국인고용허가제의 문제점』.
출입국외국인정책본부(2008). 『국적별 외국인노동자 현황』.
한건수(2004). 「타자만들기: 한국사회와 이주노동자의 재현」. 『한국의 소수자, 실태와 전망』. 서울: 한울아카데미.
한국여성개발원(2004). 『차별에 대한 국민의식 수용성 연구』.
한국노동연구원(2001). 『외국인근로자의 고용실태와 정책과제』.
____________(2000). 「고용허가제도의 도입업종 및 도입규모 검토」.
____________(2005). 『외국인고용허가제 시행1년 평가 및 향후 발전방향』.
허미연(2004). 「외국인근로자 고용허가제 정책형성과정에 관한 연구」. 연세대학교 행정대학원 석사학위논문.

Anderson, B.(1991). *Imagined Communities*. London: Verso.

Deleuze, G. & F. Giattari (2001). 김재인 옮김, 『천 개의 고원』. 새물결.

Douglas, M.(1966). *Purity and Danger.* Routledge & Kegan Paul.

Dworkin, A. & R. Dworkin (1999). *The Minority Report: An Introduction to Radical, Ethnic and Gender Relations.* New York: Guilford Press.

Freudenburg, W. R. & R. Gramling (2002). "How crude: Advocacy coalition, offshore oil, and the self-negating belief." *Policy Science.* 35: 17-41.

Girard, R. (1997). 김진식·박무호 옮김, 『폭력과 성스러움』. 서울: 민음사.

Gray, K. (2004). 「계급 이하의 계급으로서 한국의 이주노동자들」. 『위기의 노동』. 서울: 후마니타스.

Ishay, M. (2005). 『세계인권사상사』. 서울: 프런티어 21.

Leon-Guerrero, A.(2004). *Social Problems.* Pine Forge press.

Offe, C.(1987). "The utopia of the zero-option: Modernity and Modernization as normative political Criteria." *Praxis International.* 1: 1-24.

Porter, G. & J. W. Brown (1991). *Global Environmental Politics.* Westview Press.

Sabatier, P. A. & H. C. Jenkins-Smith (1999). "The Advocacy Coalition Framework: An Assessment." *Theories of the Policy Process.* Boulder: Westview Press.

제5장

강달천(2001). 「미국 동성애자의 기본권 논쟁: Hardwick 판결과 Romer 판결을 중심으로」. 『중앙법학』, 2: 67-100.

곽진영(2001). 「미국사회의 변화와 연방대법원의 기능: 동성애자 권리이슈를 중심으로」. 『국제 정치논집』, 41(2): 179-202.

국가인권위원회(2002). 『차별판단을 위한 지침』.

_____(2004). 『인권백서』.

_____(2005). 『국가인권정책기본계획 수립을 위한 성적 소수자 인권기초현황 조사』.

_____(2006). 『차별금지법 권고안』.

_____(2008a). 『국군 인권교육 교재』.

______(2008b). 『군 의료분야 인권 교육교재』.
김동만(2004). 「ACF(Advocacy Coalition Framework)를 적용한 정책변동 연구」. 『공공관리학회보』, 18(1): 231-257.
남상민(2003). 「정책과정에서의 NGO: 정책옹호동맹체모형(ACF)과 새만금 사업에서의 NGO 역할」. 『한국정책학회보』, 14(1): 29-54.
레즈비언인권연구소(2004). 『국내 레즈비언 인권실태 조사보고서』.
박기환(2005). 「동성애와 성 정체감 장애의 정신병리 특성 비교: 병사용 진단서 발급대상자를 중심으로」. 『한국심리학회지』, 24(3): 549- 561.
서동진(1996). 「누가 성정치학을 두려워 하랴」. 『문예마당』.
서혁준·전영평(2006). 「소수자로서 비정규직 근로자와 정책변동」. 『한국행정학보』, 40(4): 277-302.
서현진(2002). 「미국의 소수자 권리보호에 관한 연구: 동성애자 권리문제를 중심으로」. 『국제정치논집』, 43(4): 269-293.
안향숙(2002). 「동성애에 관하여」. 『인물과 사상』, 31: 143-154.
양명수(1997). 「동성애 당신은 어떻게 생각하십니까?」. 『기독교사상』, 7: 123-153.
양현아(2002). 「성적 소수자: 법사회적 쟁점과 전망」. 한인섭·양현아. 『성적 소수자의 인권』. 서울: 사람생각.
______(2004). 「성적 소수자가 겪는 차별과 법의 처우」. 정인섭 외, 『사회적 차별과 법의 지배』. 서울: 박영사.
여성개발원(2004). 『차별에 대한 국민의식 및 수용성 연구』.
오석홍·김영평 외(2000). 『정책학의 주요이론』. 서울: 법문사.
윤가현(1997). 『동성애 심리학』. 학지사.
윤견수(1991). 『상징체계를 통해 본 조직의 변화과정』, 고려대학교 박사학위논문.
윤수종(2005). 「우리시대 소수자 운동의 특성과 함의」. 『우리시대의 소수자 운동』. 윤수종 외. 서울: 이학사.
이해솔(1999). 「한국 레즈비언 인권 운동사」. 한국여성의 전화 연합 엮음, 『한국여성 인권 운동사』.
장지호(2004). 「경유승용차 판매허용의 정책변동연구: 옹호연합(Advocacy Coalition Framwork) 모형의 적용」. 『한국행정학보』, 38(1): 175-197.
전영평(2006). 「한국의 소수자문제와 소수자정책 연구 관점 : 행정학 연구의 새로운 지평」. 『한국행정학회 동계학술대회 발표집』.
전영평·한승주(2006). 「소수자로서 외국인 노동자: 정책갈등 분석」. 『한국행정연구』, 15(2): 157-184.
전진석(2003). 「새만금 간척사업의 정치경제와 정책옹호연합 모형」. 『한국사회와 행정연구』, 14(2): 207-234.
정경운(2003). 「한국 여성성적 소수자 공간 기획에 대한 연구: 가상공간을 중심으로」. 『민주주의와 인권』, 2(1): 9-49.
정재진(2003). 『정책경쟁상황에서 상징적 대응에 관한 연구: 전력산업구조개편 사례를 중심으로』. 고려대학교 석사학위논문.
정정길(2000). 『정책학 원론』. 서울: 대명출판사.
조재현(2002). 「동성애에 관한 법적 고찰」. 『헌법학 연구』, 8(3): 146-178.
최준혁(2002). 「동성애에 관하여에 대한 반론」. 『인물과 사상』, 3: 194-198.
플린 에일리(2002). 「동성애 문제에 대한 가톨릭의 입장과 개인적 제안」. 『사목』, 262집.
한국성적소수자문화인권센터(2006). 『성적소수자 사전』.
한국여성성적소수자인권운동모임 끼리끼리(2005). 「한국레즈비언 인권 운동 10년사」. 윤수종 외, 『우리시대의 소수자 운동』. 서울: 이학사.
한채윤(2002a). 「동성애: 결혼과 가족의 획일성 깨기」. 『사회비평』, 33: 288-299.
한채윤(2002b). 「성적 소수자 차별의 본질과 실제 그리고 해소방안」. 『성적 소수자의 인권』. 한인섭·양현아. 서울: 사람생각.

Cassirer, E. (1944), *An Essay on Man*, New Haven: Yale Univ Press.
Cobb, R. W. J. K. and M. H. Rose (1976), "Agenda Building as Comparative Political Process." *APSR*, 70: 124-129.
Dworkin, A. G. & R. J. Dworkin (1999). *The Minority Report: An Introduction to Racial, Ethic, and Gender Relations*. Harcourt Brace College Publishers.
Kingdon, John (1984). *Agendas, Alternatives, and Public Policies*. Boston: little, Brown and Company.
Fenger, M. & P. J. Klok (2001). "Interdependency, Beliefs, and Coalition Behavior: A Contribution to the Advocacy Coalition Framework."

Policy Science, 34(2): 157-170.

Fredricson, George M. and Dale T. Knobel (1982). *A History of Discrimination in Prejudice: Dimension of Ethnicity*. MA: Harvard University Press.

Hall, P. A.(1993)."Policy Paradigms, Social Learning and the State: The Case of Economic Policymakingin Britain." *Comparative Politics*, 25(3): 275-296.

Hogwood, B. & B. G. Peters (1983). *Policy Dynamics*, New York: St Martin's Press.

Jenkins-Smith H. C. & Paul A. Sabatier (1993). "The Politics Offshore Energy: Empirically Testing the Advocacy Coalition Framework." In P. Sabatier and H Jenkins-Smith (eds.), *Policy Change and Learning: An Advocacy Coalition Approach*. Boulder: Westview Press.

Jordan & Greenway (1998). "Shifting Agendas, Changing Regulatory Structure and The New Olitics of Environmental Pollution: British Coastal Water Policy." *Public Administration*. Vol. 76.

Kingdon, John (1984). *Agendas, Alternatives, and Pulic Policies*. Boston: Little Brown and Company.

______ (1991). *Government and Politics in Britain*, Cambridge: Basil Blackwell.

Mckeon, R. (1954), "Symbols, Myths, and Argument," in L. Bryson, et. al., *Symbols and Values*.

Menahem, Gilla (1998). "Policy Paradigms Policy Networks and Water Policy in Israel." *Journal of Public Policy*. Vol. 18.

Morgan, G., P. J. Frost, and Pondy (1983), "Organizational Symbolism," in L. R. Pondy, et. al., *Organizational Symbolism*.

Munch, Richard (1987). "The Interpenertration of Microinteraction and Macro-Structures in a Complex and Contingent Institutional Order," Alexander Jeffery C. Bernhard Giesen, Richard Munch and Neil J. Smelser (eds.), *The Micro-Macro Link*. Berkely: University of California Press.

Ohmy News, 2005. 12. 16.

Sabatier Paul A. (1988). "An Advocacy Colition Framework of Policy Change and the Role of Policy-Orientated Learning Therein." *Policy Science*. 21.

Sabatier Paul A. & H. C. Jenkins-Smith (1999). "The Advocacy Coalition Framework: an assessment," in Paul A. Sabatier (eds.). *Theories of the Policy Process*. Boulder: Westview Press.

Pettigrew, Thomas F. and Marylee C. Taylor (1990). "Discrimination." Encyclopedia of Sociology, 1: 498-503.

Rothman, R.(1981), "Political Symbolism." In S. L. Long (ed.), *The Handbook of Political Behavior*, NY: Plenum Press.

Sabatier, Paul A.(1988). "An Advocacy Coalition Framework of Policy Change and the Role of Policy-Oriented Learning Therein." *Policy Science*, 21: 129-168.

Sabatier, Paul A. and H. C. Jenkins-Smith (1999). "The Advocacy Coalition Framework: an assessment," In Paoul A. Sabatier (eds.), *Theories of the Policy Process*. Boulder: Westview Press.

끼리끼리: http://www.kirikiri.org

부산여성성적소수자인권센터:http:// www.womcenter.org

친구사이: http://www.chingusai.net

카인즈: http://www.kinds.or.kr

푸른마을 사람들: www.bluequeer.com

한국 레즈비언권리운동연대: http://www. lright. org

한국 레즈비언 연구소: http://www. lesbian.or.kr

한국동성애자 연합: http://www. lgbt. or. kr

한국성적소수자문화인권센터: http://www.kscrc.org

성소수자차별저지긴급행동: http://www.lgbtact.org

민주노동당 성소수자위원회: http://lgbt.kdlp.org

제6장

강영심(2007). 「종전 後 중국지역 일본군위안부의 행적과 미귀환」. 『한국근현대사연구』, 40: 140-174.

곽진영(2006). 「동아시아거버넌스와 NGO연대: 일본군'위안부'문제해결을 위한 초국적 연대사례를 중심으로」. 『국제·지역연구』, 15(3): 31-62.

김도형(2003). 「해방전후 자바지역 한국인의 동향과 귀환활동」. 『한국근현대사연구』, 24: 152-174.

김명혜(2004). 「미완성의 이야기: 일본군"위안부"들의 경험과 기억」. 『한국문화인류학』, 37(2): 3-22.

김영대·전영평(2007). 「소수자로서 납북자 가족의 정체 획득 과정 연구」. 『정부학연구』, 13(1): 117-154.

김정란(2004). 『일본군'위안부'운동의 전개와 문제인식에 대한 연구: 정대협의 활동을 중심으로』. 이화여자대학교 박사학위논문.

지라르 르네(1997). 김진식·박무호 옮김, 『폭력과 성스러움』. 민음사.

사카모토 치즈코(2004). 『전 일본군위안부 생존자 '증언'의 정치학』. 연세대학교 사회학과 석사논문.

서혁준·전영평(2006). 「소수자로서의 비정규직 근로자와 정책변동: 정책옹호연합모형(ACF)과 기회자집단(swing group)의 적용」. 『한국행정학보』, 40(4): 277-302.

신영숙(2002). 일본군위안부 문제에 대한 사회적 인식. 『역사와 현실』, 45:263-292.

심지은·민성길·이창호·김주영·송원(2004). 「일본군위안부생존자들의 로샤반응 특성」. 『한국심리학회지』, 169-187.

양현아(2001). 『증언과 역사쓰기:한국인 '군위안부'의 주체성 재현. 사회와 역사』, 60. pp.60-96.

여성가족부(2001). 『일본군'위안부'증언·통계자료집』.

______(2006). 『2006 여성정책연차보고서』.

유명기(2004). 「소수자, 그 무적의 논리」. 『한국의 소수자, 실태와 전망』. 한울아카데미: 9-20.

윤수종 외(2005). 『우리시대의 소수자운동』. 이학사.

윤인진(2004). 「탈북자의 사회적응실태와 지원방안」. 『한국의 소수자, 실태와 전망』. 한울아카데미: 401-422.

윤향숙(1997). 「일본군 '위안부' 문제해결운동의 현주소」. 『한국논단』, 179-185.

이민아(1998). 『사회운동조직간의 연대형성과 변화에 관한 연구』. 서울대학교 사회학과 석사학위논문.

장지호(2004). 「경유승용차 판매허용의 정책변동연구: 옹호연합모형의 적용」. 『한국행정학보』, 38(1): 175-196.

전영평(2007). 「소수자의 정체성, 유형, 그리고 소수자 정책 연구 관점」. 『정부학연구』, 13(2): 107-131.

전영평·한승주(2006). 「소수자로서 외국인노동자: 정책갈등분석」. 『한국행정연구』, 15(2): 157-184.

______(2008). 「다문화시대의 소수자 운동과 소수자 행정: 담론과 과제」. 『한국행정학보』: 9-27.

정재진·전영평(2007). 「동성애소수자의 차별저항과 정책변동」. 『한국행정연구』, 15(4): 207-240.

정진성(1994). 「일본군위안부 정책의 본질」. 『사회와 역사』, 42: 172-201.

______(2003a). 「전시하 여성침해의 보편성과 특수성: 일본군위안부문제에 대한 국제사회의 인식」. 『한국여성학』, 19(2): 39-61.

______(2003b). 「일제말 강제동원기의 기업 위안부에 관한 연구」. 『사회와 역사』, 63: 196-227.

______(2007). 「미하원 일본군위안부 관련 결의안 논의과정에서 제기된 '협의의 강제성'과 그 역사적 진실」.. 『사회와 역사』, 76: 399-420.

주은연·김홍열(2005a). 「원예치료가 일본군'위안부'할머니의 우울에 미치는 효과」. 『원예과학기술지』, 22별호 II: 28.

주은연·김홍열(2005b). 「원예치료가 일본군'위안부'할머니의 우울에 미치는 원예치료의 효과」. 『한국식물·인간·환경학회지』, 8(2): 49-55.

Bennett, Colin J. & Michael Howlett (1992). "The Lesson of Learning; Reconciling Theories of Policy Learning and Policy Change." *Policy Sciences*, 12: 275-294.

Castles, Francis G. (1990). "The Dynamics of Policy Change: What Happened to the English Speaking Nations in The 1980s." *European Journal of Political Research*, 18: 491-513.

Douglas, M. (1966). *Purity and Danger*, Routledge & Kegan Paul.

Dworkin, A. G. & R. J. Dworkin (1999). *The Minority Report: An Introduction to Racial, Ethic, and Gender Relations*. Harcourt Brace College Publishers.

Etheredge, Lloyd M. and James Short (1983). "Thinking About Government Learning." *Journal of Management Studies*, 20: 41-58.

Hall, Peter A. (1993). "Policy Paradigms, Social Learning and the State: The Case of Economic Policymaking in Britain." *Comparative Politics*, 25(3): 275-296.

Munro, J. E. (1993). California Water Politics: Explaining Policy Change in a Cognitively Polarized Subsystem. In P. A. Sabatier and H. C. Jenkins-Smith (eds.), *Policy Change and Learning: An Advocacy Coalition Approach*, 105-127. Boulder: Westview Press.

Rose, Richard (1988). "What is a Lesson-Drawing." *Journal of Public Policy*. II(1): 3-30.

Sabatier, P. A. & H. Jenkins-Smith (1999). The Advocacy Coalition Framework: An Assessment. In P. A. Sabatier (ed.), *Theories of the Policy Process*, 117-166. Boulder: Westview Press.

Sabatier, P. A. (1987). "Knowledge, Policy-Oriented Learning, and Policy Change." *Knowledge, Creation, Diffusion, Utilization*. 8: 649-692.

______ (1988). "An Advocacy Coalition Framework of Policy Change and the Role of Policy-Oriented Learning Therein." *Policy Sciences*. 21: 129-168.

Sabatier, P. A. (ed.)(1999). *Theories of the Policy Process*. Boulder: Westview Press.

일제강점하강제동원피해진상규명등에관한특별법.

일제강점하강제동원피해진상조사등에관한규칙.

일제하에대한생활안정지원및기념사업등에관한법률.

일제하일본군위안부피해자에대한생활안정지원및기념사업등에관한법률시행령.

The Associated Press. 2007. 7. 30. 기사 House Seeks Japan's Apology on "Comfort Women".
조선일보 2007. 8. 13. 기사 "부르튼 발로 뛰어 미국인 10만명 지지서명 받아내".
여성가족부 http://www.mogef.go.kr
일본군위안부피해자e-역사관 http://www.hermuseum.go.kr
한국정신대대책협의회 http://www.womenandwar.net
나눔의 집 http://www.nanum.org
통계청 국가통계포탈 http://www.kosis.kr
정신대할머니와함께하는시민모임 http://www.1945815.or.kr

제7장

강권찬(2005). 「북한이탈주민 지원정책 분석」. 『민족연구』, 14: 35-63.
권태환·이재열(2001). 「사회운동조직간 연결망」. 『신사회운동의 사회학』. 서울대학교출판부: 185-222.
김영대·전영평(2007). 「소수자로서 납북자 가족의 정책 획득 과정 연구」. 『정부학연구』, 13(1): 117-155.
박홍순(2007). 「다문화와 새로운 정체성: 프로트콜로니얼 시각을 중심으로」. 한울아카데미: 111-134.
유명기(2004). 「소수자, 그 무적의 논리」. 최협·김성국·정근식·유명기 편, 『한국의 소수자, 실태와 전망』. 서울: 한울: 8-20.
윤수종(2006). 「분자 혁명과 소수자운동」, 『문예미학』, 12: 99-135.
윤인진(2004). 「탈북자의 사회적응실태와 지원방안」. 최협·김성국·정근식·유명기 편. 『한국의 소수자, 실태와 전망』, 한울: 401-423.
원숙연(2008). 「다문화주의시대 소수자정책의 차별적 포섭과 배제-외국인대상정책을 중심으로 한 탐색적 접근」. 『한국행정학보』, 42(3): 29-49.
이새롭(2002). 「북한 이주 여성을 둘러 싼 사회적 통념과 선택적 협상에 관한 연구」. 이화여자대학교 석사학위논문.
이승종(1997). 「지역주민참여의 활성화방안」, 『한국지방자치학회보』. 9(2): 1-20.
이우영(2005). 「북한이탈주민에 의한, 북한이탈주민의, 북한이탈주민을 위한」. 경남대학교 북한대학원 편. 『북한연구의 성찰』. 한울: 391-405.

이워일·장임숙(2006). 「환경정책에 대한 NGO 영향력의 조건에 대한 연구」, 『영산논총』, 16: 87-105.

이은혜·한성열(2006). 「북한이탈주민에 대한 인식 차에 따른 남한주민의 사회적 지지 차이」. 『한국심리학회 연차학술대회 논문집』, 2006: 358-360.

이인제(2002). 「북한이탈주민 정착지원 실태와 정책과제」. 『2002년도 정기국회 정책자료집』. (『북한인권백서』, 2005. 통일연구원).

장미경(2005). 「한국사회 소수자와 시민권의 정치」. 『한국사회학』, 39(6): 159-183.

전영평(2003). 「한국의 지방자치와 주민참여」, 『행정논총』, 41(2): 53-83.

______(2007). 「소수자의 정체성, 유형, 그리고 소수자 정책 연구 관점」. 『정부학연구』, 13(2): 107-132.

______ (2008). 「다문화시대 소수자운동과 소수자행정 : 담론과 과제」. 『한국행정학보』, 42(3) : 9-27.

전영평·한승주(2006). 「소수자로서 외국인노동자: 정책갈등분석」, 『한국행정연구』, 15(2): 157-184.

전우택(1997). 「탈북자들의 주요 사회배경에 따른 적응과 자아정체성에 관한 연구」, 『통일연구』, 1, 2('97.12): 109-167.

정미라(2005). 「문화다원주의와 인정윤리학」. 『범한철학』, 36: 211-233.

탈북인연합회(2002). 「북한이탈주민 호칭 어떻게 할 것인가」. 『공청회 자료집』, 2002.2.27.

Dworkin, A. G & R. J. Dworkin (1999). *The Minority Report: An Introduction to Racial, Ethnic, and Gender Relations*. Harcourt Brace College Publishers.

Longres, John F. (1982). "Minority Groups: An interest-Group Perspective." *Social Work*, Jan 82, Vol. 27 Issue 1: 7-14.

Mugny, G. (1982). *The Power of Minorities, Academic*, London.

Purnell, Larry (2004). "Minority groups: an outdated concept?" *Journal of Advanced Nursing*, Dec., Vol. 48 Issue 5: 429-429.

Chryssochoou, X. & C. Volpato (2004). "Social Influence and the Power of

Minorities." *Social Justice Research*, Vol. 17. No. 4: 357-388.
Ripley, Randall B. & Grace A. Franklin (1986). *Policy Implementation and Bureaucracy*, 2eds.. Chicago, Illinois: The Dorsey Press.

국민일보(2002). "가난·차별…한국 떠나는 탈북자들." 8월 21일: 23.
______(2005). "탈북자들 대정부 투쟁 나섰다." 4월 20일.
노컷뉴스(2005). "정부의 북한인권 결의안 표결기권 계기 '북한인권단체들 뭉친다'." 11월 24일.
______(2007b). "탈북자 과반수 "차별 받고 있다."…취업시 크게 느껴." 10월 19일.
매일경제(2006). "작통권 환수 반대 탈북자들도 가세". 9월 19일.
연합뉴스(2007a). "탈북자 연합단체, 한나라당 新대북정책 '반발'". 7월 5일.
______(2007b). "범보수 대연합기구 이달말 발족". 7월 6일.
______(2008). "탈북자 주민번호 변경 법 개정안 발의". 1월 24일.
오마이뉴스(2003). "탈북자 연 1천명 시대의 NGO활동". 1월 24일.
______(2005). "정부가 탈북자 한국행 막으면 더 많이 데려올 것". 1월 4일.
주간조선(2007). 한나라 '신대북정책'에 보수세력 '부글부글'. 8월 6일.
한국일보(1999). [탈북자 60여명] 인권유린 폭로 탈북자들 비판성명. 2월 7일: 13.
MBN(2007). "탈북자 '주민번호 피해' 확산." 4월 4일: 10.
통일부(2007). 민원신청에 의한 자료. 10월 8일.
북한이탈주민후원회 홈페이지. http://www.dongposarang.or.kr/
탈북자동지회 홈페이지 자유방. http://www.nkd.or.kr/community/read.php?s=5004&no=6590&page=3, "주민등록번호 해결을 위하여 우리 모두 힘을 합쳐야 한다", 2007. 2.13.
통일부 홈페이지. http://www.unikorea.go.kr
NKchosun 홈페이지. http://www.nkchosun.com

제8장

강휘원(2006). 「한국 다문화사회의 형성요인과 통합정책」. 『국가정책연구』,

20(2): 5-34.
국무조정실(2006). 「결혼이민자정책평가보고서」, 국무조정실.
김남국(2005). 「다문화시대의 시민: 한국사회에 대한 시론」. 『국제정치논총』, 45(4): 97-121.
김민정(2007). 한국이주여성인권센터 정기심포지엄 토론문.
김민정 외(2006). 「국제결혼 이주여성의 딜레마와 선택: 베트남과 필리핀 아내의 사례를 중심으로」. 『한국문화인류학』, 39(1): 159-193.
김오남(2006). 「여성 결혼이민자의 부부갈등 및 학대에 관한 연구: 사회문화적 요인을 중심으로」. 『한국가족복지학』, 18: 33-76.
김이선·김민정·한건수(2006). 「여성결혼이민자의 문화적 갈등경험과 소통증진을 위한 정책과제」. 한국여성개발원 연구보고서.
김이선·황정미·이진영(2007). 『다민족·다문화사회로의 이행을 위한 정책 패러다임 구축(1): 한국사회의 수용현실과 정책과제』. 한국여성정책연구원.
김현미·김민정·김정선(2008). 「'안전한 결혼 이주?': 몽골여성들의 한국으로의 이주 과정과 경험」. 『한국여성학』, 24(2): 121-155.
김혜순(2006). 「한국의 다문화사회담론과 결혼이주여성: 적응과 통합의 정책마련을 위한 기본전제들」. 『동북아 "다문화" 시대 한국사회의 변화와 통합』. 동북아시대위원회 용역과제 06-8: 1 -41.
김혜순(2007). 「한국적 다문화주의의 모색: 세계화시대 이민의 보편성과 한국의 특수성」, 『한국적"다문화주의"의 이론화』. 한국사회학회, 동북아시대위원회 용역과제 07-7: 1-34.
김혜영(2006). 「정책목표 모호성이 정책집행에 미치는 영향」, 『국가정책연구』, 20(1): 73-96.
김희정(2007). 「한국의 관주도형 다문화주의: 다문화주의 이론과 한국적 적응」. 『한국에서의 다문화주의-현실과 쟁점』. (사)국경없는 마을 학술토론회 자료집: 32-40.
문경희(2006). 「국제결혼 이주여성을 계기로 살펴보는 다문화주의와 한국의 다문화 현상」. 『21세기정치학회보』, 16(3): 67-93.
박수미·정기선(2006). 「사회적 소수자에 대한 편견적 태도에 관한 연구」. 『여성연구』, 70호: 5-25.
법무부 외(2006). 『여성결혼이민자 가족의 사회통합 지원』. 서울: 법무부 외.

빈부격차·차별시정위원회(2006). 「혼혈인 등 소수의 사회통합지원방향」. 빈부격차·차별시정위원회.
설동훈(2005). 『국제결혼 이주여성 실태조사 및 보건복지지원 정책방안』. 보건복지부.
설동훈·이혜경·조성남(2006). 『결혼이민자 가족실태조사 및 중장기 지원정책방안 연구』. 여성가족부.
양애경·이선주·최훈석·김선화(2007). 「여성결혼이민자에 대한 지역사회의 수용성 연구」, 『다민족·다문화사회를 향한 한국사회의 도전과 전망』. 한국여성정책연구원.
양정혜(2007). 「소수 민족 이주여성이 재현: 국제결혼 이주여성에 관한 뉴스보도 분석」. 『미디어, 젠더 & 문화』, 7: 44-77.
엄한진(2006). 「전지구적 맥락에서 본 한국의 다문화주의 이민논의」, 『동북아 "다문화" 시대 한국사회의 변화와 통합』. 동북아시대위원회 용역과제 06-8: 13-46.
______(2008). 「한국 이민담론의 분절성과 이데올로기적 배경」. 평등정책 콜로키움 & 다문화사회 정책포럼 발제문. 한국여성정책연구원.
유명기(2004). 「소수자 그 무적(無籍)의 논리」. 최협 외, 『한국의 소수자, 실태와 전망』. 서울: 한울아카데미.
윤인진(2007). 「국가주도 다문화주의와 시민주도 다문화주의」, 『한국적 '다문화주의'의 이론화』. 동북아시대위원회 용역과제 07-7: 251-290.
윤수종(2005). 『우리시대의 소수자운동』. 서울: 이학사.
이수자(2004). 「이주여성 디아스포라: 국제성별분업, 문화혼성성, 타자화와 섹슈얼리티」. 『한국사회학』, 38(2): 189-219.
이용일(2007). 「이민과 다문화 사회로의 도전: 독일의 이민자 사회통합과 한국적 함의」. 『서양사론』, 92: 219-254.
이혜경(2007). 「이민정책과 다문화주의: 정부의 다문화 정책 평가」, 『한국적 "다문화주의"의 이론화』. 한국사회학회, 동북아시대위원회 용역과제 07-7: 219-249.
전영평(2007). 「소수자의 정체성, 유형 그리고 소수자정책연구 관점」. 『정부학연구』, 13(2): 107-131.
______(2008). 「다문화시대의 소수자 운동과 소수자 행정」. 『한국행정학보』, 42

(3): 9-27.
전영평·한승주(2006). 「소수자로서의 외국인노동자: 정책갈등분석」. 『한국행정연구』, 15(2): 157-184.
정선애(2007). 「일하고 싶은 결혼이주여성 vs 현모양처 이주여성정책」. 「다문화 트랜드시대, 이주여성 정책과 운동, 어디로 갈 것인가!」. 『한국이주여성인권센터 2007 정기 심포지엄 자료집』, 1-17.
정정길 외(2005). 『정책학원론』. 대명출판사.
조석주(2007). 「다문화공생을 위한 지방자치단체의 기능강화방안: 외국인 근로자 및 결혼이민자 사례를 중심으로」. 『지방행정연구』, 21(3): 3-46.
조성원(2002). 「한국사회의 또 다른 가족: 한국여성과 이주노동자와의 국제결혼」. 『민족학연구』, 6: 105-133.
최협 외(2004). 『한국의 소수자, 실태와 전망』. 서울: 한울아카데미.
한건수. (2006). 「농촌지역결혼이민자여성의 가족생활과 갈등 및 적응」. 『한국문화인류학』, 39(1): 195-243.
한건수·설동훈(2007). 「이주자가 본 한국의 정책과 제도」. 『다민족·다문화사회를 향한 한국사회의 도전과 전망』. 한국여성정책연구원.
한경구·한건수(2007). 「한국적 다문화사회의 이상과 현실」. 『한국적 '다문화주의'의 이론화』. 한국사회학학회 동북아시대위원회 용역과제 07-7 : 71-116.
한국여성정책연구원(2006). 『여성결혼이민자의 문화적 갈등경험과 소통증진을 위한 정책과제』. 한국여성정책연구원. 경제·인문사회연구회 협동연구총서 06-02-07.
한국염(2006). 「정부의 결혼이민자 가족지원정책 방향, 정부의 결혼이민자가족정책」. "다시보기" 기조발제문 : 2-11.
한국염(2007). 「참여정부여성정책평가」. 한국여성단체연합.
황정미(2007). 「다문화사회에 대한 한국인의 태도와 인종적 배제주의」. 『다민족·다문화사회를 향한 한국사회의 도전과 전망 토론회 자료집』. 한국여성정책연구원.

Douglas, M. (1966). *Purity and Danger*, Routledge & Kegan Paul.
Dworkin, A. G. & R. J. Dworkin (1999). *The Minority Report: An*

Introduction to Racial, Ethic, and Gender Relations. Harcourt Brace College Publishers.

Majone, G. and A. Wildavsky (1979). "Implementation as Evolution." In J. L. Pressman & Aaron Wildavsky, *Implementation*, 3rd ed. Berkeley: University of California Press.

Ripley, Randall B. & Grace A. Franklin (1986). *Policy Implementation and Bureaucracy*, 2nd ed. Chicago, Illinois: The Dorsey Press.

Wilson, J. Q.(1989). *Politics of Regulation*. New York: Basic Books.

홍성태의 세상읽기. http://blog.naver.com/ecohope/70018012320.

제9장

강인철(2005). 「가톨릭교회의 전쟁 교리와 양심적 병역 거부」. 천주교인권위원회 긴급토론회 자료집.

김동만(2004). 「ACF(Advocacy Coalition Framework)를 적용한 정책변동 연구: 신두리사구 정책사례」. 『한국공공관리학보』, 18(1): 231-257.

김두식(2002). 『칼을 쳐서 보습을』. 서울: 뉴스엔조이.

김선희(2007). 『성매매방지정책의 변동에 관한 연구』. 계명대학교 대학원 박사학위논문.

김순양(2006). 「정책 하위체제 내 옹호연합의 형성과 정책 중개자」. 『한국행정연구』, 제15권 제3호(2006 가을호).

김영대·전영평(2007). 「소수자로서 납북자 가족의 정책 획득 과정 연구」. 『정부학 연구』, 13(1): 117-154.

남상민(2005). 「정책과정에서의 NGO-정책옹호동맹체모형과 새만금 사업에서의 NGO역할」. 『한국정책학회보』, 14(1): 29-54.

노혁준(2003). 「양심적 병역거부에 관한 병역법상 처벌조항의 위헌성 검토」. 『민주법학』, 24: 279-311.

민주사회를 위한 변호사 모임 외(2005). 「한국의 양심에 따른 병역거부 현황과 인권문제」(제60차 유엔인권위원회 공동보고서).

서혁준·전영평(2006). 「소수자로서의 비정규직 근로자와 정책변동: 정책옹호연합모형(ACF)과 기회사십난(swing group)의 적용」. 『한국행정학보』, 40(4): 277-302.

양승일(2005). 「옹호연합모형(ACF)을 활용한 정책변동 분석: 그린벨트정책을 중심으로」. 『한국도시지리학회지』, 8(1): 41-52.

오영은(2005). 「양심에 따른 병역 거부권 실현과 대체복무제도 개선을 위한 노력들」. 천주교인권위원회 긴급토론회 자료집.

윤수종(2004) 외. 『우리시대의 소수자운동』. 서울: 이학사.

윤영철(2004). 「양심적 병역거부에 대한 형사처벌의 형법적 문제점」. 『형사정책』, 16(2): 93-120.

윤인진(2004). 「탈북자의 사회적응 실태와 지원방안」. 『한국의 소수자 실태와 전망』. 한울아카데미.

이병철(1989). 「존 로울스(Joha Rawls)의 정의관에서 본 신행정학: 사회형형론(Social Equity)을 중심으로」. 『한국행정학보』, 23(2): 613-633.

이재승(2001). 「독일에서의 병역거부와 민간봉사」. 『민주법학』, 20: 153-177.

임의영(2004). 「행정철학의 정당성, 정체성, 체계」. 『한국행정논집』, 16(2): 223-240.

장지호(2004a). 「출자총액제도의 변동연구(공정거래위원회와 재정경제부의 상반된 신념체계를 중심으로」. 『한국정책학회보』, 13(3): 169-197.

장지호(2004b). 「경유승용차 판매허용의 정책변동연구: 옹호연합모형(Advocacy Coalition framework)의 적용」. 『한국행정학보』, 38(1): 175-197.

전영평(2007). 「소수자의 정체성, 유형, 그리고 소수자 정책 연구 관점」. 『정책학연구』, 13(2): 107-131.

______(2008). 「다문화시대의 소수자운동과 소수자행정: 담론과 과제」. 『한국행정학보』, 42(3): 9-27.

전영평·한승주(2006). 「소수자로서 외국인노동자: 정책갈등분석」. 『한국행정연구』, 15(2): 157-184.

정용욱(2005). 「양심에 따른 병역거부운동의 현황과 전망」. 『우리시대의 소수자운동』. 서울: 이학사.

정재진·전영평(2007). 「동성애소수자의 차별저항과 정책변동」. 『한국행정연구』, 15(4): 207-240.

전진석(2003).「의약분업 정책변화에 대한 연구: 정책옹호연합모형을 적용하여」.『한국정책학회보』, 12(2): 59-87.

정춘국(2001).「잊혀질 수 없는 기억에 대한 조사」.『민주사회를 위한 변론』, 41.

조 국(2001).「양심적 집총거부권: 병역기피의 빌미인가 양심의 자유의 구성요소인가?」.『민주법학』, 20: 131-152.

조일수(2002).「개인적 신념에 따른 병역거부와 대체복무 허용 여부에 대한 비판적 고찰」.『윤리연구』, 51: 315-332.

최장집(2004).『민주화 이후의 민주주의: 한국민주주의의 보수적 기원과 위기』. 서울: 후마니타스.

최정민(2005).「병역거부 운동과 여성의 연대」.『정치비평』, 2005년 상반기.

Dworkin, A. G. & R. J. Dworkin (1999). *The Minority Report: An Introduction to Racial, Ethic, and Gender Relations*. Harcourt Brace College Publishers.

Frederickson, H. G. (1980). *New Public Administration*. Alabama: The University of Alabama Press.

Hogwood, Brian W. and B. Guy Peters (1983). *Policy Dynamics*. New York: St. Martin's Press.

Ingram, H, A. L. Schneider, and P. Deleon (2007). "Social Construction and Policy Design." Paul. A. Sabatier (ed.). *Theories of The Policy Process* (2nd ed.): Westview Press.

Kingdon, John W.(1984). *Agendas, Alternatives, and Public Policies. Boston: Little*, Brown and Company.

Marini, F. (ed.) 1971). *Toward a New Public Administration: The Minnowbrook Perspective*. New York: Chandler Press.

Powers, R. T., and T. Heath and M. W. Hovey(2003), "Conscientious Objection," In *New Catholic Encyclopaedia*, 2nd ed., vol.4.

Sabatier, P. A. (1988). "An Advocacy Coalition Framework of Policy Change and the Role of Policy-Oriented Learning Therein." *Policy Science,* 21: 129-168.

Sabatier, P. A. & H. C. Jenkins-Smith (1993), *Policy Change Learning: An Advocacy Coalition Approach*, Boulder : Westview Press.

Sabatier, P. A. & H. Jenkins-Smith (1999). "The Advocacy Coalition Framework: An Assessment. P.A. Sabatier (ed.), *Theories of the Policy Process*, 117-166. Boulder: Westview Press.

국가인권위원회 http://www.humanrights.go.kr
국민일보 http://www.kukinews.com
뉴라이트전국연합 http://www.newright.net
뉴시스 http://www.newsis.com
매일경제신문 http://www.mk.co.kr
문화일보 http://www.munwha.com
민주사회를위한변호사모임 http://www.minbyun.jinbo.net
민주참여네티즌연대 http://www.fnkorea.org
바른사회를위한시민회의 http://www.cubs-korea.org
병역거부권실현과 대체복무제개선을 위한 연대회의 http://www.corights.net
양심적 행위자의 소식 http://www.coknews.org
자유시민연대 http://www.freectzn.or.kr
재향군인회 http://www.veterans.or.kr
전쟁 없는 세상 http://www.withoutwar.org
조선일보 http://www.chosun.com
중앙일보 http://www.joins.com
평화인권연대 http://peace.jinbo.net
평화인권행동 http://club.cyworld.nate.com/club/main
한겨레신문 http://www.hani.co.kr
한국경제신문 http://www.hankyung.com
한국기독교교회협의회(KNCC) http://www.kncc.or.kr
한국기독교총연합 http://www.cck.or.kr
헌법을생각하는변호사모임 http://www.law717.org

제10장

국가인권위원회(2004). 『국가인권위원회 결정례집』, 제1집(2005): 인권정책분야 / 국가인권 위원회』.

김동만(2004). 「ACF(Advocacy Coalition Framework)를 적용한 정책변동 연구: 신두리사구 정책사례」. 『한국공공관리학회보』, 제18집 1호.

김명호(2004). 「6·25전쟁 납북자 실태분석과 정책적 대응방안 모색」. 『사회과학연구』, 제4권 제1호. 한국사회과학학회.

김수암·이금순(2004). 「미의회 '북한인권법': 의미와 전망」. 『통일정세분석』, 2004-16. 통일연구원.

김순양(2006). 「정책 하위체제 내 옹호연합의 형성과 정책 중개자」. 『한국행정연구』, 제15권 제3호(2006 가을호).

김진아(2004). 「미국의 북한인권법 제정 배경과 의미」. 『월간국방논단』, 제1018호(04-43). 한국국방연구원.

남상민(2005). 「정책과정에서의 NGO:정책옹호동맹체모형(ACF)과 새만금 사업에서의 NGO 역할」, 『한국정책학회보』, 제14권 1호.

서혁준·전영평(2006). 「소수자로서의 비정규직 근로자와 정책변동: 정책옹호연합모형(ACF)과 기회자집단(swing group)의 적용」. 『한국행정학보』, 제40권 4호(2006 겨울).

신 율(2000). 「국가의 역할과 납북자 및 국군포로의 문제」. 『시대정신』, 제11호.

______(2001). 「한국전쟁 당시 납북자 문제해결을 위한 현실적 대안 모색」. 『뜻』, 통권 제1호. 6·25전쟁납북인사가족협의회.

______(2002). 「납북자 문제 해결방안 연구」. 『사회과학논총』, 제18집. 명지대학교사회과학연구소.

______(2004). 「납북자 문제 해결을 위한 제언」. 『납북자 관련 인권문제와 해결방안』, 국가인권위원회 공청회 자료집.

유명기(2004). 「소수자, 그 무적의 논리」. 최협·김성국·정근식·유명기 엮음. 『한국의 소수자, 실태와 전망』. 서울: 한울아카데미.

유병화(1995). 「북한 억류자 송환의 법적 문제와 해결방안」. 최성철 편, 『북한인권의 이해』. 서울: 북한인권개선운동본부.

윤미량(2004). 「납북자 관련 대북협상의 경과와 성과」. 『2000년』, 통권 258호.

현대사회문화연구소.

윤수종(2005). 「우리 시대의 소수자 운동의 특성과 함의」. 윤수종 외, 『우리 시대의 소수자 운동』. 서울: 이학사.

윤여상(2000). 「납북자 현황과 북한내 생활실태에 관한 고찰」. 『납북자 실태보고 및 해결 방안 모색』. 통일을 준비하는 모임 제1회 통일포럼.

______(2002). 「납북자 실태와 해결방안」. 『뜻』, 통권 제3호. 6·25전쟁납북인사가족협의회.

______(2004a). 「6·25전쟁 납북자 문제의 성격과 해결 방안」. 『한국정치학회보』, 第38집 2호(2004 여름). 한국정치학회.

______(2004b). 「납북자 관련 인권문제와 해결방안: 6·25전쟁납북자를 중심으로」. 『2000年』, 통권 253호. 현대사회문화연구소.

윤인진(2004). 「탈북자의 사회적응실태와 지원방안」. 최협. 김성국. 정근식. 유명기 엮음, 『한국의 소수자, 실태와 전망』. 서울: 한울아카데미.

이금순(2004). 「인권사안으로서의 납북자문제」. 『2000년』, 통권 259호. 현대사회문화연구소.

이두아(2005). 「6·25전쟁 납북자문제 해결에 관한 제언」. 『2000년』, 통권 269호. 현대사회문화연구소.

이원웅(2003). 『전후 납북자문제 해결방안 검토』. 납북자가족협의회 게시판 게재.

임소영(2004). 『주5일 근무제 정책변화에 대한 연구』. 울산대학교 정책대학원 석사학위논문.

전승만(2000). 「납북자 문제에 대한 법적 고찰」. 『납북자 실태보고 및 해결방안 모색』, 통일을 준비하는 모임 제1회 통일포럼.

전영평(2006). 「한국의 소수자 문제와 소수자 정책 연구 관점: 행정학 연구의 새로운 지평」, 한국행정학회 동계학술대회 발표논문.

전영평·한승주(2006). 「소수자로서 외국인노동자: 정책갈등분석」. 『한국행정연구』, 15(2).

정재진·전영평(2006). 「동성애소수자의 차별저항과 정책변동」. 『한국행정연구』, 15(4): 207-240

제성호(2001). 「국군포로 및 납북자문제 해결방안」. 『국가전략』, 제7권 1호, 세종연구소.

최우영(2004). 「납북자문제와 납북자가족협의회의 활동방향」. 『북한인권 개선과

NGO의 역할: 토론회』. 바른사회를 위한 시민회의.
통일부(2008). 『2008 통일백서』.

Dworkin, A. G. and R. J. Dworkin (1999). *The Minority Report: An Introduction to Racial, Ethnic, and Gender Relation*, Harcourt Brace College Publishers.
Douglas, M. (1966). *Purity and Danger*. Routledge & Kegan Paul.
Porter, G. & J. W. Brown (1991). *Global Environment Politics*. Westview Press.
Sabatier, P. A. & H. C. Jenkins-Smith (1999). "The Advocacy Coalition Framework: An Assessment." In P. A. Sabatier (ed.), *Theories of the Policy Process*, 117-166. Boulder: Westview Press.

군사 정전에 관한 협정 체결이후 납북피해자의 보상 및 지원에 관한 법률.
귀환납북자의 보호 및 정착지원에 관한 법률안.
6·25전쟁납북자 명예회복 및 지원에 관한 법률안.
6·25전쟁납북인사 가족협의회〈소식지43호〉.
납북자 가족 협의회 http://www.rehome.or.kr
6·25전쟁납북인사가족협의회 http://www.625.in
통일부 홈페이지 http://www.unikorea.go.kr
국민일보(2006.12.18.). 「뉴욕타임스 "일본 우파, 납북자 이용해 분노 부채질"」.
세계일보(2004.11.14.). 「북한내 납북자의 삶, 평생 감시 "족쇄". 인간 로봇신세」.
연합뉴스(2003.1.13.). 「(특집) 납북자 가족의 한 서린 세월(5), 귀환자들, 징역살이 등 시달려」.
서울고등법원 제3민사부 판결문(사건2004나75533손해배상) 및 정부측 답변서.

찾아보기

ㅈ

ㅊ

ㅋ

ㅌ

ㅍ

ㅎ

Korean Minority Policy
Discourses and Cases

Young-Pyoung Chun et al.

This book puts the focus on discovering Korean minority policy processes in terms of theoretical and case studies. Unreasonable social discrimination and cultural bias against minorities can be corrected by progressive policies. Sociology and other academic disciplines deal with minority issues sporadically but they seldom treat those issues from a policy process perspective. The 10 chapters in this book cover two theoretical cases and eight case studies. The minorities in the case studies include irregular workers, foreign workers, and North Korean defectors as well as women who migrated to Korea for marriage, homosexuals, conscientious objectors, Japanese comfort women and members of families of North Korean kidnap victims.